乐和臺湖

张秀德 书

北京市通州区政协教文卫体委员会
北京市通州区台湖镇人民政府 编

团结出版社

前　言

　　治世之音安以乐，其政和；乱世之音怨以怒，其政乖；亡国之音哀以思，其民困。读过儒学经要的人们都会知道，这是《礼记》之《乐记》篇中阐释的中国传统儒家思想的一段重要论述。在今天看来，他的思想性与真理性仍然被当今世界剧变过程中所发生的越来越多的事实所证明，毋庸置疑。

　　中国之治与美国、英国为代表的西方之乱形成了鲜明的对比。尤其是面对这次突如其来的新冠病毒疫情，中国共产党坚持人民至上、生命至上，全国人民举国同心、舍生忘死、命运与共，在这场同严重疫情的殊死较量中取得了伟大胜利，展现了中国人民和中华民族的伟大力量和大无畏气概。每一个中国人回想起过去的每一天，那一场场、一声声、一幕幕同心战疫的节奏正如一部礼序和谐、铿锵激扬、动人心扉的伟大交响。

　　反观一直以"民主、自由"标榜的美国，截至2021年8月，美国已经有3800多万人确诊感染，65万多人失去生命，成为了世界在抗击疫情上名符其实的"第一"。资本至上大于生命至上，"政治病毒"蒙蔽科学应对，政党失能，政府失措，全民失智，社会失序，一个世界上号称医疗技术水平最发达的国家却陷入到了应对上的空前混乱。加之源于种族歧视所引发的警察暴力执法、"Black Lives Matter"运动、频频发生的枪击案以及为了维护美国霸权美国政府在全球范围内滥用武力所引发的全球动荡，让美国等西方国家所标榜的所谓"民主、人权、平等"越发地显现出了其本来的虚伪与苍白。同时也充分暴露了美国政治、社会、经济等多层面、深层次的矛盾与问题。我们看到的、听到的不是和谐有序的交响，而是充满着枪声的种族歧视、社会割裂的怨怒与呻吟的哀鸣。

乐和天下，不仅仅是理念，是思想，更是国家、社会治理的方法，同时也是一个国家与社会治理结果的外化展现。推此及彼，齐家亦然，国之亦然。家和，则家未有不兴者。家不和，则家未有不败者。中国共产党、中国政府和中国人民都在中华民族伟大复兴的节奏上，坚定、有序地发出着自己的声音，迈出着自己正确的步伐，中华民族伟大复兴的胜利交响就一定会更加铿锵和谐。

读到这里，广大读者以及我们从事着文史研究的同志们，就会理解本书为什么会以《乐和台湖》为名的初心和主张了。道路自信、理论自信、制度自信和文化自信绝不是一句空话。中国共产党以民族复兴、人民幸福为初心使命，这就是中国共产党人的明德、大德、公德和美德。那么，我们工作生活在不同层面、不同岗位，有着不同社会角色和家庭角色的普通人，我们应该做一个怎样的人？何为我们的"止"，何为我们的"至善"。"乐和"是不是我们应该坚持的原则和选择呢？我相信，做一个有美德、有公德、有大德、有明德的孝子、君子，或者说是"好人"，对社会有益、对国家有用的人是几乎所有中国人的选择和一生追求。

通州区政协文史委组织专家、学者，挖掘、整理台湖地区的文史资料已经很长时间了，收集掌握了大量的，能够相对立体反映、展现台湖地区人民精神风貌、风土人情的典籍史料、重大事件、重要人物、民俗掌故等文字、图片以及部分音视频资料。即将编印出版，呈现给广大读者和文史爱好者。您或许能够从中听到历史上辽金时期曾经发生在台湖地区的背景叙事，听到近现代全国劳动模范牛文祥、革命英雄李文斗的铮铮音符，听到台湖人民奋进新时代的咚咚战鼓，并借台湖一隅感悟中华大地上那"乐和天下"的美妙音响。

诚然，《乐和台湖》收录的众多文史文章，不同作者或许有着不同的立场和观点，采取的视角，得到的结论就会有所不同。为此，我们欢迎广大读者和文史爱好者以及专家学者批评指正。正如习近平总书记指出的，以史为鉴，面向未来。我们主张广大文史爱好者、研究者，研究历史是为了以史为鉴，借古开今，以古鉴今。而不是"走进历史、走回历史"，在一些本已无关紧要的环节上无谓考据，或因无谓考据而忽视了据理，沉浸于据理而又忽略了未来。我们文史工作者已不是封建社会的旧文人，而要做新时代的思想者、实践者和记录者。我们应该走出网络，走进现实。我们不应只关注典籍文献，更应该关注人民、关注现实。

我们应该站在几千年来，中华民族融合、发展的宏大史诗面前，去研究历史，去感悟"德怀远人，乐和天下"的中华文化的巨大力量。而那种仅仅站在以汉族为主体地位的角度去研究历史显然是狭隘的，得出的结论也一定是错误的。

历史就像山间欢快的小溪，跳跃流淌，曲折蜿蜒；历史也曾像奔腾的江河，汹涌澎湃，滚滚向前；历史有时也静若渊潭，平静安详；历史最终告诉我们，它将汇入大海，或润入泥土，或许还会了无声息。而今天的我们似乎如那大地上绽放的美丽花朵，又如那岩崖上向上攀爬的藤蔓，这也许就是历史重新绽放的容颜，在中华的大地上总是那样和谐，并充满力量。

与广大读者共勉。

程行利

2021 年 8 月

目 录

历史遗迹

红色记忆

民间文艺

生产生活

民生琐记

人物春秋

台湖沿革

台湖地区历史沿革

■ 孙连庆

　　台湖镇，位于通州区西部，北邻梨园镇，东邻张家湾镇，南邻马驹桥镇，西邻朝阳区黑庄户地区，面积81.3平方千米。2020年辖台湖村等46个行政村，常住人口15.17万。是年11月，台湖镇获评第五届全国文明村镇。

　　历史上，台湖地区地势多岗丘湖塘，气候温和，适宜人类居住和开展生产活动。据考古发现表明，距今一万年的新石器时代初期，就有先民在地域内进行生产活动。这里是民族杂居的地区，从早期的山戎、匈奴、乌桓、鲜卑，到隋唐五代的孤竹、突厥，再到契丹、女真以及后来的蒙古、满族，各民族人民在不断地接触、征战与交流中，逐渐融合，生息繁衍。

　　中国政区建置，有一个历史的发展过程。在五帝时期，全国划分为九个"州"，今台湖区域属于幽州。历史演进到夏商王朝，今台湖地域属于"蓟"这个诸侯国管辖。西周中期，位于今房山区董家林的诸侯国——"燕"逐渐强盛，蓟国被灭除，燕国将都城迁到蓟城。今台湖地区为燕国所辖。燕昭王（前311—前279）经过20余年的辛苦经营，燕国逐渐强盛，于是燕昭王命大将秦开率领大军进攻东胡，开拓疆土千余里，取得辉煌战果。为了捍卫领土，修筑自造阳（今河北省怀来县）至襄平（今辽宁省辽阳市）的一道长城，并在这片领土上建立了上谷、渔阳、右北平、辽西、辽东等五郡。渔阳郡治在今怀柔区梨园庄，今台湖地区隶属渔阳郡。

公元前221年，秦始皇统一中国，沿袭燕国旧制，仍设渔阳郡。西汉汉高祖刘邦十二年（前195），在通州地区设置路县，地当交通要冲，将县域命名为"路"，县治设在今古城村。今台湖镇域先后隶属秦汉渔阳郡。

西汉末年，孺子刘婴初始元年（公元8年），王莽篡汉称帝，建立"新"朝，次年，建年号"始建国"。王莽将全国的县改为"亭"，于是，"路县"被改为"通路亭"；"渔阳郡"也被改为"通路郡"，郡治所由今怀柔区梨园庄移至通路亭，即今古城村。今台湖镇域隶属通路郡通路亭。

王莽新朝地皇四年（23），刘邦九世孙刘玄复兴汉室，被诸路起义军尊为皇帝，建年号"更始"。更始元年（23），恢复汉朝郡县。于是，"通路亭"复为"路县"，"通路郡"复为"渔阳郡"。是年，西汉皇室后裔刘秀统帅各路绿林军北上河北，在潞水之东击破大枪、尤来、五幡等部起义军，称帝恢复汉室，史称东汉，以东都洛阳为都城，建年号为"建武"。

建武元年（25），刘秀为纪念潞水大战的胜利，改"路县"为"潞县"，潞县仍隶属渔阳郡。

西汉时期疆域图

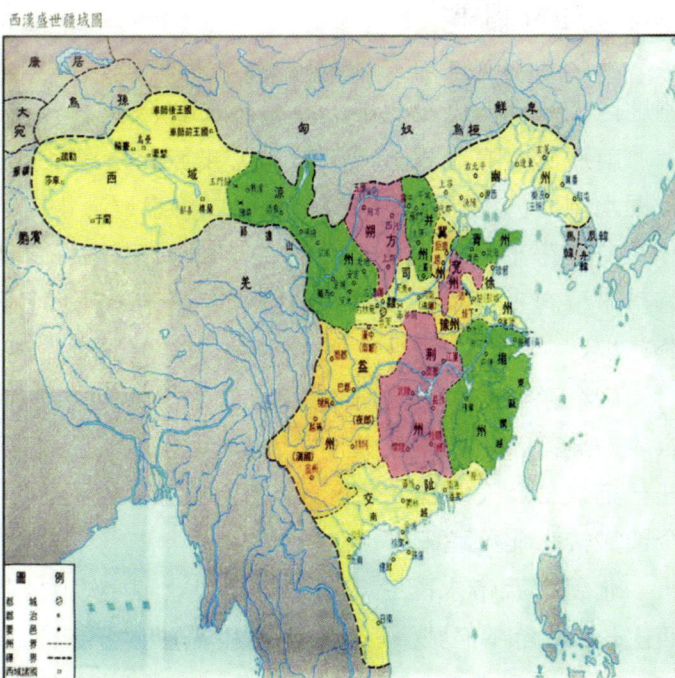

03 ◀

今台湖地区属渔阳郡潞县。

东汉建安六年（201），丞相曹操挟天子以令诸侯，北征乌桓。渔阳郡被乌桓占踞而废除，在幽州蓟城另建广阳郡。建安十年（205），曹操开凿泉州渠连通潞河输运粮草，至犷平（今密云）征伐乌桓前线。不久，击败乌桓，曹操复置渔阳郡，今台湖镇域仍隶属渔阳郡。

延康元年（220），曹操之子曹丕称帝建"魏"，三国魏黄初元年（220）废除渔阳郡，在幽州蓟城设置诸侯国燕国，今台湖地区隶属曹魏所辖的燕国潞县。

魏元帝曹奂咸熙二年（265），相国、晋王司马炎称帝，废"魏"建"晋"，史称"西晋"，建年号"泰始"。泰始元年（265），在幽州蓟城仍设燕国，今镇域属晋之燕国。

304年，匈奴贵族刘渊兴兵灭晋，建立赵国，史称"前赵"，建年号为"光初"。次年。羯族大将石勒联合汉族贵族，举兵占据幽燕地区，建立割据政权，史称"后赵"，未建立年号。后赵废除曹魏在幽州蓟城所设的燕国，复设渔阳郡，渔阳郡、潞县治所依旧在今三河县城子村。今镇域隶属渔阳郡。

后赵石祗永宁元年（350），鲜卑族前燕国君慕容儁，率军攻占幽州地区，在幽州仍设燕郡，今镇域改隶燕郡。

前燕慕容暐建熙十一年（370），氐族前秦皇帝苻坚，率劲旅攻灭前燕，占据幽州，仍设燕郡于蓟城，今镇域仍隶属燕郡。

前秦苻丕太安元年（385），原在中山（今河北省定州）称王的后燕皇帝慕容垂，率军攻占幽州蓟城，沿用前燕郡县设置，今镇域仍隶后燕燕郡。

后燕慕容盛长乐元年（399），鲜卑族北魏道武皇帝拓跋珪，率劲旅攻破燕都，进而占据黄河以北广大地区，废除燕郡，并将渔阳郡治南迁至雍奴（今天津市武清区东八里），废除泉州县，将县域划入雍奴县。今镇域转隶北魏渔阳郡。

北魏孝武帝永熙三年（534），丞相高欢把持朝政，逼迫皇帝元修西出长安，而在平城（今山西省大同市）拥立元善为皇帝，迁都于邺城（今河南省临漳县城西四十里），史称"东魏"，建年号"天平"。今镇域改属东魏渔阳郡。

北齐幼主高恒承光元年（577），鲜卑族北周武帝宇文邕灭北齐，占据黄河流域和长江中下游流域。渔阳郡、潞县和雍奴县设置未变，今镇域隶属之。

北周幼主宇文阐大定元年（581），丞相杨坚废帝自立，建立隋朝，建年号"开皇"。今镇域均隶属于隋。开皇三年（583），隋文帝杨坚以设郡过繁，人口减少，下诏罢除诸郡，只存州、县两级政权机构。于是，渔阳郡废，今镇域随潞县属幽州。

隋炀帝杨广大业三年（607），为了加强对各地的统治，隋朝取消范围大、权力重的州级政权，又在蓟城置涿郡。今台湖地区随潞县改隶涿郡。大业八年至十年（612—614），隋朝三征高丽，百余万大军浩浩荡荡分三路东征，粮由县南运，兵由县北行。台湖地区大部分少壮被征发。

唐高祖李渊武德元年（618）建立唐朝，废郡改设州，涿郡复称幽州，今镇域属幽州。次年，河北起义军首领高开道自立为"燕王"，建都渔阳（今天津市蓟县）。另一支河北起义军领袖窦建德自立，建"夏国"，建都洺州（今河北省永年县）。各自割据一方，威胁新建立的唐王朝政权。李渊所率唐军占领幽州蓟城，镇压这两支农民起义军。为此，于武德二年（619）在潞县置玄州，并析潞县东部置临泃县，上隶河北道幽州，今镇域隶属河北道玄州。

唐太宗李世民贞观元年（627）二月，废除玄州，裁撤临泃县，将该县所辖地域划归潞县。今台湖地区随潞县上隶幽州。

唐玄宗李隆基天保元年（742），朝廷下诏，天下州级政权机构全部改为"郡"，"幽州"易名"范阳郡"。唐肃宗李亨宝应元年（762），范阳郡又复称"幽州"，今镇域隶属幽州。

唐朝末年，地方势力相互征伐。唐哀帝李柷［柷 zhù：古书上说的一种树。］天祐四年（907），梁王朱温灭唐称帝，建立"梁"，史称"后梁"，建都"汴梁"（今河南省开封市），今镇域属后梁。

后梁乾化元年（911）八月，原燕王、卢龙节度使刘守光称帝，国号"大燕"，以幽州为都城，改元"应天"。由于刘守光统治期间残暴不仁，因此大燕又被称为"桀燕"。乾化二年（912），晋王李存勖派周德威率兵三万会合各路兵马攻打桀燕。次年，幽州城破，大燕国灭亡，潞县为晋所辖。"桀燕"仅存二年，潞县及今镇域先后隶属"大燕"及晋之幽州。

后梁龙德元年（921）十月，辽太祖耶律阿保机亲率大军进入居庸关。十一月，攻克古北口，次年，分兵掳掠潞县等十几城，将原住民裹挟到契丹人腹地，在渤海人驻地另建一潞县。后梁龙德三年（923），四月，晋王李存勖在魏州（今河北大名北）称帝，改元"同光"，沿用"唐"为国号，史称"后唐"。

后唐清泰三年（936），石敬瑭起兵造反，坐困于太原，于是向契丹求援，允诺割让燕云十六州献给契丹，每年进贡大批财物。随后，在契丹援助下，攻灭后唐，石敬瑭甘做"儿皇帝"，建立"后晋"，定都汴梁（今河南省开封市）。今台湖地区改隶后晋幽州。

天福三年（938），燕云十六州划为契丹国土，并在幽州设陪都，称"南京"。契丹在南京设南京道幽都府，今镇域改属契丹南京道幽都府。统和年间（983—1012），为将辽东物资水运南京（北京），开凿萧太后运粮河，引高梁河水，东经今镇域北部至今张家湾入潞河，辽东粮船直抵南京（北京），沿河村屯逐渐增多。

辽圣宗耶律隆绪开泰元年（1012），南京道幽都府易名"南京道析津府"。今镇域上隶南京道析津府。时域内有湖泊名"台湖"。据《辽史》记载，耶律隆绪于统和八年（990）、九年（991）曾到台湖游猎，十年（992）夏四月，以台湖为"望幸里"。

辽国天祚帝耶律延禧保大二年（1122），即宋徽宗赵佶宣和四年，宋金两国订立"海上之盟"联兵灭辽，夺回燕云十六州，但宋朝接收的只是长城内一座残破不堪的燕京空城和蓟（今河北蓟县）、景（今河北遵化）、檀（今北京密云）、顺（今北京顺义）、涿、易（今河北省易县）六州。宋朝在蓟城设"燕山府"，今镇域上隶宋朝燕山府。

宋宣和七年（1125），金国败盟毁约，挥兵南侵。金太宗派遣二弟完颜宗望（斡离不）、四弟完颜宗弼（金兀术）率军攻入长城，攻陷燕山府，夺走长城内六州，并继续南侵。金国在燕京设"永安路析津府"，

今镇域上隶之。

金国海陵王完颜亮天德三年（1151），为建都城，治理高梁河（即元代通惠河）开通漕运，取"漕运通济之义"，在潞县称设置"通州"，领潞、三河两县。贞元元年（1153）金国把首都从今黑龙江阿城迁到燕京，改燕京为"中都"，并将永安路析津府改为中都路大兴府，今镇域改属中都路大兴府通州。

金宣宗完颜珣贞祐三年，即蒙古铁木真十年（1215），蒙古铁骑攻破长城，占据金国首都（燕京），并在中都设燕京路大兴府，今镇域随通州上属燕京路大兴府。

元世祖忽必烈至元元年（1264）、九年（1272）先后将"燕京路大兴府"易名为"中都路大兴府""大都路大兴府"，今镇域上隶之。至元二十一年（1284）改大兴府为"大都路总管府"，今台湖地区隶属大都路总管府。

元顺帝妥欢帖睦儿至正八年，即明太祖朱元璋洪武元年（1368），明大将徐达、副将常遇春率领明军25万北讨元廷，攻克漷州、通州，攻破大都，将元朝统治者逐出长城。明军在大都城内设北平府，同时，将潞县并入通州成为直辖区。明成祖朱棣永乐元年（1403），将首都从南京迁至北平府，并将"北平府"改成顺天府。今镇域先后隶属北平府、顺天府。

明思宗朱由检崇祯十七年（1644），闯王李自成率领农民起义军攻入北京城，推翻明朝，崇祯皇帝在紫禁城后煤山（今北京景山）自缢身亡。其后，李自成率精兵五万，穿过通州城，杀奔山海关，征讨前明宁远总兵吴三桂，并抵御山海关外后金兵的侵犯。吴三桂引清兵入关，并联合镇压农民起义军，攻入北京。后金定都北京，改国号为"清"，清世祖爱新觉罗·福临顺治元年（1644），在北京仍设顺天府，又在元年、七年（1650）、十四年（1657），在通州先后设置通州兵备道、通密（今密云区）兵备道、通蓟（天津市蓟州区）兵备道，管理京东八县（通、三、武、宝、蓟、香、宁，外加一座漷县城）全部军政事务。清康熙八年（1669）通蓟道改称"通永（永平府，即今河北卢龙县）道"。康熙二十七年（1668），顺天府在所辖区域内设四路厅，其中东路厅设在通州，上隶通永道。今台湖地区上隶顺天府通永道。

清宣统三年（1911）中国资产阶级民主革命的先驱孙中山领导辛亥革命成功，推翻了清政府，建立中华民国。民国元年（1912）沿袭明制，仍在北京地区设立顺天府。通州及今镇域隶属之。民国三年（1914），民国政府将全国所有不领县的州级政权降级为"县"，通州降称"通县"，同时顺天府改称"京兆特别区"，今台湖地区隶属京兆特别区通县。1916年，全县划为十三区，今镇域北部台湖及附近村庄为通县第六区辖地，区治所设在张家湾村；南部次渠及附近村庄为通县第五区辖地，区治所设在马驹桥。十七年（1928）民国政府由北京迁往金陵南京，京兆特别区改称"北平市"，直隶省改称"河北省"，通县及今镇域改属河北省。1929年全县划为八个自治区，今镇域为第五、第六自治区辖域。

民国二十二年（1933），日本侵略者铁蹄践踏到长城一线，国民政府与日寇签订"塘沽协定"，规定在冀东地区建立滦榆区和蓟密区两个非武装区。通县县城南城垣东西延长线以北，划入蓟密非战区，而以南区域仍为国民政府控制区。蓟密区专员公署自北平市迁至通州城内文庙内，通县隶属蓟密非战区。

明洪武十三年（1380）通州、潞县示意图

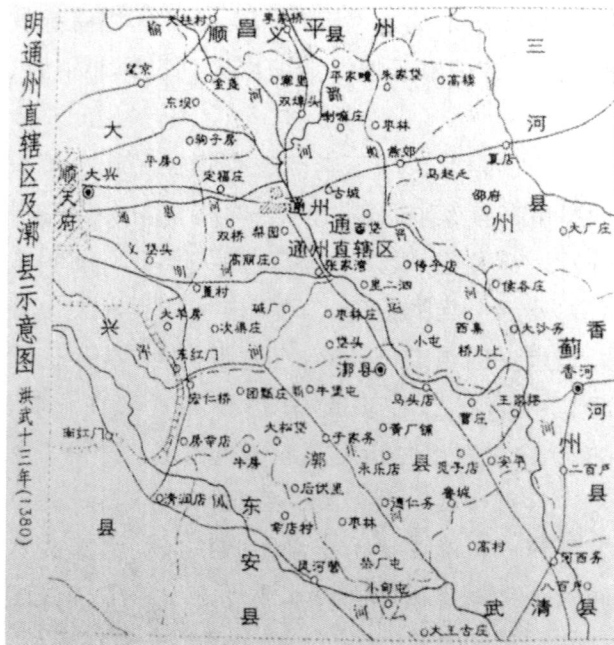

1934 年全县划为五个自治区，今镇域所辖地区为第五自治区；1936 年全县又改为五个警区，今镇域改属第五警区。

二十六年（1937）7 月 29 日，"冀东政府"驻通县保安队第一总队队长张庆余，第二总队队长张砚田及教导总队第二区队队长沈维干联手组成指挥部，领导驻通县保安队万余人举行武装起义，当夜，活捉大汉奸、"冀东防共自治政府"长官殷汝耕，击毙日寇特务机关长细木繁、顾问奥田重信及守备队长以下 500 余人，迫使伪政府迁往唐山市。次年，日寇将"冀东防共自治政府"与先已成立的华北"临时政府"两个傀儡政府合并，设立伪河北省冀东道，同时国民党通县政府归并伪通县政府。今台湖地区隶属伪河北省冀东道。

二十九年（1940）国民党副总裁、大汉奸汪精卫公开投敌，在南京成立伪国民政府，伪河北省政府隶属伪国民政府。同时日寇废除冀东道，在北平市内设置燕京道，通县及今镇域属伪政府燕京道。

三十三年（1944）侵华日寇败像已露，当年 6 月，日寇撤销燕京道，在唐山市设置伪河北省冀东特别行政区，通县及今镇域隶属于这个行政区。是年，中共领导的武装人员深入镇域内部分村落，发动群众，开展敌后抗日活动。

民国三十四年（1945）8 月 15 日，日本帝国主义宣布投降，9 月 3 日，在投降书上签字。中国人民取得抗日战争的最后胜利。国民党反对派在美帝国主义的支持下，抢占伪区，抢夺胜利果实。国民党河北省政府在通县文庙内设立第五专区衙署，国民党通县政府隶属之。是月，中共领导的冀东各县抗日民主联合县撤销，各县各自成立人民民主政府。是年 10 月，通县民主政府在今西集镇侯各庄村成立，县机关设在该村西北角圆通寺内。1946 年，今台湖镇域为三间房乡、次渠乡辖地。

1948 年 12 月 13 日，中国人民解放军第 41 军第三纵队第 1356 团，歼灭了盘踞在马驹桥的国民党第 252 师所属青年军一个整编连，驻通县国民党军队全部撤退到北京城内。次日，通县全境宣告解放。同时，冀东十四军分区进驻通县文庙。通县民主政府机关自西集迁到张家湾村。通县及台湖地区上隶十四军分区。1949 年 8 月，河北省人民政府在通县文庙设置通县专区，下辖 14 县镇，通县及今镇域隶属通县专区领导。

　　1949 年 10 月，全县设八区，今镇域北部台湖及附近村庄为通县第六区辖地，区治所设在田府村；南部次渠及附近村庄为通县第七区辖地，区治所设在马驹桥。1950 年 6 月至 1953 年 5 月，全县设九区，今镇域为第七区（马驹桥区）所辖。1953 年 6 月全县设 128 乡，今台湖镇辖域为第六区所属的台湖乡、铺头乡、西下营乡、外郎营乡和第七区所属的麦庄乡、史村乡、郑庄乡、高古庄乡、北神树乡所辖。1956 年 7 月，全县合并为 44 个乡，今台湖地区为台湖乡、麦庄乡、郑庄乡辖域。

　　1958 年 4 月，撤销河北省通县专区，通县、通州市合并为通州区，划归北京市管辖。今镇域属北京市通州区。1958 年 5 月，原属郑庄乡的大羊坊村、南双桥村、康村、大碱庄村划归朝阳区。是年全区设 23 个乡 1 镇，今镇域为台湖乡、次渠乡辖域。

　　1958 年 9 月，今台湖地区北部为张家湾人民公社的台湖管理区所辖；南部分别为马驹桥人民公社的丁四庄、姚村、史村、次渠、麦庄管理区所辖。1960 年 2 月，撤销通州区，恢复通县建置，今镇域属北京市通县。

　　1961 年 7 月全县建 32 个公社，始建台湖人民公社。今镇域北部为张家湾工委管区台湖人民公社所辖；南部为马驹桥工委管区麦庄人民公社、丁四庄人民公社所辖。1965 年 5 月，全县建立 15 个公社。原属大稿村人民公社的铺头、口子、朱家垡、田府、前营 5 村划入台湖公社。麦庄、丁四庄两公社合并建立麦庄人民公社，今镇域分别为台湖公社、麦庄公社所辖。1981 年麦庄人民公社改称次渠人民公社。1983 年 7 月 28 日，撤销人民公社和生产大队建制，在原人民公社管辖范围基础上建乡。原台湖公社、麦庄公社，分别改建为台湖乡、次渠乡。1990 年撤销城关等 10 个乡，改建"镇"。次渠乡改建为"次渠镇"。2000 年 7 月，撤销台湖乡，设立台湖镇。2001 年 11 月，撤销台湖镇、次渠镇，设立台湖镇，镇政府驻台湖村。管辖区域为原台湖镇和次渠镇辖域，共 46 个行政村。至 2020 年未变。

　　（孙连庆，原通州区史志办史志科科长，通州区政协文史和学习委员会特邀委员）

台湖村庄来历简述

■ 《乐和台湖》编修小组

　　台湖镇历史悠久，从其域内散布的墓葬来看，最早可追溯到战国时期，经过2000多年的发展与变迁，至2021年，台湖镇已经成为有6个社区，41个行政村，户籍人口39649人的现代化小城镇。

　　镇域内古墓群众多，战国至汉代，这里从东到西，从南到北，即有大量人类活动。地处镇域中东部的北火垡村西有战国—汉代墓群，向北有尖垡村北大土岗汉墓群，至镇域东北部有田府村岗子汉墓群。由此西折镇域北部，有朱家垡岗子汉墓群、铺头村西南的岗子战国—汉代墓群、口子村东岗子汉墓群、胡家垡北的土岗子汉墓群。至镇域中部有周家坡岗子汉墓群、垛子汉墓群、永隆屯汉墓群。至镇域南部、西南部又有高古庄村、次渠村、崔家窑村、水南村、北堤村、北神树村、东石村汉墓群。除汉墓外，唐、辽、金、元、明、清各朝代墓葬均有发现。可是，有关这些早期聚落的文字记载极少。

　　至唐代，镇域内已经出现了有名称的聚落。西南部崔家窑村附近有赵户台子遗迹，遗迹内古井为唐砖砌成，除一口大井外，周围还有许多小井。2009年拆迁前，该地仍称赵户台子。在该地以北1500米处，次渠村北侧的轻轨L2线通州段施工中，北京市文物研究所发掘清理了唐、金时期的砖室墓。证实其中M4、M5、M7、M9，4座墓葬属同一家族墓地，说明次渠村在唐代已形成聚落。

次渠村唐金墓
发掘现场

宋辽时期，域内亦有多处聚落。辽圣宗连续三年（990—992）莅临台湖地域，公元992年，将这一带作为望幸里（宋代实行"乡里合一"，里即乡。望幸里应为乡级，时台湖村称台户）。并举行群臣参加的大规模实战演习。1955年春，永隆屯村村民景茂华盖房取房土时，从院内挖出白瓷黑花瓷瓶，经鉴定为宋代文物，属磁州窑。瓷瓶出土处，还挖出了经火烧过的灶心土，为火坑土灶，为民居遗迹，此次发现说明，永隆屯在宋代已形成聚落。

到金、元时期，域内祭祀活动明显增加，随着水利资源开发利用，人们已经傍水而居，有元代军营，演化为民居。如金天会八年，东北部的田府村，已建佑圣寺。今胡家垡、朱家垡，原村名为胡家筏、朱家筏，有学者据此推断二村为金代海陵王造船之所。元代，西北部铺头村建有三教庙。东南部的新河村，因元代至正年间开通金口新河而名新河。西南部的水南村因居浑河（今凉水河）南而名。董村元时形成聚落，《元史》载："脱脱重开金口河，引浑河水东流经董村北入通州境。"北小营村即元朝降明驻军屯田营地。形成两个较小聚落后，均称鞑子小营，简称小营。

至明代，域内多地聚落成村。一是军营，演化为民居；二是农耕、水利、工商各业的需要促使形成聚落。北部偏西的前营村原为驻军营地。传朱姓迁徙民在萧太后河两岸垦田，后形成聚落称前营。

东北部的玉甫上营村的上营，西下营村和东下营村，均为明代军营。玉甫上营原系玉府（清代改名为玉甫）、上营两村，民国后期合并，称玉甫上营。西下营曾名中营，东下营居东，曾名下营。镇域南端的安定营村，明初称童子营，清乾隆时称哨子营，嘉庆年间名骚子营，1981 年，因村名雅化而改称今名。中部的外郎营村，一说明代南方大户方姓迁此买得朝廷"员外郎"得名；一说因朝廷某部员外郎的职田（官田）在此得名。西南部的马庄村，因明初马姓随平定北方部队至此定居，形成聚落后称马家庄。

因农耕、水利而形成的村落较为普遍。如镇域东南部的尖垡村，因明代迁徙民耕种土地技术比周边村落的好而得名。北火垡村，一说明代迁徙民至此垦田聚落，因村南已有南火垡，故名；一说明代移民顾、陈、丁、李、韩 5 户人家至此屯田，为不受当地人欺负，结成异姓兄弟，采用古人以通假字中的"火"同音替代"伙"而名。镇域东南部的窑上村，一说明代商姓迁徙民至此形成聚落，曾称商家庄。于村南建窑烧制砖瓦，因位于窑之北而名；一说该村原名商新庄，因"商新"与"伤心"谐音，为避讳不吉，改称窑上。大地村，相传为明代窑上村商姓开垦土地，于地边盖 5 间房暂住，清乾隆初年名荒厂，民国间更名为西大地，后简称大地。镇域中南部的麦庄村，明《宛署杂记》载："朝天宫庄地，八十七顷有奇。地在通州，地名麦庄里。"清初，因盛产小麦而名。

而镇域西南部的北神树村，传明代有两个道士至此，带来桃树苗称神树，形成聚落后名神树村。民国年间，因南神驹村也称神树，该村位于北而改称北神树。西北部的口子村，南濒萧太后河，明代因水面宽，村名小海子。清初，因村子位于河堤决口北更名口子上。镇域东部的北姚园村，明代称姚园。清初疏挖凉水河，将该村分为南北两部，统称南北姚园，该村位于北而名北姚园。镇域东南部的碱厂村，明代称吴新庄。因清初设有制碱作坊而得名。镇域西南部的东石村，为明代迁徙民定居建村，形成集市，名东市。民国末期集市消失，称东石。镇域南部的蒋辛庄村，明代形成聚落后曾名蒋家新庄。民国初年，改称蒋辛庄。兴武林村，明初，有罗、马、杨、卞、钱、卜六姓随平定北方军队至该地建村，因罗姓为大户，曾名罗家庄。清初，因该村南有一片树林，村民至此打拳习武兴盛，改称兴武林。

此外，域内还有"明、清两说"村庄。镇域中南部的桑园村，一说明代有桑姓迁徙民至此经营菜园，形成聚落后称桑园；一说清初圈地中，此地为清廷赐给桑姓官员之园而名。镇域西南部的丁庄村，一说明代丁姓看守皇亲墓地，形成聚落后称丁家庄；一说清初"圈地"中，丁姓旗人在其所圈旗地旁聚落，以姓称丁家庄。白庄村，一说明代白姓首居该地，形成聚落后称白家庄；一说在清初圈地中，白姓旗人在其所圈旗地内建村，形成聚落后以姓称白家庄。孟庄村，一说明代孟姓迁至该地定居，形成聚落后称孟家庄；一说在清初"圈地"中，孟姓旗人在其所圈旗地旁建村，形成聚落后以姓称孟家庄。郑庄村，一说明初迁徙民郑姓至此建村，以姓称郑家庄；一说在清初"圈地"中，郑姓旗人在其所圈旗地旁建村，称郑家庄。镇域中部的垛子村，明初名马家屯。该村关帝庙内铁钟上铸有"马家屯"字样。清康熙年间村子被掩埋大半，只有村南部崔、洪、柏、单四姓数十人生还。后在沙丘（方言称"垛子"）之南重建家园，名垛子上，民国初简称垛子。镇域南端的高古庄村，明初形成聚落后称高家庄。清初举庄外迁，只留墓地。清末迁来他户，复成聚落，仍名高古庄。

至清代，大多数优质宜居的土地已有人居住，后来之人只能开发新的土地。北堤村，乾隆《通州志》已有记载，因雍正年间疏浚凉水河，据北堤旁，名北堤上。1954年疏挖凉水河，村分南北两部，因该村居北而名。镇域东部的唐大庄村，地处凉水河畔低洼易涝地带，清初称唐家大庄，清末名大唐庄。民国初年，与另一小聚落小唐庄合称大小唐庄，新中国建立前夕改称唐大庄。镇域中部的周坡庄村，传清代周姓先民至此定居，称周家破庄。民国中期曾改称周小庄和小营。新中国建立后，将村名雅化为周坡庄。桂家坟村，因清代为皇亲桂胜、桂太墓地而名。镇域西南部的西太平庄村，清代形成聚落。民以天下太平愿望称太平庄（乾隆《通州志》已有此村）。镇域东南部的徐庄村，清顺治年间徐钦兄弟二人自北京沙河至此定居，形成聚落后，因姓称徐家庄，民国初年简称徐庄。

到民国时期，镇域西北部的江场村，清代曾为胡家垡村的高家场院，

因有姜姓人到此居住，看场护院，故而得名江场村。

中华人民共和国成立后，随着社会的发展和时代的变迁，这些村落也发生了翻天覆地的变化，有些村落已整体拆迁，村民住进了设施齐备的楼房，改变了过去农业社会靠天吃饭的生活。截至 2021 年，台湖镇已有 22 个村拆迁上楼，1 个村完成旧村改造，23 个村依旧保持着原有的村落。

次渠和玉甫上营地名探源

■ 陈喜波

一、次渠地名来源

次渠村位于台湖镇西南部，原是一个较大的村落，1965 年曾为次渠人民公社驻地，1983 年撤销人民公社建制，恢复乡建制，为次渠乡政府驻地，1990 年次渠乡改为镇，次渠村为镇政府驻地，2001 年撤乡并镇，次渠镇与台湖镇合并为台湖镇，次渠村从此成为台湖镇所辖的一个村落。《通县地名志》认为，次渠村于元代成村，迁民来到此地，在沟渠之旁定居建村，因渠中茨藜丛生，荷花茂盛，因荷花又称芙蕖，故名茨蕖庄，1913 年改称次渠。周良著《通州地名谈》认为该村西北原有大片池塘，池中生长芙蕖，铺满水面，非常壮美，遐迩闻名，因而名为"茨蕖"。该书认为"茨"为"聚集"义，而"蕖"古代与"渠"通用。清末，因"茨"为入声字，仄声发"次"音，被改为"次渠"了。

上述两种解释皆认为"渠"来自于"蕖"，指芙蕖（荷花），即河中开满莲花而得名。但这样解释明显带有望文生义的味道。乡村地名一般不会如此复杂，既然河塘中开满莲花，叫做"莲花河"或"莲花池"可能更容易为民间所接受。况且，古代社会民众的知识水平普遍低下，地名中不会出现如此文雅且难以理解的采词用语。在不同时期的《通州志》中，关于次渠的文字记载是不同的，嘉靖《通州志略》记载为"次渠"，康熙《通州志》记载为"茨渠"，乾隆《通州志》记载为"次蕖"，

光绪《通州志》记载为"茨蕖"，民国时期的《通县编纂省志材料》和《通县志要》两本志书皆记载为"次渠"。可以看到，明代志书的关于次渠的书写方式已经与今天一样，清代志书关于次渠的文字记录分别是"茨渠"、"次蕖"、"茨蕖"等几种形式。上述两种解释并没有对次渠地名沿革作出历史溯源分析，不知明代已经出现"次渠"的记录，片面地认为"茨蕖"出现于"次渠"之前，故在逻辑上难以说明次渠地名的来源。

那么，次渠村名的真实含义是什么呢？

要解释这个问题，先得考察一下国内的几个地名。今平谷城区东南沟河边有东寺渠、西寺渠两个村，因村中有八蜡庙，且濒临沟河，故名"寺渠"，但当地老人皆称作"刺"渠；大连旅顺有寺儿沟村，当地皆读作"刺儿沟"，因该村位于山沟内，且山沟内建于明代的寺庙而得名；延庆有茨顶村，因该村临近的山顶上有寺庙而得名。上述几个地名均因寺庙和地物而得名，按照现代发音分别为"寺渠"、"寺儿沟"、"寺顶"，但实际上民间将"寺"字皆读作"cì"。由此，可判断通州次渠地名中的"次"字，当为"寺"字，次渠村得名应与其村内的寺庙有关。历史上，次渠村的确有一座大庙叫做宝光寺。按文献记载，次渠村宝光寺建于元代，寺内有定光佛舍利塔，塔高 30 余米，是方圆十几里地最高的建筑。正是由于此寺庙势明显的地标特性，因为成为地名命名的要素之一。另外该村位于一条河流之畔，也成为该村的指代性地标。现状次渠村附近并没有河流，从次渠村名来看，历史上村旁应当有一条河流经过。依据宝光寺建成年代可知，至少在元代，次渠村附近是有一条河流存在的。因此，次渠村地名实际上来源于宝光寺和河渠，正名当为"寺渠"，因"寺"读为"cì"，故文字上记作"次渠"，是记录地名发音的结果。

二、玉甫上营的地名来源

玉甫上营是台湖镇的一个行政村，位于台湖村东。乾隆《通州志》和光绪《通州志》皆记载为"玉府"、"上营"两个村，其方位是"离城十五里"。1932 年出版的《通县编纂省志材料》记载有"玉甫"村，上营村为其附属村。1941 年出版的民国《通县志要》则记载为"玉甫上营"，玉甫与上营已经合为一村。

《通县地名志》认为明代已成村。因该地曾为驻军之所，自西向东排列为三个营，此为最西端，故名上营。玉姓大户至该地西北建村，依姓曾名玉府。1913年后因二村近在咫尺，合并成今名。

上述地名解释是望文生义的结果，玉甫并非因为玉姓大户而得名。在1928年顺治水利委员会实测地形图通县图幅上，可见台湖村东的村落标注为"于家务"。民国时期比例尺1：1万的通县地形图上也同样在台湖村东标注有"于家务"的村落。通过古今地图对比，可知这个"于家务"就是通州志书中的"玉府"村。在华北地区，地名凡是叫做某家务的村落民间也叫某家府，简称某府，因此有"逢府必务"或"逢务必府"的说法。如通州区西集镇郎家务村称作郎府，于家务乡于家务村简称于府，潞城镇郝家务村称郝家府。可见"玉府"或"玉甫"其实就是于府，来自于于家务或于家府，通州志书上的"玉府"或"玉甫"实际上是记录于府的发音，本身并不表达什么含义。综上，玉甫上营是于家务（于府）和上营两个村合并而成的地名。

1928年顺治水利委员会实测地形图上台湖村和于家务村

另外，今玉甫上营村东有西下营、东下营，这两个村落地名的来源也需要在此交代一下。乾隆《通州志》和光绪《通州志》皆记载有"上营"、"中营"、"下营"三个村。对照光绪《通州志》中所附通州地图所

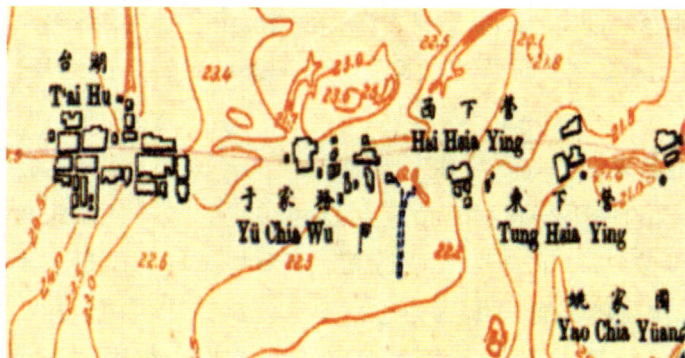

画上营、中营、下营相对位置，可知中营对应今天的西下营。

在 1915 年印制的通县地形图上，玉甫上营标注为玉甫、上营两个村，上营村东为下营，下营村东为东下营。民国《通县志要》则记载为"东下营"、"西下营"。显然，西下营村原为中营村，后因与上营村东西相对，称为下营村，原来的下营村则称作东下营。再后来，下营村因与东下营东西相对而得名西下营。

（陈喜波，北京物资学院大运河研究院副院长）

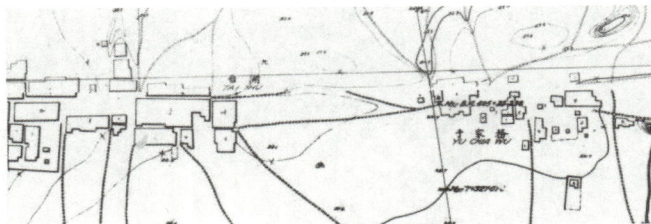

民国 1:10000 通县地形图标注的台湖村和于家务村

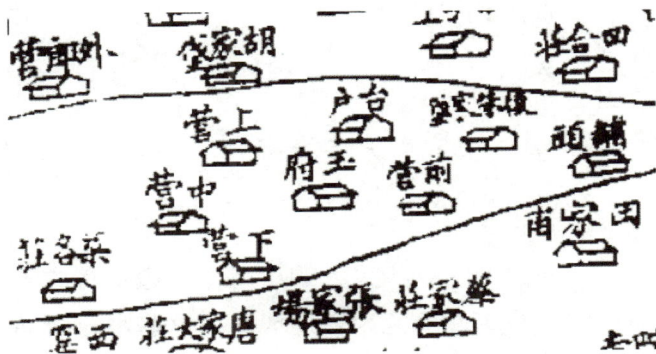

光绪《通州志》通州地图中标注的上营、中营、下营村

1915 年出版的通县地图上标注的玉甫村、上营村、下营村、东下营村

消失的村庄

■ 口述：赵武良 卢志海 郭 泉　整理：刘长青 崔永刚

　　台湖镇域内一些较大的村庄，周边都有一些小的村落，这些附属的小村庄，在华北地区为普遍现象。这些小村所建立的时间不同，消失的时间也不等，有建国初期消失的，也有在 20 世纪 80 年代消失的。

　　早年间，在台湖村村北一百米处，有一个十几户的小村落，叫"后营赵家"。村里的人都姓赵，其成村年代不详。20 世纪 50 年代，因村民盖房人数增多，台湖村就和"后营赵家"这个小村连成了一片，统称为台湖村。

　　胡家垡村村西也有一个小村，叫"张庄"。东距胡家垡村有 1 公里，西距大鲁店村 1 公里。张庄有百余年历史，隶属于胡家垡村。当时有十余户居民，张姓为大姓。1955 年成立合作社，村民搬入胡家垡村内，是附近消失最早的袖珍小村。

　　田府村附属小村有两处。一处是村西 0.5 公里处，有一小村叫"西坟地"，十余户人家，多为张姓，有百年历史。另一处在田府村东南 1 公里处，只有两户人家，称不上小村了，叫"东锅户"，是张姓本族兄弟二人，民国初年即于此定居。1980 年村镇规划，这两处小村搬入田府村内。

　　前营村东三百米处，也有一小村叫"楼上"，成村年代不详，有康姓、张姓等十余户人家。小村布局很紧凑，隶属前营村。1980 年农村规划，

"楼上"的居民搬入前营村内。

江场村南 0.5 公里处，有一个只有三户人家的小村，叫"后坟地"。后坟地的三家都姓高，全是本族，虽然住户不多，但存在的历史也不短了，据村民说，为高姓家族的看坟人。1980 年农村规划，"后坟地"居民迁入江场村内。

口子村南临萧太后河，河南岸一片开阔地上，住着一些人家，其历史已无从追溯，当地村民称其为"南行街"。小村中住有塔姓、李姓、丁姓、何姓、陈姓、樊姓等十几户人家。据塔姓，可推为元代建村。袖珍小村结构紧密，村中是一条整齐的街道，前后两排住户。十几户居民长期和谐相处，谁有事众人都会去帮忙。此小村也是在 20 世纪 80 年代初新农村规划时，村民全部迁入口子村，从此这个叫"南行街"的小村永远地消失了。

次渠地区，距北神树村西北 1.5 公里处，曾经有一片坟茔，并有十五间破败不堪的砖瓦房，由于久无人居，显得十分荒凉，因此被人们称作"十五间房"。但具体是谁家的？何时修建？已无人知晓了。据赵武良老人讲，光绪年间，穷困潦倒的赵家三兄弟为了能够延续香火，求得生存，一家人迫不得已背井离乡，自朝阳区黄厂村逃荒来到此地生活，自此荒凉也不再是这里的代名词，人们从这里经过总能听到一声声的鸡鸣和一阵阵的犬吠，偶尔还有小孩子们追逐打闹的声音。1958 年，十五间房被编进了北神树村"第十生产小队"，不久，北神树村并队，将十个小队改编为四个生产大队，直到 1981 年，十五间房整体搬迁到北神树村南，发展到了 25 户，人口超过 100 人，原住址被改造成了一片高产良田，直到 90 年代末，在北神树村西建起了当时北京市最大的石材加工批发市场，原来的十五间房成为了建材市场的办公区，2011 年冬，赵氏一家又迎来了再一次整体迁徙，上一次搬迁是为了活命，而这一次是为了更好地生活。

东石村西北 1.5 公里处，早年有一片坟地。据东石村民卢志海说，道光二十三年（1843）冬，一对卢姓青年夫妇，带着孩子从京东一个叫小务的村庄逃荒至此地，便留在此地为坟茔主人看护坟地。时间久了，原来的坟主渐渐的就被人们遗忘了，而卢氏一家由于在此长期耕作，为人耿直、豪爽，和附近人们关系密切，因此"卢坟"这个小村庄的名字就叫开了。到了民国时期，又有自山东逃荒来的郭姓和从王庄子过来的王姓在此定居。1976—1978 年，"卢坟"村民分三批迁址到东石村隶属第四生产队，此时卢氏已经传承了十代，100 多口人，可谓是"人丁兴旺"。至 2011 年，分别搬迁到次渠北里和南里定居。

（刘长青，原台湖公社修配厂班组长、东方化工厂给排水车间班组长）

（崔永刚，新华敬业物业管理有限公司定海园物业副经理，原崔窑村民兵连长、团支部书记，原北京龙潭消防器材厂崔窑分厂厂长）

台湖村曾名"望幸里"

■ 刘福田

打开《辽史》遍阅全书，只有在《圣宗纪》中有 4 次关于台湖的记载，这 4 次还间隔很短，集中在不满 3 年时间段。第一次在统和八年（990）正月，辽圣宗来到台湖，并且下令解决判决不明滞留犯罪嫌疑人问题；次年正月，在下令禁止佛教庙宇擅自收度僧尼之后又到台湖；十年（992）正月，下令禁止民间丧葬时杀马后，第三次到台湖。同年农历四月，辽圣宗第 4 次到台湖，并意将台湖改名"望幸里"。改了没有？皇帝说话还能不算数，那时起台湖还真就更名为望幸里了。

为什么要说更名呢？因为在此之前台湖或台湖村显然存在，且村名称"某某里"，意思是这地方早有人居。古有"乡里"一词，"里"是乡以下的基层行政单位，更名前这个村庄就叫"台湖"，这在《辽史》中记得很清楚！由此可以肯定，台湖村成村年代更早，但早到什么时候就没有历史记载了。但以台湖镇隔凉水河的张家湾镇仓头村、南火垡村和台湖镇南临凉水河的北火垡村发现战国遗迹推论，台湖村海拔高于这几个村大约 2 米，其人居史起码应早于春秋战国。

推论准确与否无关本文主题，我们这里只要知道辽圣宗时台湖村更名"望幸里"，在那之前此处早有人居。既然早有人居，这一地区就不会没有陆地，至少相比潞河（今凉水河）南岸的延芳淀，这里已是继续开发的落脚点了。台湖的"台"字也可以证明，事实上它后来就是开发延芳淀的前沿，这甚至包括潮河以北许多地区。考查辽圣宗幸延芳淀的历史记载，在四次到台湖之前，只有统和七年（989），也就是第一次到台湖前一年，曾"驻跸延芳淀"一次，其后就是连续三年四次到台湖，再后多次到延芳淀，却再没有到台湖了。也是啊！新的游乐场所被开发好了，原来的开发指挥部也就闲置了，那后来至多是路过，也就没有必要再记载了，这就是台湖不足三年的历史辉煌。

三年时间不长，但三年四次驾到却够频繁，皇帝短时间高频次到一个小村庄，已经足以让它出名了，何况皇帝还下旨更赐了村庄新名！

通州已故文史专家周良先生由此推测：台湖村或附近，辽代时曾建有皇家行宫，不然连续三年4次皇帝驾到，住哪啊？这一推测确有道理，但现实却是台湖及其附近，从没发现过什么行宫遗迹，至今台湖大部都已开发，还是没有发现任何蛛丝马迹。难道周良先生推测错了吗？也不是，那是因为这里有过的"行宫"，应该就是皇家的固定营帐。

辽朝是北方游牧民族所建，它一开始本就不建什么土木宫殿，发展到后来才向南方汉族政权学习建筑宫殿，尤其后晋天福三年（938），辽国得到"燕云十六州"后，在南北民族融合过程中，这种状况更逐渐加快，发展到后来不仅构筑"南京"，也修建起行宫，比如建于延芳淀中今于家务乡域的神潜宫和长春宫等。但这些行宫都是延芳淀被开发以后所建，而且一开始也未必就是土木结构，很可能起初也是固定营帐，后来去得多了，又为了方便随行的女人居住，这才由固定营帐改造成真正的行宫。

先建于台湖的固定营帐，有没有可能也改造成行宫呢？这个可能性不大，因为辽代时皇家捺钵主场在延芳淀，而一河（潮河）之隔的台湖地区，虽然也有台有湖风景不错，但毕竟不是捺钵主场。且从京城出发到延芳淀，虽可能经过台湖，路程却比较短，不大可能在这个路上再建一座行宫。不过这里曾作为行宫用的那些固定营帐，也可能存在了一些年头，若不然台湖村为什么要更名望幸里呢？

望幸里这个村名有点暧昧。"幸"在古代既指皇帝到达某地，也指皇帝"临幸"某个后宫嫔妃，单纯用于地名并不多见。望幸里简单解释为盼望皇帝到来也不是不可，但多少有点不那么硬气。何况这个名字是

皇帝钦赐，皇帝对一个开发延芳淀临时办公地会如此用心？更有可能的是这里有他的嫔妃。

说到这里就得说说辽圣宗当时的情况了。辽圣宗 12 岁继承皇位，由他的母后萧太后临朝称制 27 年，来台湖时，辽圣宗还远没有亲政呢！但统和八年辽圣宗已经 19 岁，统和十年他就 21 岁了，这个年龄早拥有了众多嫔妃。当时的政事主要由他的母后把持，他没有多少事做，又正是精力旺盛的年纪，注意力应该更多地在他的嫔妃身上。游牧民族的传统，皇帝的嫔妃也大多不在深宫禁锢，她们肯定希望追随皇帝，可皇帝出行，又不能时刻身边都带着许多女人，那些嫔妃极有可能分居在皇帝常去的地方，辽圣宗三年四次到过的台湖，很大可能就留居着他的这些嫔妃……

望幸里这个名字，应该由此而来。

台湖这个地方，辽代时与皇家捺钵园囿延芳淀隔河（潞河），论自然野趣，比不过河南辽阔的延芳淀，但它有台有湖风光旖旎，又处在辽南京（今北京）与延芳淀之间。开发延芳淀时它就是前沿，延芳淀游猎，又在京城进延芳淀距离最短的路上，延芳淀开发后，这里仍是皇家捺钵最常往来之地。那座开发延芳淀时用作行宫的固定营帐，在延芳淀开发后可能延续利用了多年，或者有嫔妃一直住在那里。您想啊，不愿在京城的皇宫里受禁锢，又不想深入延芳淀住得太野，这有台有湖的"望幸里行宫"，是不是最适宜留住的地方？何况皇帝经常由此经过，说不定何时就念起情份来啊——望幸里，皇帝钦赐这个名字，他到这里不大可能只是明确记载的三年四次，茶歇小驻，那就不需史官记述了。

以上推论有没有其它史料或考古证据佐证呢？有，那就是距离台湖村西 2 公里的胡家垡村西北的"宫女坟"。1985 年 4 月有村民建房取土，无意中在此发现墓葬，棺木普通，薄杉木板已朽，但里面的随葬品让人震惊，该墓葬出土了不少黄金饰物，包括金头饰 1 件，有人称之为金凤冠，其面圈按头形大小设计，全为金丝编织焊接，制作极其精美。金头饰上还有大量珍珠，红、蓝宝石等镶嵌物，那一看就是皇家品物。

金头饰外还有龙、凤金钗一对，也是金丝编织焊接，并嵌红、蓝宝石与珍珠若干，也是制作精美的皇家饰物。再外还有精美闪亮的金手镯

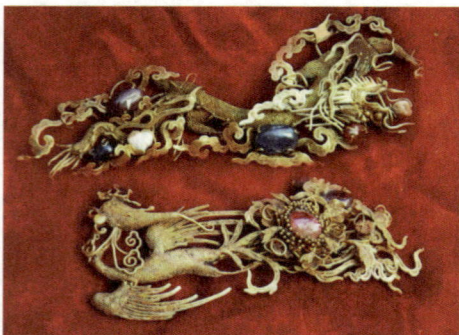

胡家垡宫女墓出土金龙金凤
（通州区博物馆　供图）

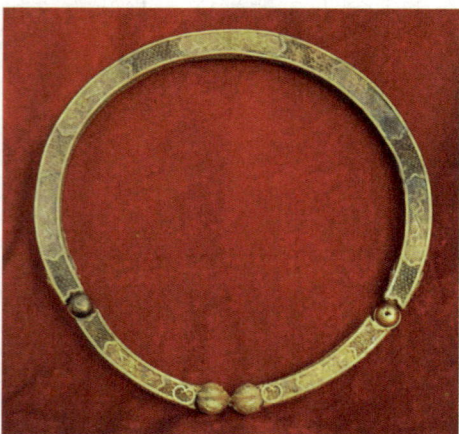

胡家垡宫女墓出土金凤冠
（通州区博物馆　供图）

1只，中作金丝网状，精美绝伦……有专家称这些饰物出自明代宫廷，北京花丝镶嵌厂金饰物制品大师却说他从未见过此等金制饰物。这墓葬究竟属哪个朝代又所葬何人，一直都没有确定结论——但有一点确定无疑，这些黄金饰物肯定来自宫廷！从随葬饰物来看，当然是女性，宫廷里什么人能有这样金贵呢？专家给不出结论，老百姓就自己想，"宫女坟"称谓由此而来。

要说老百姓的智慧也是不能低估的，这"宫女"二字还真是包罗万象，普通"宫女"自无可能，但总之这肯定是个来自宫中的女人……

薄杉木板的棺木，随葬饰物却如此精美，这埋葬的女人可能是谁？最大可能就是皇帝宠爱又品级不高的嫔妃！这个墓葬的方位也对，西北乾天，又是生前居住地附近向着皇宫的方向。这可能是个红颜薄命的嫔妃，年轻早逝去得突兀，皇帝不舍，希望她死后还属于自己，下辈子还追随他。

大胆假设，小心求证。

台湖之地究竟有没有过皇帝行宫？台湖村又为什么要被皇帝钦赐望幸里？以上推论起码是一个顺理成章的说法。

望幸里什么时候又改回的台湖？辽亡后。清乾隆四十八年（1783）台湖以谐音又地貌再改名"台

户"，那个时候估计"湖"已不多。再后来民国二年（1913）又改回台湖，这个村名沿用至今。台湖这个名字挺好，虽然今天这里已很少见"台""湖"，这却是它历史的最早记忆。

（刘福田，北京作家协会会员、通州区政协文史和学习委员会特邀委员）

话说台湖

■ 景　浩

台湖村的由来

台湖村位于通州城南十五华里，现为台湖镇政府所在地。台湖村因湖得名，辽金时期的通州地区，东、南、西三面地势低洼，多湖泊湿地。台湖北依萧太后运粮河，南有浑河（凉水河）蜿蜒流过。东与放飞泊、延芳淀隔河相望，湖周蒲苇丛生，岸旁杨柳依依，成群水鸟于荷芰中嬉戏。辽圣宗耶律隆绪与其母萧太后，率领皇亲贵戚、文武百官及亲兵千人，每年春季游猎于此地区。据《辽史》载：

圣宗统和五年（987）四月，幸潞河漷放鹘擒鹅。

统和七年（989）三月，驻跸延芳淀。

统和八年（990）春正月，如台湖。

统和十年（992）夏四月乙丑，以台湖为望幸里。

庚寅命群臣较射。

统和十二年（994）春正月，渔潞河西漷。

统和十三年（995）幸延芳淀。

九月，奉安景宗及皇太后石像于延芳淀。

统和十四年（996）春正月，渔潞河。

统和十五年（997）春正月，幸延芳淀。

统和十八年（1000）二月，幸延芳淀。

统和二十年（1002）正月，如延芳淀。

圣宗及萧太后在十五年间，先后来通州地区游猎达十二次之多，其中三次到潞河西泺，四次到台湖，六次到延芳淀。

台湖水域，地处潞河西泺和放飞泊、延芳淀之间，方圆数百顷，水面开阔，湖的西面和北面有柳林环绕，铺头、朱家垡、外郎营和垛子之间有沙丘相连，前营之南有高甫与台湖为邻，萧太后运粮河从西向东，横贯台湖北部地区，将各种建筑材料，军用物资，生活用品从张家湾运往南京（现北京）城南的莲花池港。这是一条通往辽都南京的经济生活大动脉。由于台湖村北岸地势高耸开阔，又处萧太后河南岸，水陆交通便利，往来客商、民众聚集此地，逐渐形成村落，村因湖得名，此为台湖成村之始。

辽圣宗统和八年（990）春正月，耶律隆绪及其母萧太后带领群臣到台湖游猎。统和十年（992）夏四月乙丑日，再次游幸到这里。由于环境恬静幽邃，背有岗丘拱卫，湖周林木葱茏，水草丰茂，雁鹅群集，遂将台湖赐名为"望幸里"。随后，命在这里设役使，修庭馆，成为皇家招待所。

太后临幸看好的地方，群臣商议在望幸里临湖的台地上，修一所宫院，院前修一座阅台，以供圣宗和太后渔猎时观览休息之用。过了两个月，宫院建好，韩德让奏请圣宗和太后御驾亲临望幸里游幸。

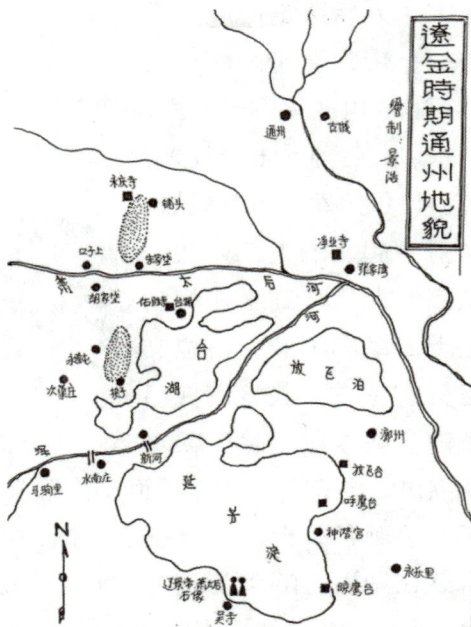

辽金时期通州地貌（景浩　绘）

圣宗、太后选定庚辰这个吉日，带领皇亲国戚、文武百官，再次来到望幸里。圣宗、太后到此十分高兴，遂命诸位将军，比赛箭法，以射中起飞的天鹅为戏。圣宗、太后高高坐在阅台之上，皇亲国戚，各位文臣分座左右。武将们挽弓搭箭，站立在比武广场之上，一个个耀武扬威，跃跃欲试，要在圣宗和太后面前大显身手。

金代时期的台湖
（景浩 绘）

千百名军士，身着绿色衣帽，手执各色彩旗，隐藏在湖周边的芦苇丛中，数百面战鼓和上百支木鱼，列阵岸上。待得主帅比赛炮声响起。比赛开始，数十里湖岸，顿时彩旗飘舞，战鼓隆隆，木鱼声冲天。只见无数只白色天鹅以及成群的各色水禽腾空而起，遮天蔽日。此刻武将们搭弓向着天空的白天鹅，弓声响处，数十只天鹅应声坠地，将军们各施绝技，有的连发两箭，射中双鹅，有的一箭射中双鹅，圣宗、太后大悦，设宴嘉奖群臣。自此后，望幸里这块风水宝地，随着日月更替，逐年扩大，成为通州南部地区面积较大的村落。

光阴荏苒，日月如梭，过了九十四年后（1125），大辽被金所代替。金·海陵王（完颜亮）天德元年（1149）二月，改燕京为中都，并迁都于中都，称中都为北京，汴梁（开封）为南京。正隆四年（1157）正月，海陵王大修中都城。同年伐北京西山、北山林木，"造船于通州，并召谕群臣以伐宋事，年二十以上至五十，皆籍之。"同年九月，"猎于近郊，并到通州视察造船之事。"从以上史书记载中，

可见海陵王做好征伐南宋的准备工作。

通州地区水域广阔，河湖相连，是最佳造船之地。西山、北山之木料，可通过萧太后河运往通州，船造好后，可经白河开往南方前线，渡江伐宋，一年之中，两次来通州，视察造船之事，规模之大，任务之急，可见一斑。

但是在通州造船的地点，史书并未具体记载，来通州何地视察，也只字未提。依造船规模之大，应在台湖、放飞泊和延芳淀三处水域。台湖应是重要造船基地之一。依《通州地名志》中记载，台湖西边有胡家筏村（现胡家垈），北边沿萧太后河有朱家筏（现朱家垈），这两个村落，成村于元代之前。因胡、朱两姓人家，以生产竹、木筏闻名于世，故称"胡家筏"和"朱家筏"。以此记述推断，能生产竹木筏者，必临河湖，可见在金·海陵王时期，台湖周边还是水域广阔，胡家筏、朱家筏必是造船基地之一。

台湖水域，随着朝代更替，时间推移，一千多年来，浑河（凉水河）多次泛滥，特别是元至正二年（1342），重开金口河后，永定河水因水流湍急，泥沙壅塞，大量泥沙涌入湖内，导致了湖底升高，水面干涸，湖泊变桑田。至此，台湖再也不见湖水，而彻底消失，只留下台湖这个村名作为记忆。

清代乾隆四十八年（1783），把台湖村改名为台户。

民国二年（1913）又

1947 年台湖村平面图（景浩 绘）

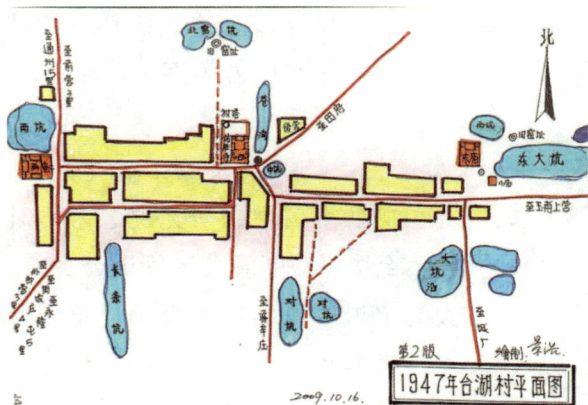

1947年台湖村平面图

改回原名：台湖，直至如今。

台湖水域复原

依《辽史》卷十二，"本纪十二·圣宗四"中记载，圣宗耶律隆绪和母后萧太后，于统和七年（989）春，统和八年（990）四月、六月先后三次来台湖游猎。

根据目前台湖镇周边村落之海拔高度为基准点，再连成等高线，所呈现的轮廓做基础；参考台湖周边各村成村年代，筛选最高点，凡明代成村的村落筛除，因明代之前，这里是荒滩湿地，沼泽密布。

辽代台湖水域复原图（景浩 绘）

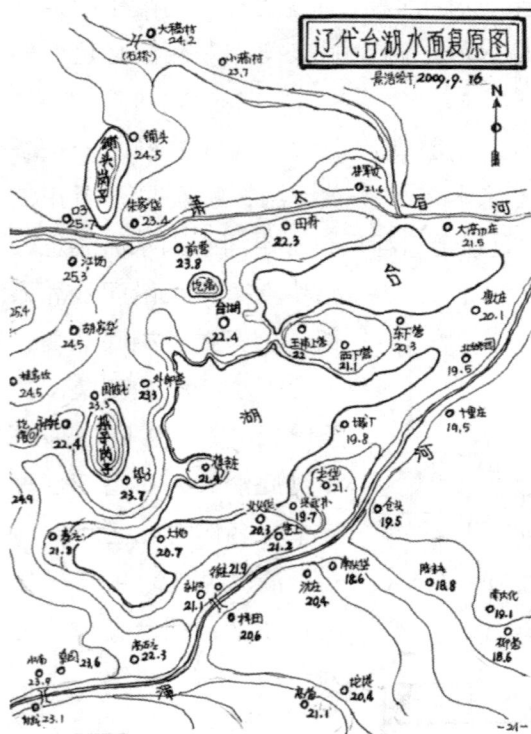

通过采访台湖村民王世英、高富旺、陈立明等老人，得知20世纪50年代，抗旱打井时，地面表层是2米多厚的黄沙土，2米以下全是黑色胶泥。由此可证，黑色胶泥是湖底淤泥，表层2米厚的黄沙土。因元代·至正二年（1342）开金口河，引永定河水，后金口河决口时所带大量泥沙，涌入湖中，湖水退却而成滩地。

又综合上述之资料，绘成此台湖水域复原图。

（景浩，齐白石再传弟子，现任中国书画研究院艺术委员会委员、中国文化促进会会员、中国收藏家协会会员、中国传统文化委员会国际和平使者、天津SOS儿童村爱心使者）

永隆屯的变迁

■ 景 浩

永隆屯，位于通州城南 10 公里，属通州区台湖镇管辖，现已拆迁。

据传，明朝洪武年间，原有山东的崔、杨二姓，随燕王朱棣扫北时来到此地，遂成村落。明代嘉靖二十八年（1549）版杨行中纂《通州志略》卷一第十二页中载："州南与西南，东石乡、青安乡、永隆屯、青安屯、永丰屯、永富屯。"由此可证，从洪武年（1368）一直到嘉靖年间（1549）这一百八十一年间，村名为永隆屯。

又据《通州地名谈》2011 年版，周庆良编，书中转载：清·康熙三十年（1679）改永隆屯为"小民屯"。为什么改村名，到底是哪个年代改的？又为什么改？书中没有交待清楚。

儿时笔者听老辈人讲，清朝乾隆年间，通州州官为避圣讳，说永隆屯的"隆"字与乾隆的"隆"字相重，必须改名。还说，永隆屯，还想将来出"龙"不行，太旺盛了，不行！改为"小民"吧。于是便把永隆屯改名成"小民屯"了。但这只是传说，而无文字可考，但改村名的时间，定格在乾隆年间。

笔者六七岁时，本村东大庙，也称"七圣庵"，后院的大柏树上，挂着一口大铁钟，钟上铸有铭文，笔者亲眼看到钟上铸的是"永隆屯"，从此才知道，小民屯原来还叫"永隆屯"，而且还在筹钱铸钟的人名中找到了笔者曾祖父——景清和的名字。遗憾的是，笔者当时没有注意这口钟的铸造年代，失去了一个铁证。

但可以以此推算，这口钟的铸造年代。

笔者曾祖父景清和，生于清·同治二年（1859），民国三十二年（1943）逝世，享年八十四岁。铁钟上铸有㥨（tān）的名字，应在同治年间小民屯还叫"永隆屯"。

还有一个传说，在小民屯东二里，有个村叫"大民屯"，当地人们都说："东大民屯、西小民屯。"北方有好多地名都是对称的，有大就有小，有东就有西，有上就有下，有南就有北。如：大葛庄小葛庄；东下营西下营；南火垡北火垡；上营下营，等等。据说，一天夜里，来了一场大沙暴，一宿便把大民屯整个村子掩埋了，只逃出了四姓人家，为纪念这个村，就起个新名叫"垛子"，是躲过这个灾难的意思。这沙土岗子，非常高大，像座小山，有一里多地长，小时候常常跑到顶上去玩儿。站在岗子顶上，西望次渠塔、马驹桥大石桥的两个黄亭子历历在目；往北则看到高高的燃灯塔和中仓的自来水塔。这沙岗子，还有许多传说，解放初期（1952），来了几十辆汽车，有军人，还有专家和几位苏联人，在岗子上挖了一个多星期的沟，当时四周都有持枪的警卫，不许人们靠近，不知在干什么。这些人撤走后，笔者和垛子小学的林绍凯老师到岗子上看看，只见一条条曲曲弯弯被填平的像战壕的大沟，到底挖走了什么，谁也不清楚。如今沙岗子已被移位平地，但旧址可寻。这是有关"小民屯"村名的又一版本。

清·光绪年间《通州志》中，村名仍为"小民屯"。

但是村民一直不承认这"小民屯"的村名。民国时期和解放初期以王端甫、郑玉昆先生为首，倡议改名"秀民屯"，但未能如愿。

可喜的是，公元1993年，在乡民郑国本任通县副县长职务时，提出"小民屯"恢复原来的"永隆屯"的提议，得已肇准，小民屯重新恢复原来的名字"永隆屯"，直到现今。可是，现在永隆屯村已被拆迁，只留其名了。

荒野的变迁

■ 崔洪生

在北京市东南郊通州、朝阳、大兴及北京经济技术开发区交界处，曾经有一片荒野，东南—西北走向，呈不规则状，面积在 2 平方千米左右。通州区（通县）这边分布着台湖镇（次渠）的郑庄、北神树、董村和马驹桥镇北海等十几个村庄。近几年来，由于城市边缘向外围的扩展，行政区划的调整及村庄的搬迁改造，有的村庄已经消失，或者成为新城区的一个组成部分。原始意义上的荒野基本不复存在了。

一

早期在这里定居的先民们，为了生存，曾经在杂草和荆棘的处女地上从事拓荒，以后随着人口的繁衍，逐渐向外围扩展，终因能力所限而止步不前，为后代保留下来这片荒野。据这里的老者回忆，在明末清初，由于修建北京城的需要，一批来自山东、河南、河北一带的劳工，在这里拍窑烧砖。因口音的缘故，当地人称他们"窑侉子"，多少带有点贬义色彩。开始，他们住在工棚里，过了一些时候，他们和附近的人混熟了，就把家安置在某个村庄里，烧砖者的生活、工作逐渐安定下来。

为了保证砖的质量，在正式烧砖之前，他们先在选定的地方将生土开挖出来，放在适当的地方储备起来，经过一年以上的风吹、日晒、雨淋，生土变成熟土，才符合制砖的土质结构。烧砖用的燃料最初使用柴草、庄稼秸秆，后来京西发现了煤矿，砖窑大都以煤为主要燃料，不仅烧出的砖质量提高，而且，也缩短了烧制的时间。大约在20世纪60—70年代，周边村民从废弃砖窑附近挖出的炉渣，证实了当时已经普遍使用煤来烧砖。烧出的砖，除供应城市建设所需外，附近村庄百姓们盖房也都到这里买砖，制砖业的生意一度是很兴隆的。

砖烧制出来以后，他们要用最原始的办法将砖运到北京城建筑工地或砖瓦市场，这是一项比烧砖更加艰辛的工作。当时，他们使用的交通工具主要是木轮的独轮车，而且数量有限。由于长年背着沉重的砖，行走在城市和窑场之间，他们的肩膀和后背都磨出了老茧、血泡，身体单薄的干不了几年就累病了，有的实在熬不下去了，只好告退还乡。

本地人也有加入他们的行列的。除了直接从事窑厂的挖土、扣坯、烧火、搬运外，大多是参与后勤、生活、种地等项活计，渐渐地和外乡人融合在一起。外乡人有的在这里娶妻生子，建立家庭，落地生根。不知道从什么时候起，由于社会动荡不安，早年兴旺、火爆的制砖业渐渐衰微，后来，又艰难地维持了一个时期，就再也没有振兴起来。再后来，老人们回忆说，民国后期，由于战乱的缘故，几乎所有的砖窑都不再点火冒烟了。

从原始荒野上兴起的制砖业，经历了一个兴衰历程之后，又回到了最初的蛮荒时代。所不同的是，这里留下当年烧砖者的足迹——30～40座砖窑遗址，点片开垦的耕地，开挖出来没有使用的料土，还有就是同砖窑数量一样多，甚至比之更多的大大小小、形状各异的坑塘和湿地。坑塘的积水深浅不一，但水质很好，主要是地下水和雨水，水浅的地方芦苇、唐菖蒲等野生植物丛生，鱼、虾、蟹、蚌等水生物和多种鸟类在这里自由自在地繁衍生息……荒野上，充满着质朴、纯真、略带几分神秘色彩的宁静。

二

诺大的一片荒野，不单是一处地理意义上的标志，而是这个地方独

特的自然景象。在人的脚印未踏上它之前,这里是纯粹的原始状态,但已经深深地打上人类生活的印记,变成了半自然、半开化的状态。从人类文明的角度审视它,似乎原生、野性的成分更多一些。在漫长的农业文明时代,除了为农业生产提供资源外,人们并未注意到它的生态和环境价值。久而久之,在人们的心目中,总是把它和荒凉、偏僻和某种程度的阴森恐怖联系在一起。

荒野上的植被和周边地区没有多大区别,生长着稗草、三棱草(香附子)、匍匐茎草和一些双子叶杂草及十几种可食用野菜;在荒地、沟壑、河岸边,盘踞着无性繁殖的多年生杂草、芦苇和蕨类植物,还有很多低矮的灌木、野果。绝大多数植物,当地人都叫不上来它的名子,也没有人对荒野上的植物进行过科学分类。

由于远离人类,这里的野生动物也很多,水生类、爬行类、两栖类、哺乳类以及鸟类等动物,都在自己的领地上栖息。最引人注目的是这里的鸟类。本地的鸟在这里全都有,每年还有十几种候鸟在这里享乐,常见的有天鹅、水鸭子、水鸡子(野鸡的一种)、水骆驼(当地人的俗称)、水麻雀、长颈鹤等等。四月下旬(谷雨),天气渐渐转暖,第一批候鸟就从南方抢先飞到了这里。这些长着五颜六色羽毛的候鸟,在芦苇、唐菖蒲幽深之处,筑巢生蛋、孵化幼鸟,到了晚秋时节,又携儿带女踏上回家的路程。年复一年,日复一日,荒野上的野生动植物,几乎一直遵循着某种自然生态规律,生物群落永远保持着一种原生状态。

处在三区县交界的这片荒野,在某种程度上带有点三不管的成分,人们可以自由出入,采集除划定区域的芦苇、唐菖蒲以外的任何野生植物,城里和其他地方的人到这里狩猎、捕鱼、游玩,只要不损害集体财产,也没有人干涉。一年四季,寒来暑往,随着荒野风景的变换,舞台上演的剧目和演员也悄然地发生着改变。

冬季和早春季节,主色调是寒冷和荒凉。荒野上,除了形态各异的废弃砖窑和几株稀疏的枯草,几乎看不到什么有生机的东西,偶尔也可以看到从这里穿过的行人。

春夏之际,万物复苏,植被覆盖了整个原野,芦苇和唐菖蒲随风摇摆,婀娜多姿,飒飒作响,水面上涌起柔美的曲线,使人充满无限的遐想。动物们也都出来活动了。这是荒野上最有生机的季节，不时迎来到访的宾客。每到周末或节假日，城里的工人来这里垂钓、狩猎，也曾有美术爱好者在这里拍照和写生。农家学童和青少年在宽阔的水面上游泳、嬉戏，胆子大的孩子们潜入芦苇荡深处采集鸟蛋。

秋天是收获的季节，荒野上也迎来一年中最繁荣的景象。粮食作物收完后，在寒冷到来之前，就要收割划定区域里的芦苇和唐菖蒲。剩下的就是大自然恩赐给人类物产了。在以庄稼秸秆和野生杂草为主要燃料的时代，附近村民们都把这里当成他们的柴草库，以补充秸秆燃料的不足。饲养牛羊的农户，这里也是放牧的好去处，水草肥美，空气清爽，即使在万物萧疏的冬季，也时常看到牧人和牛羊的身影。

<h1 style="text-align:center">三</h1>

新中国建立后，处于自然状态的荒野开始了新一轮的开发利用。正式的大规模开发是在 1958 年公社化、大跃进年代。

因荒野处在三区县交界处，在勘分边界和重新丈量土地时，将耕地、砖窑、水塘及荒地进行了划定，涉及到周边的十几个村庄，按照人均土地基本均等的原则，每个村庄得到了面积不等的耕地。这里的耕地比较贫瘠，距离村庄又远，耕种起来不方便，一些偏远零星的半耕半荒土地，成为无主之地。分得土地的大队、生产队，差不多都是硬着头皮经营属于他们的土地。

经过几年实践、摸索，各村队都找到了解决问题的办法。

选择原本产量就低的糜子、黍子，反正种在肥沃的土地里产量也不高，收获的粮食属于小杂粮，不交国家，而是分给社员。上高地，浇不上水，种植耐旱的谷子。盐碱沙洼地种植高粱，收了粮食，秸秆还有很多用途。水源多的地方种植水稻。那些面积更小的，杂草丛生的地块种植蓖麻、青麻等，即可解决油料问题，又省工省力。

20 世纪 60 年代初，正处在困难时期，国家鼓励农民搞小片开荒（即"搞十边儿"），谁种谁收，窑坑那片最大的荒地，成了地块最多、总

面积最大"十边地"。后来，"开十边"的政策终止了，大块的土地都归了集体，小片的就荒弃了。

也就是在那几年，在"以粮为纲、全面发展"的方针指引下，靠近窑坑的村队，利用农闲和冬季，组织劈窑填坑，将低洼处的无主荒地开垦成新的农田；小一点的坑塘几乎给填平了，甚至削平了一些砖窑，用这种办法造出的土地，估计差不多有20余万平方米。

当时，市里有关部门也知道在三区县交界处有这么一片荒野，曾有人在这里勘测过。大约在20世纪60年代前后，陆续有中国科学院、国家商业部、北京市计量局等单位来过这里，临时征用了一些土地，建造了标准比较高的房子，开辟他们自己的副食基地。有的单位种植水稻，有的饲养鸡鸭，还有的利用这里的废弃坑塘养鱼，除了供应他们自己外，富余部分卖给当地人。凡是在这里安家落户的单位，都和他们所在的村，或征用土地的村队建立了友好密切的关系。

不久，这些单位先后撤销了副食基地，离村子比较远的房子废弃了，有时在附近干活的社员会在里面休息，半路上遇到下雨的行人也可以在里面避避雨。后来，原单位与所在村协商，将房屋所有权交给村队；通县次渠乡北神树村的商业部副食基地转交给潮白河林场某分场，林场撤走了以后，先后由部队农场经营，部队农场撤销后重新交还地方。

四

荒野上的资源极为丰富。

这里自然生长的优质芦苇和唐菖蒲。唐菖蒲柔软挺拔，可以用来夹风帐，为过冬蔬菜挡风，还可以编制各种规格的薄，苫盖防晒避雨的蔬菜幼苗。芦苇是农民建房不可缺少的材料，半干旱土地上的生长的芦苇笔直坚挺，俗称铁杆苇子，虽然比长在深水的芦苇短些、细些，但结实耐用。那些没有坑塘的村队需要芦苇，要向拥有窑坑的村队来买，对于盛产芦苇的村队来说，这可是一笔可观的收入。

大大小小的自然坑塘，水里生长着很多鱼，可以自由捕捞。水面比较大的坑塘，一般都是属于大队、生产队，由集体统一捕鱼分给社员。当时，靠近窑坑，水面比较大的北神树、小羊坊、老君堂等村的集体养渔业确是"近水楼台"。

人民公社时期，集体和社员建房所需要的材料，除了少量的木材国家分配指标以外，其余大部分材料都自行解决。最主要的建材是砖，大多是集体烧制，一些村队就利用废气砖窑和场地开办了烧砖的行业。如通县麦庄公社北神树村、朝阳区老君堂村和大兴县的小羊坊、亦庄等村的窑厂都办了自己的砖厂。还有一家国营砖厂，规模很大，使用现代化的机械设备挤压砖坯，烧出砖的质量比土法砖硬度高，主要供建筑厂房和公用房屋使用。在当时，制砖业也是农村社队主要的工副业，村集体的公共支出、各项公益事业的发展基本都要靠这些工副业收入。

荒野的坑塘里储存着大量的水源。连在一起的坑塘，最初为渗出的地下水，之后雨水不断积存，水量越来越多，最深处约有3、4米，上游和高处的水向这里汇集，雨量丰沛的年份，这里成为一片泽国，连周边的农田都被淹没。即使是干旱的年份，水塘里的水量也是可观的；遇到大旱之年，其他地方缺水，还要从这里引水浇灌。1972年大旱，北神树村改种后刚出苗的农作物受到旱情的威胁，驻军部队农场调来汽车，从大的坑塘拉水，才勉强保住稚嫩的禾苗。

这里还是个天然、巨大的有机肥料库。芦苇、唐菖蒲的落叶和水生物残骸变成腐殖质，在坑塘下面形成厚厚的一层。从很早开始，附近的村队就知道在坑塘里挖掘天然肥料。冬天，社员们打开冰窟窿，从坑底把那些动植物肥料捞上来，积肥可连续干上整个冬季。

开发利用荒野的时候，往往也会有新的发现。在是平整土地时，或许是盖房取土时，有人在砖窑遗址旁边挖出了大量的砖和炉渣（焦子）。盖房户急需用砖，起早贪黑到窑厂去找砖，挖得多的一车一车往回拉，各种型号的砖，整砖半头砖都有。焦子也是一样。这种当年

烧砖后扔掉的炉渣，又被后人派上了用场。将其和石灰浆按一定比例混合在一起，凝固后十分坚硬，既可以打地基，又可以拍在房顶上代替瓦，并且具有良好的防雨作用。

五

农业文明渐渐远去，乡镇工业雨后春笋般地发展起来。

荒野上的农田多为劣质耕地，同样的投入和经营，产量也要比肥沃的土地低很多，种植什么都没有多大收益。然而，办工业可就不同了。所以哪个村开办工副业首先到这里来选址，一来是舍不得好地，二来，在荒野土地上开工厂，冒烟和排污不至于影响村民和条件好的耕地，真是一举两得。对于西边和北边的村来说，这片荒原正好处在下风口，从长远看，在这里选址开办工业企业，无论规划部门和环保部门都好通过。即便是处在东部和南部的村来说，距离一般都比较远，而且排水系统比较完善，废气的影响也减轻了不少。不久，大兴县（大兴区）境内已经规划了亦庄开发区，包括原来荒野中属于本区域的地方实行统一规划，很快，城里的一些工厂陆续搬迁到了这里，没过几年工夫，工业区就形成了规模。

荒野的北部边缘，早在建国初期已经成为老工业区的一角，以北京焦化厂、染料厂、玻璃厂、电池厂、铝合金厂等十几家国营企业和居民区与乡村和广袤的田野交相辉映，一直被人们称为所谓的城乡接合部。2000年后，北京城市化步伐加快，随着城市建设规模向东南方向的拓展，工厂和居民区逐步向郊区演进，几条宽阔的公路延伸到了昔日的乡村，开辟了数条公交线路，城乡一体化的格局初步显现。进入2010年以后，西部的二十几个村庄已完全融入城市化的新区。

原生意义的荒野面积在一天天缩小，一座一座的废弃砖窑被削掉了，坑塘为从城市里运出来的各种废料、杂物、垃圾填平。最终，这片曾经演绎着大自然和乡村时代精彩剧目的荒野，完全变成了工业化、城市化的新区。城市居民和南来北往的流动人群，重新编织着这里的色彩，勾画着代表现代都市文明的线条。看似内容比从前丰富了，其实，生活的核心和底部越来越简单了。最显而易见的，是绿色在减少，野生动物不知都跑到哪里去了，候鸟也不再飞回这里了，它们也许找到了更好的栖息地，但它们的繁衍生息永远不会中断。

（崔洪生，原次渠镇党委办公室主任、宣传部部长，原台湖镇助理调研员）

水系地貌

凉水河的变迁

■ 陈喜波

　　凉水河位于台湖镇东南，与马驹桥镇、张家湾镇隔河相望。凉水河源于丰台区后泥洼村，流经丰台区、大兴区、经旧宫于马驹桥西入通州区，经马驹桥镇向东经高古庄，然后折向东北，经新河、北姚园、张家湾折向东南于潞县榆林庄入北运河。凉水河是北运河的一条主要支流。全长 58 千米，流域面积 629.7 平方千米。凉水河属于北运河水系，但在历史上凉水河却是永定河的一支。自古及今，凉水河都与北运河有着密切关系，也有着深厚的运河文化底蕴。

一、汉魏灅水与潞县

　　通州南部地区主要位于永定河冲积扇上，历史上受永定河影响最大。永定河古代称作灅水，发源于今山西大同一带，横穿太行山脉，进入北京小平原。《水经注·灅水》记载北魏时灅水（永定河）出山后的流经路线：

　　（灅水）过广阳、蓟县北。灅水又东经广阳县故城北，灅水又东北经蓟县故城南。《魏土地记》曰：蓟城南七里有清泉河，而不经其北，盖经误证矣。灅水又东，与洗马沟水合。水上承蓟水，西注大湖，湖有二源，水俱出县西北平地，导源流结西湖，湖东西二里，南北三里，盖燕之旧池也。绿水澄澹，川亭望远，亦为游嘱之胜所也。湖水东流为洗

马沟，侧城南门东注，其水又东入灅水。……（灅水）又东至渔阳雍奴县西入笥沟。……笥沟，潞水之别名也。《魏土地记》曰：清泉河上承桑乾河，东流与潞河合。灅水东入渔阳，所在枝分，故俗谚云，高梁无上源，清泉无下尾。盖以高梁微涓浅薄，裁足津通，凭藉涓流，方成川畎。清泉至潞，所在枝分，更为微津，散漫难寻故也[1]。

根据《水经注》记载，灅水当时又称作清泉河，当以河水清澈之原因而得名。根据常征先生研究，《水经》成书于东汉延熹元年（158）至中平六年（189）之间的31年当中[2]。按照《水经》的记载，东汉末年灅水流经广阳县、蓟县之北，广阳故城在今房山区的广阳城村，蓟县即后来的前期蓟城。清泉河流经蓟县南，东南流，进入潞县境，河流水势分散，离析成多条细微河流，并与潞水汇合。这是北魏时期的永定河在通州境内的情形。

二、隋唐永济渠与桑干河

隋炀帝为了东征高丽，开凿通济渠和永济渠，形成以洛阳为中心沟通南北五大水系的隋唐大运河，南通余杭（今杭州），北达涿郡（今北京）。永济渠在征伐辽东的几次军事行动中发挥了巨大作用。唐太宗李世民也利用永济渠征辽东，《旧唐书》记载，贞观年间，唐太宗打算兴兵征辽东。为了运送粮草，太宗以韦挺的父亲在隋朝曾官营州总管，经略高丽有经验，并有相关著述，决定由韦挺担任运粮官。贞观十八年（644）秋，韦挺来到幽州，"令燕州司马王安德巡渠通塞。先出幽州库物，市木造船，运米而进，自桑干河下至卢思台，去幽州八百里。逢安德还曰：'自此之外，漕渠壅塞。'挺以北方寒雪，不可更进，遂下米于台侧贮之，待开岁发春，方事转运，度大兵至，军粮必足，仍驰以闻。"[3]上述记载明确表明永济渠是利用桑干河河道，只是桑干河的具体走向没有详细说明。

（1）《水经注》卷13《灅水》。
（2）常征：《＜水经＞作者及其成书年代》，《中国水利》1983年第6期。
（3）《旧唐书》卷77《韦挺传》。

　　谭其骧主编的《中国历史地图集》认为，永济渠北段自天津经由潞水北上，至武清县西北之旧县村东北，转向西北，再循桑干水直达涿郡蓟城。根据谭图，永济渠利用桑干水一段路线大致沿凉水河东南行，进入通州南部马驹桥、于家务、永乐店一带进入天津武清境内，沿今凤河路线汇入潞河。侯仁之主编《北京历史地图集》中永济渠路线与谭其骧的观点略同，只是在具体路线上略有偏差，永济渠大约沿凤河东南行至大兴区东南的周营村东行进入通州境，沿通州与廊坊交界北侧一线入武清，再沿凤河进入潞河。严耕望认为，永济渠自幽州城南东南行，经安次县城东郭外，又东经永清县东境，又东南至淤口关北注入巨马河，合流后向东至独流口。其流程之西北半段（安次以北），利用桑干河河道，东南半段（安次以南），则利用《水经注》所记载的滹沱河枯沟与八丈沟，下巨马河[4]。史念海认为，"永济渠就循着淇水东北行，到了今河北静海县独流镇折而西北行，于今永清县北合桑干水，再西北达于当时的涿郡，也就是唐时的幽州。"[5] 上述学者关于永济渠北段的上游河道路线的看法比较一致，即大致沿凉水河一线，但关于永济渠北段的下游河道路线分歧明显。谭图和侯图认为永济渠下游河道利用潞水，而严耕望和史念海则认为永济渠下游河道自安次、永清下行至淤口。陈喜波认为永济渠从蓟城城南沿着今凉水河东南行，经小红门向北偏离凉水河，然后入通州南境，沿着东石、次渠、水南村北一线，再经行大杜社、南堤寺、德仁务村折而向南，进入廊坊市境，很可能经旧州镇东，东南经码头镇，再向南至霸州信安镇，然后西南至文安，再东南至青县，与南运河相会。由于北京至天津之间地势较陡，河水下泄较快，而运河需要保存一定的水量，才能浮送漕船。金元明清时期，为了确保北运河有足够的水量，在河道治理上，采用了使河道弯曲的办法，降低河流的纵比降，减缓河水流速以保持足够的水位。据此推测，隋唐时期的永济渠为保持河道存有足够的水量，当也是采用弯曲形状[6]。

（4）严耕望：《唐代交通图考》第五卷，（台湾）中央研究院历史语言研究所，1986 年。

（5）史念海：《隋唐时期运河和长江的水上交通及其沿岸的都会》，《中国历史地理论丛》，1994 年第 4 期。

（6）陈喜波：《漕运时代北运河治理与变迁》，商务印书馆，2018 年。

三、元代引浑河济运

辽金以前，永定河及其支流河水较为清澈，可以用来实行漕运。金元以后，随着北京成为都城，金元两朝大量砍伐北京西山森林，导致永定河上游水土流失严重，大量泥沙流入河中，使得永定河水日益浑浊。辽金以后，永定河称作卢沟河、浑河，就是河流因含沙量大而浑浊的缘故。元代永定河下游一支流入通州南部，《元史·河渠志》说："浑河，本卢沟水，从大兴县流至东安州、武清县，入漷州界"。元至元二十九年郭守敬重开通惠河，为保证水源从浑河、榆河上源引水入运河。《元史》记载，至元三十年（1293）九月，漕司曾进言说："通州运粮河全仰白、榆、浑三河之水，合流名曰潞河，舟楫之行有年矣。今岁新开闸河，分引浑、榆二河上源之水"[7]。这段文字说明郭守敬开凿通惠河曾引用浑河助运，郭守敬开白浮泉引榆河上源之水，史有确载。但引浑河之水，却无相应地史料支撑。不过值得注意的是，今凉水河历史上有"新河"之称，《明史·地理志》漷县条记载："有漷河，一名新河，东入于白河，即卢沟之下流。"[8]康熙《通州志》记载有南新河，"在州西南二十里，其上源曰凉水河，自大兴县流入，又东北流至张家湾城南，东北流入白河"[9]。凉水河自南苑至马驹桥，然后东流至高古庄，明显向东北拐弯，在高古庄东北的凉水河北岸有一村曰新河村，其名称颇耐人寻味，当与开挖新河有关。另外，京东地区的河流多为西北东南流向，唯有马驹桥以下凉水河河道却拐向东北，似乎为非自然形成之河道。按该河为明代的浑河，即清代的凉水河。康熙《通州志》所说南新河即今凉水河通州河段，但该书显然认为南新河引自自凉水河，从大兴县引入通州至张家湾入运河。根据上述历史记载、现状地名以及河道情形判断，此河当为元代引用浑河水济运的河道。

四、明代的浑河

明初的《顺天府志》记载："桑干河，旧名灅河，今俗呼浑河，又

（7）《元史》卷64《河渠一》。

（8）《明史》卷40《地理一》。

（9）康熙《通州志》卷1《封域志》。

名卢沟，一名小黄河，以其浊流故也。其源出大同府马邑县桑干山，经太行诸山间，由旧奉圣州二百余里入宛平县境，出卢沟桥下，东南至看丹口，冲决漫散，遂分而为三：其一分流往东南，从大兴县界至潞州北乡新河店，友东北流达于通州高丽庄，入白潞河；其一东南流经大兴县境清润店，过东安县，今已淤塞；其一过良乡县、固安、东安、永清等县入霸州，汇于淀泊，出武清县南入于小直沽，与白潞河合流，入于海。"[10]这段话说明至少明初，永定河在看丹口附近分成三支，一支东北流入通州入运河，一支流经凤河一线，一支大约沿今永定河一线流至天津。当时中支已经淤塞，至明万历年间永定河已经分为两支，这在万历《顺天府志》有明确记载："浑河，固安县西二十里，乃黄河伏流至桑干山发源，东经上谷及蔚州黑龙潭，奔流澎湃，势如殷雷，东经土木，复折而南，入太行山，经宛平入卢沟水，至看丹口分而为二：其一至通州入白河，其一至小直沽与卫河合流入海"[11]顾祖禹《读史方舆纪要》记载："潞河在县西，一名新河，自卢沟河分流至县界析而为三：其正河为潞河，东入白河；其一为新庄河，南流入武清县界；其一为黄沤河，东注马家庄之飞放泊，各去县十里"[12]。明嘉靖《通州志略》记载："浑河，在州城南，源出西北桑乾山，流经卢沟桥，下至看丹口分为二派，其一流至州南高丽庄，入潞河，今张家湾入潞之处，名浑河嘴是也。"[13]从上面的记载来看，元明时期，永定河一直是分流状态，凉水河就是永定河派分出来的一个支流，在元明时代称作浑河。其流向自马驹桥向东经高古庄然后经新河、南北火垡之间、仓头、南北姚园之间、经齐善庄至张家湾入北运河。

明代浑河自高古庄东北流至张家湾城南汇入北运河，北运河当时叫做白河，汇流以后的以下河段民间又称作"泗河"，《长安客话》有相应记载：泗河，在潞县东四里，即运河也。四水会流，故名泗河。一发

（10）永乐《顺天府志》卷11《宛平县》。

（11）《万历顺天府志》卷1《地理志·山川》。

（12）（清）顾祖禹：《读史方舆纪要》卷11《直隶二》。

（13）嘉靖《通州志略》卷1《舆地志·山川》。

源自塞外，东流经密云，与潮河川合流，注通州城东北入白河，即通州潞河也，一自塞外西流入白羊口，经榆河下流沙河，由顺义南界至通州城东北入白河，即通州富河也。一发源于昌平白浮村神山泉，出西南汇为西湖，东入都城积水潭，入宫墙太液池，南至玉河桥，由东南大通桥迄东入庆丰等闸，即通惠河，入白河。一自都城左安门外草桥流入南海子，东出宏仁桥，由水南新河至张家湾板桥入白河，总名运河。凡江南粮运自是达于京仓。河岸俱白沙，不生寸草，故亦名白河[14]。

在上述文字中，蒋一葵描述了泗河的名称来源，位置及构成泗河的四条河流名称。今潞县镇以东的一段河道历史上被称作泗河，这是由潮白河、温榆河（明代称富河）、通惠河、浑河（凉水河）四条大河汇流而形成。这四条河流中，潮白河在通州城北与富河汇流合为白河（潞河），通惠河自京城东流至张家湾入白河（潞河），浑河（凉水河）在张家湾板桥入白河。张家湾板桥即今通运桥，当时还是木桥，万历三十三年（1605）十月才建石桥。

五、清代的凉水河

清代以后，浑河改称凉水河，依旧在张家湾入北运河。嘉庆十三年北运河从小圣庙附近改道东移，凉水河自张家湾以下沿潞河故道东延，经由何各庄、烧酒巷、里二泗、贾各庄、上家店南东南流至姚辛庄入北运河，地名盐河口。张家湾历来为北京地区食盐批发之地，嘉庆年间北运河改道以后，盐船依旧至张家湾交卸食盐，故自张家湾至盐河口这一段河道依旧承担盐运，故这一段河流又叫做小盐河。民国元年，为防止运河水涨时河水外溢，遂疏浚运河，堵闭苏庄北的鲇鱼沟。同时为了避免运河之水溢入凉水河，又将盐河口堵闭，凉水河于是不能泄入北运河，遂经烧酒巷村西导入港沟河，经港沟河下注。

凉水河历史上一直起着为北运河提供水源的作用，其水源丰沛与否对北运河漕运有着不可忽视的影响。清雍正四年，怡贤亲王允祥治理京东水利，为解决京东通州、武清、安次一带沥水，决定开挖凉水新河，

（14）（明）蒋一葵：《长安客话》卷6《畿辅杂记》。

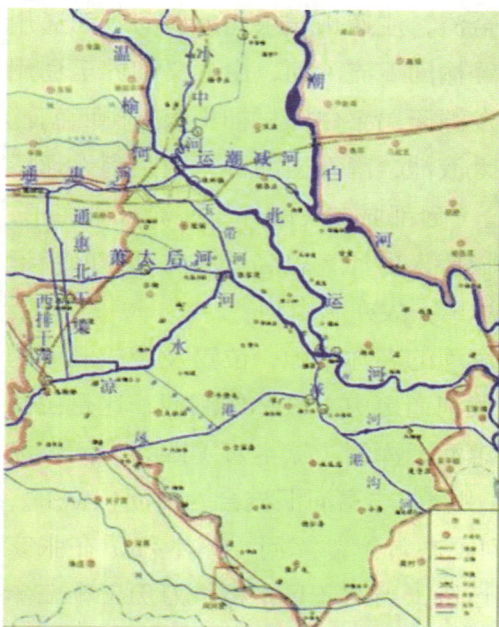

通州水系图

从高古庄开河，经堰上、小杜社、东马各庄、于家务、果村、王各庄、富各庄、南堤寺、小南地、德仁务、半截河、兴隆庄出通州境至武清侯上村，导水入凤河。凉水新河修建成以后，京东一带沥水得以疏洩，农田水利大兴。但是，开凉水新河后，水势分洩，入运河水量减少，致使运河航运用水不足，河道浅涩，影响漕运。为了保证漕运用水，清廷遂堵闭高古庄引水闸，凉水新河遂废弃。《再续行水金鉴·永定河卷》记载："后因运河病浅，仍自高各庄截归张家湾，而新河遂废。"[15]民国时期，通县南部的凉水新河河道还在，春夏水涨之际，凉水河中溢出之水经由凉水新河河道排水，俗名小沙河。

六、现代凉水河

中华人民共和国建立以前，凉水河河道年久失修，堤防残破，水南村至新河村河段，芦苇丛生，荆棘满坡，河道淤积严重，每到汛期，行洪不畅，河水漫溢，两岸人民饱受其苦。新中国建立后不久，在全国开展水利工程建设，通县地区各个河流均得到治理。通县于1955年和1961年两次大规模疏浚凉水河河道，加宽加深，改建阻水建筑物，使凉水河改道由榆林庄入北运河。在治理凉水河工程中，

（15）中国水利学会水利史研究会、北京水利学会水利史研究会：《再续行水金鉴·永定河编》，中国书店，1991年。

因河道调整，张家湾附近的河道水系出现较大变化。凉水河河道原来经马营、宽街向北直接立禅庵村东，然后沿着张家湾古城南侧向东经张家湾通运桥，约在张家湾古城东南入北运河。北运河改道后，凉水河注入小盐河。1955年春，河北省政府通县专区组织施工疏挖治理凉水河，裁去弯道，调直展扩河道，将凉水河下游河道自宽街村东拐弯，经张家湾镇村（长店）南的旧有沟渠，向东流向瓜厂村，从瓜厂村北进入港沟河，同时将港沟河张家湾至许各庄段做为凉水河下段治理，凉水河河道沿着港沟河河道向东南延伸，于榆林庄入北运河。港沟河的起点南移至许各庄。凉水河新河道脱离了经张家湾城南的老河道后，原来作为凉水河支流的萧太后河遂沿原凉水河下游河道东延，穿过通运桥，在桥东与玉带河汇流，进入凉水河。如今60多年过去了，今人已经不知道凉水河和萧太后河变迁关系，张家湾城南的通运桥渐被称为萧太后河桥。

扑朔迷离的萧太后运粮河

■ 陈喜波

　　萧太后河流经台湖镇北部，该河源于北京城的东南护城河，自西北向东南流，在通州张家湾汇入凉水河。这条河既冠名"萧太后"，又冠名"运粮河"，似乎该河是辽代萧太后所开凿用来运粮的，但文献中却没有丝毫记载，也未见考古证据，有人说是萧太后开凿的，但却没有直接证据，总有一种影影绰绰的雾里看花之感。虽然扑朔迷离，但也有讲的必要，让我们从萧太后开始吧。

一、萧太后其人及其在北京地区民间的影响

　　自公元938年石敬瑭献幽云十六州于契丹后，今北京地区就成为辽朝版图的一部分，辽朝与宋朝分界线大致在保定白沟至天津一线。辽朝版图扩大，跨长城而拥有了中原地区的部分土地，《辽史》称其"尽有大漠，浸包长城之境"，长城南北，风土差异很大，《辽史》总结说："长城以南，多雨多暑，其人耕稼以食，桑麻以衣，宫室以居，城郭以治。大漠之间，多寒多风，畜牧畋（tián）渔以食，皮毛以衣，转徙随时，车马为家"。鉴于这种实际情况，辽朝统治者采取因俗而治的政策，"以国制治契丹，以汉制待汉人"，类似于今天的一国两制。辽朝实行五京制，以燕京为南京，设南京道，管辖今北京地区和冀东一带。

　　幽云十六州丢失，中原王朝失去了战略屏障，因此北宋建立后，一

直想收回幽云十六州，屡次宋出兴兵北伐，辽宋战争延续了一段时间，直至澶渊之盟宋辽议和。在辽宋战争期间，辽代的统治者辽圣宗和其母萧太后多次来到南京（今北京），以指导战事。说起萧太后，还要讲一下契丹的婚俗。当年，辽朝的建立者耶律阿保机特别仰慕历史上的汉高祖刘邦，于是便将自己的契丹姓氏耶律氏之外又增加了一个汉姓——刘，以示景仰。此外，他觉得皇后一族的述律、乙室、拔里等贵族有辅佐之功，可与西汉开国丞相萧何相比，于是遂将后族一律改姓萧。萧氏与耶律氏因世代通婚，故萧氏的女子都嫁给耶律氏，耶律氏的女子都嫁给萧氏，所以辽代历朝帝王皇后绝大多数都姓萧，都叫萧太后。我们今天所说的萧太后，就是其中的一个，因为能力出众，影响力太大，光芒四射，以至于大家都以为辽朝只有一个萧太后。言归正传，萧太后本命叫做萧绰，小名燕燕，父亲叫萧思温，为北府宰相。根据《辽史》记载，燕燕从小就聪明伶俐，做事稳妥。萧思温一次看见自己的几个女儿一起扫地，其他几个姐妹漫不经心地打扫几下就走了，只有燕燕一人在一丝不苟地打扫，将屋子收拾得干干净净。萧思温非常高兴，认为燕燕将来必定会有出息。萧思温果然没有看错，萧燕燕长大后成为辽景宗皇后，景宗去世后，燕燕协助其子辽圣宗，击败宋朝，巩固辽朝统治，建立了不朽功业。萧太后小时候清洁房间的事迹再一次证明"一屋不扫何以扫天下"这句话的正确性。

辽宋战争期间，萧太后曾驻跸南京，并在今通州南部地区进行游猎活动。契丹是渔猎民族，打猎活动对其社会政治制度也有很大影响。契丹贵族就实行四时捺钵制度。《辽史·营卫志》记载："辽主秋冬违寒，春夏避暑，随水草，就畋渔，岁以为常。四时各有行在之所，谓之捺钵"，此乃契丹贵族四时捺钵制度。所谓捺钵，其实是契丹语言，含义是可汗渔猎时所建之牙帐，或出行时之行宫。"四时捺钵"就是辽朝皇帝一年四季当中在不同的地方去打猎，活动地点有四处：鸭子河（今松花江）；长春河（今洮儿河）；鱼儿泺（长春河附近）；鸳鸯泺（今河北省张北县）。凿冰钩鱼后有"头鱼宴"，捕鹅雁要用一种体小力大而凶猛的猎鹰名"海东青"，捕鹅后也设庄严隆重的"头鹅宴"，相当中原皇帝的亲耕大典。辽朝皇帝的春猎活动主要是凿冰取鱼和纵鹰鹘捕捉鹅雁。时间是正月上旬至四月。辽圣宗和萧太后驻跸南京,春季游猎无法去固定的春捺钵地,只能在南京附近寻找水多的地方打猎。当时,通州南部地区湖泽遍布,水鸟众多,恰是春猎的好地方,因此地与辽东的延芳淀相似,遂将此处命名为延芳淀,定为春捺钵之所。辽朝帝王游猎活动对通州产生很大的影响,如辽朝为游猎需要在延芳淀设了一个县,叫做漷阴县,这就是今天通州漷县镇的由来。于家务乡有神仙村,该地名来源于辽代的神潜宫,神潜宫是辽朝皇帝为来此打猎的后妃们建造的宫殿。漷县村有萧太后驻跸井,"驻跸甘泉"是当初漷县八景之一。

萧太后作为历史上一位女中英豪,匡扶辽朝江山社稷,在朝野有着巨大的社会威望,也对后世产生很大影响。在北京地区,民间将很多古迹都附会到萧太后身上。今延庆区古城村为夷舆故城,民间传说萧太后曾在此驻跸,又叫萧太后城。顺义楼台村传说与萧太后梳妆台有关,村南有土坨一座,民间称其为梳妆楼旧址。怀柔的庙城传说与萧太后家庙有关。萧(或肖)字在北京地区属于一个典型的历史敏感词汇,民间多认为与萧太后有关,海淀区的肖家河,民间传说与萧太后有关。平谷区北山中过去有一个村叫肖家院,在革命战争中,为了斗争需要,以萧太后将村名化为太后村,沿用至今,连山名也俗称做太后山了。萧太后的传说不仅局限于北京地区,在作为辽代西京道的大同地区,与萧太后有关的历史遗迹也比较多,如大同城内有梳妆楼,清《大同府志》记载:"相传辽萧后居此",山阴县西南有萧太后营,灵丘县西南有萧太后城,天镇县有萧后井。

震钧在《天咫偶闻》一书中在谈到萧太后运粮河名称的来源时说:"盖土人不知有辽金元,而但知有萧太后,故举归之焉。"[16] 震钧的推测倒是有一定道理。历史朝代是系统的专门知识,对于普通老百姓来说,超越了现实生活层面,很少有人能弄清楚,仅有代表性的朝代或著名历史人物能够在民间口碑中流传,并且多张冠李戴,讹误颇多。萧太后作为历史上的传奇人物,在民间广为人知,将一些来源不清的河流归因于她自然在常理之中。正如北方地区很多寺庙建造者不明,始建时间不清,

---

(16)震钧:《天咫偶闻》卷9《郊坰》。

民间遂一股脑地归因为广为民众所知的门神尉迟恭身上，传说为尉迟敬德所建或重修。这是一种文化归因现象，是残缺不全的民间知识体系自行"脑补"的结果。

二、京东地区关于萧太后河的传说和辽代海运故道的记载

有关萧太后运粮河最早的记载出现于明代。明代刘侗等撰写的《帝京景物略》关于"白云观"条记载北京城西南有河名叫萧太后运粮河，"（白云观）西南五六里，为萧太后运粮河，泯然湮灭，无问者"[17]。清末震钧在《天咫偶闻》中也提到萧太后运粮河，"八里庄之西二里，有河名十里河，又名萧太后运粮河。东岸有土城，闉都宛然，土人名萧太后城。考其地，即金代都城之西面门，即灏华门也。金城方七十里，每面相距十八里。而其内城则在今广渠门外，以地度之，正相合。盖土人不知有辽金元，而但知有萧太后，故举归之焉。"[18]《帝京景物略》和《天咫偶闻》两本书中所说的萧太后运粮河，当是指莲花河。

北京城东南流经朝阳和通州的萧太后运粮河最早见于康熙《通州志》，该志书中有"饮羊河"词条，称"与牧羊台相近，在州城南，俗传苏子卿牧羝处，或云即萧太后运粮河"[19]。

京东香河、宝坻均有萧太后河的传说。民国《香河县志》转引康熙志关于萧太后运粮河记载："萧后运粮河，自城西经城北面，东过白庙、套里、渠口等，跨宝坻入于海，遇河泛涨，即能通舟。又载白庙庄萧后运粮河，在城北五里，水泛则上通本县城河，下由张家小套庄、许家庄、焦家庄、康家庄、马家窝、宣教寺等庄，入于双港河出境，入宝坻云云。"[20]《光绪顺天府志》记载："窝头河，俗呼潢潢河，又曰箭杆河，又曰绛河……其水无专源，一出牛栏山水，一出新庄河水。新庄河即苍头河上源也。昔为凤河水道，今为窝头河别源，故一统志有苍头河目。刘深香

（17）（明）刘侗、于奕正：《帝京景物略》卷3《城南内外》。

（18）震钧：《天咫偶闻》卷9《郊坰》。

（19）康熙《通州志》卷1《封域志·山川》。

（20）民国《香河县志》卷2《地理志·河流》。

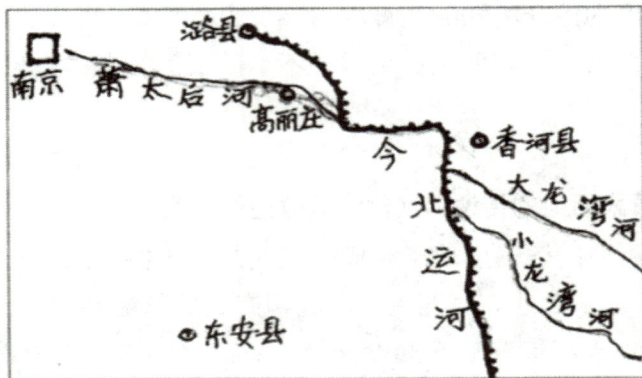

萧太后运粮河
示意图

河县志、洪肇楙宝坻县志并云即萧后运粮河。"[21] 清代箭杆河自通州东境南流，至香河西北东南折，在香河县北东南流，入宝坻县境，经宝坻县南入鲍丘河，东流入蓟运河，至北塘口入海。《光绪顺天府志》进一步确认了窝头河与康熙《通州志》所说饮羊河之间的关系："按窝头河即萧后运粮河也，然则饮羊河，亦窝头故道。"[22]

除了萧太后运粮河的传说，京东一带还有海运故道的传说。明人蒋一葵在其著作《长安客话》中谈到了辽代的海运故道，香河县"境南有大龙湾、小龙湾二水，夏秋始合流，经宝坻界入海，相传辽时海运故道。"[23] 此段文字所说大小龙湾在香河县境南部，而清代志书所说萧太后运粮河却在香河县境北部，这或许是因为河流变化所引起，按照明嘉靖《通州志略》记载，牛家务河（即箭杆河）曾在王家摆渡入潞河。嘉靖《通州志略》记载宝坻县有"粮河"，"古海运故道也。元世祖以越海不便，塞之。今河形尚存。"[24] 乾隆《宝坻县志》记载粮河位置，"在县南五里，古海运故道也"[25]。

（21）《光绪顺天府志·河渠志三·水道三》。

（22）《光绪顺天府志·河渠志三·水道三》。

（23）（明）蒋一揆：《长安客话》卷 5《畿辅杂记》。

（24）嘉靖《通州志略》卷 1《舆地志·古迹》。

（25）乾隆《宝坻县志》卷 14《拾遗·古迹》。

综上可知，在北京、通州、香河、宝坻一带，均有萧太后运粮河的传说，并且传说中不同地方的萧太后运粮河的分布地域与从北京至宝坻一线的海运故道大致重合，似乎佐证辽代曾经开凿过运河以运输海运漕粮。《辽史》曾记载太平九年，"燕地饥，户部副使王嘉请造船，募习海漕者，移辽东粟饷燕。议者称道险不便而寝。"[26] 虽然有海运之议，但最终没有实施。因此，文献上没有足够的证据支持萧太后运粮河始于辽代或在辽代曾经发挥过作用。

三、萧太后运粮河为元末的金口新河故道

现今萧太后运粮河经考证为元代金口河故道，《析津志辑佚》载金口新河经行路线："东南至董村、高丽庄、李二寺运粮河口。"金口新河到了明代称作三里河，"自（护城河）壕口三里至八里始接浑河旧渠，两岸多人家庐舍、坟墓，流向十里迤南全接旧河，流入张家湾白河。"[27]明宪宗时，曾有开挖三里河通漕的建议，经勘查不具备通航条件而被否定。乾隆《通州志》记载清中期时其河道情形："按河已久涸，惟地势洼下，犹有河形，遇夏潦则聚水成流。"[28]《北京历史地图集》认为金口新河河道即今萧太后河，其上源取自浑河，引水口在今门头沟区三家店附近左岸，东南行至今石景山区麻峪村处，与金代金口河重合，至金中都城北，大都城丽正门南，向东南方向开挖新河道，出今北京左安门，经今朝阳区八里河村，至十里河村附近接上辽时萧太后运粮河，然后沿萧太后河直达高丽庄入白河。

或许，元代金口新河在民间被讹传为萧太后所挖之河，但也不排除另外一种可能：即金口新河在元以前的旧河道基础上疏挖而成。不过，至今为止，在辽金文献中，目前并未发现辽代萧太后开凿运河的记载，考古上也没有任何辽代实物证据来支持，因此，萧太后运粮河目前还只能停留在传说层面，其真实来源还需要进一步深入研究。

（26）《辽史》卷59《食货志上》。

（27）《明宪宗实录》卷97，成化七年十月丙戌。

（28）乾隆《通州志》卷1《封域志·山川》。

关于萧太后河的几点认识

■ 吴文涛

萧太后河，历史上又称"萧太后运粮河"，是辽萧太后时期从辽东向燕京（今北京）地区运输兵马粮草的一条漕运通道。如今，它只是流经北京市朝阳区和通州区的一段城市排水河道，全长 20.6 千米，人们只能在东南四环外看到它的踪迹。然而，独特的名字却显示了它不同寻常的历史。虽以"萧太后"命名，却不见诸于辽金时期的文献记载，而只出现在明清时期的各种方志及笔记中，因而有关此河的来龙去脉一直众说纷纭。

一、民间传说还是真实存在

萧太后河之名中的"萧太后"，是指辽景宗耶律贤的睿智皇后萧氏，名萧绰，小名燕燕。辽景宗去世后，萧绰被尊为皇太后，管理国家政务。正是在她的辅佐和决策下，契丹国势强盛，大举伐宋。萧太后亲自跨马从戎，与年幼的圣宗带兵出征。一连攻下北宋多座城池，剑指中原，迫使北宋真宗皇帝亲征应战，最后双方在澶渊（今河南濮阳西）签订盟约。契丹由此继续巩固了对包括燕京地区在内的幽蓟十六州的统治，并每年得到北宋进贡的数十万岁币。"萧太后运粮河"正是在这样一个背景下出现的，说它是萧太后从辽东向燕京地区运输兵马粮草的一条漕运通道的确有历史的客观合理性。然而，该河在辽金文献中却找不到任何记载，

所见都是明清以后的文献。比如明代刘侗、于奕正的《帝京景物略》、乾隆年间洪肇楙、蔡寅斗的《宝坻县志》、清咸丰年间震钧所著《天咫偶闻》、光绪《顺天府志》、民国《香河县志》等等。翻阅这些记载可知，该河和民间传说有着密切的关系，所记录河段也都是流经通州、平谷及河北宝坻、香河的中下游部分。尽管如此，它们还是提供了一些有关该河及辽代漕运的重要信息，即：从通州至辽东的漕运河段基本上是完备而通畅的。既然如此，通州至辽南京城的河段又怎么可能或缺？

事实上，早期历史上人们只是利用天然河流进行运输，没有过多的人工改造和干预，最多是疏浚河道，把窄的地方拓宽或者裁弯取直，或者挖渠把相邻河道连缀起来，使运道更为通畅便捷。辽时国力和科技水平有限，尚不可能进行大规模的水利工程，所以史书没有作为一项正式工程记载。另据辽史分析推测，利用河道大力运送物资到辽南京（燕京），应该是在辽朝国力上升、占据燕京并挥师南下、开拓中原之际，而这正好是萧太后与辽圣宗主政早期，也就是说该河成为运河的时间应该在辽统和年间（983-1012）。所以，虽然没有文献记载，但民间传说它是萧太后从辽东向燕京地区运输兵马粮草的一条运粮河，这的确是有历史根据的。其部分遗迹即当今流经朝阳、通州的萧太后河。作为利用天然河道沟通北京城与北运河漕运的开端，萧太后运粮河无疑具有划时代的意义，它是辽代南京地区漕运的间接反映，为契丹政权经营辽南京奠定了物资基础；更为后来金代闸河和元代通惠河的开凿提供了重要启发和基础。

二、辽萧太后河的具体走向

曾经有一种说法流播甚广："萧太后河全长30千米，流经陶然亭湖、龙潭湖、十里河村、台湖、张家湾等"。其实这个说法并不确切，至少在龙潭湖以上的路线说得不对。综合侯仁之、常征、于德源等诸位先生的考证[29]，辽代萧太后河的具体走向应该是：从辽南京北护城河一直向

（29）侯仁之：《改造首都自然环境的一个重要措施》，《北京日报》1956年2月17日。另载《步芳集》37—38页，北京出版社，1962年版，改题《开辟首都水源的一个历史性的新胜利》。常征、于德源：《中国运河史》第十八章，北京燕山出版社1989。

东，沿今新、旧帘子胡同、受水河胡同一带，从今人民大会堂以南、前门再折向东南，经今大江胡同、芦草园、金鱼池到龙潭湖、十里河，然后顺今萧太后河到通州。这也是金代开金口河和元代末年开金口新河曾部分利用过的河道。

陶然亭与大小川淀一带的河道形成于明代以后，"陶然亭湖沼即是修建南城（明嘉靖扩建外城）墙取土（烧窑制砖）所致"[30]，是承接南城排水蓄积而形成的水面，不可能成为辽时萧太后河的水源。

也就是说，辽萧太后河是利用了当时残留的古永定河河道、经人工疏通整理后而形成的，它上承蓟水、中连辽南京护城河、古高梁河（也就是"三海大河"）河道，经张家湾附近连接今北运河（时称潞水），再往东连接古潮白河、箭杆河等跨香河、宝坻而入海，然后通往辽东，的确是辽代重要的运粮通道。

在金代和元代，它仍旧承担过部分漕运河道的功能，明清以后随着通惠河和北运河的发达而逐渐失去运输功能，成为了城市排水渠道。这是由环境变迁造就的河流功能和角色的改变。但仍然可以把它看作是大运河的一部分，可以说它是京杭大运河的前奏或序曲。即使在明清大运河兴盛期，它也作为支系发挥着水流调节和民船分流的作用。

三、今人相关著述的辨析

迄今所见较有影响的相关论述，除侯仁之、常征、于德源等诸位前辈的著作外，还有周良的《铜帮铁底运粮河析》、陈瑞芳的《十里河》等。如陈瑞芳的《十里河》对萧太后河的来龙去脉做了比较完整的叙述，但并没有提供文献依据。依笔者判断，它一是来源于常征、于德源先生的著作，二是在《铜帮铁底运粮河析》一文中，关于该河在龙潭湖以上河段的源流走向的描述，我觉得还需要进一步证实。文中说"萧太后河过左安门后入龙潭湖，出龙潭湖西溯流入陶然亭湖转而向北，接大小川淀，与辽南京东垣护城河相接入迎春门，这一段水路长约10

（30）孙秀萍：《北京全新世埋藏河湖沟坑的分布及其演变》，《北京史苑》第二辑222–232页。北京出版社1985。

里"[31]。根据上文判断，大、小川淀、陶然亭一带的沟坑应该是在明代以后人工形成的，据明万历《大明会典》，永乐年间营建北京时"营缮所需木植砖瓦，有大五厂"，其中，黑窑厂与琉璃厂分别负责"烧造砖瓦及内府器用"[32]，从那时一直持续到修建北京外城。到清朝，"各工程砖瓦，于康熙三十三年（1694）奉旨均交窑户备办，俾归简易，黑窑厂遂废"，只给这里留下了"坡陇高下，蒲渚参差"的存水洼地与残余土岗[33]，"黑窑厂"也成了所在地片的称谓。综合这个过程可以推断，陶然亭与大小川淀一带的水面是明代承接南城排水蓄积而成的，与辽代时萧太后河无关。

周良先生的文中称：萧太后河"全长50余里，河床均宽31米，底均宽8米"。"凡新开之河段尽为坚硬之黄黏土质，尽管历史上屡遭大水冲袭，其床依然坚固，其底依然如故，自开成至今，河道一直未改易片段，故张家湾地区自古以来趣赞之为铜帮铁底运粮河"[34]。文中未注明数据来源，还需进一步证实。而"铜帮铁底"一说，笔者认为是民间对两岸堤防坚固、水上运路通畅的河流惯用的比喻。例如：在河北省境内，迁安县有"铜帮铁底饮马河"，清苑县有"铜帮铁底金线河"，元氏县有"铜帮铁底金水河"；在天津，蓟运河也有"铜帮铁底运粮河"的传说；在吉林，有"铜帮铁底松花江"；在山东青州，有"铜帮铁底洗耳河"……如此等等，不胜枚举。萧太后运粮河被形容为"铜帮铁底"，应该是流行于民间的这类同源传说之一，形容其堤岸黄泥夯实如铜、河底黑泥板结似铁，反映出河道的历史悠久及其良好的治理效果。

还有的学者发文提出——"根据史书记载，萧太后河的开凿时间应该是在太平九年（1029）"[35]，如此确定的观点着实让人惊诧。然仔细分析过后却不由得与之商榷。有"萧太后河"的存在，辽南京的粮食供

（31）陈瑞芳：《十里河》第43-52页。世界知识出版社，2007。

（32）申时行等：《大明会典》卷一百九十《工部十·物料》，明万历十五年内府刻本。

（33）于敏中等《日下旧闻考》卷六十一《城市》，北京古籍出版社，1983。

（34）周良：《铜帮铁底运粮河析》，《北京文博》1998年1期。

（35）官士刚：《萧太后河的前世今生》，《北京青年报》2016年7月4日。

应才会变得顺畅而有保障。漕运物资从辽东沿海抵达蓟运河口后，可以从蓟运河西入沟河或北运河，再顺萧太后河直抵南京城。虽然无法得知水路运输的规模、数量及其在全部漕运物资中的比重，但从船运与车载两者的效率差异判断，运河无疑是当时最为高效而重要的运输路径。有了充足的物质供应和保障，辽南京才能成为支撑辽朝半壁江山的重要据点，为后来金、元两朝定都该地奠定基础。辽文献中虽然没有提供正面的例子，却有反证说明了当时漕运的存在以及漕运衰败后的后果。《辽史》卷五十九《食货志上》记载："太平初幸燕，燕民以年丰进土产珍异。上礼高年，惠鳏寡，赐连日。九年，燕地饥，户部副使王嘉请造船，募习海漕者，移辽东粟饷燕，议者称道险不便而寝。"[36] 又，《辽史》卷十七《圣宗本纪八》记：太平九年（1029）"户部副使王嘉复献计造船，使其民谙海事者，漕粟以赈燕民。水路艰险，多至覆没。虽言不信，鞭楚榜掠，民怨思乱。"[37] 从前一则史料看，似乎是辽太平年间才开始商议海运赈济粮，所以该文得出了"太平九年开凿萧太后河"的结论[38]。但实际上把两则史料对应起来看，恰恰说明的是：从辽东往南京运粮早在太平年间之前就有，户部副使王嘉多次提议、实际已经施行（见《圣宗本纪八》条），大臣们提出的问题集中在"海漕"部分——海上风浪太大，船只才会"多至覆没"，从蓟运河口登陆后，西入沟河或北运河再顺"萧太后河"直抵南京城这一段是不大可能屡屡翻船的。反而是由于有这段运道的通畅，才使得王嘉等甘冒海运风险。实际上，这段历史的真实情形是这样的：长期以来从辽东等地筹粮进京等做法，导致当地官吏对辽东百姓的过度盘剥，民众积怨已久。据《辽史·食货志》载："先是，辽东新附地不榷酤，而盐曲之禁亦弛。冯延休、韩绍勋相继商利，欲与燕地平山例加约，其民痛之，遂起大延琳之乱。"[39] 大延琳是辽东渤海人首领，时任东京（今辽阳）舍利军"详稳"（将军）。当时海上

（36）（元）脱脱等：《辽史》卷五十九《食货志上》，中华书局 1974。

（37）（元）脱脱等：《辽史》卷十七《圣宗本纪八》，中华书局 1974。

（38）官士刚：《萧太后河的前世今生》，《北京青年报》2016 年 7 月 4 日。

（39）（元）脱脱等：《辽史》卷五十九《食货志上》，中华书局 1974。

漕船的制造和运输重任主要压在渤海人身上，他们担负的劳役和遭受的剥削最为深重。所以当王嘉等人继续提议增加海船运粮时，大延琳率领渤海人借机反叛。而辽王朝统治上层不稳，大臣们找借口不作为，也纷纷把大延琳叛乱的祸端归结到王嘉头上。曾经通顺的漕运由此衰落不畅，辽王朝的颓势也开始逐步呈现。

因而，更有理由相信，运河的梳理开浚应该是在辽朝经燕京向南进兵前后、国力上升的萧太后主政时期，辽圣宗后期反而是因辽东政局的动荡导致了从辽东到南京的海运—河运的衰退。

文中的"其水来自位于辽南京蓟城西北的洗马沟（今永定河的一支），进入今海淀区玉渊潭后南转注入护城河；到龙潭湖时，又将发源于西山诸泉与海淀平地泉而东南流经此处的高梁河南支汇入，水量大增"这一段论述也存在方位谬误和逻辑混乱的地方。

该文还极大丰富了人们对萧太后河的想象，说它"除了是承担辽南京城物资运输的经济命脉外，运粮河在当时还是最重要的一条旅游线路。运粮河沿线十里河附近的龙潭湖、西直河和潞县附近的延芳淀都是典型的湿地……呈现出一派江南水乡的景色，这是终年生活在森林和草原地带的辽国帝王后妃、达官贵人们完全没有见过的。'四时捺钵'制度下，定期前来南京城'休闲度假'的辽国帝王后妃们纷纷在迎春门乘船，沿萧太后运粮河东下，欣赏沿途如同江南水乡般的美丽风景。"这就近乎胡扯了。不能用当今"旅游观光"的概念去附会古人，古代萧太后河两岸都是自然风光，而只要是自然风光都会有美的一面。但辽朝人的"四时捺钵"制度有它固定的场所、路线，比如每年春季到今通州潞县附近的延芳淀狩猎，可能会经过萧太后河，但主要以骑马和马车为主，所谓乘船行水路那是游牧民族不擅长的事情。这纯粹是根据当今城市生活臆想出来的场景。

现在看到的萧太后河与它的原貌已经有了很大改变，但我们不能仅凭想象去描绘它，真相往往隐没在泥沙俱下的历史洪流中。依据仅有的史料，我们可以尽量严谨地得出基本判断：作为以人工方式改造天然河道，沟通北京城与北运河漕运的开端，"萧太后河"存在过，并为金代开闸河、元代开通惠河提供了启发和基础。伴随着金中都、元大都与明清北京的发展，北京地区的运河开发也因此步入了更加辉煌的历史阶段。

　　而从文化的角度看，萧太后河是北京地区唯一一条以人命名的河流，而且是历史上赫赫有名的女政治家——辽萧太后。附着在该河上的许多有关她的民间传说和故事，是显示辽南京时期北京历史和北京地域文化特色的一个重要线索。尽管它们与文献记载的历史并不完全契合，却非常值得重新发掘利用。作为我国北方的少数民族政治家，萧太后在北京地区留下的真实历史足迹已经很难寻觅了，那么承载着其故事和传说的萧太后河，就是北京地区自辽代以来各民族的文化不断融合的珍贵反映，也是北京城建都序曲中的一支重要和弦。

通惠北干渠

■ 马景良

　　通惠北干渠，曾是京东排洪防涝的重要水利设施，是劳动人民抗拒自然灾害的巨大成果，是党和人民政府关心人民生命财产安全、提高物质生活水平的历史见证，有重要历史价值与教育意义。周良先生在区文物局期间，也曾多次来此实地踏查。

　　雍正三年（1725）夏，直隶大水灾（清代直隶所辖范围，大致相当于现在的河北省、北京市，天津市的全部及河南省北部部分地区），直接造成赈济霸州、保定等七十二州县厅水灾饥民的严重后果。朝廷遂决定经营畿辅水利，兴办水利田。派怡亲王允祥（爱新觉罗·胤祥，1686—1730年，康熙帝十三子。雍正元年被封为怡亲王，并世袭罔替，系清朝第九位铁帽子王）、大学士朱轼率员考察。《八旗通志》载：胤祥领命后，"建议兴修、疏浚河渠，筑堤置闸，区分疆亩，经画沟塍（塍，指田间的土埂子）……"怡亲王允祥受命治理京畿水利、运河，在《清史稿》本传，用了近三分之一篇幅，录入其这方面上疏的内容。

　　在乾隆，光绪两部《通州志·疏议》中，都有怡亲王允祥给雍正皇帝的"敬陈京东水利疏"，开始一段文字便涉及到通惠北干渠及高各庄闸："（运）河西旷野平原，数十里内，只有凤河一道，自南苑流出涓涓一带，蜿蜒而东，至武清之埝上村。断流而河深淤为平陆……请于高各庄开河分流至埝上，循凤河故道疏浚，由大河头入，仍于分流之处各建一闸……"

怡亲王允祥的亲力亲为，拉开了雍正、乾隆时期直隶地区水利兴盛的序幕。那一时期，出现了统筹规划，全面治理的局面。允祥等人通过详细勘查分别拟定了畿南、京东、京西治水营田，兴修水利的方案，对直隶各地的水利多有规划。依据当时规划，自今朝阳区高碑店东之北花园村附近开挖排水沟，沿低洼地向南，经南花园、马家湾，通州区东石、次渠、崔窑一线，至堤上村西入凉水河，再于高古庄（高各庄）东南凉水河中建石柱木板闸，在闸南端上游建涵洞，疏浚隋永济渠故道（时称凉水新河），会凤河。用以排泄两畔雨水，而防农田水涝。古代称北花园至堤上村这段泄水沟为"官沟"，俗称高古庄至凤河所疏永济渠故道为"小干河"，正称"凉水新河"。

1955年，通县所属河北省人民政府为解决官沟及小干河两畔农田抗旱排涝问题，力争粮食丰产，提高农民生活水平，发动通县、朝阳区农民，疏挖官沟和小干河，扩宽加深调直，在高碑店处建闸，导通惠河水入官沟及小干河，命名为通惠北、南干渠，且在堤上村西建闸节水，使北干渠两畔农田涝可排，旱可浇，不再受水旱灾害，粮食得到增产，农民收入提高。

《朝阳区志·第八编农业》载："1958年，通县修建通惠引水干渠，将萧太后河拦腰截断，其上游河段在马家湾村北注入通惠排水干渠。1960年，在通惠干渠西侧取土带疏挖修建排水干渠。北起南花园村，南至通县堤上村西入凉水河，长12.1千米（台湖镇辖域内6千米），流域面积56.8平方千米（台湖镇辖域内约45平方千米）。1964年，朝阳区与通县商定，进一步对通惠排干渠进行治理，按20年一遇标准。通惠干渠5支闸（通县次渠村南）以北长5.2千米，由朝阳区组织施工。5支闸至凉水河渠长3.4千米，由通县组织施工。当年11月24日开工，1965年1月完成土方工程，3月开始修建配套建筑物，汛前完工。共完成土石方86.08万立方米，修建大车桥4座、公路桥2座、跌水1处，排涝能力扩大到61立方米／秒。用工12.5万个工日，投资40万元。治理后，对支流顶托减轻，顺畅排除支流汇集洪水。1998年，北京市政府再将通惠北干渠增深加宽，泄水更加通畅，两岸堤防修筑成林荫道，环境幽美。"

通惠干渠通州段（2001 年　摄）

（马景良，通州区作家协会会员、通州区大运河文化研究会会员、潮白文友会会员）

元代金口新河和明代三里河

■ 陈喜波

　　台湖镇北部有一条河名萧太后运粮河，虽然冠以"萧太后"，又称作"运粮河"，但是否是为萧太后所开凿，目前还没有文献证明。不过，这条河在元代和明代都曾有用来作运河的计划，元代开凿金口新河、明代欲开凿三里河均与这条河有关。下面就介绍一下元代的金口新河开凿和明代开凿三里河计划。

一、元初坝河和通惠河开凿

　　元世祖登基后，于至元元年（1264），定开平为上都，改燕京为中都[40]。至元四年（1267），忽必烈在中都旧城东北营建新城。至元九年，新城竣工，遂改中都为大都。每年夏天，皇帝前往上都，处理蒙古漠北地区军政事务；秋季返回大都，处理漠南军政事务。由此确立了两京制，历时近百年。大都成为都城后，城内聚集了众多的皇族人口和文武百官，大都城内外还驻扎有数量庞大的军队，需要大量的粮食供应。元代初期，主要利用金朝漕运旧制，漕粮主要来源于中原地区，漕粮经由运河运至通州，再陆运进大都城。至元十三年（1276），元朝平定南宋，开始从江南运粮。运送江南漕粮最初的路线是从浙西北运，涉江入淮，由

_____

　　（40）《元史》卷58《地理志一》。

黄河逆流而上，至今河南封丘境内的中滦旱站，然后用车载牛驮陆运至淇门，入御河，顺流抵达直沽，再溯白河然后抵达京师。至元十九年（1282）十二月立京畿、江淮两个都漕运司，仍各置分司，以督纲运。每年命江淮漕运司将粮食运至中滦，京畿漕运司自中滦接运，陆运漕粮至淇门，经御河运至大都。江南漕粮入大都，漕

元大都水系图

粮数额日渐增加，迫切需要提高通州至大都之间漕运能力。至元十六年（1279），元政府开坝河运粮。元代坝河每年漕运粮米达百万石左右。

至元十九年（1282），元政府开济州河，使船只可由泗河入济州河，再经大清河至利津入渤海，至直沽，经由白河至大都，以代替中滦—淇门—御河的陆路运输线。至元二十年（1283），济州河开凿成功，可以通航，于是命山东三省造船三千艘于济州河运粮。同年，元政府采纳王积翁的建议，命阿八赤等广开胶莱新河，以缩短海上航程，然而并未成功。至元二十四年（1287），由于利津海口泥沙壅积，漕运不便，元政府遂罢东平河运粮，将漕粮从东阿旱站陆运至临清，经御河转运至京师。为减轻陆运劳顿，至元二十六年（1289），元政府开凿会通河，南起安山，北至临清，沟通汶河和御河。从此，连接大都至江南的运河全线贯通，但由于山东段运河水源不足，运粮有限，每年漕粮数额在30万石左右。在开运河，利用水陆联运的同时，元朝

也在尝试海运。至元十九年（1282），伯颜追忆海道载宋图籍之事，认为海运漕粮可行，于是命上海总管罗璧、朱清、张瑄等造平底海船六十艘，运粮四万六千余石，从海道至京师。但因初次航海，经验未足，沿海滨行驶，风信失时，次年才抵达直沽。此次海运漕粮成功，元政府遂从至元二十年（1283）开始推行海运，《元史》说："元自世祖用伯颜之言，岁漕东南粟，由海道以给京师，始自至元二十年。"至元二十一年（1284），"罢阿八赤开河之役，以其军及水手各万人运海道粮。"到至元二十三年（1286），海运漕粮数额达 57 万石之多。至元二十四年（1287），元廷开始设行泉府司，专掌海运。至元二十五年，"内外分置漕运司二。其在外者于河西务置司，领接运海道粮事。"至元二十六年海运漕粮数额约 92 万石，至元二十七年达 151 万石。元政府看到了海运之利，遂于至元二十八年（1291），"罢江淮漕运司，并于海船万户府，由海道漕运。"[41] 此后，海运成为元朝输送漕粮的主要形式，直至元末。随着海运能力提高，海运漕粮的数额也不断攀升，延祐六年（1319）超过300 万石，天历二年（1329）高达 350 万石。《大元海运记》记载："初岁运四万余石，后累增及二百万石，今增至三百余万石。"[42]

　　自至元二十六年开始，海运漕粮规模接近百万石，其后海运漕粮数额倍增，随着漕粮输送能力提高，抵达通州漕粮日多。但坝河漕运能力仅为百万石左右。剩下的漕粮则由车载，人力或畜力推拉，陆运至大都城。但是，通州至大都之间的陆路运输极为艰苦，《元史》记载通惠河开通以前陆路运输漕粮的情形，"先是，通州至大都，陆运官粮，岁若干万石，方秋霖雨，驴畜死者不可胜计。"[43] 至元二十八年（1291），郭守敬上陈水利十一事，提出开凿大都运粮河计划，忽必烈喜曰："当速行之"。至元二十九年（1292）春，通州至大都运河工程开工，至元三十年（1293）秋竣工，忽必烈赐名"通惠河"。通惠河完工之后，漕粮可从通州一直利用水运运至大都，公私省便。《元史》记载，"先时通州至大都五十

（41）《元史》卷 16《世祖纪十三》。

（42）《大元海运记》卷上。

（43）《元史》卷 164《郭守敬传》。

里，陆挽官粮，岁若干万，民不胜其悴，至是皆罢之。"[44] 今人常以为，通惠河运送漕粮效果一直很好，直至元末。其实真实历史不是这样的。根据《永乐大典》所引元代文献《经世大典》的记载，至元三十年（1293），通惠河成，元政府在李二寺设置通惠河水站，运送官物。但到了元至大四年（1311）四月三十日，中书省奏称："腹里江南起运官物，浮河而来，自李二寺水站入闸河，迤逦起都，往回四五旬，不得达上下，驿程不接，事涉停滞。"[45] 该文记载至大年间通惠河水站的站船自李二寺来往大都之间竟然多达到四五十天，这从侧面说明了通惠河航运效果已经严重下降。并且这一年，通惠河水站被撤销，至元三十年（1293）设立至至大四年（1311）裁撤，总共延续了 18 年。显而易见，通惠河漕运能力已经大不如昔。

二、元末开造金口新河

由于坝河运粮规模有限，加上通惠河漕运效果下降，通州至大都之间的漕粮运输问题又摆在了元政府前。至正年间，元政府曾尝试开挖通州至大都之间的第三条运河，即金口新河。至正二年正月，中书参议孛罗帖木儿、都水傅佐提出建议："起自通州南高丽庄，直至西山石峡铁板开水古金口一百二十余里，创开新河一道，深五丈，广二十丈，放西山金口水东流至高丽庄，合御河，接引海运至大都城内输纳。"这一开河的建议一经提出，便遭到众多大臣的反对。左丞相许有壬抵制尤为激烈，他列出几条理由，其大略曰：（1）卢沟河不可航运，卢沟桥距京城二十里，而通州距京城四十里，若可行船，不会在通州设码头。（2）金时卢沟河因金口河在城北，对中都影响不大，今则在大都新城之西南，一旦大水，影响都城。（3）金口河地形高下不同，若不作闸，则水泄导致河道浅涩，若作闸，则水性浑浊，必导致淤塞，挑浚无穷。郭守敬开通惠河别引白浮泉水，而不用卢沟河水，说明此水不可用于漕运。[46]

（44）《元史》卷 164《郭守敬传》。

（45）解缙等：《永乐大典》卷一九四二〇《二十二勘·站·站赤五》。

（46）《元史》卷 66《河渠三》。

此时，脱脱为中书右丞相一意孤行，力排众议，决定采纳孛罗帖木儿、傅佐二人建议，兴工开河。元顺帝至正二年（1342）二月，元政府征调民夫 10 万，开始兴修金口新河，到当年十月竣工，历时八个月。金口新河修成后开闸放水，出现了预料不到的事情，"水至所挑河道，波涨湍汹，冲崩堤岸，居民傍徨，官为失措，漫注支岸，率不可遏，势如建瓴，河道浮土壅塞，深浅停滩不一，难于舟楫。其居民近于河者，几不可容"，在大都顺承门西南两岸，受迫害严重，"大废民居房舍、酒肆、茶房，若台榭虚墓。"[47] 丞相脱脱闻报水情，急忙命人堵闭闸口。此次开金口新河失败，引起官民巨大反响，朝廷于是杀掉建议开河的中书参议孛罗贴木儿和都水监傅佐，以平息众人的愤怒。

据《析津志辑佚·属县·宛平县·古迹》载：金口新河"东南至董村、高丽庄、李二寺运粮河口。"《北京历史地图集》认为金口新河河道即今萧太后河，其上源取自浑河，引水口在今门头沟区三家店附近左岸，东南行至今石景山区麻峪村处，与金代金口河重合，至金中都城北，大都城丽正门南，向东南方向开挖新河道，出今北京左安门，经今朝阳区八里河村，至十里河村附近接上辽时萧太后运粮河，然后沿萧太后河直达高丽庄入白河。

三、明代三里河通漕计划

明初定都南京，永乐皇帝登基之后，迁都北京。京城中王公贵族、文武百官、京师和长城沿线驻扎大量军队，需要大量的粮食供应，正如《天府广记》所说："京师百司庶府，卫士编氓，仰哺于漕粮。"[48] 明代继承金元漕运制度，利用京杭运河从江南和中原等地将粮食运输到北京。由于元代坝河、通惠河等河流均已废弃，无法利用，故明代中前期，漕粮运抵通州张家湾后，再陆运进北京仓和通州仓，"历元明，漕运粮艘均驶至张家湾起卸运京"[49]。

（47）（元）熊梦祥：《析津志辑佚·属县》。

（48）（清）孙承泽：《天府广记》卷 14。

（49）光绪《通州志》卷 1《封域志·山川》。

　　由于陆运成本高昂，很多大臣建开凿通州至北京的通惠河以及其他运河。明宪宗时，为将漕粮从通州运至北京城，曾有利用其河道开凿运河的计划。成化七年十月，尚书杨鼎、工部侍郎乔毅上疏奏请开通通惠河。与此同时，还有人提出开挖三里河的建议："於三里河从张家湾烟墩桥以西疏挑二十里，湾泊粮船，以避水患者，二事俱未施行。今此河道通流，其水约深二尺，不劳疏挑，惟用闸蓄水，令运粮卫所每船二十五只造一剥船，自备米袋，挨次剥运，如此，则运士得省脚费而困惫少苏矣。"[50]明宪宗命杨鼎、乔毅考察通惠河、三里河等河道。据《明实录》，二人实际踏勘元代通惠河河道遗址，也考察了三里河。二人对三里河河道的描述如下：

　　勘得城南三里河至张家湾运河口袤延六十余里，旧无河源，正统年间因修城壕，作坝蓄水，虑恐雨多水溢，故於正阳桥东南低洼处开通壕口以泄其水，始有三里河名。自壕口三里至八里始接浑河旧渠，两岸多人家庐舍、坟墓，流向十里迤南全接旧河，流入张家湾白河[51]。

　　上述文字交代了三里河的来源，以及河道流向。文中说三里河自壕口至张家湾为六十里，今在地图测量，从正阳门沿萧太后河旧河道至张家湾，约在 30 千米左右，与古籍记载完全符合。另雍正《畿辅通志》引述明嘉靖时大臣桂萼对金口新河河道的记载："正阳门外东偏，有古三里河一道，东有南泉寺，西有玉泉庵，至今基下俱有泉脉，由三里河绕出慈源寺、八里庄、五箕、花园一带，直抵张家湾烟墩港，地势洼下，故道具存，冬夏水脉不竭。见今天坛北芦草园、草场、九条巷，其地下者俱河身也。"[52]

　　针对开通三里河以行船通航的建议，杨鼎、乔毅认为三里河不具备通漕条件。

　　今若用此河行船，凡河身窄狭淤浅处，必用浚深开阔，凡遇人家房垣坟所必须折毁那（挪）移，且以今宽处一丈计之，水深二尺，苦散於

（50）《明宪宗实录》卷97，成化七年十月丙戌。

（51）《明宪宗实录》卷97，成化七年十月丙戌。

（52）雍正《畿辅通志》卷21《山川》引桂萼奏议。

五丈之宽，止深四寸，况春夏天旱，泉脉易干，流水更少，粮船剥船俱难行使，兼且沿河堤岸，高者必须铲削，低者缺者必须增筑填塞，又有走沙急湍处，俱要创闸派夫修挑，傥水浅少，又须增引别处水来相济，若引西湖之水，则自河口迤西直至西湖堤岸未免添置闸座，若引草桥之水，必须於大祀坛边一路创造沟渠，亦恐有碍。况其源又止出彰义门外玉匠局等处，马跑等地泉亦不深远，大抵此河天旱，则淤壅浅涩，雨潦则漫散冲突，徒劳人力，卒难成功，决不可开。况元人开此河，曾用金口之水，其势汹涌，冲没民舍，船不能行，卒为废河，此乃不可行之明验也[53]。

至此可知，明代的三里河即元代的金口新河，也即今天的萧太后运粮河。

（53）《明宪宗实录》卷97，成化七年十月丙戌。

萧太后河"大石桥"与"漕运码头"

■ 刘长青

距通马公路东 500 米，口子村南口——当年通（州）马（驹桥）大道口子村南，曾经有一座大石桥。口子村一位叫李大化的老人，20 世纪 30 年代，在北京印刷局工作过，见过一本叫《通籍》的书，书里有关于萧太后河畔口子村大石桥的记载。据他介绍，大石桥距今至少有三百多年，那部书里有大石桥的图样，桥面长约 30 ～ 40 米，可并排通过两辆大车，桥两侧有栏杆。桥体为五拱券形式，中间一个大拱券，可行船。两边各有两个小拱券，丰水时可减轻对桥体的冲击力。

2005 年春天，通州区水务局二次治理萧太后河。河底往南加宽 20 米，挖上来三块建桥的大条石，众人都前去观看。大条石长 2.2 米，宽 0.42 米，厚 0.35 米，和附近朱家垡、前营、胡家垡等村庙台、井沿的条石一模一样。相传附近村里的大条石就是从石桥上拆走的，出土的条石石质，形状及条石两断的燕尾槽都与村里的条石一样。从口子村边的萧太后河里挖出的桥面条石，证明条石出土地就是大石桥所在地，从地理位置看，此处即通州城去古镇马驹桥的交通要塞。

据相关史料显示，萧太后河是人工运河，位于京城的东南部，因辽萧太后主持开挖而得名，始于统和六年（988），是北京成为国都以来最早的漕运河，最初为运送军粮所用，后成为皇家漕运的重要航道。它比元代漕运的坝河早 280 多年，比元明清漕运的通惠河早 300 多年。明清

萧太后河漕运
码头遗址公园
（2018年　摄）

笔记记载："河面船只穿行，河岸行人如织，如同江南水乡。"

旧时的桥有一个重要的作用，即方便设卡管控。此桥东五公里处有张家湾盐桥子，那段萧太后河亦称小盐河子，为官家管控运盐处无疑；张家湾东北、通州州治北都有皇木厂，应为建材卸货储运之所。这段萧太后河称萧太后运粮河，大石桥横跨萧太后河，连接桥两端的口子村和胡家垡村，石桥处曾有古村南横街，以方便管控粮食等物资的运输往来。

萧太后河石桥前的漕运码头遗址，定在台湖水管站附近。历史上，这个漕运码头规模很大，东西沿河有几华里长，西起口子村边的石桥前，东到前营村北面萧太后河，中间朱家垡村南段是繁华地段。漕运码头是当时南粮北调的运输枢纽，漕运鼎盛时期，车水马龙，昼夜不停地装卸货物。一般年份，货物在这里由大船分装小型驳船，经大石桥西行驶入京城。枯水年份（季节）转为陆路运输。

漕运码头每天停泊数十条货船，聚集数百人员。船员上百人，卸货人员上百人，卸下来的货物装车拉运，又有上百人，加在一起，码头上数百人每天不停地忙碌着，码头附近的地方，就成为这些人衣、食、住、行的所在地了。有些头脑灵活的经商者，就在此处开办了旅店和饭馆，为这些人提供吃饭和住宿方便。随着时间的推移，码头周边人越聚越多，逐渐形成了今口子村、朱家垡、前营村。

台湖地质地貌溯源

■ 刘福田

一

北京通州有个台湖镇，其地理位置在通州区西南部，一界之隔就属于朝阳区了。通州城区在整个通州区域内偏西北，若以城区为基准看台湖，则台湖算是西南，而且是西南适中位置，它再南还有马驹桥镇，再北还有梨园镇，方位都在城区迤南迤西。

一上来就叨咕台湖镇地理区位干吗？因为这片区域地质地貌在通州比较特殊，严格说这片地貌，还包括台湖镇东邻旅游区和今张家湾镇凉水河以北、台湖镇北邻今梨园镇大部和朝阳区中南部，甚至还包括更西的丰台区东部，但不涉及台湖镇南邻马驹桥镇。总之，其南部界线就是凉水河故道，今凉水河也正是台湖镇与马驹桥镇界河。凉水河以北，海拔普遍高于其南，古时这种差异更大，辽、金时河南是烟波浩渺的延芳淀，河北则是高台深湖，这也是台湖地名最初的由来。

一条河道怎么就界分出了差异的地貌呢？这要从远古的地质变化说起，不是河道造成了两岸地貌差异，而是地貌差异决定了河流走向。

远古时期的北京地区可不是今天这样的平原，它曾是一片汪洋。这倒没什么稀奇，因为太古大陆形成于大约 6 亿年前，这之前整个地球都被海水包裹。特别的是太行山地区在华北古大陆形成之后（大约 3 亿年前），连续发生剧烈地质运动：大约 1.7 亿年前，这里发生"吕梁运动"，太行山地区进入差异升降阶段，太行山山脉隆起，山南平原沉降，海水涌入，沿太行山南侧成为古渤海湾。

《读史方舆纪要》卷十三说渤海："古名勃海。应劭曰：海之横出者，曰勃。"就是说渤海之所以称渤海，因为它曾横出大陆。

7 千万年前，太行山东侧又发生"燕山运动"，它使太行山发生强烈褶皱和断裂，今北京西山以东山脉又大部沉降于地下，远古时的通州地区正在这个范围之内。今人都知道通州没有山，但其实我们脚下数千米就踩着原来太行山的尾巴。与此同时则是燕山山脉隆起，这奠定了今天太行山山脉和燕山山脉的基本轮廓；大约 3 千万年，更为强烈的"喜马拉雅运动"发生，使太行山和燕山再次抬升，它们山前的地表则再次沉降，今海河平原中下游因地表沉降而再次被更多海水涌入，这就是我们常说的古渤海"北京湾"，那时的北京小平原还是深深的海底……

今日华北平原北侧、太行山和燕山山前的海河平原地貌就此定型，只是开始它并不是平原，而是古渤海"北京湾"海域。由于这片海域的地质成因是太行山和燕山隆起及山前地表沉降，它的总体轮廓无疑是一个条带状，这又为它后来的沧海桑田准备了条件。要知道太行山、燕山迤北是广阔的黄土高原和蒙古高原，河流带来

太行山和燕山
地理位置图

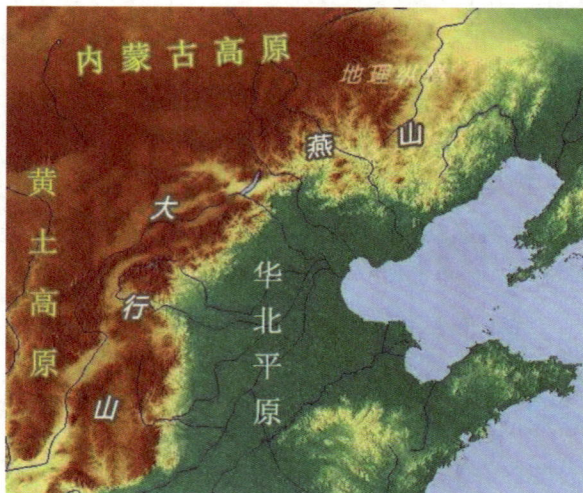

的泥沙量是非常巨大的，哪怕是深邃的海湾，数千万年泥沙沉积也会造成沧桑巨变。曾经穿越太行山南下的所有河流包括今天的黄河，远古时都是被这片深邃的海湾截留向东的，再加上今北京西山的永定河、京北而来的潮、白二河等，久而久之这片古海湾就变得越来越浅，终于开始了它由沧海向平原转变的进程。

对北京小平原的地质勘测证明，它的地表土壤构成主要是第四纪沉积物，第四纪是距今最近的地质年代了，大约 200 万年到 1 万年。这是不是很说明问题？就是说北京小平原的地表形成基本就在这个时间段里。不过地质年代相对于人类历史，还是过于久远了，人类的历史也不过几百万年。北京周口店猿人距今大约是 20—70 万年，他们还不是我们今天北京人的直接祖先，不过就人类总体而言，远古时的某些信息在人种间交流是可能的，再说 1 万年前，那时我们的祖先开始了新石器时代，对前后的地质地貌肯定会有所记忆。中国远古传说中称包括今北京地区的幽州为"苦海幽州"，这里是流放人犯的地方，由此我们大概就能想象出它当时的地貌。

北京小平原由古渤海湾向冲积淡水淀泽演化，大概就发生在人类文明史萌芽之初，远古《山海经·北山经·北次三经》有《精卫填海》故事："又北二百里，曰发鸠之山，其上多柘木，有鸟焉，其状如乌，文首，白喙，赤足，名曰：'精卫'，其鸣自詨。是炎帝之少女，名曰女娃。女娃游于东海，溺而不返，故为精卫，常衔西山之木石，以堙于东海。"《山海经》当然不能作为信史，但它肯定与人类文明史之初的传说和见闻有关，专家考证《山海经》所称"东海"就是今天的渤海，又以山而论，这"发鸠之山"应是今北京西山一带，按照就近原则，可推"西山"当时离"东海"肯定不远，甚至就是"东海"西岸，这不正好说明，当时的北京小平原还属"东海"西部海湾吗？或者《山海经》中《精卫填海》故事，本身就在说此处由古海湾向淡水冲积淀泽演化的进程。如果要建纪念"精卫"的塑像，最适宜处就是今丰台区南苑一带，当然由此向东南直到渤海之滨，任一地方也都可以。可以确定，到商周时期，北京小平原已大体变成了淡水淀泽，古称雍奴薮。

在整个海河平原沧海桑田的历史演进中，发源或流经太行山北侧黄土高原的数条河流做出了主要贡献，但具体到海河平原中下游的北京小平原，属于今北京地区的永定河和白河、潮河都做出了重要贡献，尤其是到了演进后期。北京小平原的地质地貌，更多地决定于这几条河流，可以说永定河和白河、潮河（今已合流，称潮白河）是今北京的母亲河！

北京小平原的北部轮廓，由北京西山（太行山余脉）和燕山两条山脉交叉形成，其地形特征是一个 U 字或说 V 字形，穿越两条山脉的河流携带大量泥沙沉积，首先就把这 U 字或说 V 字形的底部地表不断抬高，并向外扩展。经过复杂的流体力学运动，今北京城区西南（古蓟城）较早地露出水面，先成为岛屿后发展成台地，台地又继续向东发展，逐渐到通州古城位置。到了这个位置就不继续向东了吗？发展不了了，因为到此它就碰上白河（今北运河）河道了，河流在前，台地还怎么发展？只能到此为止。

其实这样的地貌形成，除了特大洪水，本身就是这几条河流主要造成，永定河和白河（还有潮河）远古河道，都首先是注入北京小平原的北部，当这里的地表不断抬升到一定高度，地表上才可能形成所谓河道，原始的永定河和白河河道都是自西北而来，惟有潮河来自东北方向，但潮河原始河道出现已在今顺义区和通州东部，决定北京城区和通州地貌的主要河流就成为永定河和白河。这两条河流虽然都由北京西北而来，入口位置却有差异，永定河在西南白河在北，形成河道后自然一个在西一个在东。两条河流复合沉积，中间会衍生陆地，这个陆地不断扩展，两条河流才离得越来越远，直到维持一个适当距离。由于永定河山区的出口就在西南，它再向西的发展受到西山阻碍，它的发展只能是自东南而南，向西的移动是不可能的，那就只有挤白河河道东移了。

两条河流流到北京小平原北部的 U 字或说 V 字形开口，河口一下子开阔了，河水流速变缓所携带的泥沙更大量地沉积，这是形成古蓟城岛屿和台地继续发展的流体力学结果。河流流速突然变缓，沉积的泥沙不止于河道两侧，还有河流的前方，久而久之就会导致河流河道向左右弯转，当然是哪边地势较低就流向哪边了，除非两侧都没这个可能，那才不得不继续向前。所以最初时永定河和白河（还有潮河）的原始河道都是出了北京台地以南就转向东流了，它们或者有过合流，或者没等合流就各自入海或各自汇入淀泽了。如果没有突然变故发生，今天的永定河就是流出京西南就弯向东合白河（北运河）转东南流，但今天的永定河却是

一直向南偏东流去，它与白河（北运河）没有在通州境内合流，而是在它与白河（北运河）之间形成平原，并在今凉水河故道以南形成一片扇面状洼地，辽、金时这里是著名的皇家捺钵苑囿——延芳淀。

究竟发生了什么导致出现这样大的改变？查找地质勘探资料可以找到答案：南苑——通州地质断裂带！这条断裂带的方向，大概就是沿着今天凉水河故道，到今张家湾村东南继续向东延伸，大约终于通州区的东部边缘。从丰台区的南苑到通州东部边缘能有多远？满打满算不过几十公里，这么短的一个地质断裂，在地质事件中实在太微不足道了，以致本地都很少有人知道有这么个事情，但就是这么一个微不足道的地质事件，改变了通州甚至整个北京东南地区的地貌。如果没有它的出现，盛名于辽、金时的皇家捺钵苑囿延芳淀能否存在？北运河漕运是否还有后来状况都很难说……当然有没有台湖就更不好说了，起码这个地名将无从说起。

产生这个地质断裂带的原因无疑是某次地震，从造成断裂的规模看，这次地震的规模应该不是很大，起码在本地的震级是这样。当然也不会太小，因为造成了地质断裂，而且发生断裂的同时，断裂带东部以北地势升高，断裂带西端以南的今大兴区地势也发生抬升，其结果就是原永定河河道向东的拐点处被整体抬升，河道当时就发生了改变。

究竟会是怎样的改变呢？可以想象，原来的永定河河道沿西山东侧流出，流过蓟城古岛屿或台地之后就东转流向今通州区，但南苑——通州断裂带一出现，这条古河道的拐点就被抬升了，它必须继续向南寻找和开辟新的路径。这一开始还比较容易，因为这个断裂本身就是它新河道的走向，比较旧河道，新河道大体就是南移了数公里，也就是沿今凉水河故道。今通州乃至北京的考古学者，公认今凉水河故道曾是古代永定河主要河道或其东派重要分支，实际上这已是南苑——通州断裂带出现以后的情形了，在此之前，永定河远古河道还要由此往北，前述台湖台地及其北部边缘都是永定河更古老的河道。

二

有哪些论据能证明这样的说法呢？首先就是台湖赖以得名的"台"

和"湖"。台湖一名最早见于《辽史》，辽史《圣宗纪》中有 4 次关于台湖的记载，自辽统和八年（990）圣宗第一次到台湖并在此议事始，两年 4 次都到过这里并议事，最后一次还"以台湖为望幸里"，把台湖地名都改了，这说明台湖地名起码在此之前，改名称"里"更是这种状况。"台湖"之称早到什么时候呢？这里暂不推论，但就名称本身而言，显然与此处地貌相合，地名很可能就是因此而来。

台湖地貌有台有湖，这是直到近代都存在的，其中台的形成很容易解释，当这里还是一片汪洋时的远古，因为上游大洪水的作用，冲积出一些岛屿、垄岗、台地是必然现象，这与今凉水河南现存和曾存在过的状况一样。南苑——通州断裂带出现后，这里的海拔进一步抬升，原来的岛屿、垄岗、台地也进一步发展成高台，同样是必然效果。那这"湖"又是怎么形成的呢？当然是原永定河故道遗存。当南苑——通州断裂带出现，这里的地表被抬升，永定河南移，故道被废弃，废弃河道中的水不再流动，它们就变成了断续的湖泊，台湖地貌因此呈现。

这种地貌不止于今天的台湖，它还包括整个台湖台地及其边缘。我们沿今天流经台湖的萧太后河可大体考察出这样的地貌。萧太后河起源于今北京原宣武区大、小川淀胡同及平渊里，从这些地名我们就可以判断它们古时的地貌，由这里而陶然亭湖、龙潭湖，东南至今朝阳区老君堂、马家湾、大鲁店入通州区胡家垡（古为胡家筏）、台湖、田府、大高力庄诸村，这一线附近都曾有大片洼地，这些洼地都是古代湖沼，直到它汇入"张家湾"。张家湾村西，以前也有很大的湖泊，它后来一直被用作大运河北端客船码头泊船处。

这大片区域都是有台有湖，地势又普遍高于今凉水河故道之南，这里出现人类活动和民居的时间自然更早，仅就今台湖镇域考古发现，证明这里出现人迹早到春秋战国之前，其实在那之前，这里就已经有人，因为这里的海拔普遍高于河南。

通州文史专家景浩先生原籍台湖镇，研究台湖的历史尤其用心，他根据台湖地区的海拔差异复原出一张台湖曾经的"湖"，大体上是一个由西南而东北的走向。不是说永定河远古河道是由西向东吗？怎么这复原出的湖泊却调整了走向？原因是永定河河道南移后，水量较大时还会

有水流溢入这里的湖泊。考察台湖地区今天的海拔，呈现出南部局部偏高，而北部却偏低的状况，这也是台湖地貌形成的一个佐证。南苑——通州断裂发生，南侧地壳断茬插入北侧地壳断茬下才抬升出台湖台地，这种状况的必然结果是台地南缘会有一线高起，这样一来台湖也就更应该有湖了。

今天的台湖镇合并了原来的次渠镇，今镇域南部原属次渠，次渠得名也因为曾经有个次渠村，专家考证，次渠村周围原来也有大片水淀。次渠最早源于"茨藁"，"茨"的本意是指用芦苇、茅草盖屋顶，也指用茅或苇盖的屋子，总之有水草"聚集"之意，而"藁"是指芙藁，也就是荷花的别称，还有一说是指芋头，到过南方的人都知道，芋头也是喜欢水的一种植物。从这个名字我们就能想象它当时的环境：浅水湿地，水草丰茂。为什么后来变成了次渠呢？那已是清朝末年了，因"茨"为入声字，仄声发"次"音，还有就是古代"藁"与"渠"通用，两个字都省去草字头，茨藁就变成了"次渠"。

近邻的两个村庄，一个叫茨藁，一个叫台湖，名称都因地貌而来，从名称看它们各自周围环境有什么差异？明眼人应该一想就明白了。曾经的今台湖南部，南邻凉水河故道，浅水成淀，大片的水生植物聚集，景色也是非常壮观的。在它的北面，则高台深湖，湖水正是由凉水河溢流经此缓缓而来……

萧太后河故道

　　不止于此，永定河故道上游大水时，也还有水流溢入故道，此外还有来自这一地区上游的古高粱河南支等溢入，台湖的"湖"并不是一潭死水，只不过是高差不大流动较慢，来水又比较分散，看起来更像是"湖"罢了。但因为这个原因，贯穿于这些湖泊，终于还真就出现了一条河，这就是"萧太后河"。

　　对萧太后河的考证，目前是存在争议的，以通州已故文史专家周良先生为代表，认为萧太后河就是萧太后时人工开凿，用来转运来自辽东的粮草；但陈喜波教授却认为，萧太后河很可能就是个俗称，因为明代以前就没有关于此河名称及其开凿的记载，它可能就是北京城用来排水的一条下游河道……但无论哪个说法，都没有确切的历史记载，尤其是没有人工开凿这条河的记录。

　　直到今天还在流淌的一条河流存在着，究竟怎么来的愣是一直没个确定说法，这个事说来有点诡异，但其实它很可能主体就是一条自然河流。虽然它有人工开凿的痕迹，但这条河一路穿流湖泊，最初人工开凿部分最多也就是连接相邻的湖泊，而且这些湖泊本来就上下游联通的，要开凿成可以行船的河道，只需要扩宽挖深一些节点。是不是因为工程量太小就没有被记载？或者干脆它就不是什么政府工程，就是附近居民或者经过这里的船家为自身便利，由民间发起并完成的。试想：如果居民开垦的庄稼地被洪水淹了，人们会怎么办？这样的事史书又怎么会记载！或者因此才有了后来争议。笔者以为萧太后河可能在萧太后之前就已经存在，萧太后时或进行了简单疏浚，或就是直接利用此"自然"河道通行运粮船，因此没有人工开凿记载，后世却把它传成萧太后河了。它后来又成为北京城的排水河道，同样原因也没有留下记载。

　　不管萧太后河是否是萧太后时开凿，甚至不管萧太后时的运粮船走没走它，这条河在京东南的名气可不容小觑，它可是被誉为"铁底铜帮运粮河"。北运河后世的名气大了，有些民间传说就把"铁底铜帮"的名号给了北运河，这其实是个讹误。凡是对北运河文史有点研究的人都知道，北运河两岸基本都是沙质土壤，因此才多次被冲决改道，哪里有什么"铁底铜帮"啊！"铁底铜帮"说的就是萧太后河，这在学界几乎没有争议。

可为什么它会"铁底铜帮"呢？好像也没有人深究，其实这从另一个侧面，也反映了台湖台地地质形成。台湖台地发生南苑——通州断裂之后被抬升，原来永定河故道的河底被抬举到地表，河底沉积的土质是细沙沉淀而来的黏性较大的黄胶泥硬底，它再被冲刷成河岸，那可不就成了"铜帮"？至于"铁底"，是因为河流带来的腐殖质，水流舒缓才呈现出这样的颜色，那也是自然而然。萧太后运河自有记载从未改道，正因为原来的河底土质坚固。由这个"铜帮"我们还可以大致推算，南苑——通州断裂应该发生于数万到数十万年前，不会太晚也不能太早。

在通州号称"铁底铜帮"的河流还有一条，那就是元代郭守敬开掘的通惠河，按周良先生考证，当时开凿的通惠河下游走向是自今朝阳区杨闸村后，折向东南，于今通州区永顺镇五里店西入今通州区域，循今西火车站、科印厂、孙王场、车里坟、东小马庄、土桥一线至张家湾入白河。这条线大概就是台湖台地的北部边缘，之所以这样选择也因为沿途有东西向的长条状湖泊，这样选择河道需要人工开掘的土方量少。

我是认同周良先生这一观点的，因为他提出这个观点经过了实地勘查。

先不管认不认同周良先生这个观点，他因此而来的实地勘查确证了这一线地貌。这一线地貌特征仍然是"台湖"，这里的"湖"又是怎么来的？还是永定河远古河道。按照河道流体力学规律，自然河道很容易形成缘高台一侧流淌的状况，为什么自然形成的河道往往弯弯曲曲？正因为水流前进方向一旦流速放缓，携带的泥沙就很容易在正前方沉积，河流入海的"三角洲"就是这样形成。一般小河流发展不出"三角洲"，就在河流突然放缓的前方形成积沙一线，它看起来就像是拦住河口的堤岸，人们形象地称之为"拦沙板"，比如海南三亚港出海口就有一条这样的"拦沙板"。拦沙板的出现阻碍了水流继续向前，河流就开始向两侧寻找出路，一般地势低洼一侧就会变成新的河道，而原来的"拦沙板"就发展成河道一侧堤岸。同样原理，终于形成的河道，一定会沿着高台地势的边缘。

当蓟城古台地出现之后，远古永定河沿西山东侧和蓟城古台地之间流出，遇水面开阔便在正前方形成"拦沙板"，河道方向因此就会向两侧寻找出路，而地势较低一侧必然会发展成新河道。按照京西南具体地势，它向西的发展继续受到西山余脉阻碍，只能转向东流，而且要缘着蓟城古台地的南侧，大体线路就是周良先生认为的元代郭守敬所开通惠河一线，这一线上被郭守敬当年开挖通惠河时所利用的东西向湖泊，包括其上游利用的原金代闸河上游的今朝阳区杨闸村北的较大水面，追溯起来都是永定河远古河道的遗存。当然在这条自然河道形成的过程中，其南侧由西往东，呈展开的扇面形下游都曾经做过永定河远古河道。在这个意义上说，台湖台地全部是永定河远古河道遗存，其"台"的形成，则是远古永定河一次次大洪水的杰作。

如果没有南苑——通州断裂带出现，后世延芳淀或将包括这一台地范围的全部，永定河也应该一直东流横过通州境，大体在今通州张家湾镇土桥村迤东的位置，与白河也就是今天的北运河交汇，那样后世的北运河漕运，也就不会为水量不足而窘迫了。不过真要如此，通州还能不能成为明、清北运河的北端码头也说不定了，永定河水量充沛，又缘京南一侧流过，粮船直接开到北京城下岂不更方便？

按常理断裂带出现以后永定河河道南移，也只不过发生数公里南移，何以后来的永定河南向，最终连通州都不再经过了呢？因为这个断裂带出现还带来它西端南侧今大兴区地势抬升。大兴地势抬升，让这条断裂带西端两侧高起，新河道向东的拐点处狭窄局促，平常水量还可能对付，但当永定河出现大洪水时，狭窄的拐点河口就无法吞吐特别巨大的水量，其结果就是大洪水在此处四面冲撞，先是形成一处水湾，终于沿着大兴台地的西侧向南，又冲开了一条新的分支。这新的分支分流了水量，造成东流河道河口水流减速泥沙沉积淤浅，久而久之新的分支发展成主河道，断裂带而来的东派河道渐渐成为辅流，终于，它也成了永定河故道。

凉水河岂止是古代永定河东派分支，它还曾是永定河的主流河道，倒是今天的永定河反而由后来分支发展而来……最后，曾经的主河道连分支地位都不保了，它甚至不再是永定河河道，没落成一条以泉水为源的小型河流，这就是后来的凉水河。

不过这样的转变还是经历了漫长过程，在它还是永定河主河道和东派重要分支时，它仍然主要地奠定了京东南及其下游的主要地貌，包括辽、金时它南面浩瀚的皇家捺钵园囿——延芳淀。这一过程沿袭了远古永定

河河道形成的相似规律，只不过甩开了它北侧台湖台地，而是缘着这一新台地的南侧边缘，最终形成凉水河故道。正是沿着这条断裂带的路线，并在它的下游东南，形成了今高古庄村东南洪泛区和今张家湾村东南的"张家湾"（张家湾之所以称张家湾，首先因为这个大水湾），及其这个大水湾以北的迴流洪泛区，两个洪泛区前者是古延芳淀的主要成因，后者则是张家湾后来成为北运河重要漕运码头的主要条件……

三

笔者这里对台湖镇地质地貌溯源的结论，可能让有些人觉得难以置信，今天的通州南部早已一马平川，凉水河南北，地势差异也不特别明显，远古时真有那么多事发生吗？有关南苑——通州断裂带无须赘述，读者感兴趣可去查相关地质资料，至于凉水河南北地势差，我们不妨类比辽、金时的延芳淀。

辽、金时延芳淀的存在有确凿史料证明，你若能想象凉水河南曾经是一片汪洋，就不难接受河北的台湖地区曾经有台有湖。今凉水河北台湖一侧曾发现一通延芳淀古界碑，明确此处为延芳淀西北界。不是说延芳淀在凉水河以南吗？那是因为后来的凉水河因一次次大洪水河道缓慢南移，这是正常的流体力学现象。今天台湖镇水南村也已在凉水河之北？这个村曾经也在凉水河以南，所以说到台湖台地南缘，我们一直说凉水河故道。

凉水河故道南北的海拔差究竟多大？这个我们也可以用数据说话，按《通县地名志》上标注的海拔，其南北差异至今还有数米到十米左右，不过这个差异在一马平川已少见湖泽的平原上看已不明显，除非注水再看。再有，俗语说"人活一世，地长三尺"，低洼处不止水流可以带来泥沙沉积，刮风也会带来风沙，通州最早的"路县古城"早已被埋入地下数米，凉水河南之地长高几米又有什么好奇怪呢？风沙也一般由高到低，此消彼长亿万年后，说不定地球表面高差都会越来越小，当然如果不再发生地质变化的话。

不过回到台湖台地地质地貌，仅说从辽初至今，也不过才一千年，北京地区固然多风沙天气，那这里的高台深湖，只一千年就被风沙抹平了？当然没那么快，这期间还发生了人为灾难，这才造成了"台湖"地貌迅速消失。这一严重改变了"台湖"地貌的重大事件发生于元后至正二年（1342），元顺帝在此开凿金口新河失败，上游大水冲决堤岸，水流携带大量泥沙淤浅各处湖泊，那以后"台湖"的湖先就不明显了。

动议开凿金口新河，原因是元初郭守敬所开通惠河已淤塞不能行船，通州至大都（今北京）漕运，只能依靠坝河。而坝河转运能力不足，陆路运输又举步维艰，元顺帝才采纳囊加庆善八与孛罗帖木儿建议，批准开凿"金口新河"。金口新河在设计和工程质量上都存在重大问题。

首先是设计，这条河之所以叫金口新河，因为在它之前还有一条河叫金口河，金口河开凿于金世宗大定十一年（1171），为解决金中都（今北京西南部）漕运水源问题，由卢沟河（即永定河）引水。金口河"金口"在今石景山区麻峪村东（今石景山发电厂院内），从这里引卢沟河水经今老山、八宝山，东至玉渊潭折向南流入金中都北护城河。其下游流向大致为今东旧帘子胡同、人民大会堂南、北京火车站南等，又沿古高粱河故道北支，向东偏北流至今通州老城北入白河（今北运河）。

可是金口河开凿后效果很不理想，屡屡造成中都水患，至金大定二十七年（1187）使用了十几年就不得不放弃了。再到金章宗泰和五年（1205年）重新启用，再不敢引用卢沟河水，而是改引高粱河、白莲潭等各路河泉为水源，还在出中都护城河向东偏北至通州入白河段设闸数座，因此改造后的漕渠又称"闸河"，它大体上就是今天已成为世界遗产的通惠河河道。历史已有过教训，卢沟河"金口"开不得，这里开口地势高差大，水流急，且卢沟河又称浑河，金口一开泥沙俱下，下游河道根本承受不起……郭守敬开通惠河，也是引白浮泉水及沿途纳西山诸水，出文明门走金代闸河故道，却同样不敢再开"金口"，通惠河才使用了数十年。元顺帝却偏不信这个邪，执意重开金口，这在设计上就埋下了祸根。

其次是工程质量。元顺帝开金口新河时，已属元朝末年，此时的统治阶层上下腐败，既得利益者为了狭隘的自身利益，置国计民生于不顾，在工程建设中百般阻挠、破坏，以至工程潦草，金口新河一开始就是个"豆腐渣"工程，金口一开果然就酿成了大患！

金口新河的河道走向，其上游仍利用金口河上游河道，到大都南城正门丽正门后，才甩开金口河旧道，沿古高粱河南支，转向东南方向，

到今朝阳区十里河村附近又利用萧太后河河道，至今通州区台湖镇董村后，再甩开萧太后河折向东南开凿，沿今台湖镇东石、次渠、麦庄一线一直开到今台湖镇新河村后入今凉水河。此河一开，卢沟河水汹涌而下，入今台湖镇域更是到处冲决堤岸，冲刷高岗，淹没村庄。其所携带的大量泥沙，很快淤浅各处湖泊，曾经的"台湖"地貌短时间内即惨遭破坏，那以后台湖的"台""湖"都不再那么明显了。

饶是如此，台湖地区的"台湖"地貌也没有被完全破坏，但这之后的"屯垦"，使这里的地貌进一步遭到破坏。众所周知，对北京东南地区的大屯垦始于元末盛于明初，明初移民让这里的地貌发生了更大改变，围湖造田、取高土以就低洼，久而久之，哪里还会有什么高台深湖？再加上岁月侵蚀风沙掩埋，"台湖"越来越变得像一片平川……当然，在缺少现代大机械的时代，要从根本上改变一个地区的地貌还有一定难度，这也正是萧太后河一直能够孑遗至今的主要原因。

应该说直到现代台湖地区还能看到当年"台湖"的影子，这一点甚至当地老人至今都还记得。农业学大寨运动带来了通州地区的土地平整，"沟路林渠"建设最终使这一地区的"台湖"地貌消失殆尽。

周良先生为论证通惠河故道走向踏查沿途地貌时，回忆起 1975 年春他曾亲自参加的一次万人平地"大战金沙滩"会战，他认定的梨园镇通惠河故道一处湖泊最终被填埋成平地。他亲自参与的这次会战，填平了他考证的元通惠河河门上闸即今土桥村西口广利上闸遗址处以西，至通州下闸即今孙王场村南，两闸间 10 余里河道，曾有一西起车里坟东至土桥，长约 4000 米，宽 200—300 米，最宽达 400 余米的狭长湖泊，这么大的湖泊从没有被写进志书，但它实实在在地存在过。这片湖泊不属于今天的台湖镇域，但它显然也属台湖台地范畴。

诸如此类的事，在台湖镇域内也发生过多次，台湖再难见高台深湖又有什么好奇怪？今天我们行走于台湖，还能看到一些土岗、池塘，甚至还能感受到它地势的起伏，却已很难想象它曾经的高台深湖了。别说地貌，这里很多原来的村庄都已不见，高楼大厦连片，谁还能记起它更早的样子？但正因如此，我们才要追溯它的历史，为让后来人知道它的前世，乃至它前世的前世。

通马公路的前世今生

■ 崔永刚　刘长青

通马公路是通（州）黄（村）公路的通州段，历来为通州西南部要道，也是通州区与朝阳区的区界路。据记载，隋末唐初时期即有商贾来往。北起铺头路段、南至次渠路段，从东北向西南，贯穿今台湖镇西部边界。

由于大部分路段处于低洼地段，过去数百年，该路一直是依地势而曲折、高洼不平的土路，三米宽的路，雨季泥泞难行，车辙半尺深，误（陷）车经常发生，步行、挑挑儿的行人，赤脚、卷裤管过水洼。路难行，当时大户人家雇佣大车把式，都要问一句："翻过车没有？"按常理，翻过车的人没本事，没翻过车的人有本事。可是这里没翻过车的不用。因为这一段路太难走了，翻过车有经验教训，才是好把式。同时，这条路匪患不绝，解放以前，口子村西五棵树附近还有劫道的。

1937年七七事变以后，日本军队为了控制通州至马驹桥一带，强迫当地百姓"出官工"，在原路的基础上加宽调直，修成一条能过军车、装甲车的土路。

1958—1960年间，通州区政府投资，将这条日伪时期修建的土路改建成沙石路，当年全线通车。这是一次工程量较大的改造，重新勘测，路基抬高，因村庄内街道狭窄，不便过车路段，改线至村外。从铺头村西口至次渠村一带，多处弯路调直，基本做到路上无积水，大雨不淹路。新路路基加垫三黄土，压道机层层压实路基，铺大石子儿压实，路面覆

盖石屑。因调直改线处较多，当时还有人找老路。1964 年，通州至马驹桥公共汽车正点运行，每天早中晚三班，后随人流变化，逐渐增加车次。

随着时间的推移，沙石路已经无法满足经济发展的需要，且在春季"解冻开浆"时，多处路段出现"烂道"现象，车不能行。1968 年，由北京市公路处管理，通马路全线又一次升级改造，铺沥青路面，建造标准为三级公路次高级路面。此次施工，大部分为机械作业，但考虑到施工成本，仍投入一定数量的人工。1969 年，该路被正式命名为通马路。

1980 年以后，改革开放步伐加快，经济繁荣。"小老板"们日益活跃，通马公路上摩托车流量也越来越大，与之配套的，是路旁摩托车维修点。到了 20 世纪 90 年代，"小老板"成了私企老板，私家车取代了摩托车，私家货车、高档轿车，完全占据了通马路，交通越发拥堵。

为交通状况所迫，通马公路又进入频繁扩建时期。至 90 年代中后期，通马路全长 21 千米，路基宽 8.5—10 米，路面宽 6—7 米，全线有纵坡 46 处，最大纵坡 1%，平曲线 71 处，最小曲线半径 15 米，

通马路次渠段
（2021 年　摄）

经过通惠北干渠、凉水河等河渠：建有次渠桥、壮丁屯桥等九座桥梁，最大为马驹桥新桥，桥长 62.7 米，宽 7 米，载重量，汽车 13 吨，拖车 60 吨，限制最低时速 15 公里，平均时速 40 公里。

如今的通马公路两侧盛植杨树，槐树，每逢开花时节，清香扑鼻。随经济发展，环保车辆上路，除了大型清扫、洒水车，还有保洁员们驾电动小三轮上岗，他们责任到人，各分路段。每天早起晚归，时刻保持路面清洁。如今的通马公路车水马龙，井然有序，顺畅繁华，彰显着城市的活力。

> 想昔日，古道泥塘坑洼，几经铺轧，误车堵路挣扎。
> 看今朝，路畅灯明繁花，绿苑高霞，副中心扬天下。
>
> ——崔永刚

"狼洼"

■ 刘长青

口子村边曾有一片很大的区域，叫"狼洼"。周边有口子、朱垡、江场、胡家垡、台湖等五个村子。各村在这片区域都有土地，而且都叫"狼洼"，可见"狼洼"是这片区域的总名称。

这片开阔地，南北方向，从朱垡到外郎营3公里；东西方向，从台湖至胡家垡，也是3公里。在这方圆约9平方千米的区域里，没有村庄，只有交错的几条田间小道。夏日来临时，一人多高的玉米地连成一片，几平方公里成片的棒子地显得更加阴森可怕。若不成群结队，没人敢走地里的田间小道。

一般的地域，相隔1里一个村庄，为什么这里的村距离这么远？这片空间为什么这么大？原因就在这片区域中间的一大片洼地上了。洼地不是坑，地里也没有坑，是连成片的普通低洼地，平时土地潮湿，地里没有水，乡亲们可以种地。到了雨季，很多地方都存水，没有地方排放。所以地势低洼是这里没形成村落的主要原因。

洼地究竟有多洼？前面说过，这片远离村庄的开阔地有9平方千米，但是洼地的面积没有这么多。洼地在这大片开阔地的中西部，面积有2平方千米，按乡村土地丈量法是3千亩地。这块洼地比周边地区总体低两米，没有明显的大坑，这里也是庄稼地，只是常年旱涝，不保丰收而已。

"狼洼"地名的由来，听老人们说，数百年前，这里村稀人少，坟头乱土岗很多，树木藤条丛生，狼、狐狸经常成群结队地在此处出没，又因大片洼地，渐称"狼洼"。虽然五个村子把3千亩地给分割了，但各村在这里的土地都叫"狼洼"。由于这里远离村庄，又非常荒凉，解放前土匪猖獗，经常有土匪出入。几年内这里就有几十处活埋人的地方，老百姓在这里丧命的有上百人，有一处埋了一家七口人，最小的才一周岁。

狼洼地势低洼，雨季又无法排水，种地产量也不高，很多年没有太大的作用，非常荒凉。直到1980年，乡政府在全乡境内修沟路溢渠，东西每间隔1公里修一道南北走向的沟路溢渠。泄水沟南通凉水河，北通萧太后河，这片"狼洼"地再也不积水了，"狼洼"地里长了几年好庄稼。2000年后，这里已不再种庄稼，开发商在"狼洼"这片开阔地里盖了不少商品住宅楼，还建了国家大剧院台湖舞美艺术中心、新华联总部、北京国际图书城等大型企业单位，镇政府下属机构也在这里建了些办公场所。

如今的这片"狼洼"地，早已没有了过去的荒凉偏僻，一幢幢高楼拔地而起，一条条宽阔的马路贯穿其中，住宅楼、商业办公楼连成一片，超市、餐饮等服务型行业为人们生活带来便利，俨然成为一个繁荣的小城镇。

"狼洼"现状（2019年 摄）

台湖金口新河：隐匿在小村庄里的漕运要道

■ 张　丽

通州之所以称为通州，与大运河息息相关。明末史地学家顾祖禹说，通州取漕运通济而名。

说起通州的漕运，人们自然会想起悠悠大运河、凉水河、温榆河等诸多河流以及众多辽阔的湖淀。

在这众多的河流中，您可知道曾有一条金口新河，也曾发挥着重要的漕运功能吗？

关于这条金口新河，曾"递来江南诸物，海运至大都"，只是到了明朝初期，就停用了。

如今，当人们踏着古人勤劳智慧的足迹，来到台湖镇新河村，寻觅着元代金口新河的残迹，怎能想象当年那十万劳工用铁锸掘土、以扁担挑泥的修河场面，还有那翩翩风帆声声桨和滚滚轮涠的情景？

金口新河还有遗迹吗？

寻访——

金口新河故道仅存小水塘

当然有，就在台湖镇新河村。

从通州梨园出发，沿云景东路一直南行至九德路，在九德路与潞西路交叉路口右转，过新河大桥再行驶约 800 米，就到了台湖镇新河村。

"金口新河？有！看见这排房子了吗？一直往前走，有个池塘，就是那里。"

循着一个村民手指的方向，是一条乡村街道，满目红砖瓦房。

再沿街一直往里走，是一个不大的水塘，塘边杂草，塘内有鱼。

经过确认，此地就是金口新河故道：一段长约200米，没头没尾的"死水"。

溯源——

十万民夫历时八个月修河

早在元代，南方的粮食等物资要经京杭大运河运至通州，再经过通惠河和坝河转运往大都城，后来因为经常下暴雨、发洪水，致使通惠河和坝河淤塞。

治淤何等艰难，一时难以见效，两河遂不能行船了。

当时，如果改用大车通过陆路运输，运量少且运费高。

朝廷为解决大都城漕运问题，于是开挖金口新河，"接引海运至大都城内输纳"。

在元顺帝至正二年二月，朝廷征调了十万多民夫兴修金口新河，当年10月竣工，轰动朝野。

此河自北京城永定河左岸金口处导引河水向东南流，至通州台湖镇新河村入潮河，因金口新河汇入，所以潮河又称新河。

新河村的变迁

新河村就是以金口新河命名。

据《通州漕运》一书记载，金口新河从台湖镇新河村入潮河，这里是金口新河河口，于河口处建村，故名新河村。

元初，大兴府尹郭汝梅曾出资在新河村附近建有一座"天津桥"，横跨在潮河上，曾是天津一带商旅出入大都的陆路要津，朝廷当年于此还设有征税机构。

彼时，水陆过往客商常在此住店歇息，店名也以此命名——新河店。

到了明代初期，这里建了村级政权，称新河里，到了清代简称新河村，一直沿用至今。

回忆——

新河村的药王庙

新河村的历史悠久，相比金口新河遗迹，村里的药王庙庙会更是远近闻名。

根据《通州志》不完全统计，清末民初，通州约有寺庙466处，其中药王庙就有很多。

到了民国初年，通州的庙宇曾经遭受一次反对迷信、拉毁佛像行动的劫难。之后，除少数寺庙因火灾或其他原因遭到毁坏外，大多数寺庙被改作校舍。

药王是中国民间对古代名医的尊称，其中著名的有春秋时期的扁鹊，东汉邳彤，唐代的孙思邈等。后世这些名医不断被神化，被不同地区的民间奉之为药王，并设庙祭祀，统称为药王庙。

新河村也有个药王庙，庙宇不大，是一个二进的院落，但是建筑级别比较高，正殿前的汉白玉栏杆尤为精美。

虽然占地面积不大，庙里的香火却是很旺，尤其是每年农历五月初一的药王庙庙会非常热闹，附近十里八乡的百姓都盼着这一天前来赴会。

"要说当年药王庙庙会，那可是人山人海，比过年还热闹，有搭台演戏的、拉洋片的、要猴的、吹糖人的等等，卖东西的人也多，各种农具、布匹、时令果蔬、小吃一应俱全……"说起庙会，新河村年过七旬的老苏立刻打开了话匣子，他说那时候住在张家湾那么远的后生走路都要赶来赴庙会。

药王庙和新河小学

药王庙庙会延续了大约两三百年，一直到1958年。之后，所有的庙会都取消了。

解放前，新河小学占用了药王庙的偏殿作为校址，后来药王庙被拆除，新河小学在其旧址新建，一直沿用至80年代。

如今，昔日的药王庙、新河小学都已经不在了，只剩下正殿前的两棵历经沧桑的大槐树依旧在原地静默着。

两棵大槐树500多岁

村内一姚姓村民院子里的大槐树上挂着国家二级古树的牌儿。

"这两棵大槐树都500多年了，看！树干大部分都空了，但还是枝繁叶茂。"老姚家的儿媳妇说，自从她嫁到新河村，这两棵古槐就在自家院子里，听老人说过这里早先是个药王庙，而这两棵槐树的树干在80年代就已经空了，如今村子要搬迁改造了，她十分舍不得，"将来无论搬到哪儿，我也会回来看看，还得告诉孩子们，找到了这两棵大槐树就到了我们新河村的家。"

有此一说——

《二进宫》为何禁演

话说新河村的药王庙庙会非常热闹，戏台上，京剧、评剧、河北梆子等精彩纷呈。可这里有个不成文的规定，那就是有一出戏是禁演的，这出戏就是《二进宫》。

这是怎么一回事？

原来《二进宫》说的是明朝中晚期在宫廷发生的一场权利斗争，戏中的太师李良利用太子年幼，欲篡夺大权。李良本是戏中人，可是当时新河村也有一个姓李的大户人家，与明朝万历皇帝的生母李太后同宗，在新河村很有势力，他们认为戏中的李良指的就是李太后的父亲李伟。李家人认为这出戏辱骂了李家先人，所以坚决不让演。

（张丽，北京城市副中心报记者）

历史遗迹

台湖·萧太后河与捺钵文化

■ 王宝川

　　台湖镇，地处今通州区西部约 10 公里，地域面积 80 余平方千米，有萧太后河流经而过。萧太后运粮河，全长约 30 千米。起点辽南京（今北京）东门，流经现宣武区、崇文区、朝阳区十里河村，这段约 10 千米。后到大鲁店，台湖镇胡家垡、台湖、田府，这段约 15 千米。到大高力、张家湾流入北运河。是北京地区最早的人工运河，也是唯一以皇太后名义命名的运河。是河即辽代贯彻执行捺钵制度的重要纽带，台湖是这一带贯彻执行捺钵制度的策源地，弘扬捺钵文化的发动机。

萧太后河通州段

　　前些年，发现一块泰和五年六月的地界碑。经考证，是金代金章宗 1205 年。碑上刻有："……东至宝坻縣捺钵

地界碑

六十里；南至武清縣捺钵五十五里；西至潞陰縣捺钵四十里；北至本縣五里……"是至今发现的唯一金石证据。碑中的潞陰縣，它的治所在汉代称霍村，隶属当时的路县管辖。到辽太平年间（1021—1031）在此设县，其县治设在霍村。因地处潞水之南，古代山北水南为阴，故称潞陰縣。到金、天德三年（1151）海陵王升潞县为通州（现延用）。几经更易，到清顺治十六年（1659）撤销县治，将潞陰縣并入通州管辖。碑中"西至潞陰縣捺钵四十里"表明，台湖属捺钵地域。

关于捺钵，一是治理国家、发号施令，融合外交；二是演武治军增强战斗力，是治国安邦的基本国策。每年的四时捺钵活动则属实施手段。宋、辽、金时期，由于潞县的河湖广阔，水丰草茂，在客观上成就了北方游牧民族"捺钵"文化的发展。

捺钵，契丹（辽）语，相当于汉语的"行在"。"行在"一是指天子所在的地方；二是专指天子巡行所到之地。捺钵制度是辽代最基本的社会制度，对于辽国这样一个多民族的政权来说至关重要。辽代中期以后的辽圣宗、辽光宗和辽道宗三个皇帝都驾崩于捺钵。说明其对于辽廷的不可或缺作用，达到了极致和顶峰。辽帝多人多次为捺钵下诏书，对捺钵场所、资源保护制定一系列政策，为保证其上通下达，设有多位此类官员，使其有强有力的体制保证。对违反者，严惩不贷，有的人甚至被活活打死。这都说明，"捺钵"是被当做基本国策贯彻执行的。

《辽史·本纪》（中华书局 1974 年版）中，从卷十到卷十七，用了八卷篇幅记载圣宗，是记载辽代诸位皇帝中最重的篇幅，是开国皇帝、其祖耶律阿保机的四倍（辽太祖阿保机只有卷一、卷二的记载）。《辽史》卷十七的一行字道破天机："圣宗幼冲嗣位，政出慈幖"。"慈幖"即母亲，"政出慈幖"，就是说他母亲在主政。这位主政母，就是萧绰。在辽代皇后中，有多位萧姓女子，但只有她政绩斐然，朝野认可。用这么重篇幅记述，也属实至名归。

辽萧太后（935—1009）于统和二十二年（1004），以索要燕云十六州部分势力为名，大举伐宋。辽军势不可挡，打到了开封的门户澶州，后与宋朝谈判达成澶渊之盟。

在辽宋战争期间，为进一步向南扩充，自辽东向今北京地区调运粮食，于统和年间（1005—1008）在河网密布的潞县以南，疏挖萧太后运粮河（现有古河道遗址）。辽圣宗和萧太后驻跸南京（今北京）春季游猎无法去北方的春捺钵地，在南京（今北京）潞县南部地区有大片湖泽，水鸟众多，正是春猎的好地方，因与辽东的延芳淀相似，遂将此处命名为延芳淀，定为春捺钵之所，现此地区还有许多古迹遗存。

当时，潞县南部地区河沟交错，一片沼泽湿地，水草肥沃鸟语花香，就是现在的台湖镇和漷县镇（时称漷阴县）地域，东到香河、宝坻，西到大洋房，南远到廊坊，方圆百里。

搜狐网·地名谈："台湖缘何称台湖"中说："台湖村的南部有尖垡村北的大土岗汉墓群、北火垡村西的土岗子（战国至汉代墓群），西南有周家坡岗子（汉墓群），西北有胡家垡北的土岗子（汉墓群），口子村东岗子（汉墓群），朱家垡北岗子（汉墓群），铺头村西南的岗子（战国至汉代墓群），北有牧羊台（今萧太后河北岸，现已无存），东北有田府村南的岗子（汉墓群）等。这些土岗子多为不太规则的长方形，下面都埋藏古墓群，证明这些岗子附近都有汉代村落，中间广阔区域是湖沼。古时以方形土岗为台，诸台（墓群）围湖而设。"

其他岗子不赘叙，单说铺头村、口子村、朱家垡的岗子。因为在20世纪中后期，这两个岗子还存在，占地20万平方米，高处达20米，土方量500万立方米。小岗子最初是口子村于此拍窑烧砖，后公社建"大串窑"的砖厂，每十几天出窑一次，烧砖40万块。就这样用土，用了14年，

才将此岗夷为平地。大岗子是在 80 年代建房热中，台湖公社（乡）各个村庄取土垫房基地，被汽车、拖拉机、挖掘机削平的。高处为台，低处为湖，名附其实的台湖地区。

辽史专家陈述在《阿保机营建四楼说证误》等文中，都有一个明确的观点，即自辽太祖阿宝机始，便将其重要活动场所称为楼。而在台湖前营村附近就有一消失小村，名楼上。

依据《辽史》圣宗四临台湖记载，都是推行其政治主张，其中下令"禁杀马匹"，很难解释清与战争、捺钵无关。《辽史》卷十三载："夏四月乙丑，以台湖为望幸里。庚寅，命群臣较射"，"幸"字是指封建帝王到达某地，"望"字意为"希望""盼望"，望幸，盼望他来，为民造福。说到底就是要这里的人民热爱他，维护其统治地位。而通过战争扩充地盘是其"硬件设施"，通过"捺钵"增强国民素质，激励起对自己崇仰之情，又是战争胜负的重要决定因素。这句话意思是，决定此地作为望幸里之后，紧接着便令群臣比赛射技。综上所述，"以台湖为望幸里"，不过就是萧绰母子们在这里推行自己的政治主张，策动一些攻宋战役而已。

捺钵特有的安邦治国之略，促进了这一地区的发展，从此就有了发展到后来的一京、二卫、三通州。台湖镇、萧太后运粮河也发生了巨大变迁，现已成为北京市副中心文化产业园的一部分，有了它应有的灵气，向人们诉说着它的昨天，高歌它华彩的明天。

（王宝川，中国散文家协会会员、中国文物学会会员、原北京市公安局通州分局办公室副主任、通州区作家协会会员、通州区大运河文化研究会会员、新华派出所调研员）

次渠村定光佛舍利塔及其出土文物

■ 邢　鹏

　　北京通州次渠村定光佛舍利塔因 1976 年地震而坍塌损毁，后被拆除。其中出土的文物现藏于首都博物馆。本文通过对该塔及所在寺庙和相关文物的线图研究，结合调查访问搜集相关文物资料，测量出塔基原址的地理位置信息（GPS 数据），草绘了原址位置示意图；依据调查资料和结构类似的房山区谷积庵东塔，绘制出定光佛舍利塔结构示意图；对定光佛舍利塔的年代进行了初步探讨。

　　定光佛塔位于北京通州区次渠村。该村也是笔者外祖父家所在地，故笔者多年来一直十分关注定光佛塔及其所处宝光寺的资料和相关信息。近年来，随北京市建设需要，次渠村及周边村庄开始进行大规模基础建设，当地的地貌也已发生重大变化。在这样的情况下，笔者希望能以较为专业的记录与描述，为后人留下资料。

定光佛塔的位置及相关信息

　　定光佛塔，全称为定光佛舍利塔。此塔于 1976 年唐山大地震时受损，后被拆除。拆除过程中出土了一些文物。目前塔基原址处已建房屋（图 1）。由于此塔未经正式考古发掘，其出土文物等资料至今尚未经系统性地公布。

　　次渠村历史沿革　当地原有古村落，村北曾有宽袤湖淀。元至正二年

在原塔址上新建的房屋（摄于2011年2月8日）

（1342）十月竣工的金口新河借用此湖而流经村北，不久因水湍冲岸、浮土壅塞即废，河流故道盛长茨菰与芙藻，故得名茨藻。因水陆运输均经此村，来此定居者甚多而形成较大居民聚落。关于村名的来历，一说民国二年（1913），改茨藻为次渠。但根据明代正统五年《敕赐宝光禅寺助缘记》碑文拓片可知，明朝代正统年间村名已写作"次渠"。

据笔者母亲回忆：民国时期当地属通县第七区；1965年当地组建"麦庄公社"，次渠村归属麦庄公社管辖。

1981年更名次渠公社。1983年置次渠乡。1989年建镇。2001年，通州区调整部分乡镇行政区划：撤销次渠镇，其行政区域并入台湖镇。是故，1976年唐山"7·28"大地震后，北京市文物工作队前来收集塔中出土文物时，工作人员按惯例将宝光寺定光佛塔称为"麦庄塔"。

村庄的位置 次渠村位于北京城的东南方：据天安门直线距离约20.1公里，处于通州城区西南方约12公里，村南据凉水河直线距离约3.2公里，村西据通惠干渠直线距离约880米。北京地铁亦庄线斜穿村庄的东南角。

根据笔者母亲描述：寺在村西，塔在寺内佛殿之北。塔北有一略呈西北东南向的河渠穿村而过，寺东有河，二水相连。

笔者儿时曾见穿村的河渠在20世纪80-90年代

2009 年次渠村平面示意图
（吕玮莎 绘）

2009 年宝光寺原址平面示意图
（吕玮莎 绘）

尚存。现（2011 年开始撰写本文时）已改为暗河，其上现为沥青公路。

对图中各标记内容的说明如下：

（1）图中各位置标记说明：下表中的经纬度数据来自 Google Earth（2009 年）软件。

（2）图中黄色圆点即原穿村河渠位置，今已改为暗河，其上为公路。

位置	说明	纬度（N，北纬）	经度（E，东经）
A 点	潞西路（东西向）与铺西路（南北向）的十字路口	39° 48′ 06.95″	116° 34′ 37.39″
B 点	次渠村宝光禅寺定光佛舍利塔（原址）	39° 48′ 17.75″	116° 34′ 41.10″
C 点	铺西路的丁字路口	39° 48′ 15.13″	116° 34′ 36.89″

黄色箭头所示为其流向。

（3）图中 C 点位置是丁字路口西侧，丁字路口东北角为原村供销合作社商店，此建筑位置从 20 世纪 70 年代至 2011 年地址与建筑物外貌均未变。故，笔者的调查等工作均以此建筑。

2009 年 1 月 31 日，笔者随仍在村中居住的王启连到宝光寺遗址上踏查。由于寺、塔早已无存，地面建筑都已变为近年重新修建的平房、水泥路面，因此只能根据王启连指认的位置来观察、记录宝光寺及定光

佛塔曾经所在的位置，同时笔者使用民用 GPS 手持机对这些位置进行测量、记录。

宝光寺及定光佛舍利塔的地理位置信息

记录点	描述	时间	N（北纬）XX.XXXXX°	E（东经）XX.XXXXX°	海拔高度（米）	其它
1	塔	14:41	39.80489	116.57796	28	塔西南角
2	塔	14:43	39.80492	116.57809		塔东南角
3	墙角	14:43	39.80478	116.57822	29	小路南的墙边疑为大殿东北角
4	小路	15:14	39.80481	116.57822	25	小路近西口处
5	路口	15:19	39.80418	116.57693	24	宝光寺西南的丁字路口（图1之1中C点）

通过此次踏查，笔者发现 20 世纪 90 年代还尚存的寺北那条河渠，现已变为暗河，上为沥青道路；只有寺南的供销社商店尚在，且旧貌尚存。笔者参照 GPS 数据、结合踏查经历判断出塔的位置，并标记在图上。

历史文献中的宝光寺与定光佛塔

清乾隆四十八年（1783）高天凤、金梅《通州志》记载"宝光禅寺，州城西南茨渠庄。旧名法华寺，元大德元年建，明正统间赐名宝光。内有定光佛舍利宝塔"。

清光绪九年（1883）高建勋、王维珍、陈镜清《通州志》记载"茨蕖，城南二十八里……宝光禅寺，州城西南茨蕖庄。旧名法华寺，元大德元年建，明正统间赐名宝光。内有定光佛舍利宝塔"。

民国三十年（1941）金士坚、徐白《通县志要》记载"宝光寺，在次渠村。现为次渠公立初级小学校及乡公所。神像尚在，塔尚完整。""次渠塔，塔在次渠村之西。明季正统年修建。高可五丈，顶承以大石盘。一夕狂风大作，石盘易以铁盘，亦云奇矣。《续志》漏载，今补入"。

1976 年 7 月 28 日唐山地震。时任通县文化馆摄影干部的张肇基先生冒着余震，用照相机记录了那场毁灭性灾害造成的严重损失。其中一幅照片即为次渠村的定光佛塔受损后的情况。2008 年初夏时，笔者当面

宝光禅寺塔震倒（张肇基　摄）

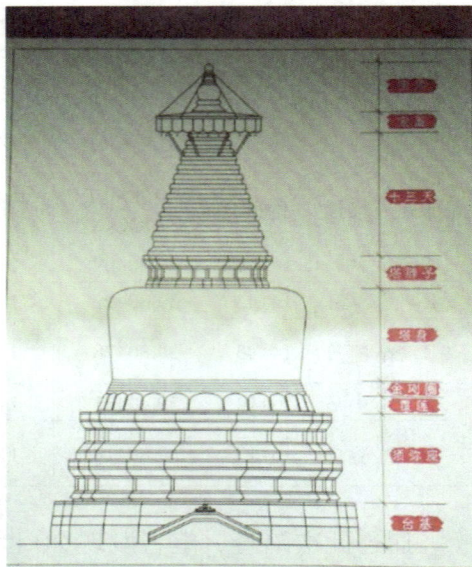

覆钵塔各部位名称示意
（翻拍自：北京阜成门内妙应寺展览）

请教张肇基先生，得知此照片的拍摄角度为从塔的东南向西北方向拍摄。

据照片，次渠村宝光寺定光佛塔为覆钵式塔；佛塔最下层为方形基座；其上是双层亚字形须弥座，在双层须弥座的南面正中似各有一方石刻；双层须弥座之上是一层金刚圈；金刚圈之上是多层叠涩收缩的小线道。小线道之上是覆钵，已被震毁大半。覆钵之上的亚字形须弥座（塔脖子）、相轮（十三天）、圆盖、宝瓶等均被震落。

1984年出版的《北京地震考古》也简单记录了该塔的受损状况："麦庄塔—北京通县—辽建—明修　砖石结构—塔身2/3被震塌"。

1992年9月出版的《北京市通县地名志》记载"定光佛舍利塔——位于通州镇西南13公里处的次渠村中，矗立在原宝光寺后，为单层砖塔。塔高30余米，基围24米，正方形，须弥座上嵌有砖雕，正面两角镶有螭首方趺碑记……"

2006年7月28日《法制晚报》在纪念唐山地震30周年之际，发表《唐山大地震时北京部分古建筑受损》一文时，采访了当年北京市文物工作队参与调查、并出版《北京地震考古》一书的工作人员吴梦麟先生：

"7·28"唐山大地震后的次渠宝光禅
寺定光佛塔（南面略偏西）

"7·28"唐山大地震后的次渠宝光禅
寺定光佛塔（东南面）

　　"而许多砖石结构的古建筑受害则相对严重，特别是一些古塔，当时通县的辽代古塔麦庄塔，塔身劈裂，坍塌三分之二。吴老师认为，这是因为砖石结构建筑本身抗震能力不如土木结构，而且古塔本身比较高，又常常建在高处，所以受的影响更大"，"地震使得一些不为人所知的文物得以重见天日。比如通县的麦庄塔就发现了明正统年间的线刻石五方，上面绘有佛像。在北京石刻艺术博物馆，记者看到了这些线刻石。深色的石头上，用线条刻画出了神态不同的佛像，虽然没有色彩，但画面饱满，表情生动。吴老师说：'虽然麦庄塔现在已经不在了，但是这些线刻石却是地震后发现的，被保存了下来'"。

　　2008 年出版的《中国文物地图集·北京分册（下）》中记载："宝光寺遗址——[台湖镇次渠村·明代]——初名法华寺，元大德元年（1297）始建，明正统五年（1440）重修，赐名宝光禅寺，简称宝光寺。寺坐北朝南，原有两进院落，面积近千平方米，山门内建砖券钟楼一座，内悬明代铜钟一口。正殿后建有定光佛舍利塔。塔高 30 余米，塔基平面呈正方形，边长 6 米。塔座为须弥座，座上承覆钵，再上是相轮，塔颈为须弥座式，塔额嵌于南面正中。接上是细高锥体十三天，顶端置一圆形青铜宝盖，直径约 4 米，盖上是大宝瓶。塔前右面有正统五年立'敕赐宝光禅寺'螭首方座碑一通，左面有正统十四年（1449）所立'敕赐宝光禅寺刺血写经题名记'同制碑一通。塔于 1976 年 7 月被唐山地震震毁，于塔座下震出一宝匣，内置五面铜镜，东、西、南、北、中方位各一，还出土有铜马、铜塔（与大塔造型相同）、铜志各一，刺血所写经书一部。今仅存地宫，余皆在 1976 年地震拆除。宝光寺铜钟——[宝光寺内·明·区文物保护单位]——景泰间铸造，高 1.7 米，口径 1.1 米。蒲牢纽，联弧口，外饰几何纹，铸有汉、梵、藏文等文字。现存通州博物馆"。

根据上述对塔刹为"细高锥体十三天"的描述，笔者联想到位于门头沟潭柘寺内毗卢阁东侧的白塔（金刚延寿塔）。据记载，该塔为明代越靖王朱瞻墺于正统二年（1437）所建。因其时代与定光佛塔相近，故可作为定光佛塔遭损毁前样式的参考。

潭柘寺金刚延寿塔（东南面）

潭柘寺金刚延寿塔主体部分的西北立面

采访所获资料

塔　次渠塔建成后数百年间应历经多次维修，当地有不少关于次渠塔维修的故事流传。次渠塔的塔尖也曾更换，旧塔尖遭弃在地上，后来发大水时，旧塔尖被淹没，水退时挂上了水中的苲草，所以当地民间有"大塔尖上挂苲草"之说。

据村民描述，塔身须弥座有一方石刻，上书"大明正统元年"六字。另据笔者母亲回忆，在塔正面、距塔座2-3米远处抬头仰望能看到塔尖上（伞盖之下）有一块长二尺余、宽一尺余的石头上有"明朝重修"字样。塔的基座上因荒废而长出桑树，儿时常爬到塔上去摘桑叶养蚕。曾有小学老师组织学生，采用测影法测量塔高为七丈七。此外，当时是以塔为中心，周边40亩土地为公产，并大致描述了周边的环境与建筑物情况。

笔者质疑能否看清，母亲十分肯定地说字很大（每字约10平方厘米）、能看清。并说塔有铁质（王启连说是铜质）大圆盘，已经被锈穿出现孔洞（笔者疑为铸造时特意留下的镂空纹饰，北京北海公园白塔的宝盖就有镂空纹饰），圆盘下有四根铁棍支撑（笔者认为应是金属棍，但不一定是铁质，形式参见北京阜成门内妙应寺白塔）。笔者根据母亲的记忆和描述，草绘了一张宝光寺的平面布局示意图。

北海白塔　及其镂空的宝盖

妙应寺白塔 及其宝盖

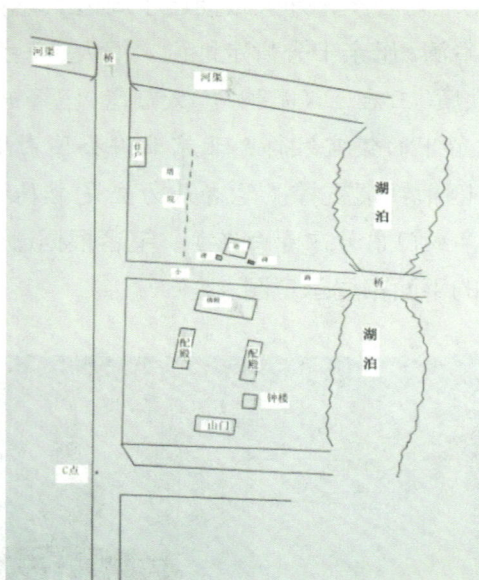

宝光寺平面布局示意图

　　2012 年笔者通过电话采访过通州区博物馆的周良先生。周良先生表示他没有亲自参加关于次渠塔的工作，但他说：次渠塔在唐山地震之后被震塌，由当年公社书记下令拆除的，这位书记收集了塔肚子中出土的铜马、铜塔、铜志、铜镜、佛像、刺血所写经书等较大的物品，而泥质品搜集较少；后将这些物品上交给北京市文物工作队；这些物品在北京市文物工作队后来油印的各区县出土的文物清单上有记载。

据周良先生讲："该塔的地宫尚未发掘开启。最近的文物普查工作（北京市第四次不可移动文物普查）中仍将此塔地宫列为通州区的一项遗址，虽然目前在地表无法看到地宫遗迹，但确实裸露在外"。

笔者在 2009 年初进行踏查时，经王启连指认塔基遗址所在地。当时遗址地面处有房屋，可见地宫已不再裸露于地表。王启连参与了拆除该塔的工作，据他描述：从残塔开始向下挖砖，直到没有砖的地方为止，塔基、地宫均已拆除；地宫有发券的小门，地宫之下是用处理过的细沙土做的地基。笔者根据王启连的描述、参照残塔照片绘制了定光佛塔的结构示意图。

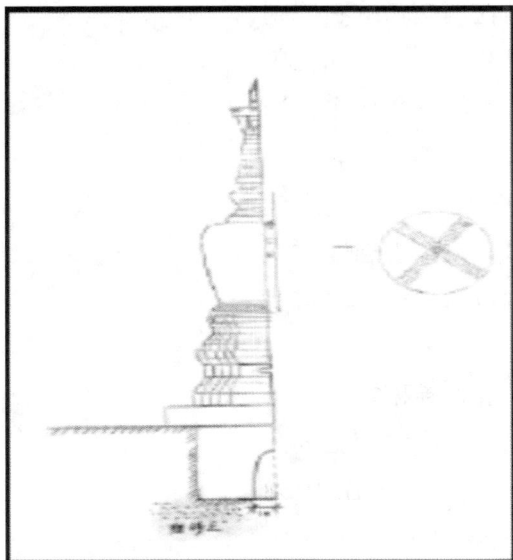

定光佛舍利塔的结构示意图

铜钟　据笔者母亲讲述：有一次发大水，先后从上游冲来一大一小两口铜钟，大钟经过时村民没能及时反应，小钟经过时被村民捞起，悬挂在村西的庙内钟楼内，20 世纪 60 年代，因铜钟是文物，需要保护，时通县政府相关部门派人拆下运走。

因村北原有元代的金口新河，母亲认为发洪水的传说可能是有关铜钟来源途径的隐喻：从金口新河水路运来。据钟上铭文可知铜钟与明代皇家、宦官有关，故笔者推测其铸造生产地点可能是北京旧城鼓楼西大街附近的"铸钟厂"。

碑　在塔前的东南、西南角各有一石碑。对于石碑内容，母亲记得有明正统重修、次渠距前门（北京城正阳门）三十五华里等。关于石碑的形状，对于东南角的石碑已印象不清了，但因常在西南角的石碑旁玩耍，故而对那通碑印象清晰：是有龟座的，而且龟的头顶被损毁——因村里老人们传说因这龟会走，为了不让它它走，用铁锨将它头顶铲去（意思是使其失去神力）；关于石碑的下落，听说于 1953 年被运走架在寺东小河上的桥上作为桥面用了。采访王启连时曾问及此事，他说：后来有人去桥的位置找过，没有找到。笔者踏查未能找到此二碑。

寺及相关文物　据母亲回忆：宝光寺和定光佛塔被村民俗称为大庙、大塔；她上小学时庙内泥胎神像尚存；大塔的西边是七八个小塔，这些小塔在 1958 年前后被拆除、并挖掘了塔下；每塔下都有被村民俗称为"和尚缸"的酱色地子黄色图案的带盖的大缸——僧寿龛（此类器物在北京地区多地均有出土，其形制基本一致。如通州区博物馆收藏的 1985 年 6 月 8 日出土于通县煤炭公司院内的僧寿龛），缸盖为大小两个：大者呈覆钵形，顶部中央有一圆孔；小者呈葫芦形，盖于大者的圆孔上。据说缸内有盘腿坐姿的人骨架，骨架下有木炭。这些缸出土后被用作供销社饲养牲畜用的储水缸，再后下落不详。同时，母亲还讲述了次渠村与凉水河及周边村落的相对位置关系。

僧寿龛（1985 年 6 月 8 日出土于通县煤炭公司院内出土，通州区博物馆藏）

相关文物及初步研究

线刻佛像石刻　这五方石刻现在北京石刻艺术博物馆展出，其表面均打磨平滑，均为线刻雕刻，其内容分别为：

定光佛舍利塔出图的五方佛像图案的线刻石

韦陀像：韦陀着盔甲，双手合十，双臂上置宝杵；其右上角有铭文"□□尊天"。

菩萨像：此尊结跏趺端坐于仰莲座上，莲座下位亚字形须弥座，戴花冠，上身着璎珞、披帔帛，双手持一莲花，莲花于右肩前托一经书。有头光、身光。菩萨像左侧有铭文，惜已漫漶，只可识别"菩萨"二字。

观音菩萨像：像的右侧有铭文"观音菩萨"。

童子拜观音像：画面中央为僧装的观音菩萨坐像，戴头箍、披发，后有圆形头光，自在坐，坐于莲花座上，双手搭于左膝，身体向右倾，画面左下角一童子，双手合十，礼拜菩萨，此童子应为善财童子。

一佛二菩萨像：其上有铭文，左上角横向右书"南無过去定光如来舍利□"、其下竖书"定光佛无量寶塔"，右上角横向右书"明正统年造"、其下横向左书"大明正统年"；由此可知该塔在修建时的全称为"定光佛无量宝塔"。

由于第一方石刻上有"南无过去定光如来舍利□"和"定光佛无量宝塔"字样，故可知这座塔是为供奉定光佛所建造。这可能是与通州地区对"过去佛"的信仰有关。

铜钟　该钟现存通州区博物馆。此钟为泥范青铜所铸，高1.75米，口径1.1米，顶处壁厚2.5

朱拓韦陀像

朱拓菩萨像

朱拓观音菩萨像

朱拓童子拜观音像菩萨像

朱拓一佛二菩萨像

厘米，口处壁厚 7.1 厘米，重约 1750 公斤；钟体周正，重心居中，厚薄均匀，线条优美，表无沙眼，铸造技术精良；圆顶圆肩，直身莲口；顶中留有圆孔，径 13 厘米，与口面积相比约为 1∶80；圆肩部位饰有两道凸弦纹，弦纹之间为梵文字带，弦纹之下为覆莲纹，

每瓣莲纹中心有梵文字母各一；其下为两层矩形、梯形组成的几何纹，几何纹中均有梵文和某种文字，字体大小不一；其中上层正面铸造有一带须弥座的龙纹牌位形图案，"牌位"上有"皇图永固帝道遐昌、佛日增辉法轮常转"的汉文双行铭文；背面亦有一带须弥座的云纹牌位形图案，"牌位"上有汉文铭文三行"大明景泰年＿＿月日、御用监太监尚义等发心铸造供钟一口、敕赐宝光禅寺永为悠久吉祥□□者□"；另外两侧亦有龙纹牌位形图案，内有某种文字；再下方为八卦纹，分饰在八个方向，最下为钟唇（亦称钟裙）。

据现有资料，宝光寺铜钟与明正统年间由大珰王振创建的智化寺（位于北京朝阳门内禄米仓胡同东口）钟楼铜钟形制极为相似。智化寺铜钟肩部莲瓣上方的梵文被认为是四种经咒，为宝楼阁咒、尊胜咒、无垢咒、五十字种（即梵文的50个基本字母）。肩部莲瓣共24片，各有一梵文字母，其为佛、菩萨的种子字。钟体分为上下两部分，共铸8组真言、经咒。

石碑　在笔者母亲的记忆与描述中，塔前有两方高大石碑。这在前述文献中亦有印证。据《中国文物地图集·北京分册（下）》的记载，正统五年碑在塔之西南角，正统十四年在塔之东南角。在国家图书馆收藏的拓片中存有此二碑拓片。

| 宝光寺铜钟 | 牌位（一） | 牌位（二） |

牌位（三）

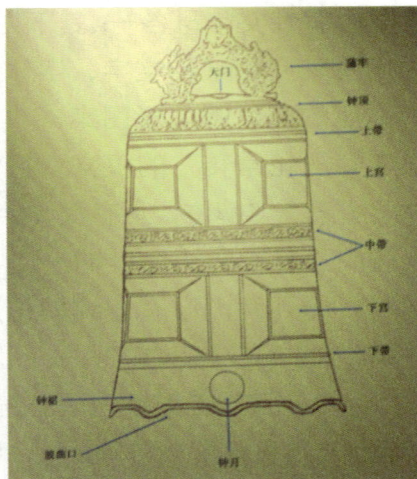

铜钟各部位示意说明
（翻拍自：北京智化寺展览）

智化寺铜钟立面展开图（翻拍自：北京智化寺展览）

正统五年碑拓片在国家图书馆的索取号为：北京 7886（碑阳）、北京 7887（碑阴）。碑额有阴文篆字"敕赐宝光禅寺"，首题为"敕赐宝光禅寺助缘记"。碑阳的题名部分有"内臣"字样，并有"李童"、"王振"等姓名。因这二人分别是北京著名的法海寺、智化寺的功德主，故而学界对其较为了解。此二人均与宝光寺和定光佛塔有关，使笔者更加认为该寺重要了。

正统十四年碑拓片在国家图书馆的索取号为：北京 7884（碑阳）、北京 7885（碑阴）。碑额有阴文篆字"大明敕赐宝光禅寺刺血写经题

名之记"，首题为"大明敕赐宝光禅寺刺血写经题名记"。结合前述文献的内容，可知出土的"刺血写经"应即为此碑所指之物。

可移动文物 这批文物于 2004 年由北京市文物研究所移交首都博物馆收藏，应为当年被北京市文物工作队收集的文物。其中有些已被《北京出土文物》一书出版著录。目前尚不清楚这些小型文物出土时在塔内的具体位置。

《敕赐宝光禅寺助缘记》碑拓片　　　《大明敕赐宝光禅寺刺血写经题名记》碑阳拓片　　　《大明敕赐宝光禅寺刺血写经题名记》碑阴拓片

汉传佛教造像 佛、菩萨造像 共五尊，通高均约 30 厘米，铜质表面漆金，皆为明代汉传佛教造像风格。著录者分别为其定名为释迦佛像、普贤菩萨像、文殊菩萨像、观音菩萨像、大势至菩萨像。根据著录者的定名及常见佛教造像组合样式，可知其为两组造像：一组应是"华严三圣"组合，即释迦牟尼佛像与文殊、普贤二菩萨像；另一组应是"西方三圣"组合，即阿弥陀佛像与观音、大势至二菩萨像。但未见到"阿弥陀佛"像。

僧人禅定像 1 尊，青铜质地，高 12.8 厘米。

藏传佛教造像 1 尊，明代，通高 11.5 厘米。此像在北京市文物研究所移交首都博物馆藏品的记录中记载是出土于"麦庄塔"。在《北京出土文物》一书中未注明其出土地点。

普贤菩萨像

释迦牟尼佛像

文殊菩萨像

观音菩萨像

大势至菩萨像

僧人禅定像

此造像的主体形象为四大天王中"北方多闻天王"("毗沙门天王")。因其左手中持有能够吐出珍宝的鼠鼬，故而藏传佛教亦将其作为财神供奉，称为"黄财神"像。

彩绘泥质擦擦 大小不一，现存共27件（20大，7小）。有些已残断。有些在佛身袈裟上还有金色。从题材看，多为藏传佛教无量寿佛像。

小型佛塔 此铜塔之覆钵部分满刻梵文，十分珍贵。因其为定光佛塔内所出土，故其样式为研究和复原定光佛塔提供了重要参照依据。

带柄铜圆牌 形似带柄铜镜。共五面，各面

藏传佛教黄财神像

通高均约 21.5 厘米。柄为后焊接。正面各刻一尊佛像，背面刻莲瓣纹，其间刻藏文字母。著录者仅将其定名为"铜佛牌"。其似为前引文献中提及的"铜镜"。

每面佛牌靠近柄部处刻左书双钩形式的汉字"正统年造"铭文，有柄者在柄的最上端靠近佛牌处用双钩技法刻楷书"东"、"西"、

彩绘泥质擦擦之一　　　　　　小型铜佛塔

"南"等汉字。笔者根据佛像造型和手印分别为其定名：无量寿佛像、不空成就佛像、不动佛像（又名"阿閦佛像"）、金刚界大日如来像和宝生佛像。

根据这五尊佛像的组合，可知其是佛教密宗供奉的"五方佛"组合，亦可解释其柄部所刻表示方向的汉字含义——即供奉时其所处的方位。并可知缺柄的"刻不空成就佛像铜牌"柄部应为"北"字，"刻金刚界大日如来像铜牌"柄部应为"中"字。

因"刻金刚界大日如来像铜牌"背面所刻的藏文字母，与始建于明正统年间的北京石景山法海寺大雄宝殿的"法曼陀罗天花板"的藏

刻无量寿佛（禅定印）像铜牌及其背面（西）

刻不空成就佛（施无畏印）
像铜牌及其背面

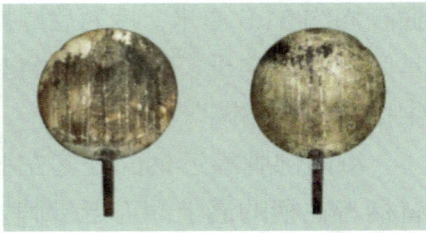

刻不动佛（又名"阿閦佛"，
触地印）像铜牌及其背面（东）

刻金刚界大日如来（智拳印）
像铜牌及其背面

刻宝生佛（与愿印）
像铜牌及其背面（南）

文字母多能相符。故推测其也是一种"法曼陀罗"形式，极具佛教密宗含义。并可以此为依据，推定其他四面铜牌背面的图案分别是其正面佛像的"法曼陀罗"。五方佛各自的"法曼陀罗"艺术表现形式，在明清时期的佛教美术作品中并不常见，故十分珍贵。

釉陶塔 通高 20.5 厘米。单层六角屋檐、圆形塔身的亭阁式塔。此器残：塔刹及屋檐残缺，塔身为残断后铜合。

酱釉盖罐 共 5 件。其中一件被著录，通高 17.3 厘米。

铜香炉 1 件。直筒三足式。

其它文物 前述文献中提到的铜马、铜志、刺血所写经书、塔额等在北京文物研究所移交首都博物馆的藏品中均未见到，其下落待查。

定光佛舍利塔的年代

关于定光佛舍利塔的年代，笔者母亲回忆说塔上原有碑，其上有文字说是"明代重修"字样。有文献认为始建于元代。《北京地震考古》

1毘卢遮那佛　2西方阿弥陀佛　3白来佛母　4南方宝生佛
5奉忙计佛母　6东方阿閦佛　7佛眼佛母　8北方不空成就
佛　9救度佛母　10—13四大天王

北京石景山模式口法海寺大雄宝殿"法曼陀罗天花板"及其示意

釉陶塔

酱釉盖罐

认为是"辽建明修"。

　　据前引张肇基先生所摄照片和《北京地震考古》中的照片、并参照藏式佛塔年代鉴定规律，可知该塔的整体造型均与元、明代时期的风格和特点相符合，如双层亚字形基座等。这一年代信息在塔中出土的五方石刻上也得到了印证。

　　该塔名为"定光佛舍利塔"。供奉定光佛舍利的习俗出现自北宋，至辽时盛行。

　　另外，北京阜成门内的妙应寺白塔是现存的一尊巨型覆钵式佛塔，有资料认为它是在原辽塔的基础上改建的。这些信息或许能为研究定光佛塔的始建年代提供一定线索。

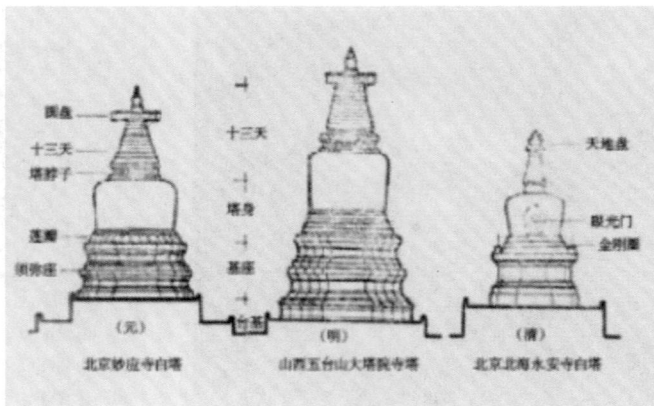

元、明、清时期的藏式佛塔

余 论

该塔名称与其所反映的思想背景等内容或与对"过去佛"的信仰有关。定光佛，又译作"锭光佛""燃灯佛"等。据佛经记载其居过去庄严劫，曾为释迦牟尼的前世授记。因此，其在佛教中属于"过去佛"。

通过多年来在北京及周边地区的考察，笔者注意到：在今北京通州、顺义、平谷、天津蓟县及河北与京津接壤地区等处，仍遗存有一批以过去佛为供奉对象的佛塔，如通州城内佑圣教寺的燃灯佛舍利塔等。若仅从名称上看，因这些佛塔的名称并不一致，而很难引起联系并受到注意。但若从同为供奉"过去佛"的角度对其加以认识，则可以发现其多为宋、辽、金时期的遗存。这或许能为了解历史上京津冀交界地区对"过去佛"的信仰有所帮助。亦或许能为研究宋、辽、金时期该地区的佛教宗派、各政权间佛教的传播与影响，乃至该时期塔基中所供奉物品的种类、功用等提供线索。故，在目前"京津冀"一体化背景下，这一历史现象更应引起重视。

关于宝光禅寺的性质：或为宦官的坟寺。据《大明敕赐宝光禅寺刺血写经题名记》拓片，该寺的功德主是正统年间御用监太监尚义。这与铜钟的施主是一致的。经查，《明史》中对此人没有记载；《明

实录》中有数次提及此人负责修建"大功德禅寺""大兴隆寺""大隆福寺"等工程。明代北京城郊有众多由宦官所营建的坟寺，如石景山模式口的法海寺（功德主为宦官李童）、西八里庄摩诃庵（功德主为宦官赵政）、西直门外魏公村大慧寺（功德主为宦官张雄）等建造在京郊的众多佛寺。宦官因生理缺陷，生前无法进公共浴池，死后不能葬入自家祖坟。出于实际生活与精神信仰等多方面的需要。明代的僧人团体与宦官集团形成了某种合作关系：宦官购置土地创建寺院，并或以给予资金、或提供周边田产地租等形式供养寺院僧人，为其提供日常生活费用；寺院在宦官生前为其提供礼佛、沐浴等服务，在宦官死后为其提供超度亡灵、守护墓地、按时祭祀的服务。这种寺院通常被称为坟寺，其是研究明代社会生活的重要资料。

（本文原刊于《博物院》2017 年第 3 期，现适当修改及增补）

著作: 1、在《国家博物馆馆刊》发表《大慧寺彩塑造像定名研究——兼谈"标准器比较法"》等大慧寺研究的系列论文。2、在《收藏家》杂志发表《用文物解读西游记系列》文物科普文章等。

（邢鹏，首都博物馆副研究馆员、藏品保管员）

新河村关帝庙和强和尚塔

■ 张　建

隋修大运河，最北一段，由今通州区台湖镇高古庄村西北至当时涿州，即今北京南城。当时，此条水道即借用浑河之水（即凉水河），地近今台湖镇新河村处。元中后期，沿京城广渠门左安门一带，东南经董村等地至凉水河，曾开挖一条新河，以利漕运。后人烟渐聚，明以后大量移民，成为村落，几百年相沿，至今村名仍以新河称之。村落紧傍凉水河大堤，新河与凉水河相汇之处，这样的地理位置，最适合修建庙宇，以利商旅歇脚借宿。

新河村旧有关帝庙为明代所建，当初规模并不大。后来发展到"前顶马，后顶骡，中间佛爷坐轿车"，名闻京城内外，富甲几百里的大型关帝庙，已经是清中叶以后的事。关帝庙位于村北稍西处，民间俗称为子孙庙，也即不靠佛事和化缘乞讨为生活来源，庙中有当家掌院之人，管理徒子徒孙和巨大庙产。平常亦不念经打坐，神像只是摆设。一群异姓佛徒，关起门来过世俗的日子，与世俗的区别，只是多一身袈裟而已。

新河关帝庙分一、二、三、四号房院，全部四进院落，各房院之间既有独门出入，内部又有穿廊相通，雨雪风天来往其间，不见天日。总共四院落加围墙，共占地面积约1万平方米，所有建筑都在高大月台之上，只在二号院中殿供奉关羽神像，虚应故事，四个房院建筑一律青砖筒瓦，硬山，地基铺条石。一号院建筑最早，为停灵办丧时所用；二号院是当

家掌门人及徒子徒孙休息之所；三号院住工头杂役人等；四号院是大车院，住车把式，是圈养车马驴骡之地。四面院墙内外，松杨柏等巨树成林，高大茂密，围绕着四米多高砖墙。院内果本树应有尽有，百果飘香，每到收获季节，果品如山。

寺内原有小型砖塔三座，砖建而低矮，估为贫穷时僧人之墓，没什么特殊。强和尚塔在北围墙之外，汉白玉石制，此即咸丰年间所修之石塔。塔高七至八米，汉白玉石砌基座，基上围拢以汉白玉栏杆，下设汉白玉供桌；右刻"咸丰乙卯年孟秋月乙卯日敬立宝塔"； 左刻"孝徒真海、真隆、真源修建"。塔腹砖砌，收缩渐上，圆形塔盆，石制塔罩，塔下一缸，传为储油所用。此塔所有石料均为汉白玉石，尤其石工技术，精美绝伦，胜过皇家制式，刀法细腻柔缓，线条工整圆润，美轮美奂。

新河关帝庙庙主，实为集农工商一体的宗教地主兼资本家，庙产之丰，难以想象。其广有土地：远至河北省永清县、霸州市，东到香河、宝坻，田地若干，各处均有场院专门收租。庙中常有雇工一百多人，并有农林牧副各类专业技术人员。在马驹桥（原粮库所在地）等处，设有烧锅酿酒，在通州城、廊坊、青云店、张家湾、采育、黄村等地，有钱庄放贷以及旅馆饭店。在北京廊坊二条东口，有"天增楼"珠宝店，东市口布巷子有绸缎庄，常年有几辆马车走私贩运。据说当初发家时的掌门人有点文化水平，酷好经商做生意，且与京城官吏来往密切。关帝庙的几辆轿车在京城广渠门内外及方圆几十里内，一看便知有钱有势。曾由京城请谭鑫培等名角来庙中大唱堂会。每年春季施粥数日，由五谷杂粮及各种干果精熬而成，据村中老人讲，所施窝头重达七八斤重。

解放前夕，石塔被炸，庙中也仅剩两名和尚，日渐没落。关帝庙财产由附近村划界平分，所得砖瓦木料财产，各村运回，另做它用，所余石料至20世纪80年代仍散落在麦田之中，由此可见庙产之多，房院之大。

（张建，中国文物学会会员、中国收藏家协会会员、北京作家协会会员、北京捷云轩科技发展有限责任公司总经理、通州区政协文史和学习委员会特邀委员）

次渠村宝光寺建成年代

■ 马景良

　　《通州志略》记述："宝光禅寺，在州城西南次渠庄，旧名'法华寺'"。《通州文物志》记载："元大德元年（1279）建，明正统五年（1440）重修，赐名'宝光禅寺'，且立碑以志，碑铭文记载：'京东城南次渠村'"。

　　北京石刻艺术博物馆研究员吴梦麟先生，在谈及 1976 年 7 月 28 日唐山地震时说："许多砖石结构的古建筑受害则相对严重，特别是一些古塔，当时通县的辽代古塔麦庄塔（定光佛舍利塔），塔身劈裂，坍塌三分之二。"依吴梦麟先生"辽代古塔"观点，该寺早于元大德元年建。依据是庙碑铭文记载："旧有、历年深远"，则历史更悠久。而明正统五年（1440），距元大德元年（1279），仅 161 年，称历年深远，似显牵强。原始记录是建于何年，难以厘清，不过可以肯定，该庙 1279 年应为重修，元代仅一百余年，有记载的战事就有一百多起，战事频仍，而寺庙中古塔作为地标性建筑，极有可能在战争中被毁，综合其他史料，那一年他地也均有修庙的记载。

　　吴梦麟称其为"辽代古塔"，民间亦有关于次渠塔的传说。

　　相传，次渠定光佛舍利塔不知怎么就裂了一道大缝儿，开裂在塔的上部，没人爬得上去修补。后来一个锔盆锔碗的人每天来次渠村吆喝生意："锔盆锔碗锔大缸！"天天如此，就这么一句话。给他碗他不锔，给他盆他不干，给他缸他嫌小，后来喊："锔大件儿活儿，锔大件儿活！"

村人生气地说他："塔大，你把那缝儿锔上得了。"第二天，塔缝儿处果然钉上了大把锔。那锔塔之人，就是木工祖师鲁班。

从科学角度看，塔开裂了，又合拢，应为地震造成的结果。从辽代地震记录看，1004—1057年这53年中，可考强震就有九次，足见当时这一带地壳活动之剧烈。以此解释，塔开裂又合拢，当不为过。这也佐证，辽代大地震前，此庙此塔已经存在。

另据《宋史·太宗一（本纪）》载："庚申，帝复自将伐契丹……戊辰，次涿州，判官刘厚德以城降。己巳，次盐沟顿，民得近界马来献，赐以束帛。庚午，次幽州城南，驻跸宝光寺"。次是经过的意思，即经过了北京以南，住进了宝光寺。这是公元979年史实。从辽军进军路线图，可证赵匡义所驻跸宝光寺，经查文献资料，京南又无其他宝光寺，因此赵匡义所驻跸宝光寺即次渠宝光寺。当时，辽南京（今北京）守将韩德让（为权知南京留守事）、耶律学古（权知南京马步军都指挥使），在城郊布有重兵，如图所示，西路也被辽军封死，东路有今天津蓟州方面辽军，是寺为相对安全之所，同时有宝塔镇邪，当为皇帝驻跸之所。

宝光寺内石刻虽然出自明代，但佛教文化色彩浓厚，与唐时期佛像的风格极为相似。且本地出土的唐代宗族墓葬、崔家窑村附近的赵户台古村遗址、景浩先生记录的永隆屯发现宋代磁州窑梅瓶及古民居遗址等，足以说明在唐代，此地已经相当繁荣，是寺的存在早于宋辽时期的可能性极大。

宋辽军队行军路线图

北京通州次渠唐金墓发掘简报

■ 北京市文物研究所

（北京 100009）

2012 年 6 月 3 日至 7 月 29 日，北京市文物研究所为配合基建施工，在通州区次渠镇发掘清理了几座唐、金时期的砖室墓，出土了一批随葬品，为研究唐、金时期北京地区的丧葬文化提供了新的资料。

轻轨 L2 线通州段次渠站、垡渠南站、亦庄火车站土地一级开发项目 B3、B4 地块项目用地。位于北京市通州区西南部的次渠镇次渠村北侧。

墓葬位置示意图

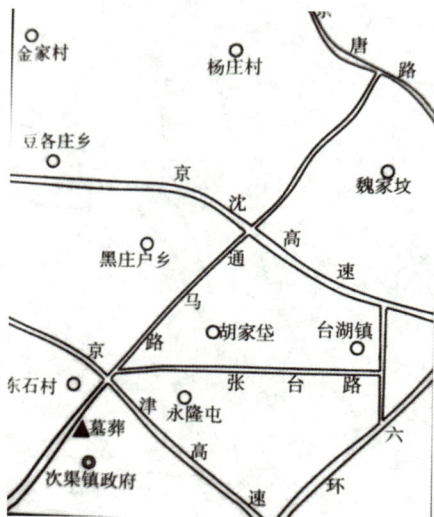

北京市文物研究所为配合 B3、B4 地块的基本建设，在先期勘探的基础上，对工程控制地带范围内的古代墓葬进行了抢救性考古发掘。墓葬西临通马路，北临京津高速公路。在 B4 地块发掘面积为 350 平方米，发掘清理唐代墓葬 5 座、清代墓葬 6 座、不明时代墓葬 1 座；B3 地块发掘面积 240 平方米，发掘清理金代墓葬 1 座、清

代墓葬 7 座。现将此次发掘的唐、金墓葬情况简报如下。

一、墓葬形制与结构

（一）唐代墓葬 共 5 座，编号为 M4、M5、M7、M9、M10。

M4 位于发掘区的西北部，方向 205°，平面呈甲字形，墓口距地表深 0.9 米。土圹南北总长 9.78 米，东西宽 1.14 ～ 4.08 米，深 2.1 米。由墓道、墓门、甬道、墓室组成。

墓道 为斜坡状墓道。南北长 4.5 米，东西宽 1.21 ～ 2.88 米，深 0.21 ～ 2.03 米，底坡长 3.93 米，东、西两壁较直。在墓道底部接近墓门处有一宽 0.97 米的平台。

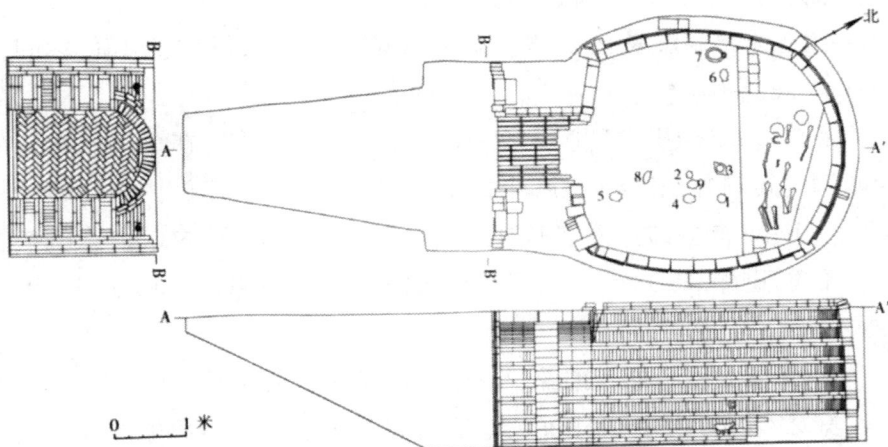

M4 墓葬平、剖面图 1.铜镜 2.铁釜 3.鸭形盂 4-7.9.陶罐 8.釉陶罐

墓门 为砖砌拱券顶门，保存较完整。墓门东、西两侧各用两条竖砖装饰墓门，每条竖砖向外凸出约 0.02 米，墓门顶部内外两侧压砌有两层平砖，用以加固墓门顶部，每层压砌平砖向外凸出 0.02 米。墓门东、西两侧各有一宽 0.18 米、高 0.18 米、进深 0.16 米的门墩。在墓门上侧东、西两端各饰有卷叶形花纹。墓门内封门砖保存较好，用青砖呈人字斜立砌堵，单层。东西宽 1.29 米，高 1.73 米。甬道进深 1.36 米，东、西两壁用青砖两平一立砌筑。

墓室 平面呈弧边方形，顶部已坍塌，仅残存四周墙体。南北长 3.77

米，东西宽 3.68 米，残高 2.02 米；四壁用青砖两平一立砌筑而成。墓室底部未铺砖。棺床位于墓室的北部，平面呈半圆形，东西长 3.22 米，南北宽 1.48 米，高 0.43 米。棺床外侧边沿用单砖呈东西向平砌 6 层，砌砖下有 0.1 米厚的垫土层。棺床上未铺砖，床上一棺，东西向放置，棺木已朽，仅残存板灰痕迹。棺长 2.28 米，宽 0.71 ～ 1.38 米，棺内葬墓主人骨架两具，骨架较凌乱，头向西，面向不详，南侧为男性，北侧为女性，均为仰身直肢葬，年龄不详。

M5 位于发掘区的西北部，墓向 180°，平面为圆形，墓口部距地表深 0.6 米。南北土圹总长 6.16 米，东西宽 3.24 米，残高 1.09 ～ 1.52 米。由墓道、墓门、甬道、墓室组成。

墓道 为长方形斜坡状。南北长 2.62 米，东西宽 0.85 ～ 1.68 米，深 0.8 ～ 1.1 米，底坡长 2.49 米。墓道两壁较直，墓道尽头和墓门之间有一个 0.38 米宽的平台。

墓门 为砖砌拱券顶门。宽 0.62 米，高 1.34 米，在墓门起券处东、西两侧砌砖向外凸出约 0.04 米，用以装饰券顶部。墓门内封门砖仅残存 6 层，用南北向立砖呈人字形封堵。封门砖的底部为厚约 0.28 米的垫土。

甬道 进深 0.59 米。东、西两侧墙体用平砖两顺两丁相互交错平砌而成。

墓室 平面呈圆形，顶部已坍塌，仅残存四周墙壁。南北长 2.71 米，东西宽 2.72 米，残存高 1.09 米。四壁用青砖相互错缝平砌而成，底部无铺地砖。墓室内位于墓门东、西两侧各有一斜角，斜角呈一明一暗砌筑，用以装饰墓室。棺床位于墓室内西北两侧，平面呈折尺形。东西长 1.92 米，南北宽 1.42 米，高 0.52 米。棺床表面用青砖残块无规律随意平铺，砖下为土台。棺床北部有两具墓主人骨架，南侧为男性，北为女性，年龄不详。骨架保存较完整，头向西，面向一南一北相对，南侧墓主人为仰身直肢葬，北侧墓主人为仰身屈肢葬。

M7 位于发掘区的西北部，墓向 200°，平面呈甲字形，墓口距地表深 0.9 米。土圹南北总长 7.24，东西宽 1.1 ～ 3.64 米，墓底距墓口深 1.14 米。由墓道、墓门、甬道、墓室组成。

墓道 平面呈不规则梯形斜坡状。南北长 3.2 米，东西宽 1.1 ～ 2.14 米，

深 0.16 ～ 1.14 米，底坡长 2.86 米，东、西两壁较直。墓道尽头与墓门之间有一平台。

墓门　顶部已坍塌，仅残存底部。墓门东西宽 1.1 米，墓门两侧各有一竖砖立砌包边，包边砖向外凸出 0.02 ～ 0.04 米。墓门内残存有 9 层封门砖，用平砖呈东西向相互错缝平砌封堵。

甬道　进深 0.52 米，残存高 0.77 ～ 0.94 米。东、西两壁用青砖呈两平或三平一立砌筑而成。

墓室　平面呈圆角方形，顶部已坍塌，残存四周墙体。墓室南北长 2.88 米，东西宽 2.96 米，残高 1.16 米。四壁用青砖两平一立交替砌筑而成。棺床位于墓室内西、北两侧，平面呈折尺形。北部棺床平面呈扇形，东西长 2.79 米，南北宽 1.12 米，高 0.58 米。棺床边沿用 10 层残砖砌筑，棺床表面用残砖无规律随意平铺。棺床上未用葬具，置有墓主人骨架两具，头向西，仰身直肢，南侧为男性，北侧为女性，年龄不详。骨架损毁严重。西部棺床平面近长方形，南北长 1.76 米，东西宽 0.86 米，高 0.38 米，比北部棺床低 0.22 米。棺床边沿用青砖呈南北向单砖砌筑 5 层，棺床表面平整无铺砖。

M9 位于发掘区的西北部，墓向 195°，平面呈甲字形，墓口距地表深 0.9 米，墓底距墓口深 0.96 米。土圹南北总长 5.36 米，东西宽 2.2 米。由墓道、墓门、甬道、墓室组成。

墓道　为长方形斜坡墓道。南北长 2.42 米，东西宽 0.8 ～ 0.91 米，深 0.1 ～ 0.92 米，底坡长 2.31 米。东、西两壁较直，在墓道和墓门之间有一 0.32 米长的平台。墓门顶部已坍塌，仅残存两侧墙体。墓门宽 0.54 米，残存高 0.54 ～ 0.76 米。墓门内残存有少量随意摆放的封门砖。

甬道　与墓门同宽，长 0.36 ～ 0.5 米，残高 0.8 米。东、西两壁用青砖南北向单砖砌筑而成，西壁残存较低，东壁残存较高。

墓室　平面呈长方形，顶部已坍塌，仅残存四周砖砌墙体。南北长 2.39 米，东西宽 1.8 米，残高 0.95 米。四周墙壁为青砖呈顺向单砖相互错缝砌筑而成，墓室的四角各有一宽 0.17 米、向室内凸出 0.05 米左右的斜向砖柱，装饰墓室，墓室东侧的墓壁稍弧。室底部较平，无铺砖。棺床位于墓室内的西侧，平面呈不规则长方形，南北长 2.39 米，东西宽 0.66 ～ 1.06

米，高 0.42 米。棺床边沿用单砖呈顺向平砌两层，砖下为垫土。棺床上未铺砖，未置葬具，直接将两具墓主人尸骨放于棺床上。西侧为男性，东侧为女性，年龄不详。均为仰身直肢葬，骨架保存较差。

（二）金代墓葬 1 座，编号为 M8。

M8 位于发掘区的东南部，墓向 190°。平面呈圆形，墓口距地表深 0.7 米，墓底距地表深 1.06 米。土圹南北总长 5.6 米，东西宽 1.3 ～ 3.38 米。由墓道、墓门、墓室组成。

墓道 为长方形斜坡墓道。南北长 2.16 米，东西宽 1.3 ～ 1.52 米，深 0 ～ 0.4 米，底坡长 2.24 米。

墓门 墓门顶部已坍塌，仅残存底部墙体。东西宽 0.73 米，进深 0.52 米，残存高 0.22 米。东、西两壁用勾纹青砖叠压平砌而成，墓门两侧用竖勾纹青砖立砌包边，包边砖向外凸出 0.03 米。墓门仅残存 1 层封门砖，用平砖呈东西向相互错缝平砌封堵。

墓室 平面呈圆形，仅残留底部四周墙体。南北长 2.44 米，东西宽 2.5 米，残高 0.36 米。墓壁用勾纹青砖二平一丁交替叠压砌筑而成，在东、西两壁各设置横砖立砌，两侧用竖砖包边，包边砖上饰有红彩，由于破坏严重，整体形状不详，可能是砖雕仿木结构的门与窗。棺床位于墓室北部，平面近长方形，东西长 1.2 米，南北宽 1 米，残高 0.36 米。棺床表面未铺砖，棺床周边用平砖错缝平砌，未发现墓主人骨架。

二、出土器物

（一）唐墓出土随葬品 28 件，主要有陶器、瓷器、铜器、铁器。陶器均为明器，质地粗糙，火候较低，制法为轮制。金属类器物全部为实用器。

1. 陶器

三彩鸭形盂 1 件。M4：3，盂呈鸭状，头部残缺，颈部、躯干、翅膀和尾部特征明显，保存较好，表面饰羽毛，底部有方形底座，背中部开一圆孔。盂体中空，胎体为白色，表面施三彩低温釉，多有脱落。长 26.4 厘米，高 22 厘米，足径 10.4 ～ 12.6 厘米，腹径 18.8 厘米。

陶罐 12 件。泥质灰陶，敞口，圆唇，鼓腹弧收，平底。M4：5，竖颈，上腹部饰 4 道圈点纹，口径 9.4 厘米，腹径 15.7 厘米，底径 7.8 厘米，

高 17.2 厘米。M4：4，竖颈，通体素面口径 10.8 厘米，腹径 16.2 厘米，底径 7.6 厘米，高 18.5 厘米。M4：6. 口径 9.9 厘米，腹径 17.4 厘米，底径 8.2 厘米，通高 18 厘米。M5：6 上腹部贴塑双系，系已残缺，口径 16.8 厘米，腹径 25.8 厘米，底径 12.5 厘米，高 25.3 ~ 25.9 厘米。M10：1，折腹斜收，口径 7.2 厘米，腹径 11.5 厘米，底径 5 厘米，高 9.2 厘米。

釉陶罐 4 件。泥质红陶，除一件口部残缺外，其余均为敞口，尖圆唇。M4：8. 口残，鼓腹斜收，平底，腹部饰 2 道凹弦纹，口至腹部施酱釉，下腹部至底部未施釉。腹径 9 厘米，底径 5.3 厘米，残高 13.4 厘米。M5：5，鼓腹弧收，饼形足略内凹，口与腹连接处贴有捏塑的双系，口至腹部施酱釉，下腹部至底部未施釉，上腹部贴绘有 6 组草叶纹。口径 15 厘米，腹径 21.6 厘米，底径 11.5 厘米，高 16.8 厘米。M5：2，鼓腹弧收，饼形足略内凹，口至腹部施黄釉，腹至底部施酱釉，部分釉面已脱落。口径 9 厘米，腹径 14.3 厘米，底径 7.2 厘米，高 10.8 厘米。M5：3，鼓腹弧收，饼形足略内凹，腹部饰一道凸弦纹，口至腹部施酱釉，下腹部至底部未施釉，上腹部绘 5 组黄绿色五瓣花图案。口径 10 厘米，腹径 14.6 厘米，底径 74 厘米，高 11.4 厘米。

釉陶盏 1 件。M5：4，泥质红陶，敞口，圆唇，弧腹，小平底，内部施绿釉，外部未施釉。口径 10.6 厘米，底径 3.8 厘米，高 38 厘米。

黑陶碗 2 件。M5：8，泥质红陶，表面为烟熏黑，部分已脱落。敞口，尖唇，弧腹，圈足底。口径 17.8 厘米，足径 7.8 厘米，高 6.6 厘米。M5：7，泥质红陶，表面为烟熏黑，部分已脱落。敞口，尖唇，弧腹，圈足底。口径 21.2 厘米，足径 9.4 厘米，高 6.4 厘米。

白釉陶碗 1 件。M7：6，泥质红陶，敞口，弧腹，饼形足略内凹，器表施白釉，大部分已脱落。口径 16.5 厘米，足径 8.5 厘米，高 6.6 厘米。

2. 瓷器

双系瓷罐 1 件。M5：1，敞口，圆唇，束颈，鼓腹弧收，饼形足，上腹部饰双系，口至腹部施酱釉，下腹部至底部未施釉。口径 6.8 厘米，腹径 13.4 厘米，底径 7 厘米，高 12.6 厘米。

瓷注壶 1 件。M7：7，盘口束颈，鼓腹弧收，饼形足，器身呈球形，流与柄均残缺。口径 4.4 厘米，腹径 10.2 厘米，足径 6.4 厘米，高 11 厘米。

3. 铜器

铜镜 1 件。M4：1，四仙骑镜，主题为神仙人物故事。八出葵花形，圆形钮，钮与边缘之间有圆形棱状突起，将镜背分为内外两区，外区缘饰花枝蝴蝶纹；内区由于一部分镜面腐蚀严重，有一组图案内容未知，推测主纹为四仙人骑兽跨鹤，腾空飞翔，同向绕钮。仙人头戴冠，披帛穿过两肋，在背部呈方圆弧形后分成两股向后飘拂，其中一仙人跨仙鹤，鹤展翅伸颈，作疾飞状，另二仙人各骑瑞兽，二兽四肢奔腾，作迅跑状。直径 12 厘米，厚 0.5～1.1 厘米。

4. 铁器

铁釜 3 件 M4：2，铸造，敞口，弧腹，圆底，口部铸有錾（pàn）手、流和"Z"字形柄，底部焊三足。口径 21.8 厘米，柄高 11.4 厘米，足高 11 厘米。M9：2，铸造，敞口，弧腹，圜底，口部有流，底部焊三足。通高 13.6～14.2 厘米，足高 8.6 厘米。

铁勺 1 件。M5：9，铁质铸造。器身呈半球形，敛口，弧腹，圜底，口部焊一柄。口径 13 厘米，高 8.6 厘米。

（二）金墓 出土随葬品 17 件，均为泥质灰陶的明器，表面均涂有白色颜料，个别器物还涂有红色颜料。

陶器盖 4 件。M8：2，帽形，柱形平钮，钮顶凸起，盖沿上翘，盖口内折，器表饰白、红彩部分已脱落。盖径 10.4 厘米，高 5 厘米。

陶瓿 1 件。M8：5 器身已变形。敞口，平沿，沿上饰一周凸弦纹，肩部有一道凸棱，斜腹，底部箅子损毁。口径 13.4 厘米，底径 6.3 厘米，孔径 5.7 厘米，高 3.5～4 厘米。

陶灯盏 1 件。M8：9，器身已变形。敞口，圆唇，沿上饰一周凸弦纹，斜腹，平底内凹。口径 13.4 厘米，底径 5.2 厘米，高 4.5～4.6 厘米。

陶盘 5 件。器身多已变形，形制、尺寸大致相同。M8：12，敞口，平沿，圆唇，肩部有一凸棱，弧腹，平底。口径 13.7 厘米，底径 6.1 厘米，高 3.9 厘米。

陶匜 1 件 M8：10 敛口，圆唇，弧腹，平底，口部一侧捏塑流部，一侧贴有锥形短柄。内饰红彩，部分已脱落。口径 12.3 厘米，底径 4 厘米，

高 4.5 ~ 4.9 米，柄长 4.5 厘米。

陶盆 1 件 M8：11，器身已变形，侈口，双唇，肩部有一凸棱，弧腹，平底。器内饰红彩，大部分已脱落。口径 14.3 厘米，底径 5 厘米，高 4.3 ~ 5.4 厘米。

陶钵 1 件。M8：13，侈口，双唇，鼓腹弧收，平底。器内饰红彩，大部分已脱落。口径 10.4 厘米，底径 5 厘米，高 4 厘米。

陶执壶 1 件。M8：14，侈口，双唇，束颈，腹微鼓，圆柱弧形柄连接于口、腹处，假短流，平底。口径 8.4 厘米，腹径 8.6 厘米，底径 5.8 厘米，高 12.7 厘米。

陶罐 1 件。M8：16，敞口，圆唇，束颈，鼓腹弧收，平底，腹部饰一道凹弦纹。口径 8 厘米，腹径 8.5 厘米，底径 5.3 厘米，通高 7.1 厘米。

陶剪 1 件。M8：17，簧剪，刃部前窄后宽，通长 12.2 厘米，宽 1.2 ~ 3.9 厘米，厚 1.1 厘米。

三、结语

此次所发掘唐墓的墓道均为斜坡状，墓室有弧边方形、圆形和长方形三种，棺床占据墓室一半或大部分空间，与密云大唐庄、大兴北程庄、亦庄地区、朝阳生物院小区、昌平旧县唐墓形制多有类似，为北京地区常见形制。其中 M4、M5、M7、M9 分布较为集中，应属同一家族墓地。

随葬品方面，铜镜与先农坛神仓唐墓、大兴北程庄唐墓出土的铜镜类似，与延庆博物馆藏延庆西屯唐墓出土铜镜类同，而且在全国其他地区也多有此类铜镜的出土，可以说这是唐代流行的一种铜镜。铁釜与昌平旧县唐墓、亦庄 80 号地、密云大唐庄唐墓出土铁釜类似。陶罐、釉陶罐的形制亦见于大兴亦庄、海淀钓鱼台、密云大唐庄唐墓中同类器物。三彩器在以往北京地区唐、辽考古中发现较少，三彩鸭形盂更是首次发现，对墓葬断代有重要参考作用。三彩鸭形盂的胎体为白色，吸水率较高，色彩以黄、绿为主；由于烧制温度较低，釉色多有脱落而露出胎体，胎体表面也有层层脱落的颗粒状物质，因此推测为明器。与唐三彩不同的是，辽三彩偏重于日常生活的实用器而不是明器；在胎方面，辽三彩一般呈淡红色，而唐三彩胎料烧制后一般呈白色，且辽三彩烧制温度高于唐三彩，胎质瓷化，吸水率较低；在釉色上，辽三彩的釉色较为单一，主要为黄、绿、白三种色釉，不见唐三彩中的蓝黑彩，并且大都采用填色技法，釉色界限分明，釉面很少流淌，缺乏唐三彩富有的彩釉浑厚、浓淡不一的层次变化。综合对比分析并结合此次所出土的三彩器，发现其唐、辽的特征均有体现，但是以唐代特征为主，因此我们认为这批墓葬的年代应该在唐末辽初时期。

此次发掘的金墓的墓葬形制和部分出土器物与大兴小营、华能热电厂金代墓葬类似。就墓葬形制而言，圆形单室砖墓的年代多在辽末金初，即为金前期最主要的墓葬形制，是辽代乃至北朝以来北方民族考古文化的一种延续。墓葬出土器物均为陶制明器，这是北京地区金代墓葬随葬器物的普遍特点。

摘自《文物春秋》2015 年第一期

胡家垡古墓拾遗

■ 崔福军

胡家垡村西 400 米处有一座高岗，东西长 300 米，南北长 400 米。蜿蜒曲折形似一条土龙，龙头在最北侧，龙尾延伸至西南鲁唐沟处，土岗高约十几米，因其荒凉，罕有人至，村中有人去世，多葬于此，后逐渐成为乱坟岗，被称为"北岗子"。

岗子上原有松柏树、酸枣树、杨柳树、榆树、槐树，杂草丛生，岗子上的土质为黄胶泥土，质地坚硬，粘性大，养分低，不适宜作物生长，却适合建筑使用。由于过去建筑材料有限，村民买不起青砖，建房都用土坯，此处黄胶泥土正是夯制土坯的绝佳材料。所以村中房屋材料，多来源于此。岗子西侧有数个地窖，用于存放红薯。

岗子东侧有几户人家，均为高姓，岗子与几户人家之间，原有一座观音庙，为南海大士庙（今无存），庙前有一对鼓形门墩，2010 年左右通州文物所周良从史籍中查出该物，遂前来寻找。经时任村党支部书记的刘文革多方努力，在村中老人的指点下，在江场村南侧一处鱼塘边找到，被周良运送至通州文物所，入馆收藏。

村中自古就有传说，此岗子为太师坟。相传，一位皇帝的老师，后犯罪被砍头，皇帝念其为师，故赐金头颅一个，一起藏于此地。岗子东侧的几户人家，均为看坟人的后代，原来都是满人，清灭亡后，改为高姓。其后人在 1979 年左右全部搬离此地，部分搬到江场村和胡家垡村生活。

　　由于村中建房，长期在此取土，岗子北侧逐渐形成一个大坑，被称为"使土坑"，后用于养鱼。解放以后，此岗子为胡家垡村第四生产队土地，生产队在岗子南侧搭建了牲口棚，建了养猪场。20 世纪五六十年代，在房子北侧，出土了大量的青砖，砖上有绳形文，由于出土量极大，村民纷纷将其挖出用于修建猪圈，厕所。人们取土挖掘过程中，发现过青砖砌的殉马坑，坑为圆形，直径 1.5 米，坑内有许多马骨，有些青砖砌的坑呈长方形，面积约 12 平方米，有些中间为"十"字形，有些类似"喜"字形。部分坑中有草灰。从殉葬坑的形制和出土的青砖来看，与西汉时期的墓葬形式较为接近。由于生活水平的提高，人民居住环境改善，之前用青砖垒建的猪圈、厕所已经拆除，当年出土的青砖也已被遗弃。

　　因为当年牲口棚和猪圈建在岗子的南侧，生产队派人在岗子取土用于铺垫牲口棚和猪圈，当时村中便有人在取土时挖到过金币，金币形制与现在的一元硬币大小相近，中间有方孔，每个金币重约 7 钱。由于当年文物保护意识缺乏，金币都被村民廉价售出。60 年代末 70 年代初，村民崔德富、李桐取土时，偶然挖到墓志，后将墓志掩埋。挖到墓志的消息不胫而走，有大胆的村民将墓志挖出，共挖出三盒墓志（也有人说是四盒）。墓志为一米见方的方形，十几厘米厚，志盖为篆书，志底为楷书，志盖与志底两个为一盒，用铁箍箍好。

林宜人墓志志盖（通州区博物馆供图）

现已知当时挖出三个墓穴，有棺有椁。最西侧的墓早已被盗，棺盖被放置一边。其余两墓墓志均以损毁，其中最东侧的墓尚存墓志志盖一块，可以断定墓主人身份，为林宜人墓。据村中老人回忆，棺椁打开时，墓主人的衣服还光鲜亮丽，帽子上有一块蓝宝石，闪闪发光，后出土物品被文物部门收藏。

墓志出土后，被弃于岗子一侧，无人问津。后有通县文化馆三名工作人员前来把墓志拓成拓片，并把部分墓志运走。1976 年左右，村中通上自来水，由于当时都是土地，没有水泥之类的建筑材料，自来水下，极易冲出大坑，不利于放桶接水，于是有人想起了出土的墓志，将墓志放在自来水下，用于放桶接水，几块墓志分别被放在了不同的位置。2000 年左右，通州区文物所周良找到村书记刘文革，了解文物情况，谈到墓志，由村书记刘文革经多方努力，共找到当时出土的三块墓志。由通州区文物所所长周良运至文物所入馆收藏。三块墓志中只有一块墓志的志盖字迹清晰可辨，其余两块墓志，损毁严重，无法辨识。能看清字迹的志盖，铭文为：诰封宜人翰林院侍读渭师高公原配林夫人墓志铭。

根据志盖所记载信息，查出陈廷敬曾写有《高渭师翰读夫人挽诗》。

高渭师翰读夫人挽诗
清　陈廷敬

十德声名旧，南安内范良。

故家开幕府，夫子侍明光。

淑婉追陶母，幽閒（xián）湖季養（yǎng）。

瑶环荣翟茀（fú），绣毅触鸣珰。

北阙方承宠，西风忽断肠。

三秋摇落候，千古别离场。

人去悲彤管，镫（dèng）昏暗锦堂。

湘魂何处吊，蜀魄正堪伤。

燕市清霜白，金门夕照黄。

楚游归讣晚、潘鬓苦吟长。

露冷铭旌重、香消宝鸭凉。

夜台由此隔、松柏郁青苍。

出自《钦定四库全书》中的《午亭文编》（卷十四至卷十六）中，此诗于康熙甲戌年（1694）农历八月十四所作。

另有清康熙翰林院掌院学士彭孙遹（yù）所写高渭师夫人林宜人挽诗二首。

高渭师夫人林宜人挽诗（一）

清 彭孙遹

鹤盖同车日，芸庐傲夜时。

清心同黾（miǎn）勉，白首怯差池。

春月姗姗影，寒花寂寂枝。

空弹元相泪，重赋蕙丛诗。

高渭师夫人林宜人挽诗（二）

清 彭孙遹

柳絮诗篇好，荆苕礼教新。

采芳南涧日，偕老北扉人。

乌鸟心偏切，鸣鸠德自均。

千秋馨烈在，珍重写湘筠。

出自《松桂堂全集》（卷二十九）

陈廷敬与彭孙遹皆为康熙年间赫赫有名的权贵。能为高姓侍读林宜人写挽诗，可见高姓侍读并非等闲之辈。

由于出土墓志损毁殆尽，可供参考信息有限，对墓主人身份确定难度很大，经走访看坟人后代，及当时出土见证者了解，当时出土志盖，志底完好，由铁箍相互抱合，只记得是一位翰林院林姓夫人的墓志，去世时二十六岁，通过查阅《清康熙通州志》《民国通州志要》（由首都

博物馆研究员邢鹏协助查找），与陈廷敬，彭孙通同时期（1600—1700 年）的，进翰林院的高姓进士有三位，第一位高联，清康熙十五年（1676）丙辰科二甲十四名，顺天府大兴人；第二位，高裔，清康熙十五年（1676）丙辰科二甲二十一名，顺天府宛平人；第三位，高寿名，清康熙二十四年（1685）乙丑科三甲六十七名（碑作五十四名），顺天府大兴人。结合挖出的墓志及见到墓志者的讲述，林氏去世时时年二十六岁，为原配夫人，陈廷敬写挽诗时间为清康熙甲戌年（1694）农历八月十四，高寿名为清康熙二十四年（1685）乙丑科进士，从时间上推算，高寿名为林氏之夫的可能性较大。

胡家垡宫女墓出土嵌宝石金花
（通州区博物馆 供图）

胡家垡宫女墓出土金手镯
（通州区博物馆 供图）

　　1981 年，村中大量卖土，生产队将岗子移为平地，使得所有古墓面目全非，荡然无存。仅存岗子西南侧土龙腹部及小一部分，上面种植杨柳树及酸枣棵子，1985 年，村中张姓村民建房，在此取土，因当时建房大多为村民相互帮忙，故村中劳动力及闲暇人员都去帮忙，在取土过程中，有人发现土龙腹部有一处塌陷，感觉应该是一古墓，遂前去查看，发现墓中有大量的文物，文物随即遭到哄抢，后经公安及文物部门追查收缴，收回部分文物，由于时间久远，其它文物去向不得而知。因未发现墓志铭，无法证实墓主人身份，从收缴的文物形制上，由通县文物所推断为明代墓葬。民间传为宫女坟，但由于明代大部分宫女最后归宿推断，民间传为宫女坟应为误传。被收缴文物有：

金凤冠（凤冠上缺少一颗珠子）、金龙、金凤、金镶玉领箍、镂空金手镯、宝石、金簪，及散碎黄金饰品。出土的文物造型独特，绝非一般百姓之物，现为通州区博物馆馆藏文物。具体年代有待更多实物佐证。

（崔福军，张源艺术馆执行副馆长、通州区文化之星、通州区美协会员、胡家垡文化教室国画教师）

台湖寺庙

■ 魏振东

古代民间庙宇众多，有"村村皆有庙，无庙不成村"之说。村中庙宇除了供村民祈祷求福外，还有另外一个重要的功能，旧时各村没有当今办公场所，诸多民事要到"会里"去办。所谓会里即"村政权机关"，传达政令、派捐派丁派税等事务，这些场所大多设在庙宇之内。

旧时寺庙，是祈祷求福，超度亡灵，祈雨求神，聚会议事，启蒙教化之地。一般村的庙里神龛前，香火不断，是在做祈祷，在许愿。农谚说："小旱不过五月十三，大旱不过六月二十四。"意思是农历五月十三和六月二十四，是降雨的日子。五月十三降雨，称为"关老爷磨刀雨"。这天降雨，兆示好年头，全年风调雨顺。六月二十四是关羽的诞辰，称"关公诞"。关羽生前以忠义立世，被佛教尊为关公、关帝，列为伽蓝神之一。道教尊为"关圣帝君。"被授予驱邪除恶、扶正保民，掌控旱、涝之职能。旧时农田没有排灌设施，完全靠天吃饭，大旱不雨，就要设坛求雨。

中华人民共和国成立前，域内村村有庙宇，各村也都有土地庙，作为人们集中祭祀土地神的地方，多修建在村口的位置。村民去世，其亲属均会到所在村庄土地庙举办仪式，俗称"报庙"。除了土地庙，各村还有关帝庙，多为村民求财求雨场所，如前营村、田府村、胡家垡村、水南村、垡子村、北火垡村、尖垡村、西下营村、碱厂村、蒋辛庄村、口子村、唐大庄村、高古庄村、新河村、崔家窑村、前营村、外郎营村

北方农村地区常
见的土地庙

台湖村兴国寺遗存古
槐树（2020 年 摄）

等村的关帝庙都有志书载入。

此外，一村多庙现象也极为普遍，除了土地庙和关帝庙这些由村民自发修建的小庙宇外，有些村还有一些相对较大的寺庙，如新河村有大佛寺、药王庙，铺头村有三教寺、七圣庙，郑庄有兴隆寺、释迦佛庙，永隆屯有三官庙、七圣庵等。

由于临近京城，台湖地区历史上也存在大型寺庙，如始建于辽代的次渠宝光寺，先后于元代、明代两次重修；新河村药王庙，房产多至百间，连本村人进去有时都找不到出来的方向；口子村地藏庵占地三四十万平方米，前后三进院落。且寺庙多有古槐，如诗所云："清晨入古寺，初日照高林。曲径通幽处，禅房花木深。山光悦鸟性，潭影空人心。万籁此俱寂，惟余钟磬音"。台湖镇文史组调查员们也如实记录了次渠宝光寺、蒋辛庄观音寺，台湖兴国寺等处古槐。

随着历史上各个时期民间信仰的变化，尤其在金代，儒、释、道三教并称并用，因此域内一些寺庙还存在多教合一的现象。根据文史调查员们采集到的寺庙情况，铺头村始建于元代的三教庙便是三教合一的典型寺庙，还有些寺庙，这殿供奉韦陀，那殿供奉关帝。

民国时期，域内一些庙宇改为民国公立小学。据通州区档案馆所收集民国

时期通县政府秘书长韩廷对的回忆材料所载，台湖地区将寺庙改为民国公立小学是在 1915 年。《通县志要》对这些小学校也有录载，他们是：田家府、前营、胡家垡、垛子、水南等村的关帝庙；次渠宝光寺；新河药王庙；永隆屯三官庙；台湖村兴国寺；北堤村大安寺；铺头村三教庙；徐庄村禧镇寺（时称徐庄样田小学）；丁庄观音庙；窑上菩萨庙；北火垡三义庙；安定营村重宁庵；麦庄村观音庵；口子村地藏庵；董村菩萨庵；郑庄兴隆寺等。至 20 世纪 50 年代初，还有小学生在庙里上课。由于在生育高峰期，医疗条件大有改善，学龄儿童激增，没有开办小学校的村庄也利用庙堂作教室，20 世纪 50 年代初的儿童，大都有在庙里上学的经历。

60 年代末，因国家建设发展，大多数村中的寺庙被拆除，仅存的次渠宝光寺也在 1976 年唐山大地震后拆除。经历数百年的沧桑，如今，在通州区博物馆还可以看到次渠村宝光寺留存的铜钟、石碑、佛像等文物，蒋辛庄村委会还存有半块当时修建寺庙的功德碑，为乾隆三十七年（1772）修建蒋辛庄村观音庵时所立，郑庄村、台湖村、胡家垡村还存留古槐，共同见证着这些寺庙存在的痕迹。

观音庵功德碑
（2021 年 摄于蒋辛庄村委会）

台湖地区寺庙一览表

庙宇名	所在村	建成年代	说明	所遗
宝光禅寺	次渠村	辽	佛教 原名法华寺	大钟及文物
佑胜寺	田府村	金天会八年建	佛教 以佑佛教水传名	
兴国寺	台湖村	元	佛教	古槐

药王庙、大佛寺	新河村	元	大佛寺属释迦摩尼，药王庙为道教	
禧镇寺	徐庄村	元	取吉祥安静意	
三教庙	铺头村	元	佛释道三教	
关帝庙	胡家垡村	明	祈请财神关羽且求镇水	古槐
关帝庙	西下营村	明	当年驻军屯田训练所建	
关帝庙	唐大庄村	明	祈请财神关羽且求雨	
关帝庙	碱厂村	明	管理碱厂吏民共建求财神	
关帝庙	蒋辛庄村	明	祈请财神关羽且求雨	古槐
关帝庙	垛子村	明	祈求神武大帝保佑平安且求雨	
关帝庙	尖垡村	明	祈请财神关羽且求雨	
关帝庙	北火垡村	明	祈请财神关羽且求雨	
关帝庙	崔家窑村	明	窑主祈求财神关羽	
关帝庙	水南村	明	祈请财神关羽且求雨	古槐
关帝庙	董村			
关帝庙	新河村	明	祈请财神关羽且求雨	石塔额
关帝庙	高古庄村	明	祈请财神关羽且求雨	
关帝庙	前营村	明	当年驻军屯田训练所建	
关帝庙	田府村	明	祈请财神关羽且求雨	
关帝庙	口子村	明	祈请财神关羽且求雨	
七圣庵、三官庙	永隆屯村	明	七圣庵为佛教 三官庙为道教	
三义庙	北火垡村	明	道教	
碧霞宫	北神树村	明	道教	
观音庵、娘娘庙	麦庄村	明	观音庵佛教 娘娘庙为道教	
武圣庙	东石村	明	道教	
重宁寺	安定营村	明	佛教 企得大宁	
兴隆寺	郑庄村	明	释迦摩尼保佑佛教兴隆	古槐
观音堂、菩萨庵	董村		佛教	
观音庙	丁庄村		佛教	
观音寺	蒋辛庄村	明	佛教	
大安寺	北堤村		佛教	
地藏庵	口子村		佛教	
菩萨庙	窑上村		佛教	

从一张旧报纸看到群众拆新河关帝庙过程

■ 王文宝

2005 年 4 月，我与区政协相关领导及几名特邀委员到唐山档案馆查冀东防共自治政府统治时期有关通州的资料。在翻阅旧报纸中我无意中看到了一条报道，文章标题一下就进入我的眼帘，《通县九村农民怒平关帝庙斗争恶霸和尚"小爾头"，760 亩土地回老家》，报纸出版时间是民国三十六年五月十六日（1947 年 5 月 16 日），作者三人其中一人是1948 至 1949 年任通县县长梁瑞。文稿的内容和通州区台湖镇新河关帝庙有关，当时觉得这篇资料很有保存价值就用相机把此文拍了下来。下面是摘报原文：

通县五区九村农民，打破迷信思想，怒平关帝庙，七百六十亩土地归还农民。

十四支社电，该区新河庙和尚"小爾头"是个恶霸地主，拥有土地760 亩，庙场方圆 300 丈，房屋 150 多间。"小爾头"素日烧香念佛愚弄农民，对穷人极尽压迫剥削，他的佃户必须大斗交租，租子交了晚一点就被夺佃。并霸占本村徐宝志之妹为妻。新河村穷人小孩家中没柴烧，去庙院里拔了几棵蒿子，也被他抢回。新河村的老百姓提起"小爾头"都没有一个不恨的。通县解放后即畏罪跑到北平。此次土改中，新河、样田、徐庄、大堤、窑上、北伙垡、辛武林、白各庄、尖垡、等 9 村群众，复仇怒火再也按捺不住，起来向他清算，要求拆房分地，四月四日，就村群众 790 余人，齐聚关帝庙，大家昼夜不停的拆了 3 天，仅新河一村即拆了檩条木料 200 余根，大坨 14 根。群众越拆越有劲，白各庄一个妇女在房上拆了半天，连饭都顾不上吃，大家一边拆一边骂，徐庄一个涂老太太说：哪里有神仙，是邪归不了正，经常这些泥胎子住着高楼大厦，穷人住小土房，一下雨就怕塌了砸死，这回咱们可不住土窑窖了。

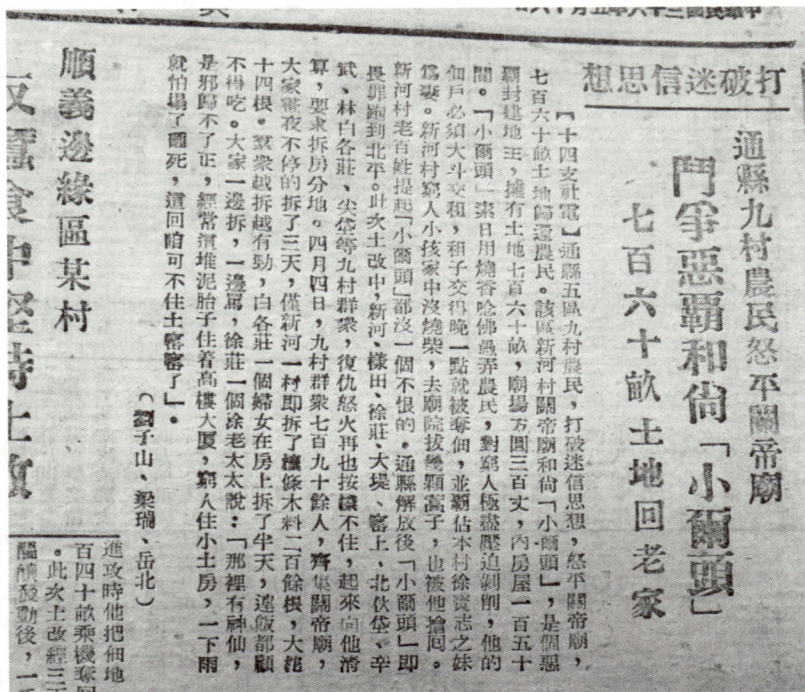

民国摘报

红色记忆

天亮前后的通州记忆

■ 景　浩

1948 年入冬后，当地就传说着：东北的八路军进关了。

一天早上，我们刚到学校，家住在新河、窑上村的同学在班上说：听大人们讲，昨天牛堡屯附近发现来了不少外地人，有的挑着挑子做小买卖，有的背着背筐在大道上拣牲口粪。坊间传说，八路军真的过来了，这些人都是八路军的侦察兵。

一天下午，我和班里几个同学到三里以外的玉甫上营小学打篮球，刚刚打完两场，正要休息，忽然听到村北通州方向，呼隆隆一声巨响，随后冒起一股黑烟，冲上高空，之间还夹杂着一些零散的枪声。一看这情景，我们立刻停下来，说："不好！是不是要打仗啊！赶紧回学校吧。"说罢便背起篮球，急匆匆地跑回学校。到校一看，全体老师正在给学生开会，告诉大家：明天就不要上学了，什么时候上，到时再告诉你们。

随后，谁也不敢耽误，赶紧回家。我们几个和外郎营、垛子村的同学一块同行，一路小跑往家里赶，心里扑通扑通地直跳，有点儿紧张。我们一边赶路一边说："真的要打仗了吗？"心里充满了惊恐和迷茫。

回到家了，也不知发生了什么情况，大人们都在说：八路军打到通州了，通州保安队，一枪没打就跑北平城里去了。八路军什么样子，不清楚，是像国民党宣传的那样子吗？把共产党、八路军称为"洪水猛兽"，说得凶神恶煞似的。弄得当时人心惶惶，谁也不知道到底要发生什么，

有一种要变天的感觉。心情是惶恐的，社会是动荡不安的。没过两天，八路军大部队真的开过来了，听说从外郎营、蒋辛庄过了一宿，都是往北平方向开的。

第二天中午，又一支大部队从新河、大地、垛子向我们村（当时称小民屯）开来。打老远的就听到他们雄壮的"三大纪律，八项注意"的歌声。我一听到歌声，在家里就坐不住了，一股脑儿地跑到村中间庙前的高台上，想看看八路军到底什么样子。这时大部队已经进村了。我和几个也来看热闹的孩子，站在高坡上，静静地看着这支部队。

部队分四路纵队行进，每个人的头上戴着插满了苇毛和树枝的长毛皮帽子，身上穿着黄绿色的棉军装，背上背着打得方方正正的背包，背包上好多杂物，有布袋子，还有白菜。肩上扛着三八大盖枪、冲锋枪和各种机关枪。两肩上，一边斜披着子弹袋，一边斜披着干粮袋儿。腰上系着皮带，左边挎着四颗长把手榴弹，右边挂着带皮套的刺刀。腿上都打着裹腿，穿着大包头棉鞋。有的战士边走边跟我们打招呼，叫我们"小鬼"，我立即被他们的威武的英姿打动了，越看越激动。

部队一拨儿接着一拨儿，看不到尾。战士们有肩上扛着轻机枪的，有四个人抬着重机关枪的，重机关枪有旱压和水压两种。还有肩扛六〇炮、身背炮盘的炮兵。用骡马驮的八二迫击炮的炮身和底盘，有的马背上驮着炮弹箱子。还有用马拉着的带有两个铁轮子，炮身细长的战防炮，听说这种炮能平射，专门打坦克和碉堡用的，炮架子上放的是炮弹箱子。随后还有平射炮、山炮等各式各样的炮车，看得我眼花缭乱，目不暇接。读四年级的时候，张仪老师给我看过一本画册，看见这么多各式各样的枪、炮都是真像伙，比看画册上的过瘾多了。

炮兵过后，又接着来了一支骑兵队伍，也是四路纵队行进，打头的一水枣红马，战士们骑在马上，腰挎马刀，肩背日式三八枪。红马过后，接着又是一水白马，一匹匹的都那么听话，走得可整齐了。行进中有的战士跟我们旁边的大人们打听："老乡，这是什么村呀？到大武基还有多远啊？"大武基、小武基这两个村都在北平广渠门外，离城十多里地。听他们一打听，这支部队肯定是包围北平的先头部队。冬天天短，四五点钟，太阳就要落山了，大部队依然不见尽头。只听到阵阵歌声和整齐的步伐声，在村中，在旷野上空回响："没有共产党，就没有中国……"这支大部队，直到深夜，还朝着北平方向行进。

第二天，我们村和台湖、垛子、胡家垡、次渠、东石、大鲁店附近大一点的村里都驻了解放军。我们家住了一个班，正房五间大屋让他们住。战士们一进屋放下背包、步枪就喊着大爷、大娘的，然后到院子里，有的找扫帚，打扫院子；有的挑起水桶，到井上去挑水；还有的打扫屋子，不一会儿就把屋里院外收拾得干干净净，然后把用过的东西放得整整齐齐。晚上吃完饭，熄灯号一响，都熄灯休息，一点声音都没有。

白天，他们在村西的野地里挖战壕，只用一天，就把一人多深、弯弯曲曲、足有三里多长的战壕挖好了，看来是真要打仗了。

有一次，部队文工团来演出，要在胡家垡村演出歌剧《白毛女》，班长叫我跟他们一块儿去看看，我非常高兴，大型演出还真是没看过，我跟着他们出发了。胡家垡村离我们村有三里多路，一会儿工夫就到了。会场是在村外一块大地里。我们到时，会场里已经坐了好多人，都是一排一排，整整齐齐地坐在地上等候着。我跟着他们到了会场，在边上找个地方站着。等了不大一会儿，又来了几支队伍，都以连为单位，一排排地坐满了会场。会场四周站满了围观的群众。

这时会场上已经开始拉歌了，有个连队站出来一位，他领着大家喊："一连，唱一个！"战士跟着齐声喊："一连唱一个！"他又喊："一连在哪呢？"然后一指一连的方向，这个连的战士跟着用手指那个方向，一起喊："在那儿呢！"跟着就鼓掌，指挥的领着大家，有节奏的拍着拍子：OOO，OOO，OOOOOOO，这是挑战。

于是，一连应战，站出一位指挥员，走到队前，领唱一句："一九四八年"然后高举双手，喊道："预备——唱！"歌声随着他的手势响了起来：

"一九四八年，头一炮，辽西大战打响了。

这仗打得实在好，胜利真不小，

咱们报了血泪仇，老对头叫咱们消灭了。

死的伤的躺满街，活的交了枪了。

哼嗨哎嗨哟嗨哟……"

歌刚唱完，就见一位指挥员站了起来，朝大伙儿喊：

"好不好？"大伙儿跟着喊："好！"

又喊："妙不妙？"大伙儿也跟喊："妙！"

紧接着喊："再来一个要不要？""要！"

这时一连的指挥员，用手指着三连方阵，高声喊道："三连来一个！"用手势领着大伙儿喊："三连，来一个！""三连，来一个！"

这时，三连方阵里站出一位战士，向大家敬了一个军礼，然后高高举起双手，领唱一句："吃菜要吃白菜心、白菜心。"然后把手一挥，喊了一声："唱！"顿时歌声响起：

"吃菜要吃白菜心、白菜心，打仗专打新六军、新六军。……"

此起彼伏的歌声威武雄壮，响遍四野，冲上云霄。不知不觉已经日落西山，前方舞台上的汽灯都点上了，雪亮雪亮的。舞台是用木板搭成的，幕布有四五重（chóng）。演员也化好妆，准备着。一会儿一位女报幕员，从幕布后走了出来，这时，会场上立马儿安静下来。她向大家宣布：今晚的演出是歌剧《白毛女》，随后音乐响起……大幕徐徐拉开……

剧情从杨白劳给地主黄世仁扛长工还债开始，到大年三十逼债，要喜儿抵债，穆仁智强迫杨白劳在卖身契上按手印，一直到杨白劳回到家里喝盐卤身亡。看到这里，台下有不少战士痛哭起来。突然，队伍里站起一位战士，托起枪瞄准了台上的黄世仁要开枪，旁边的战士立即起来拉住他，喊道："别开枪，这是演戏"。那位战士大哭道："这跟我们家的事一样，我恨死他们了！"这时一位战士从队伍里站了起来，高声喊道："不忘阶级苦，牢记血泪仇！""打倒国民党反动派！""打到南京去，活捉蒋介石！"口号声响彻夜空。演出一直到了深夜，我才和队伍回了家。这是我第一次看歌剧，也是第一次见到这种热烈激动的场面。

白天，战士们训练，我们这群孩子也不上学，就跟着部队跑。他们训练，我们就在旁边看。战士们有的列队操练，有的练拼刺刀，有的练投掷手榴弹，这些项目都是为打仗作准备。

后来听说，南苑飞机场也打下来了，国民党在北平城里东单广场上修了一个临时的飞机场，北平城已经包围好，就准备打了。白天，有时飞过一两架运输机，给北平城里运送些物资。有时还能听到阵阵枪声。有一天，一架两个螺旋桨的运输机，从东南方向飞过来，螺旋桨"嗡嗡"轰鸣，飞得很慢，突然炮声响起，在飞机四周爆炸。我们这群孩子，在野地里追着看，突然间，一块黄黄的东西从天上掉下来，砸在我们跟前，起了一缕黄烟。胆大手快的张润田拣了起来，原来是高射炮弹的弹头，黄铜的，上面还刻着字呢，我们几人抢着玩儿。大人们看见了都说："多玄呀，要是砸着人，可就完了！"现在想想：真是孩子，无知无畏呀！

村外的战士抓紧训练，村里还有一批解放军战士，在郑四号财主家高大的砖墙上，用白灰浆，拿着板刷写大标语，都是标准的美术字，有"打到南京去，活捉蒋介石"，有"坚决、彻底、干净、全部消灭蒋匪军"。他们蹬着梯子，不用尺量，不打格子，不打稿，直接用板刷往墙上刷，每个字都有一人多高，整整齐齐，非常漂亮，我站在旁边把小眼都看直了，心里即羡慕又佩服，因为这也是我的所爱。除了标语以外，还有漫画，画个蒋介石站在一个碉堡里，外面画一只大脚踏上去。碉堡上写着"南京"两字，那只脚是"人民解放军"。

解放战争时期战士写标语

一天晚上，班长问我："看电影去不去？"电影，我都没听说过，就更甭说看了，我高兴得跳着脚说："去、去。"吃过晚饭，我跟着班里的战士，一起出发，到五里地以外的次渠村看电影。放电影是在次渠

村的刘家大院的场院里，墙上挂着一块大白布，前面放着一架圆盘放映机。不一会儿天黑下来，电影放映开始了，这电影是无声的，都是辽沈战场的纪录片。只见炮火连天，轻重机枪扫射，战士们奋不顾身端着刺刀往前冲，冲过层层电网，铁丝网，越过壕沟；有的战士连滚带爬地抱着炸药包炸敌人的碉堡，有的战士拿着一捆手榴弹炸敌人的坦克。虽然听不到声音，但是场面的惨烈，看得清清楚楚，战士们的英勇形象和无畏的精神，深深打动了我。除去城外攻坚战的场面外，更为艰苦的是攻入城内的巷战。那是在大雪的环境里打的，街道两旁的房屋大部分塌毁了，大街上满路泥泞。战士们依着墙根逐屋逐街的拼杀，满身都是泥水，一条条巷子、一座座建筑的攻打。我身边的班长对我说："这是打四平街的战斗，咱们连也参加了。"听他这么一说，我抬头看看他，心里顿时为他们骄傲，为他们自豪，心说："真棒！"这是我生下来第一次看电影，黑白的、无声的，这也是我终身不忘的一部电影。

没过几天，他们要换防，把院子、屋子，里里外外打扫得干干净净，把水缸里挑满了水。然后班长跟我爷爷说："大爷，我们在您家里住了这么多天，给您添了不少麻烦，您看有什么意见，给我们提提，还有什么要注意的地方，给我们说说。"我爷爷对他说："我活了几十年了，什么奉军啊，张宗昌的红眼儿军啊，日本鬼子，汉奸队儿，我都见过，他们进村就抢东西，糟蹋人，就没见过咱们这么好的军队。对人和和气气，来了就帮助干活，跟家里人一样。你们要走了，还真有点儿舍不得呀！"

就这样，这支部队走了。

他们前脚走，紧接着又来了一拨。这次来的不是战士，而是东北人民解放军（四野）118师354团作战部的领导同志。依然住在正房东西两屋。东屋里住着陈部长，西屋住着两个小战士。这位陈部长，个子不高，身材瘦小，白皙的面庞，特别爱笑，一笑还露出一颗黄色的金牙，说话细声细语，特别和气。一进院就大爷大娘的叫着，给人一种特别和蔼可亲的感觉。那两个小战士是勤务兵，一个也姓陈，才十五岁；一个姓张，比小陈大一岁，才住两天，我们就成朋友了。他们俩穿着没（mò）屁股蛋儿的军衣，肩上都背着带木壳的驳壳枪，一跑那枪就打在屁股上，我可羡慕他俩了！

陈部长住的东屋里没什么设备，只是在后房檐的大墙上挂满了军用地图，都是由一幅幅小正方形的地图拼成的。地上摆着几个墨绿色的大圆筒。原有的墙柜，桌凳都没动，只是在墙柜头上，放了两架手摇式的电话机，炕上放着铺盖，干干净净的。

墙上的军事地图吸引了我，因为我最喜欢上地理课，中国有多少个省份，省会是什么地方，各省的简称，我能一口气背下来。而且还在我们村的皮匠于三爷家里看过一本精装的，印得非常清晰的，黑白的《西湖风景》画册：有"平湖秋月""花港观鱼""苏堤春晓""断桥残雪""雷峰夕照""三潭映月"……这些美不胜收的风景深深地吸引着我，打动了我，让我充满遐想。这些城市，我都能在地图上找到。每次地理课考试，都得 100 分。尤其是我的地图作业，画得跟课本上印的一个样，老师经常拿着我的作业给同学们看，并当作样本。中国地理在我心底扎下了根。

如今，看到墙上这么大的地图，两间屋子的后墙全挂满了，这引起了我的好奇和兴趣，爬上墙柜，蹶着屁股，跪在那儿看这地图。哎呀！太详细了！这地图上居然还有我们村"小民屯"，再一找，哇！周围村都有，通向各村的大、小道，大水坑，甚至连坟地都标出来了，村里的街道、胡同也清清楚楚，凉水河上的新河桥、马驹桥的大石桥、次渠村的塔，桂家坟村的王爷坟，东石村外的义犬塔全都有，太详细了。我趴在墙柜上找啊找啊，从没见过这么详细的地图。由于精神太集中了，连陈部长进来都不知道。当他轻轻拍了我一下屁股，问我"看什么呢？"这会儿，我才发现陈部长回来了，赶紧爬起来对他说："看地图啦！""你看得懂？！"他用诧异的口气问我。我说："怎么画得这么细呀，还有我村呢！"于是他指着地图上的一些村落、大道、河流以及一些建筑物，我都准确地说出来了。他让我下来，问我："地图你能画吗？"我毫不犹豫地告诉他："我能画呀！"我还告诉他说："您看看我的作业本，我给您拿去。"说罢，便跑回我们屋，把地图作业本拿过来给陈部长："您看，这是我的地理课地图作业本。"他接过去一页一页的仔细地看，每页的右上角都有用红色钢笔写着的"甲上"两个字，"甲上"就是 100 分。陈部长看完作业本，叫我："来，给你看一样东西，"边说着边把放在地上的一个大圆筒提到炕上，抽出一大卷纸，他顺手把这些纸摊在炕上

让我看。我一看全是地图，不过这些都是手工画的，不太整齐，有些草率，但内容非常丰富、清楚，上面画的是：北平城的城墙，城门楼子及城墙的高度、宽度，护城河与城墙的距离，护城河的宽度、深度标得十分清楚。另外，还有城外的地堡群，铁丝网、电网、埋的地雷区，画得更是准确。接着他又问一句："这样的图，你能画吗？"我立马说："能！"他一边收拾地图一边对我说："跟我走，画地图去，去不去？"我高兴地说："行啊，去！""好，明天我就给你领身小军装去！"当时我这高兴，我也要当解放军了！

当天晚上来了一位毛团长，他翻看了几页我的作业本，就说："画得挺好。"接着又问陈部长："这事你跟大娘说了没有？"陈部长回答道："还没说呢，先得请您看看呀。""这个事儿，你得征求大娘的意见，大娘同意，再走。""是，等我去问问大娘，再定。"说罢，毛团长就走了。看来，毛团长是同意了。过一会儿，陈部长跟我说："走，找你妈去。"

我和陈部长来到厢房，见了我妈就说："大娘，跟您商量个事，小景他画的地图挺好，咱们部队师部里需要能画地图的人，想让他跟我们走，到师部里画地图去，您同意吗？"我妈说："跟你们走，我倒是放心，就是他岁数小点儿。"陈部长紧接着又说："大娘，您放心，让他在师部里画地图，不上前线打仗，再说，什么仗也打不到师部里来呀，您就放心吧！"说到这儿，我妈不言语了，低着头，一个劲儿流眼泪。陈部长一看这样儿，也就不说什么了，只是一个劲儿地安慰我妈："大娘，您休息吧！"从这儿以后，再也不提到师部画地图这事儿了。就这样，参军这事也就黄了。

虽说参军去不成了，不过我和陈部长、小陈、小张的关系越来越亲密了。他们的工作也越来越忙了，说是作战部，可什么事儿都管。用汽车运来的物资，都卸在我家院外的大场上，这些都是从关外运来的。有倭瓜干、豆角干、茄子干，各种各样的干菜，东北高粱米，都是整麻袋、整麻袋的，还有那些冻猪肉，都是整头的猪，从肚子上一劈两瓣压成平板还带着四只蹄子，就是没有猪头。整汽车、整汽车的往这儿拉，卸在场院里。还有成箱成箱的各式各样的书、画报、报纸、连环画，也是成车成车地卸到这里，堆成小山似的，这场院成了临时仓库了。运物资的汽车来来往往，一辆紧接着一辆……

阴历腊月二十三，快过年了，这天突然间，整个村里沸腾起来，战士们在街上奔走相告：北平和平解放了！只见大家都跑到大街上抱着、跳着高喊："北平和平解放了！""北平和平解放了！""不用打了！"一边喊着，一边跳着，脸上都挂满了泪水。这种兴奋、激动的心情，真无法形容。我在他们旁边看着也被感染流了泪。

北平解放

第二天上午，院子里来了两位女同志，陈部长指着其中一位身材高挑，留着一头乌黑短发，文绉绉的，怀里抱着一个小娃娃的同志说："这是我们团长夫人，来求您帮个忙，给孩子做床小被子和一个斗篷，您多受累吧。"我妈说："行、行。"说着另一位女同志递过来一个绿色的睡袋和一包棉花。团长夫人非常客气的说："大娘，给您添麻烦了，您多受累啦！"我妈接过东西和团长夫人聊了一会儿。送她们走后，回到屋里，先拆那睡袋，哎哟！里面全是白花花的鸡毛，弄得满屋子都是，她赶紧让我找个大筐装起来，倒到南大道上去。这一倒，白色鸡毛满天飞，风再一刮，弄得满街都是，我妈还说："美国兵睡觉盖不起棉花的，穷地睡鸡毛！"原来这个睡袋是打南苑飞机场时缴获的，美国造的羽绒睡袋。一个晚上，我妈便把一个小被子和一个小斗篷做好，让小陈给送过去。

　　马上就要过年了，大家可以平平安安的过个太平年，这些天大家收拾屋子，打扫院子，虽然没有贴门神、挂签、对联这些表现新年到来的喜庆之物，但三十夜里的这顿饺子还是要吃的。老早的陈部长告诉我妈，别准备东西了，咱们大家一块儿过个年，一块儿包饺子。勤务员小陈、小张，还有几位战士，打来一大盆饺子馅儿，一大团和好的面。我妈、老婶、老奶奶拿着案板、擀面杖、菜刀、盖簾到正房屋里，十多口子人，大伙擀皮的擀皮，包饺子的包饺子。

　　一会儿，锅里水烧开了，饺子也包好了，"下锅煮饺子喽！"小陈他们几个忙开了，煮好的饺子盛到两个大盆里，大伙儿围着大盆抢着吃，吃得好香啊！一边吃着饺子，一边说："拜年啦！""拜年啦！"这顿饺子吃得是正经八百的军民一家亲啊！都是家里人了。说说笑笑，直到半夜才静下来，各自回屋休息去了。这个年三十，是个特殊的年三十，是我记忆中最难忘的年三十。

　　大年初一，没有鞭炮声，倒是有一支特殊的部队来到村中。他那特殊的响声吸引了我，起来跑到大街上一看，又来了一百多人，这些人一不带枪，二不带炮。每个人肩上背着奇形怪状的布袋子，有的人提着大箱子，整整齐齐地站满了大街。后来听小陈说，这是军乐团，到这儿排练，过几天为北平入城式演奏的。我爱音乐，爱唱歌，在音乐课上王老师讲过小乐队的事，但没见过这么多人的军乐团。我的好奇心更加旺盛了，一定要看看到底都是什么乐器？队伍休整一会儿，便列队到村外南上坡的地头上，把包打开，哎呀！金光瓦亮的各式乐器拿了出来，好多好多我都是头一回看见。又过了一会儿，一位领导同志讲了话，大概意思是说："今天的操练，大家要认真，这是为北平入城式做准备，开始吧！"一声令下，大家列队，最前面由小鼓、大鼓组成一个方阵，接着是小号方阵，随后有圆号、法国号、还有扛在肩上的大圆号，喇叭口跟小磨盘似的，还有好多我叫不上名字的乐器，一个方阵，一个方阵，整整齐齐排列在大地上，得有一二百米长。队伍最前面的一位指挥官手持一根金属杆的小旗，高高举过头顶，随着指挥的小旗摆动，小鼓大鼓骤然响起，敲击出有节奏的鼓点儿。队伍也开始行进。指挥官的小旗又一晃，小号方阵便响起来了："向前、向前、向前——我们的队伍向太阳……"的旋律，一听这就是"解放军进行曲"，伴随隆隆鼓声，队伍迈着整齐的步伐跟随其后，徐徐地行动起来，各种乐声交织在一起。乐团随着指挥轮番演奏着：《三大纪律，八项注意》《没有共产党，就没有中国》等乐曲。我和一群小伙伴，紧跟乐团后面看热闹。从来没见过这么庞大的乐队，没看过这么多种乐器，更没听过这么威武雄壮，这么震撼人心的乐声。

解放军军乐团的雄风，在我年幼的心中，留下了永生不灭的印象。

正月初三，这天一大早，小陈、小张他俩匆匆忙忙地跑出院门，没过一会儿，便带着几个战士，每人都搬着一只大纸箱进来。大纸箱子打开，里面装的全是饼干，各式各样的，大小不一的饼干，有扁的、有圆的，饼干里还掺杂着许多块糖。这时他们把先前带来的干粮袋拿来，把干粮袋子打开，把原来剩下的干粮倒出来，原来都是把棒子面窝头，切成比蚕豆大一点儿的小方块，炒干了的自制土饼干——窝头干儿。今天，全换上这些真正的饼干，我在旁边也帮助他们装了起来，一气儿装了大约有二十几袋子，最后还剩下尖尖的一大筛子，陈部长过来说，这些是给我们的。"哇"，一大筛子，这哪吃得完啊！他让小陈、小张给我们抬回屋子，陈部长怀里抱着一堆东西，也跟我们进屋来，他对我妈说："大娘，今天我还带来几件东西，是给孩子们的。"说着，拿出一块绿色的、羊毛织的军用毛毡和一个飞机驾驶员戴的皮制的羊剪绒的头盔，还有一个精致的皮子做的长方形铅笔盒。"这几件东西留个纪念吧！还有这些饼干，都留给孩子们吃吧！"我妈接过这些东西，也向陈部长道了谢。

初五晚上，小陈跟我说：明天他们要进北平城，接管北平了，部队要换防。我问他："你们是不是也要走了？"他说："不知道，不过我们肯定会回来的。"

第二天，天刚蒙蒙亮，他们背起背包，到大街上集合。等到晚上他们回来了，放下背包小陈就跟我讲了起来，北平的城门多么高大，前门大街多么热闹，大街上人山人海，都举着彩旗，喊着口号：欢迎解放军进入北平城。军乐团走在最前面行进，后面有步兵、骑兵、炮兵，都是用汽车拉着各种大炮、野炮、榴弹炮、高射炮，车上坐满了战士；还有

坦克跟在最后。在前门的箭楼上，好多领导人检阅我们，因为人多，箭楼太高，没有看清楚。他还说：那条街上住的都是外国人，国民党时期，是不让咱们中国人进去的。今天解放了，大部队就得从这里通过，让帝国主义看看咱中国人民解放军的力量，长长中国人民的志气，杀杀帝国主义的威风！在历史课上老师讲，一百年来，从清朝到日本，我们中国尽受他们欺侮了，割地赔款，越讲越生气。今天解放了，咱们中国人站起来了，该让帝国主义害怕了。这么一说，我心里立刻也想：他说得这么好，什么时候，我也能进趟北平城啊！

从这天以后，他们整天忙碌着，收拾东西。小陈他们没工夫跟我们玩了。没过几天，学校也通知我们上学了。又过了几天，小陈跟我说，他们真的要走了，要南下了。听他这么一说，真要走了，我心里真有一种说不出来的滋味。一个多月来，那些战士、班长、陈部长、小陈、小张，还有那些不知名的写大标语、画漫画的战士，他们的形象都深深地留在我的心里。

这天一大早，他们就忙着搬东西，我意识到他们要走了，我决定今儿个不去上学了，想送送他们。小陈对我说："你上学吧，我们今天走不了，上学去吧！"我听了他的话，恋恋不舍地上学了。这一天在学校里，心怎么也不踏实。放学后回家，我看着空屋子，我的眼泪流了下来，心里说：小陈，你不是说今天不走吗？！泪水再也止不住了！

部队南下了，要去解放南京，解放全中国。

我们也开始了新的学习。当时农村学校的学制和城里的不一样。农村是春季始业，城市里是暑期始业，因此我们要等寒假才能毕业。

一九四九年是中华民国三十八年，是翻天覆地的一年。从春天开学，经过麦秋、大秋两个假期，很快我们这个班就要毕业了。这几个月是大变革的岁月。课本重新换了解放区印的课本，音乐课上教唱的也都是解放区的歌，有《解放区的天是明朗的天》，黄河大合唱里的《黄水谣》《团结就是力量》等。

八一建军节过后，听老师讲：马上就要成立新中国，不叫"中华民国"，改叫"中华人民共和国"了。首都定在北平，北平也不叫北平，改称为"北京"了，到时候要开庆祝大会。我们学校从八月底到九月初，全体师生便开始准备。老师给我们分工做准备，有人制作五星红旗，老师给我们讲：这个大五角星代表中国共产党，四个小五角星代表四个阶级——工人阶级、农民阶级、小资产阶级和民族资产阶级，在共产党的领导下，团结在党的周围，建设好新中国。有的人做五星灯笼，做灯笼是我们从家里找秫秸秆劈成两片，捆扎成的，外面糊上红灯笼纸，很是漂亮。还有一部分同学，排练节目《兄妹开荒》《白毛女》片段。

另外一部分同学组成一个歌咏队，在老师组织和带领下，学唱几首迎接新中国成立的新歌曲《义勇军进行曲》《黄河大合唱》《没有共产党就没有新中国》和专为庆祝中华人民共和国成立的歌曲。

全校师生，准备近一个月的时间，到了 10 月 1 日这天，全乡的小学师生，都来到我们台湖完全小学的操场上，操场北边早就搭了一个主席台。主席台上面挂着用红布做的横幅，上面用黄纸写着："庆祝中华人民共和国成立大会"的斜方块大字，主席台正面贴着毛主席和朱总司令的画像，两侧挂着两面国旗。会场四周的树上和墙上贴满了红红绿绿竖着写的"庆祝中华人民共和国成立""中国共产党万岁！""毛主席万岁！"的标语，同学们每人手里都举着一面小红旗和一个红色的五角星灯笼。

大会开始，先由张家湾区教育助理杨助理讲话，然后台湖完小何校长讲话，都是关于建立新中国的内容。接着由我们同学上台演出。庆祝中华人民共和国成立的歌声响起：

五星红旗，哗啦啦，哗啦啦，迎风呀飘，
全中国的人民在欢呼在歌唱，
在迎接着自己新生活的来到，
欢呼，震撼着山岳，歌声冲上云霄。
开天辟地，几千年来，人民的理想终于实现了，
自由、民主、和平、统一、富强的新中国，
今天诞生了。

四万万七千万人民，

在毛泽东旗帜下前进，
惊天动地，翻过身来了。
万岁！人民共和国！
万岁！人民共和国！

一直到中午，庆祝大会宣布结束。

1949 年 10 月 1 日，这是一个划时代的日子，旧社会宣告结束，新生活从此开始了。这年年底，我读完高级小学六年的课程，毕业了。我也随着新中国的诞生，开始走上新的生活历程！

不能忘的历史——记革命功臣崔绍领

■ 口述：崔淑琴 崔广成　　整理：崔永刚

　　解放战争时期，中华大地涌现出一批又一批英雄模范人物，他们不怕流血、勇于献身，把自己的一切献给了中国人民解放的伟大事业，他们是中华儿女的优秀代表，是全国人民学习的楷模。

　　在崔家窑村，就有这样一位老人，直到 1998 年去世，家属在收集他的遗物时才发现老人珍藏的各种奖章和立功证明，并在老人的骨灰中发现了一颗变形的子弹头，他就是崔绍领，原名崔长治。

　　在走访崔绍领老人的儿媳崔淑琴时，提起老人过去战斗的经历，老人的儿媳崔淑琴很遗憾地说："老人在世的时候从来不对家人提这些事情，只是到了老人去世以后，在收拾老人遗物时才偶然发现，老人还珍藏了这些珍贵的物件儿。我们平时只知道每次赶上阴天下雨，老人的后背和大腿就会倍感疼痛，只有在这时候，老人为了分散注意力，减轻痛苦，才会和他们提起从前的一些事情，因此，家人才了解到老人的腿是在湘赣地区追剿匪首萧家壁时受的枪伤，子弹伤到了坐骨神经，这后脊背是在抢占红河浮桥（滇南战役）时为了掩护首长被爆炸的弹片击伤，但是老人疼痛稍有减缓就不再说这些事了。每当有人向老人问及此事，老人总是说：我那么多战友都为党，为国家献出了自己宝贵的生命，可我现在还活着，我有什么资格用战友的牺牲来炫耀自己的功绩。"

　　其实，崔绍领老人不愿多说的原因，一是怕提起来让家里人担心，

二是战争的残酷性是没有经历过战争的人们无法想象的，三是不愿歌功颂德给国家增加负担，四是老人对党对人民的无限忠诚。

老人的遗物是在老人生前精心珍藏的一个红布包裹里，打开红布包裹，意外发现里面竟然珍藏着两本红色的"中国人民解放军中南军区兼第四野战军立功证明书"，上面有林彪、罗荣桓、邓子恢、谭政、陶铸的签名。其中一本是参加渡江战役和广西进军中立大功一次，另一本是在云南进军中立大功一次，还有一枚"八一"勋章和四枚军功章。

崔绍领获得的勋章　　　　　　　　崔绍领立功证明

1948 年 11 月，崔绍领在东北加入中国人民解放军第四野战军第 38 军 151 师 452 团二营，跟随部队参加了平津战役、渡江战役、衡宝战役、广西战役、滇南战役，在 1949 年底发起的广西战役中，四野第 38 军作为先头部队一路过关夺隘，势如破竹，先后解放了湖南、贵州、云南大片地区，此后随部队不顾极度疲劳翻越了险峻的苗岭和人迹罕至的少数民族聚集地插入广西境内，一路解放了南丹、河池、百色等十几座城市歼敌万余人。

在滇南战役中千里跃进，顽强突击，连战连捷，其所属 452 团迅速抢占红河浮桥，彻底封锁了红河沿岸各渡口，为聚歼云南境内的国民党军，防敌逃出境外做出了巨大贡献，受到了四野总部和第十三兵团的褒奖。由此完成了解放军与国民党正规部队在大陆的收官之战。在此次战役中，首长亲自到前沿观察敌情指挥战斗，突然一发炮弹向着首长的位置呼啸而来，面对这突如其来的情况，为了首长的安全，崔绍领同志没有丝毫地犹豫，一个箭步飞身扑向首长，轰的一声炮弹在身旁不远处爆炸。首长安全了，战斗取得了胜利，而自己的身体却多处负伤，住进了战地医院。20 天以后，他不顾身体尚未痊愈，坚持着又返回了作战部队。

1950 年 10 月，在广西崇左县驮逐村剿匪中，腿部中弹负伤，由于当时医疗水平有限，中弹部位伤及坐骨神经导致子弹无法取出，因此这颗子弹终身留在了体内，造成了终生残疾。1952 年 9 月 15 日，崔绍领同志转业回乡，先后在马驹桥公社、麦庄公社工作。1958 年 12 月，被马驹桥公社党委评为先进，1969 年 12 月，在麦庄信用社工作时，被麦庄公社党委评为"五好职工"。直至 1998 年去世，终年 72 岁，遗体火化时，这颗在他腿上残留了 48 年的子弹才悄然离开他的身体……

崔绍岭获马驹桥公社颁发的奖状　　崔绍岭获麦庄公社颁发的奖状

崔绍领，一个普通的共产党人，秉承着对党忠诚，为人民服务的坚定信念，几十年来，忍受着身体里残留的子弹带来的痛苦，走完了自己不平凡的一生。

革命烈士李文斗

■ 资料提供：邓敏霞 丛殿元 王克俭　整理：吴思民

李文斗，台湖镇水南村人，实名丛学海，1926 年 5 月出生，1944年初参加革命，同年 9 月加入中国共产党，1947 年 9 月初被国民党杀害，牺牲时年仅 21 岁。

参加地下武装队

1944 年初春，抗日战争的硝烟还未熄灭，那是一个寒冷的夜晚。在水南村大堤旁的一个废弃土房里，18 岁的热血青年李文斗正等待着"贵客"的到来，"贵客"就是当时称为"跑敌情"的我党地下工作者。这次见面共来了三个人，他们是徐得福、李连田、程付宝。

三位"跑敌情"的早就下潜水南村，摸清了丛学海是个痛恨日本鬼子的爱国热血青年，是个有志向的小伙子，决定发展他参加革命队伍，在水南村发展壮大队伍。

虽然初春天气寒冷，四个人在这里聊至深夜才散。这一次相见，他明白了很多革命道理，下定了跟党走的决心，也是这次相见，他改名李文斗，这是对敌斗争的需要，因为当时是国民党统治着，暴露真实身份会有杀身之祸。这次相见，他知道了临村的驸马庄和高古庄都有了党的地下组织，将来可以联合行动，这一次相见，他正式开始了革命生涯，接受上级组织交给的任务。

第一是发展扩大队伍，建立水南村地下组织。他第一个发展的就是村里的王甫，王甫改名王臣川。

第二是开展"减租减息"，对附近及本村的"雇活的"大户人家开展工作。要求他们给"扛活"打工的农民增加工钱，对租地、借粮的农民减租金减利息。

第三是破坏敌人的设施，如烧炮楼、烧桥、断路等给敌人造成恐慌和不安宁。

第四是为民除害，惩治恶霸恶棍，为民做主、出气。

第五是组织一些粮食、食品、担架等支前工作。

第六是侦察敌情、传送情报。

他所开展的工作，都是在夜里，有时一干就是一夜，家里的农活耽误了很多，家人又担心又害怕，一分钱不挣，一粒粮食不给，还玩命的干，很是不理解。老百姓称他们是"夜里欢""夜游神"。

由于短时间内李文斗工作出色，当年九月组织批准他的入党申请，成为一名正式共产党员。

名扬乡里

当年的马驹桥镇属地区，李文斗出了大名，敌人对他是闻风丧胆，恨之入骨，那是因为他干了几件有震慑力的大事。

一是烧炮楼，国民党为了驻守方便，在一些重要的路口和桥头建了一些中小型炮楼，这些炮楼都是很简便的，都是木棍、木板搭成的，有时有人驻守，有时无人，也便于巡逻歇脚，李文斗看在眼里恨在心里，一夜间水南凉水河桥头和往南通牛堡屯路的炮楼，在大火中消失。有一天他接到上级指示，有几辆军车要从水南村凉水河大桥通过，去支援南线兵力。阻断敌军过河，要把大桥切断。当时没有炸药，没有时间组织人力拆除，用火烧来的最快，他果断机智采取办法，先到附近小学找到王克俭等几个大点儿的学生，以玩游戏的方式，从他们家门口把玉米秸秆一捆一捆的扛到桥底下。王克俭等小学生，曾接受他的教育，有一天他到教室去，看到墙上的国民党旗和蒋介石相就说国民党快完蛋了，不久这里就是共产党的天下，人民的天下。国民党反动派腐败透顶欺压贫苦百姓，整得民不聊生。现在中国共产党领导的军队，在全国各地捷报频传，国民党是兔子的尾巴长不了啦，孩子们受到很大鼓励，也知道他不是一般的老百姓。

那次大火把桥的一端烧断，果然第二天六辆坦克车到此停下。无奈之下掉头回去。

这次也让他暴露了身份，驻守马驹桥镇的敌人开始对他秘密跟踪，他不敢、也不能回家，他的妻子王氏带着两岁女儿丛淑荣躲到了亲朋好友家。

更大的一件事是1947年夏，有一个班的国民党壮丁队，在村里横行霸道，派吃派喝，欺压百姓。一个班里的兵力在一个小村里耀武扬威，实际目的是给村里地下工作者和老百姓看的，一种恐吓。没想到的是，在他们返回马驹桥的必经路上，李文斗就埋伏在路边的青纱帐里，当壮丁队出现时，他一口气的点射，然后消失在青纱帐里，这次打死敌人2人，重伤2人，轻伤3人。敌人损失惨重，真是抓鸡不成反蚀一把米。

伪政府官员十分恼怒，同时暴跳如雷，发誓追杀李文斗。李文斗也成了神秘人物，名扬乡里，几乎无人不知。

为解放事业献身

李文斗机智并勇敢，能让敌人闻风丧胆，与他的成长是有关联的。

自从参加了革命队伍，上级组织就把它当做重点培养。先是在冀东革命老区培训，学对敌斗争经验方法，学习枪支弹药使用方法，学习革命理论武装头脑等。

在村里的时间不长，上级调他到"三通香"联合平郊武工队（三河、通县、香河）成为一名真正的武工队战士，1946年提升为通县五区公安助理。

1947年对敌斗争环境恶化，大部队要战略转移，但是，地方对敌斗争更需加强，上级组织认为李文斗身体健壮、机智勇敢、有组织能力，决定让他留下来，回到水南村开展地下工作。

他坚决服从组织决定，回村后日潜夜出，积极主动开展对敌斗争，他发展的第一个人就是当村的王甫，后改名王臣川，经他推荐后来参加了第四野战军，参加了辽沈战役、平津战役、淮海战役战功卓著，解放后安排在广州工作。

李文斗出色地完成了党组织交给的各项任务，没有辜负组织对他的信任。

就在 1947 年 9 月，北京即将解放的前夕。他到团瓢庄村开展工作，被暗暗跟踪的敌人发现，敌人调集了一个连的兵力将他抓捕，经严刑拷打，他宁死不屈。

当时国民党也有规定，镇级抓到的人必须交到县里，不能自行处理，可是，由于当地恶势力恨他入骨，急着把罪恶的子弹射进他的胸膛。他壮烈牺牲了，年仅 21 岁。

马驹桥镇解放了，当地一伙恶势力被就地正法，替李文斗报了仇。后来马驹桥学校为他立了烈士纪念碑，每年清明为他扫墓，开展爱国主义教育，其兄丛学森还在墓前给学生们介绍了李文斗事迹。

李文斗烈士墓碑

临终犹谈笑，几多战士情——记张久和烈士

■ 田广智

张久和同志于 1928 年生于通县次渠乡水南村的一个贫农家庭里，自幼过着贫苦生活。全家七口人靠父亲和哥哥扛活吃饭。在饥寒的日子里，父亲还是让久和读了几年小学。由于日本强盗侵入中国，又有匪盗猖獗作孽，使得广大农村万象凋敝，民不聊生。张久和不得不中途退学，帮父母谋生。

13 岁时，经人介绍到一家钉拿铺，去学给牲口钉掌。他还没有掌凳高，又怎能控制得住一只驴呢？为了挣点糊口钱，只得提心吊胆地与那受惊欲腾的牲口打交道，他怕牲口踢咬，更怕掌柜的喝斥。因此学徒不到二年，就被辞退了。

15 岁时，在本村扛小活（即半个长工）他不仅和成年人一样去田劳动，还要当好东家的仆人，清上扫下，走东跑西。

他年纪虽小却时刻留心大事。他爱听八路军干部秘密宣讲抗战的道理和故事，他羡慕村中参加八路军的青年。有一天把准备参加八路军的想法告诉了父亲，父亲最初认为他小，长大再说。后来爷儿俩商量了几天，父亲终于同意他马上参军，那年他才 16 岁。

久和参加了"三通香平郊武工队"，因为年龄小，人人都把他看成小兄弟，教他如何拆枪、擦枪，队长马子聪更不让久和离开身边，象对子女一样爱抚他，耐心教导他如何成为一个合格的八路军战士。久和看得出大家把他当成孩子，大的行动不让自己参加。特别是马队长不让自己和好朋友王光福出去，心里很不是滋味。王光福被敌人称为"人屠夫"，杀日本杀汉奸无数，有一个月，马队长给他杀日寇汉奸 45 个的指标，结果月末一统计是 46 个。王光福机智，大胆，张久和经常在他身边缠着。而马队长不让他们一起出去，理由是久和太嫩，怕出什么闪失。张久和看着光福和其他同志杀敌立功，真有些眼馋，多次找马队长闹着要出去行动。

一天下午，马队长在广渠门外洋坊，被十多个伪军包围了。张久和与几个同志去营救。他们到洋坊却听不见枪声了。走到街东口靠南的大坑边站住，问一个正在洗葱的老头，看没看见游击队的人。老头小声说：向北跑去了，又往南努努嘴，暗示他们有情况。正说着从地主的后场院里走出个胖老头，他好象挺紧张地说："马队长走了，把枪放这里，你们拿走吧。"张久和刚要上前说什么，被身边战友的大手使劲按翻在地，其他同志也都卧倒了，一个队员命令地主举起手来。地主一看形势不妙，撒腿往回跑。队员正待射击，突然从地主门口蹿出十几个伪军，并马上猛烈开火。队员们滚到坑边，以坡棱为掩体，发挥了神枪手的威力，使敌人伤亡很大。天黑下来，敌人不敢恋战，钻进地主家。武工队回到驻地，见到马队长，把刚才的事学说一遍。他懂了当战士的一条重要原则枪不能离人，人不能离枪。马队长怎能把枪放在地主家呢，他承认了自己太年轻。

1945 年夏，经过锻炼的张久和已能开展工作了。有一次，他和孙启旺二人去完成征购军鞋、军布的任务。走到马驹桥西十多里的地方，站在凉水河南岸，看到北岸有一个日本兵顶个草帽在钓鱼。他们走到河上游一里多地的地方，便悄悄地脱下衣服，泅到对岸。穿过青纱帐，绕到日本兵身后的玉米地，看看周围没人，便迅猛地扑向日本兵，用日本军服将他兜头裹住，拽进青纱帐，掐死在豆棵底下。他们扒下他的军装，拿起那顶草帽，装作赶路的样子，走回驻地。

1945 年底，国民党 92 军 21 师，派一个团的兵力侵犯通县西南解放区，占领马驹桥镇。县大队奉上级指示，遵照"寸土必争"的原则，于腊月二十八下午在队长张凤生的率领下，从肖林、杨家洼出发，夜袭马驹桥。平郊武工队密切配合，并派张久和做向导。县大队获胜夜归，捉到一个警察局长和几十名敌军。天亮前在高古庄休整，这里离久和家几里路。

天明，马驹桥敌人尾追而来，敌人到高古庄河南岸时，县大队早已在久和的引导下安全转移了。

1946 年初，张久和调到县大队二连，任四班班长。久和是个热心人，又爱说爱笑，很快和同志混熟。在这支队伍里，他参加了多次战斗，如小灰店战斗，坨堤战斗，永和屯战斗。他勇敢善战，敢于在战斗中和敌人拼杀，是革命熔炉中锤炼出来的一块好钢。

1947 年农历三月初十，国民党军孙连仲部 116 团和 118 团两个团兵力，从马头出发，妄图围剿通县县政府所在地西集尹家河村。敌人的计划早被我军掌握，在他们未到之前，十四军分区遣 53 团驻胡庄（今西集镇）、武辛庄一线，遣 16 团驻后寨府、辛庄一线，遣县大队驻林屯，车屯一线。我方严阵以待，为敌人设下天罗地网。

早晨 8 点许，后寨府村外突然传来三声枪响，这是我军报警的信号。敌人从曹刘各庄方向分三路铺天盖地而来，企图跃过后寨府，直捣尹家河。敌人尖兵到了辛庄，16 团战士在辛庄几家房上，凭借烟囱，用机枪猛扫，子弹像泼水一样射向敌人，守后寨府的战士也与敌人接上火。敌人在村外的开阔地上一片一片地倒下，寸步难行。53 团从胡庄、车屯一带向南包抄；县大队二连从望君疃、林屯一带佯逃诈败，引来一路追兵，敌军钻进 53 团火力网，尸体成片倒在血泊中，伤兵败兵喊爹叫娘满地滚爬。

这部敌兵被全部消灭。县大队二连撤到后寨府村北与 16 团汇合截杀敌人。四班班长张久和杀红了眼。四班阵地前是一片开阔地，地里布满棋子一样的粪堆，每个粪堆后面都有几个敌人死尸或伤号。他们的阵地已与 16 团联成一体。在弹雨中敌人退入抗日时期的一条旧交通沟。我方响起冲锋号，53 团战士从北向敌人扑去，16 团和县大队从东奋起追杀沟里敌人，在我方战士呐喊冲杀中，敌人扔下成堆的尸体向曹刘各庄、张各庄方向逃去。在追击中，张久和头部负伤，战友崔玉才将他背下阵地。当时他还平静地笑着对战友说："我那份（敌人）让给你们（打）了，我死不了，就是死了，也提着阎王爷的脑袋来见你们。"他笑得和平常一样爽朗、幽默。残敌丢盔抛甲，逃回马头镇。我军获全胜，撤离战场。张久和同志被抬到三河县陈家府治伤。因伤势过重，治疗无效，壮烈牺牲，终年 19 岁。

"白区"轶事

■口述：汪子祥　整理：张希臣

　　解放战争时期，台湖周边的西集、傅子店、牛堡屯属于敌我拉锯战频繁的地区，因此国民党军队在台湖地区实行严密封锁，百姓俗称这里为"白区"，当时"三通香"（三河、通县、香河）联合县武工队在台湖地区开展地下活动，发展了一批国民党政权在职人员秘密配合共产党开展工作，碱厂村的赵宏便是其中的一员。

　　1946年初春的一天，武工队长岳北（化名，小松垡人）接到任务，解放军弹药缺乏，必须尽快筹集到200发步枪子弹。可是当时地处"白区"，敌军封锁严密，给共产党购买弹药是掉脑袋的事，一经发现，就地枪毙。内战吃紧，要搞到弹药，只有通过当时国民党政权在职人员。

　　岳北与牛堡屯保长付作良早有联系，付作良表示配合，可是他毕竟只是保长，购买那么多子弹，他也办不到。岳北问他谁能办到，付作良提供的人选便是赵宏，此人时任国民党政权台湖乡副乡长。说此人有心机，做事干练，好喝点小酒，交往人多，在当时几个乡头头中说话占有一定地位。

　　付作良是碱厂村一个大户人家的门婿，赵宏把他当亲戚对待，二人走动较为频繁，且过心。那天晚上，通过付作良关系，岳北来到碱厂村见赵宏。据赵宏说，在共产党感召下，在武工队强大攻势面前，冀东革命根据地附近的台湖国民党政权，实际已经成了两面政权，一面对国民

党敷衍、应付，一面秘密帮助共产党八路军办事。武工队员戴个破草帽子，"扇披着夹袄"（斜披上衣），腰里掖着短枪过街，他们都当没看见。他本人虽然戴着国民政府地方官衔，但是共产党托付的事，也一定要尽力完成。

当天晚上，岳北、付作良与赵宏秘密商定，赵宏以"剿共"为名购买子弹，其后利用身份之便，用自行车送至便于隐蔽，紧靠凉水河的徐庄村。

因为徐庄当时同属于"白区"，有国民党壮丁队眼线。交接那天，两名武工队员进村后，先仔细侦察了周围环境，确信安全后，才秘密接收了子弹。赵宏迅速离开，武工队员要将子弹隐藏得不显山、不漏水，然后大大方方离开。可就在这当口，台湖壮丁队"清乡"，到了徐庄村北。赵宏出村见到壮丁队明晃晃的大枪，凭着自己的身份，赵宏完全可以安全回村，可是他想到武工队员肯定还没来得及撤出，要立刻通知武工队，否则后果不堪设想。他抹过车把便往回跑，第一时间告知武工队员，壮丁队到村口了，要马上撤离。

最终武工队员带着子弹安全撤离，赵宏也平安回家。可是没有不透风的墙，国民党壮丁队很快了解到赵宏替共产党做事，虽然没有抓到把柄，但是也把他扣留起来。在那年代，只能拿钱去赎回，因为支付赎金，造成了弟兄之间反目。对此，88岁汪子祥说可以作证。

综合张述蓬（张述蓬，代号"路西"，抗日战争时期是冀东十四军分区侦察通讯参谋，后担任平郊武工队党支部书记，1945年8月，以此身份与马子聪等人代表"三通香"武工队，到双桥接受日本投降。1946年"内战"爆发后，又经常于张家湾—台湖—马驹桥地区进行革命活动。）提供的情况与当年赵宏本人陈述，当时碱厂村是武工队来台湖开展活动的途经之地和落脚点，选择在这个村，是由于在这儿开展的革命活动，从没出过闪失。他与赵宏建立联系，也是付作良牵线。

碱厂村有着比较独特的环境，东靠凉水河，西距台湖六里，南北距尖垡、东下营各二里多地。解放前村子四周都是庄稼地，进了村就没有像样道路了，即使有路大多是斜路，缺少方位感。当时老百姓盖房既没有规划，也没有统一要求，差不多都是依各家各户所处的位置而定，村内道路也不规整，陌生人进村很容易转向，走岔路。

　　1946 年秋的一个黎明，张述蓬执行完侦察任务（因为是"白区"，革命活动多在夜间开展）途径垛子村时，被壮丁队跟踪，开始有三四个人，到了蒋辛庄就有十几个人。眼见敌人越来越多，被抓的危险很大。为了躲避、甩掉敌人，他索性加快脚步，迅速钻进玉米地，横拨玉米秸秆，穿地过沟直奔碱厂。这个时间村里很少有人起来，张述蓬找到赵宏说明情况严重，赵宏以最快速度把张述蓬隐藏在一户可靠人家里，让他先吃饱休息，因为已经奔波一夜。然后拍胸脯说，发生一切情况，他赵宏来处理。

　　把张述蓬安排好，赵宏出门看事态变化，刚到街中间，便见保长赵宝义急急向他走来。到跟前就说："二哥不好了，壮丁队进咱村了，把村四周都给封上了，不让村子人进出。"赵宏示意见招拆招，先看看动静再做决定。刚要抬脚朝西走，就看到老范家门口出现了四个拿枪的敌人，不时的用枪托子敲门。赵宏说："要抓人了。"赵宝义说："抓走人也就没事了。"

　　赵宏明白赵宝义的意思，抓走人他们就不会挨家挨户搜查了，张述蓬也就安全了，情急之下，只能先走这一步。

　　眼前敌人盯住的范三先生，是村里公认的大好人。赵宏急中生智，对赵宝义说："顺水推舟，将计就计"。赵宝义心领神会，低声对答："就这么着。"

　　壮丁队盯上范家，是因为张述蓬撤退时倚仗自己熟悉地形，穿地越沟抄近路，先到碱厂，敌人没有及时发现。壮丁队追击人员沿正常大路而行，且边走边搜路边的庄稼地，所以耗时较长，在碱厂村边发现了范玉中。范玉中早上出去遛弯，看见了村西拿枪的敌人。他本是个胆小怕事的人，看见壮丁队只能往家跑。这一跑，就更引起了敌人的怀疑，再加上天没大亮，张述蓬又与范玉中的身材相似，他们断定范玉中就是要抓的人。

　　守在范家门前的壮丁队这时已经有五个人了，他们个个急不可耐，当赵宏、赵宝义来到范家，门已经被砸开了，三个敌人冲进去，把范玉中倒背手捆着推了出来。门口持枪守候的两个敌人，一个好像是个头头，

看见二赵走来大声问："谁是保长？""我是，"赵保义说。"这个人我们要带走！是通八路军武工队的探子。"赵宏说："别……""别什么别，人必须带走！"

赵宏又周旋说："走也得先吃完饭再走呀！""要吃饭我的弟兄们得先吃。"他指着另一个敌人说："人抓着了，你去招呼村口四周的弟兄们，今儿在这先填饱肚子再走。"那个敌人很快把这些围村的人全叫来了，直奔范家院里。范家是村里富户，因为快到中秋节了，家里确实备了些过节的吃食。敌人有二十个左右，在范家院里又吃又喝，逼着范家老少给做饭炒菜，吃饱了喝足了，持枪把范玉中带走了。范家院里一片狼藉。

壮丁队撤走之后，村中恢复了平静，二人见到张述蓬，告诉他敌人全部退出村子，要他吃完晚饭等天黑以后再离开村子。听说敌人带走村内的范中玉，叮嘱二赵要想办法尽快解救，不能拖得时间太久。二人同时回答"放心，已经做好了解救准备"。

事发第二天，赵宏、赵保义以大乡副乡长、保长名义，又带上一名百姓，到台湖壮丁队签字画押，以证人作保，把范玉中从壮丁队解救出村。

（张希臣，原蒋辛庄小学校长）

永隆屯轶事——保卫家园

■ 景　浩

　　1938 年和 1939 年，通州东南乡和西南乡，也就是牛堡屯、马驹桥一带，闹起了土匪，世面大乱。白天在路旁"截道"，夜晚打家劫舍的、"绑票"的；再加上日本鬼子、汉奸队时不时的下来"清乡"，闹得人心惶惶，不得安宁。

　　各村为了保护自己的安全，有的在村外挖土筑起一人多高的土围子，还纷纷组织起护卫队。小民屯也不例外，当时决定，凡是家有二十亩地的户，都要自觉购买大枪一支（就是步枪）。没买大枪的户，准备了一些打兔子用的火药枪，还有的准备了射程更远的大抬杆枪，架在院墙上，总之，全村各户各展其力，护卫着自己的村庄。白天下地干活儿，夜里自动到村公所集合，每个时辰要跟着更夫，围村巡逻一周。周围各村还自愿组成"联庄会"，哪个村有事，各村都要相互支援，这些都是自发的。

　　那时候，夜里都有打更（jīng）的（村民集体雇用），拿着一只 70 多公分长，20 多公分厚的，桑木制作的大梆子，枣木棍儿作的锤儿，一夜分五更的敲打着，有贼或火警时报警，无事报时，每一更都要围村绕一圈儿，一边走一边打梆子。一更天打一个点儿，"里勾里、里勾里——梆"（相当于晚八点钟）；二更天打两个点儿，"里勾里、里勾里——梆梆"（相当于晚十点钟）；三更天打三个点儿，"里勾里、里勾里——梆、梆梆"（相当于半夜十二点钟）；四更天打四个点儿，"里勾里、里勾里——梆、梆、梆梆"（相当于深夜两点钟）；五更天打五个点儿，"里勾里、里勾里——梆、梆梆、梆梆"（相当于凌晨四点钟），小时候，每晚都是随着悠长的梆声入睡的。

那些年，闹土匪、闹日本，生活便没了平静。管土匪不能叫土匪，而是叫"大爷"，他们的组织叫"码子"，有十来个人，十来条枪，便组织成一个"码子"。小民屯村里有一位叫"大国宝"的，也组织了一个"码子"，他们二十来岁儿，一律身着白色对襟小褂，黑裤子，千层底儿的青布鞋，每人骑着一辆凤头牌或三枪牌的自行车，腰插一把盒子枪，肩背一杆大三八。他们白天进村，为了抖威风，自行车双手撒把，摘下大枪，回过身来朝天放几枪，便扬长而去，我们一群孩子追着他们看热闹，心里纳闷儿，两个轱辘的车骑着怎么不倒呢？笔者还曾因追得太近，被他们的自行车撞倒在地，差点从身上压过去。

这个"大国宝"，倒也不在附近干，他说："兔子不吃窝边草。"而且还向别的"码子"放了话，他说："小民屯是我大国宝的老家，谁也不准到那儿捣乱。"看来他们这伙人也讲义气，还真的没有土匪进村来。可是日本鬼子来事了，经常在汉奸队的带领下，到各村祸害，扰得老百姓不得安宁。有两次从张家湾来的日本兵和汉奸队，都被附近的护庄队给打回去了，后来村里人听说，过几天，可能马驹桥的鬼子要来小民屯清乡。护庄队的人商量，决定给日本鬼子来点儿厉害，教训一下鬼子，光靠这几支步枪不行，于是，由郑玉镇牵头，找来了田国华、郑国良和木匠李景祥几个人商量搞个土炮打鬼子。说干就干，先找一颗直径一尺多的柳树，拦腰锯下一米多长的一段，中间掏成空心，留底儿，在外面打上四五道铁箍，再在靠底的地方打了一个眼儿。然后再往里面装了一斗多火药和碎犁铧片子，外面用一个木塞子封好口，又在后边眼上插进一根火药捻子，这个土炮就算做好了。还给它起了个名字——柳炮。

没过两天，马驹桥的鬼子还真来了，坐着一辆黄色的六轮汽车，车上还插了一个膏药旗，晃晃悠悠地从麦庄向我们村开来。护村队员马上把这个柳炮架在村头一棵大树上，对准大道口，其他人埋伏在土围子上，等候鬼子。过了半个多钟头，汽车开进柳炮的射程之内，立即点火，只听轰隆一声巨响，木头塞子和犁铧片子直奔汽车而去。这一炮还真准，把鬼子汽车的后轱辘打爆了。鬼子也被打懵了，以为是什么重武器，赶紧调转车头。这时土围子上的枪声四起，鬼子头也不敢回的，开着瘪了气的汽车逃跑了。

事后，小民屯村里的人也不敢到马驹桥镇去赶集了。日本鬼子专抓小民屯的人，想知道这家伙到底是什么新式武器。

柳林炮（仿制）

一个老兵的荣耀

——记白庄村革命战士石永来

■ 口述：石万强 张宝海 整理：崔永刚

在次渠镇白庄村，有这样一个老党员、革命干部。他参加过抗日游击战，抗战胜利后，其所在部队转为东北人民解放军，先后参加了辽沈战役和平津战役，为中国人民的解放事业立下许多战功……他就是石永来。

1925 年，石永来出生在一个贫苦农民家庭，一家人耕种几亩薄田，生活很困苦。随着年龄的增长，石永来受到当时革命思想的影响，亲眼看到日本帝国主义在中国的侵略行径，逐渐萌生参军报国的念头，可一直也没有机会。

1944 年，是抗日战争胜利的前一年，冀东解放区和游击区迅速扩大，为开辟和巩固通县及周边地区，灵活机动地开展对敌斗争，扩大抗日武装影响，冀东军区第十四军分区地委决定，将原"三通香办事处"升为"三（河）通（县）香（河）联合县"，加强这一地区的领导和建设。并在原有武装力量的基础上，成立了平郊武工队，队长先后由李省民、李正香、马子聪担任。后专设一支 40 多人的手枪队，马子聪为手枪队队长。

那一年，石永来已经是十七八岁的后生，虽然因家境贫困，生的瘦弱，但正是血气方刚，干的一手好农活，是家里的一个壮劳力。7 月的一天，石永来像往常一样在地里干活，这时，在通往京城的弯曲狭窄的田间小路上，有几条壮汉牵着一头小毛驴朝丁四庄（丁、白、马、孟四个庄子离得很近）方向走来。这几个人一身庄稼人打扮，上身穿对襟小坎肩，下身穿过膝短裤，每人腰上都围着一个包袱皮，他们边走边擦汗，走到石永来跟前，其中一个人向他问路，打听到小红门怎么走，还有多远。来人一边问着话一边上下打量着眼前这个挺拔精神的庄稼人。

原来这几个人正是马子聪的手枪队。当时，由于日、伪军队的封锁和频繁的"清乡"，八路军的物资供应极度紧张，枪支弹药十分缺乏，他们得知北京小红门警备队新装备了十八杆日本造金钩大盖儿，决定奇袭小红门警备队，夺取枪支弹药装备部队。当他们看到正在地里干活的石永来时，马子聪觉得这是一个当兵的好料，拍了拍石永来的肩膀说，"这年月兵荒马乱的，连顿饱饭都吃不饱，不如跟着我走吧！"一听这话石永来顿时紧张起来，机警地问道；"你们是干什么的？""我们是八路军，我就是你们常说的那位马子聪马队长。"石永来一听是八路军，立刻来了精神，来不及向家里通个信儿，扔下锄头就跟着眼前这支八路军队伍走了。

石永来被临时编入手枪队，由他带路，手枪队穿过青纱帐，抄小路，巧妙地躲避敌人的据点，直奔小红门伪警备队警署。马子聪带领队员化妆进入小红门警备队，没费一枪一弹就端了伪警署，缴获十八杆崭新的金钩大盖儿和其他武器弹药。回来的路上经过横街子，趁着敌人防守空虚，石永来顺手将两颗手榴弹塞进了敌人的一个新建碉堡。从此，石永来加入了通县地区八路军地方武装，成为一名光荣的八路军战士，活动在通县和冀东一带。随着抗日战争形势的发展，不久就由地方武装改编为正规部队，和日本侵略者进行数次战斗，一直到1945年8月日本投降，迎来抗日战争的伟大胜利。由于作战勇敢，思想要求进步，并多次立功受奖。1945年12月，石永来加入了中国共产党，成长为一名光荣的革命战士。

抗战胜利后，国民党发动内战，八路军改编为人民解放军，石永来所在部队挺进东北。1947年10月，为了适应大兵团作战和城市攻坚战的需要，我军利用缴获敌人的坦克，组建东北第四野战军战车兵团，石永来成为一名光荣的坦克手。1948年10月8日，辽沈战役开始，石永

来所在的坦克部队参加攻打锦州的战役，他和全营官兵共驾驶 15 辆坦克，担任快速突破和纵深发展任务。坦克突击队以强大的火力摧毁敌城垣坚固工事和火力点，支援步兵打开突破口，随后掩护步兵突入市区进行巷战。到 10 月 15 日 18 时，配合步兵彻底歼灭守敌，活捉国民党东北"剿总"副司令范汉杰，锦州宣告解放。此次战役中，石永来荣立二等功，升为坦克连连长。

辽沈战役结束后，部队来不及修整，迅速入关，转战平津战役的战场。1949 年 1 月 14 日，东北野战军战车团的 30 辆坦克，配合步兵参加天津战役攻坚战。战斗中 20 辆坦克首先从西面突破敌人前沿阵地，接着 7 辆坦克从东面冒着枪林弹雨攻入敌阵。全团坦克像利剑一样从东西两面攻入天津城，坦克手利用强大的炮火，将敌人的一个个明碉、暗堡摧毁，为步兵突击撕开了突破口。此时，国民党守军早已军心涣散无心恋战，见大势已去，纷纷狼狈逃窜，解放军战士在坦克的掩护下，从东西两侧迅速攻入城区，于 15 日凌晨在金汤桥（今解放桥）胜利会师，从东西两个方向拦腰切断国民党守军南北的联系，实现前线指挥部制定的"东西对进，拦腰切断，先割后围，先南后北，各个歼灭"的战略方针。城市巷战坦克更能发挥其强大的火炮威力，英雄的坦克部队一路所向披靡，势如破竹。天津战役攻坚战历经 29 个小时的战斗，于 1949 年 1 月 15 日下午 3 点，天津终于回到了人民的怀抱。此次作战，是解放战争中，我军使用坦克作战最多的一次，极大地提高了作战效能，减少了城市攻坚战和突击作战的伤亡。此战石永来荣获一等功，后随部队驻防天津。

1950 年 6 月 25 日朝鲜战争爆发，10 月 25 日，中国人民志愿军渡过鸭绿江，与朝鲜人民军并肩作战。经过 3 年零 7 个月的浴血奋战，将敌人赶过"三八线"以南。1953 年春夏之交，根据朝鲜战场战争形势，石永来所在的装甲部队奉命开到鸭绿江边集结，随时准备开赴朝鲜作战。1953 年 7 月 27 日，随着板门店《朝鲜停战协议》的签订，中国人民志愿军和朝鲜人民军取得了抗美援朝战争的胜利。虽然石永来所在的坦克部队没有入朝作战，但仍然给战场上的美国军队带来了震慑和压力。

战争结束，石永来和战友们又回到了原驻防地天津，担任天津的城市警戒任务。1956 年 3 月 20 日，石永来被授予上尉军衔。次年，他从部队转业担任天津市第一医院院长。1958 年，他的家乡成立人民公社，广大社员生产积极性高涨，石永来申请辞职，告别了他曾经战斗和工作的天津，回到家乡白庄村。1962 年，石永来担任白庄村党支部书记，带领村民积极参加农业生产，投入到轰轰烈烈社会主义新农村建设中。

民间文艺

次渠 "宝光寺" 铜钟的故事

■ 任德永　李国顺

　　2016 年的 "5.18" 国际博物馆日，历经三年修缮后的通州区博物馆正式对外开放。在第一个展厅显要的位置上，展放着一座精美的明代景泰年铸制的大铜钟。钟身外面布满汉文、梵文与藏文等多种文字和符号，钟体布局与铸造十分精美，是佛道文化与书法艺术的完美结晶，堪称镇馆之宝。

　　我们知道，位于通州西南地区次渠镇上的 "宝光寺"，原名 "法华寺"，始建于元大德元年（1279），明正统五年（1440）重修，明英宗皇帝赐名 "宝光禅寺"。该寺南向二进院落，明景泰年间（1450—1456），在其前院增建钟楼一座，此钟乃泥范青铜所铸。最为称道的是，其铜钟的钮——两只龙子蒲牢向背为钮，甚为专家称道。钟身有阳文："大明景泰年制"与 "皇图永固" 等吉祥文字。

　　相传，"宝光寺" 由于资金等原因一直到了明代，还没有建成一座钟楼，这也是附近百姓几辈人的祈盼。由于这里（次渠）地势低洼，每年夏天都要闹水灾，收成都不好。连附近百姓与寺里的和尚们，也都省吃俭用筹集香火钱，来积攒铸钟的费用。为此，也感动了天上的王母娘娘，她觉得世间还有一方一心向善、内心虔诚的善男、善女们很是值得称道，理应有所回报。于是，自己就化作了一个技艺非凡的小学徒的来到人间，也想一并实地考察一下这里的风俗民情。

说来也巧，这天正赶上阴云密布，很快瓢泼大雨就砸了下来。弄得小学徒的没地躲没地藏的，急忙跑到一颗大树下避雨。忽听背后门响："快进屋来避雨！"原来，一户人家小姐见小学徒的没地躲藏就打开院门想请人家进院来。可巧这时湍急的暴风骤雨说停就停下来了。这会儿，小学徒的才发现急忙之中，自己的一只鞋跑丢了。于是，急着他"哇——哇——"大哭起来，非要去来的路上找那只丢掉的鞋不可。这户人家的小姐，急忙上前拉住小学徒的手说："小兄弟，这么大的暴风雨，说不定早把你的鞋给冲到天南海北去了！找什么找啊？这么深的水多危险，明天我给你赶一双好了！""那是！多危险那，乖乖！"这时大家才发现，雨后急忙下地排水的张大爷、李二叔等街坊们也都出现在了现场，听这姐弟两个的对话，才晓得小学徒的为避雨把自己的鞋跑丢了。于是，大家再次起哄道："你这赵二姐姐的手——不是说到做到吗！你这小伙子就等着瞧吧！赵二姑娘一准保你能穿上舒适的新鞋那！""呦——？感情是张大爷、李二叔呀！明儿，你老二位出车时，也帮他在路上找找看！""行！行！行！"这时，姑娘的老父亲赵老爹也闻声赶来："小伙子，现在天色不早了，今晚你就在我家歇一歇脚吧！"

第二天一大早儿，小学徒的吃过饭，就来到大道旁打听鞋的下落。临近中午时分，赵二姑娘手上拿着一双崭新的布鞋，快步来到了小学徒的身边："哝！这是姐连夜赶的，快穿上试一试！"小学徒的接过来、蹬上一试，嘿！别提多合适了！恰在这时，打西边大道上传来了吆吼声："赵二姑——小学徒的鞋找到了！"

不大一会儿，村中的袁老先生赶着大车，来到了他们的身边。手上拎着小学徒跑丢的那只鞋说："昨晚，你赵老爹从这里走后，到我那儿喝茶，就把拜托找鞋的事跟我说了，一大早我竟从西八里地远的小碱庄的庙前头捡到了！"小学徒的拿到这只失而复得的鞋和姑娘赶制的新鞋，被彻底地感动了。他拜谢过袁老先生、辞别了赵老爹子一家，径直来到了皇帝的招征榜前，揭榜应招。不久，小学徒的就铸造出一大一小两口铜钟。大钟，悬挂在了"宝光寺"。小钟，自然也悬挂在了西小碱庄的庙里。

相传，只要次渠的大钟一响，十里开外小碱庄庙里的小钟，也自然会跟着鸣。大钟发出似"姐"的声，小钟发出像"鞋"的音。每当大钟、小钟同时敲响时，"姐"与"鞋"的声音，交替穿插响起，音质清澈，绵长不断，也让人畅想不断，成为次渠地区久传不衰的警世佳音。

这口大钟和她的美丽传说，也将人们善良、智慧、急人之所急的淳朴民风，流传到了今天。

每当有客人到馆里来，不论办事还是特意参观，只要时间允许，我们都会主动陪客人参观这镇馆之宝——"宝光寺"铜钟，同时也都会将这含有守规矩、讲信誉的警示钟声，所演绎出来的美丽动人的神话传说，一并地向客人细细地娓娓道来，因为警钟就在身旁！

宝光寺铜钟

（任德永，原北京市通州区博物馆党支部书记、北京市通州区文物管理所工会主席、通州区政协文史和学习委员会特邀委员、原北京韩美林艺术馆常务副馆长）

（李国顺，通州区成人教育中心中学高级教师）

凉水河的传说

■ 崔永刚

凉水河在京城东南，距离孟庄村3公里，曾是永定河故道，古称"浑河"。历史上凉水河因年久失修，致使台湖段河道淤积，水患成灾。乾隆三十八年（1773），下旨治理凉水河，并重修马驹桥及碧霞元君庙。新中国成立后，又多次对凉水河进行治理，如今的凉水河两岸绿树成荫、芦苇荡漾，成为一条景色优美的惠民河。

关于凉水河，在台湖地区的水南村和高古庄村，一直以来流传着一个传说。凉水河自大堤修建好以后，每到雨季其它河段均无险情，只有在水南村和高古庄村一带，堤坝年年决口，人们无奈只得年年筑堤。凡此往复，劳役繁重百姓苦不堪言。

有一年大家又在修建堤坝，从早晨干到中午。快吃午饭的时候，大家又渴又累，便放下家伙聚在一起抽袋旱烟，喝两口水休息一会儿。准备吃饭时，在村子的东边来了一老一小两个人，头里边走着的是一个白胡子老头，上身穿短袖白汗衫，下身穿黑色长裤，裤腿上绣有绿色水波花纹翻卷着浪花，腰里系着一条红色腰带，手里端着一杆铜锅玉嘴铁杆的旱烟袋，显得精神抖擞。紧跟在老头后面的是一个十一二岁的小男孩儿。只见这个男孩儿，面如傅粉，唇若涂朱，眉如新月，目若朗星。头上盘挽日月双抓髻，余发披撒双肩，上身穿半袖红色连襟小袄，下身穿水绿色绣花长裤没过膝盖，赤着脚，手中拿着一条三尺长的红菱绸带，一路蹦蹦跳跳，显得十分活泼可爱。这一老一小好像被饭菜的味道吸引径直向村民们走来。等来到离大家五六米远的地方，这一老一小停下脚步，静静地看着刚修筑的堤坝一动不动。大家此时也只是觉得蹊跷，不知道他们在看什么？当时在这里筑堤的，有个叫何大壮的小伙，个头不高，但长得肩宽背厚十分威武。何大壮放下筷子，对这老头喊道："嗨！我说站着哪位，不带着孩子回家吃饭，在那儿瞎瞅什么呢你？"何大壮连喊了三声，可那老头好像是个聋子似乎什么也没听见，一言不发愣在那里一动不动。何大壮有点急了，这嘴里就有点不干净："我说那老头，你是聋子还是哑巴，难道连句人话都不会说吗？"站起身来刚要骂人，坐在旁边的领班叫李吉欢的好像从中看出了点什么名堂，用手按住何大壮的肩头，大步来到这老人面前："老人家对不起，刚才我这位兄弟是个粗人不会说话，您老人家不要和他一般见识，您老要是饿了就请随便吃，要是有什么为难之事就请直言，我一定尽力相帮。老人家您看怎么样？"这个老头看了看李吉欢，笑答道："这位老弟看上去你应该是这里管事的吧，就冲你刚才这两句话，我实话告诉你，你们这些天的活白干，你们大祸临头了。"这老头说话声音不是很大，但在场的众人全听到了，大家不禁为之一惊。刚才说话的何大壮便有些不耐烦了，没听出这老头话中有话，只是觉得这老头说话够损的，因此搭言道："我说老头你刚才说的是人话吗？难道我们这些天的力气就白费了吗？我看你才大祸临头了呢！"李吉欢连忙接过话题说道："老人家不要听他们瞎吵吵，这里我说了算，有什么话不妨对我直言。"老人家叹了一口气说道："这位兄弟我看你也是个实在人我实话告诉你吧，最近十日必有大雨，到时候堤坝溃决，大水漫灌，汪洋千里，一片泽国，人畜不得生啊。我的话也许你们不信，但是这些年来，难道你们就不曾想想为什么你们这个地方年年修堤，年年溃堤，而其它地方却平安无事，就算你们把这里的堤坝修得再厚再高再结实也无济于事，一下大雨照样溃堤，你说是也不是？"李吉欢一听，不由得心中一惊，心想这老头可不是简单人物，句句是真，想必人家是看出了什么门道，一定好好招待人家，说不定还能给咱们出点主意呢。想到这里向老人一抱拳说道："老人家，您看现在已经过饭点了，您老想必也饿了，不如咱们坐下来，边吃边谈您看怎么样？"只

见这个老头用眼角余光扫了一眼饭桌上的菜食，说道："这饭菜老朽吃不消啊！"李吉欢见状，以为是老者嫌饭菜次，连忙招呼厨房赶紧上好酒好菜，不大一会儿，鸡鸭鱼肉摆满了一大桌。"老人家请用餐！"李吉欢躬身施礼带了一个请字。这个老头马上还礼："李施主谢谢您的美意，有道是无功受禄寝食不安哪！况且我们爷两个吃素不吃荤，今天能够遇到李施主，也是咱们爷两个的缘分，我本想看看就走，没想到李施主竟如此厚爱小老儿。也是哪'磬儿'当有此劫，李施主请你抬头向西北看看天上的那片钩钩云，我料定不出三天就会下大雨啊，到时候洪水滔滔就会从这里冲破堤坝你可知道水火无情，到那时你们这两个村就会成为泽国，你们一个也活不了。"李吉欢听罢不由得倒吸了一口凉气，嗓子眼好像被什么堵上了似的，足足有两分钟才缓过这口气，知道今天遇到高人了，两腿一软，"咕咚"跪在老者面前痛哭失声，旁边那些村民见状也咕咚咕咚跪在老人面前一个劲的磕头，这白胡子老头连忙请大家起来，并用双手将李吉欢搀扶起来，在一张干净的八仙桌前，有人给老人搬来一把靠背椅，让老人坐下。老人才把事情的来龙去脉一五一十地告诉大家，大家才知道这个白胡子老头乃是昆仑十二金仙的太乙真人，那个小孩原来是太乙真人的徒弟三太子哪吒。

哪吒

原来这条凉水河本是无定河故道，古称浑河。后来大清康熙皇帝征调民工在无定河修堤筑坝改名永定河，浑河改名凉水河，河里原本住着十二只驼龙，因永定河水不再流经浑河，水量逐年减少，原来住在这里的十二条驼龙，便接到玉帝谕旨被紧急调往其他河流任职。只有这一条驼龙，因其遇大水喜嘶吼，可声传十里，故起名磬儿。接旨后竟犯天规，醉酒不醒，一直睡了三天三夜，因此耽误了行程，等到醒来再想走谈何容易？因为永定河筑坝断了水源，凉水河水浅驼龙腾飞不起，只有在雨季发大水才可借水升空。一百多年了，由于水浅，这条驼龙总是原地打转向下做窝，到现在已经有一万米深。人们把这个窝叫做"璇窝子"，在仙界称"磬子"。往年到了雨季发洪水，驼龙便从"磬子"里旋转而出，掀起滔天巨浪，顺水腾空。但是每次都是因为洪水规模小，驼龙皆不能完全升空，因而至今还困在这里。虽然因为洪水小驼龙不能升空，但是它卷起的巨浪你们这泥土之堤怎能扛得住它的搅扰，况且驼龙做的"磬子"，就在你们村前的河里，这驼龙年年腾空不成而凉水河却年年在此决堤，这就是其中的原因。今年又是一百多年来雨水和洪水最大的一年，机会百年难遇，驼龙肯定会借洪水东去，到那时，水深百尺，巨浪滔天，这沃野桑田将变成千里泽国，鬼神难逃，何况人乎？"众人听了老真人的话，无不大惊失色，皆跪伏嚎啕。这时，西北的云层逐渐加厚，钩钩云层层叠叠向东南压来，一场灾难就在眼前。老真人赶紧劝罢众人，让哪吒吃了几个馒头，走上大堤，只见河中央有一个不大的漩涡在急速的旋转，三太子升至半空，手持红菱，头朝下脚朝上，冲进漩涡。刹那间，平静的水面猛然掀起三尺的浪花，众人见了无不提心吊胆，为哪吒捏了一把汗。随着浪花的忽起忽落，众人的心也是忽上忽下，一晃一个时辰过去了，人没出来，两个时辰过去了，人还没出来。人群里有些妇女竟哭了起来，现场的气氛十分紧张。眼看快到三个时辰了，老真人也有些沉不住气了，把旱烟杆擎在手中，一道白光射入水中，岸上众人无不惊骇，大家交头接耳议论纷纷，都认为那个小孩很可能让驼龙给吃了，可这老头也不和大家商量就下水了？这不是给驼龙当点心去了吗？唉，这临了临了还搭一个这可怎么好啊。正当大家万分焦急的时候，只见水面忽然掀起十几丈高的巨浪，在巨浪之上站着一老一小，大家仔细一看，正是太乙真人和三太子。此时，夕阳西下，万道霞光笼罩在二人身上。这师

徒二人落下水浪来，到大家面前，只看见老真人的烟杆上多了一个烟荷包，仔细一看，那哪里是什么烟荷包，而是一个充满灵性的小乌龟。那小乌龟伸出脑袋向四外看看大家，似乎有羞愧之色和难舍之心，一会那小乌龟眼里竟流出两行热泪，向众人点了点头，脖子一缩回到龟壳当中。随后，师徒二人架起祥云回昆仑山修行去了，此处再无决堤，人们安居乐业，一片田园景色。

南蛮子憋宝——铺头岗子的传说

■ 景　浩

　　出通州城新城南门，往南行十里便是铺头村。村西口有一座八九百米长，宽约四五百米的长条形的沙土岗子，岗子顶上光秃秃的，没有草、没有树木。在岗子顶部有一个拳头大小的圆洞。这个洞深不见底，虽经多少年的风沙填埋，但依然保持旧样儿，始终没有被填埋掉。关于这个洞，有很多传说。据传，多少年来，周围各村像口子村、朱家垡村、前营村和铺头村，谁家有个红事白事的，需要用桌子板凳的时候，只要写个需要桌、凳数量的纸条儿，在头天晚上压在洞口，待明天早上便有需要的桌凳如数放在洞口，给你使用，用后再如数将所用的家俱摆放在洞口，就没事了。年复一年，就这样传了下来，大伙都很方便。可是，有一年就不灵了，后来才听说有个事主不守信用，用完后偷偷地藏起了两套桌凳，没有如数归还。这事儿就不灵了，再也不借了。就是因为有这种有贪心、自私的人，把方便大家的事给毁了。但这个洞依然填不满，堵不死，在岗子上常年保留着。

　　民国初年，从南方来了一个拉着骆驼，在各村走街串巷给村民相面的人。据老人们说，他相面相得还挺准。有一次，一位当村妇女从他面前走过，他说：这位妇女在家独自一人，丈夫于三年前因马车翻车而去世。没错，他说得真对。所以大伙说他是个半仙儿，都让他相个面，预测一下祸福。这个人相面不收钱，只要被相面的人给一升高粱或豆子，给他

的骆驼当饲料就行了。大家把这个人称"南蛮子"。后来才知道，这南蛮子根本不是相面的，他白天以相面作掩护，看看哪村有宝贝，晚上就去盗宝，所以，当时人都说："南蛮子憋宝来了"。

怎么知道这南蛮子是来憋宝的呢！

原来在铺头村沙岗子南头，靠近口子村的地界儿上，有一户种了二亩瓜园，有甜瓜、香瓜、菜瓜和酥瓜，收成挺好，也卖了点儿钱。瓜园主人，在地头上搭了个窝铺，白天黑夜都在那儿看守着。转眼到了秋后，瓜卖得差不多了，到了拉秧的时节，就想收拾收拾回家了。就在这节骨眼上，那个南蛮子来到瓜园里，跟主人说："你的瓜快卖完了，我想把地里的草买下了，喂我的骆驼用，多少钱？咱们商量商量。"主人一想：平时相面，你只要高粱、豆子，怎么现在又买起草了？这二亩地里的草这么多，你一个骆驼吃得了吗？再说了，你天天拉着骆驼满处走，没个准地儿，往哪儿放呀！南蛮子心眼多，这不是买草给骆驼吃，我这草里一定有宝贝。于是说："这草我不卖，还留着冬天烧炕呢。"一听这话，南蛮子急了，一个劲地央求卖给他不可。园主人一看这情景，就更明白了，这草里一定有宝贝，就咬定死口，说什么也不卖给他。就这样，一个非要买，一个死不卖，两个人僵持很久，最后南蛮子说了实话。他说：你这块瓜田的西北角上，有一棵又粗又壮的草，叶子瘦长，边缘上带有锯齿，杆上长有好多红色的圆点，还有一点儿香气，别的草都枯黄了，唯有它还青里透红的在那儿长着，这棵草是个宝贝。我观察好多天了，你旁边沙岗子上那个不见底的洞，是个藏宝洞，这棵草就是能打开这个洞门的钥匙。把它点着后，洞门就会自动打开，里面全是宝贝，我们进去随便取，随便拿，咱们可就发大财了。说到这里，他把话题一转，告诉园主，不过这棵宝贝草还不到日期，等到时候，咱们一块去取宝。

园主听他这么一说，马上问他，到底儿是哪棵草啊，我得看看，好保护好它呀！于是南蛮子带着他找到这棵草，叮嘱他一定要看护好它。再过七天，我回来时再一块去，就这样定好了。南蛮子拉着骆驼走了。

很快，七天到了，不见南蛮子回来。又等了两天仍不见南蛮子人影，这时这位园主等不了啦，心想，是不是这南蛮子出事了，不来了！发财心切，于是就把那棵已经枯干的宝贝草割了下来，拿回家中。这天夜晚，园主背上个大口袋，叫上他的儿子，说明了情况，爷俩拿着这棵宝草，带上火镰，来到岗子顶上，找到了洞口。父亲告诉儿子："等一会儿，把草点着后，我进洞你看门儿，别让这棵草烧完了，别灭了，快烧完时想着叫我，好吧。"这时候，夜静风轻，二人取出火镰，掏出火石、火绒和引火纸，用火镰在火石和火绒上敲击几下，打出串串火星，点燃了火绒再放在引火纸卷上，猛吹两口气，引火纸便燃出了火苗。爷儿俩小心翼翼地把这根宝草点着。此刻只听轰隆一声，洞口两扇石门大开，老园主赶紧背着口袋进了洞门，往里一看，只见一条宽敞的大街，望不到头，两侧店铺林立，布铺、鞋铺、帽子铺；当铺、药铺、杂货铺；饭馆、旅馆、大车店；剃头店、澡堂子、说书的、唱戏的……一家挨着一家。大街上，骑马的、坐轿子的、推车的、挑担子做小买卖的，人来人往，接踵擦肩，这热闹劲儿，亚赛通州闸桥南北、鼓楼前后，不让北京前门大街五牌楼。这位进了门，站在大街上看得眼花缭乱，都有点傻眼了。进来取宝，到底儿拿什么呀！店里店外的客商，进进出出，络绎不绝，不得下手啊！就在他寻思该拿什么的时候，就听见大门外的儿子高声喊道："爸，快点儿出来吧，大门要关上！"这位一听到喊声，回头一看，坏了！两扇大门开始合拢了，得赶紧动手，要不然把自个儿关在门里面了！可还没有拿到什么呢？眼看着两扇大石门越关越近，赶紧拿点儿东西，快点儿出门。真急了，正好看见眼前这家杂货铺前栓着一匹白马，心想，这匹大白马挺好，毛色清亮，膘肥体壮，拉回去种地就不着急了。于是不管三七二十一，解开马的缰绳，拉起就走。坏了，这匹大白马，任凭你怎么拉，怎么赶，就是不动窝儿，越不走越着急啊，眼瞧着大门就要关上了。这位也真急了，玩了命的使劲一拉，把马的缰绳拽断了，还摔了个屁股墩儿。爬起来，拿着这根缰绳，一口气跑到大门前，眼瞧着两扇大门就要合上，只留一条缝了。于是赶紧斜着身子，使劲的挤啊、挤啊、挤了出来，跟着就听哐当一声，两扇大石门关上了，多玄呀！这时儿子问他爸，都拿出什么宝贝啦，他爸把刚才的情况跟他讲了一遍，攥着这根缰绳给他看，什么都没拿出来，只好拿着这根缰绳，沮丧的回家了。第二天白天，他们再看那根缰绳上有个马嚼子环儿，是黄金做的，这趟也没有白去，只得了一个金环儿，也挺高兴的。

过了三天，那个南蛮子回来了，说夜里一块去取宝。这位园主把这事儿的原委，一一跟他说了，并把那个金环给他看看。这南蛮子一听，又急又气，拍屁股跺脚，在那儿打转转。对他说：你太着急了，不是说好了等我回来，咱们一块儿去嘛！这根宝草，你别整棵点着啊，应该把它劈成条儿，切成段，然后放在灯碗里，倒上油，慢慢的着，得用多少个夜里呀！你看见大街里的人，有说话的吗？没有吧，那不是真人，都是宝贝，随便弄一个出来，都是珍宝，就是抱出一个孩子，也是个金娃娃呀，没人管的！那匹白马要是弄出来，都是银的。听南蛮子这么一说，后悔死了。仔细一想，还是这位园主起了贪心。幸好南蛮子没把点燃的办法告诉他，才使得这满岗子的珍宝，免遭一场灾难。

铺头岗子，南蛮子憋宝的传说，一直在民间流传着。

铺头岗子北头，有座寺庙，都叫它三角寺，所有的寺庙都是正南正北方向，唯有这个庙是斜着的，凡是到过这个寺庙的人都说：到这个庙前都转向，分不清东西南北，笔者小时候到过这个庙前，的确不假，这是实情。

解放后，20 世纪 50 年代，有一个国营单位，在三角寺东侧建了一个院子，是保密的，外人不准进入，也很少有人出入，不知到底是干什么的。60 年代，平整土地时，在岗子东南侧，发现了一座汉代墓葬，有四五个砖券墓室，有人进去看过，里面没有随葬物品，肯定早年就被盗了。

如今，人们才明白，有关台湖地区来相面的南蛮子，其实就是盗墓贼，白天到各村以给人相面作掩护，踩点儿，夜里干着盗墓的勾当，那些古墓中的随葬品，都是无价之宝。铺头岗子汉墓中的随葬品，说不定就是被这些南蛮子盗走了。

董村传说二则

■ 口述：郑国庆 刘广江 杨江 谢连会　整理：崔永刚

大火烧董村与白莲教

说起"大火烧董村"这件事，那就得从"白莲教"说起：白莲教是唐宋以来流传于民间的秘密宗教结社，渊源于佛教的净土宗，相传净土宗始祖东晋"释慧远"在庐山东林寺与刘益民等，结白莲社共同念佛，后世信徒以为楷模。

嘉庆十一年（1806）四月，有一对中年夫妇赶着双套马车来到了京城东南郊 30 里的董村，在此地他们购置了 60 亩田产，盖了新房。当地的村民不知道这对夫妇从哪里来，只知道这对夫妇的男人姓屈名百易，由于他平时在家总爱穿一身白色的衣服，人又长得十分高大威武，人们取之谐音都叫他"白衣先生"。这对夫妇的女人叫高桂兰，高挑的个头，白净的面庞，一笑就露出两个漂亮的酒窝，十分漂亮。每当邻里有事相求，白衣先生一家总是热情相帮从不拒绝。只是每当村民提起他的老家，白衣先生总是微微一笑、再摇摇头就岔开话题，人们知道他不愿提及往事，因此就再没有人提起这件事了，至此白衣先生全家便在董村安下了根。

这位白衣先生的真实身份，是清代川楚陕白莲教起义女首领王聪儿门下的大师兄。他曾随白莲教起义军攻襄阳、取樊城，转战河南郑州、唐州、火烧吕堰驿、飞渡刘家河，进逼谷城、光化，包围魏家集转战四川……直到在郧阳境内的三岔河被清军包围，他单枪匹马冒死突围，身负十几

处刀枪伤逃进深山，后来被高姓猎户所救。经过半年修养，身体才得以康复，他妻子就是这个高姓猎户的女儿。后来，高老猎户一次外出打猎，不慎坠落悬崖，身负重伤，被白衣先生救回，老猎户临终时将白莲教主绝世神功秘籍传给了白衣先生，夫妻俩含泪安葬了老人，便走出大山，向着满清王朝封建统治的中心——北京城奔来。经过几番踏察，发现京东三十里的董村，民风淳朴、热情好客、不欺生、乐助人、且离京城不远不近，适合进退，遂选择为自己的栖身之地。

到了嘉庆年中期，直隶南部连年水灾。远近的官僚、地主和商人纷纷乘着人民逃荒之际，以低于丰年十倍的价格，大肆抢购强占民田，致使河北、河南、山东破产的各族农民、手工业者、小商小贩、下层旗人变成流民。这些流民衣食无着，便纷纷加入到林青、李文成组织的白莲教分支——"天理教"，成为忠诚信徒。

嘉庆十七年（1812）春的四月十五日，白衣先生屈百易来到今北京大兴县黄村拜会天理教"人皇"李文成，两人见面后"人皇"向白衣先生屈百易通报了"天皇"林青的旨意，要求白衣先生自即日起组织本部人马抓紧备战，打造刀枪弓箭配合其它义军攻占满清老巢紫禁城，活捉嘉庆。并责令白衣先生施展法术，准备十万天兵天将于嘉庆十八年（1813）10月8日午时协助义军攻占北京。白衣先生接旨后迅速返回家中，让媳妇高桂兰三日内准备半年的吃穿所用放在正房，三日后带着孩子住到跨院（侧院）。强调：没有我的允许任何人不得进入正堂，违反者"家法从事"。三日后的四月十八日，白衣先生赶着马车到村南十二里的马驹桥镇购买一车黄纸放在家中，另外准备了十口直径两米的大水缸，将水缸灌满"符水"，用来浸泡黄纸，当黄纸放入符水中时，咕噜咕噜的水泡窜起一丈二尺多高，并隐约传来雷鸣战鼓之声。就这样过了七七四十九天，到了六月初七，白衣先生将黄纸从符水中捞出，那黄纸每一张都像铁板一样泛起金色的光芒，抖动起来嗡嗡作响，似有金鼓之声，鸟兽闻之皆远遁。白衣先生将黄纸运进屋内后封闭门窗，从此一直未见到白衣先生出来。

原来白衣先生在屋里将黄纸剪成纸人纸马配上刀枪剑戟、施以彩绘，分别放入九个两米见方的木箱之中，这样又过去了七七四十九天，转眼到了八月二十六日距离起义日期还有 42 天，纸人纸马全部组装成型，就等着将纸人纸马养的膘肥体壮，再刷上四十九遍"桐油"，就可以变成风雨无阻的天兵天将用来攻打紫禁城了。从那天开始，白衣先生早起晚睡，一天三遍不厌其烦的给纸人纸马喂食。由于时间紧迫，白衣先生白天喂食纸人纸马，晚上给纸人纸马刷桐油以防止雨水侵害。这样三十天过去了，就到了九月二十六日，距离起义时间还有一十二天，那些装在木箱里的纸人纸马在白衣先生的精心喂养下，一个个膘肥体壮，已经可以一对一的在木箱之中你来我往，捉对厮杀，往来奔突呼号不止，厚重的木箱被撞的咚咚作响，见到这种情形，白衣先生才稍稍松了口气。又过去了十天，这天早晨天刚蒙蒙亮，白衣先生刚要给纸人纸马喂食，突然发现从木箱之中冒出缕缕青烟，青烟带着淡淡的清香溢满房间，一会青烟幻化成五彩祥云，顿时祥光满堂甚是好看，此时的白衣先生知道现在的纸人纸马已经可以腾云驾雾战场拼杀了，要是放出去就可以瞬间变成天兵天将，来对付清妖。

白衣先生心情放松了许多，几个月的疲劳顿时化作阵阵的鼾声，他这一觉整整睡了一天一夜。到十月八日卯时，白衣先生被纸人纸马的厮杀声吵醒，白衣先生这才突然想起纸人纸马还差一遍桐油没刷，忙起身准备刷最后一遍桐油，可一看桐油没了，急得他脑袋顿时嗡嗡作响。因为离起义时间还有三个时辰，他要抓紧时间饲喂纸人纸马。随后来到跨院告诉妻子高桂兰，叮嘱她一定要看好家院，妻子高桂兰明白自己的丈夫一定干的是惊天动地的大事，决不能让丈夫分心，随即应允到：夫君尽管放心，听你的就是。白衣先生又再三叮嘱：千万记住任何人不得进入正堂。说完骑上快马一溜烟赶往马驹桥去购买桐油。

白衣先生快马加鞭，风驰电掣一般来到马驹桥。和商店老掌柜本来都是熟人，礼节性地寒暄两句，付完钱款背上桐油飞身上马往回赶。当白衣先生骑马到了北神树村北，此时距离起义时间还有两个时辰，他已经看到董村家家户户的烟囱冒出一股股炊烟，这袅袅升腾的炊烟在他看来就好似点燃狼烟的战场，他仿佛看到了白莲教的兄弟姐妹在天兵天将的护佑下攻进紫禁城杀尽清妖、活捉嘉庆的场景。

就在白衣先生离开董村之后，妻子高桂兰按照丈夫的要求紧紧的看

护着宅院恐怕发生意外，可谁能想到这时突然从正堂传来人喊马嘶和隆隆战鼓之声，震得屋顶的尘土纷纷洒落院中，此时已是嘉庆十八年十月八日辰时，高桂兰急忙走出家门向南眺望，此时她多么希望出门的丈夫马上回来啊，突然间正堂屋内传出咚咚的撞击木门的声音就好像有人用斧头劈砍房门一般，高桂兰神情突变。又想起丈夫这半年来在屋内的神秘行为，为了能助丈夫一臂之力，一种作为妻子的责任感油然而生，于是她小心翼翼地打开正堂的房门，那种让人惊悚的声音从正堂摆放的九个大木箱中传出，她走进房间只见木箱的旁边摆放着十个石槽，里面还有吃剩的草料和吃剩的红豆粥，也许是嗅到了生人的味道，九只木箱忽然安静下来，霎时静得让人透不过气来，高桂兰轻轻地走到木箱跟前，想看看这木箱之中到底隐藏着什么秘密？她抑制着砰砰的心跳尝试着打开木箱，可是她使出浑身解数无论如何也打不开它，此时的高桂兰怎么也不会想到那满清王朝兴盛衰亡的生死一刻就要在她那双柔嫩的手上发生历史的改变。见这只木箱打不开她摸索着走到另一只木箱，只见一张一寸宽三尺长的黄色封条贴在木箱的接口处微微的泛着光芒，封条上用朱砂写着：天地交盖，动静轮转，阴阳不绝，时空易换。当她的手刚刚触摸到封条时，忽然感觉道有一道闪电划过天空，一股强大的电流顺着手指贯透全身，九只木箱顿时轰隆一声瞬时炸开。顷刻间，木箱中的纸人纸马腾空而起，卷起一股黑色旋风击破门窗，化作天兵天将直上云霄。霎那间，天空云雾翻腾，纸人纸马争先恐后冲向天空，化作天兵天将分列齐整，但见那旌旗招展、战马嘶鸣、刀枪映日，战鼓隆隆。

此时的嘉庆皇帝正在避暑山庄养神，忽闻战鼓隆隆，急率文武百官登上城楼，只见距北京紫禁城东南方向30里，有一股乌云上下翻滚，似有人喊马嘶之声，一朵白莲花在黑云中忽隐忽现，他大喊一声不好，有白莲作乱！随即命令侍卫用直径一米的金钵盛满朝露，取一杯黑狗血倒入金钵之内，放在祭台之上，双掌合十，口中念念有词，"五帝五龙，降光行风，广布润泽，辅佐雷公，五湖四海，水最朝宗，神符命汝，常川听从，敢有违者，雷斧不容，急急如律……

金钵之水开始微微泛起水花，一朵白云从金钵中飘然升起，盘旋于嘉庆皇帝伞盖上空，嘉庆皇帝本是真龙天子有呼风唤雨之能，念完符咒，嘉庆皇帝拨出龙泉宝剑指向天空，口念一个拖长音的"偈"字，只见从升腾起的白云之中射出千万支雨箭携裹着风雷电闪向董村方向杀去，那些由纸人纸马化成的天兵天将，由于只刷了48道桐油，就差最后一道桐油未刷，一遇大雨耐不住浸润，均被雨水浸透。霎时间，天兵天将纷纷落地化作泥水，这个耗费了白衣先生整整半年心血的浩大工程，由于妻子高桂兰的一时疏忽，被嘉庆皇帝只用了不到一个时辰的时间毁损殆尽。随后嘉庆皇帝即刻调集通州大营六千人包括步兵三千、骑兵两千，还有一千的火器营迅疾赶往董村剿灭白莲教，董村的老百姓听说官军来了，谁不害怕啊，只恨爹娘少生了两条腿，哪里顾得上锅碗瓢盆，还是保命要紧，一时间能跑的全跑了。

再说白衣先生正在感慨之间，猛然发现董村上空黑云压顶，情知事情有变，赶忙抖开缰绳飞奔董村，白衣先生回到家中看到屋顶、树上、墙头、院里、院外到处都是残碎的纸人纸马，大喊一声"天不助我"，不禁放声大哭，刚哭了两声，猛然发现自己心爱的妻子高桂兰躺在门口，两个孩子扑倒在母亲的身旁，用嘶哑的声音呼唤着昏倒在一旁的母亲。白衣先生擦了擦眼泪，再也顾不得许多，套上马车，将娘儿三个抱上马车，再三嘱咐大井、二井：保护好你嫂子和两个未成年的孩子，快快远走高飞，并从此更名改姓，改屈姓为程姓，以免再遭牵连（后来在董村就有了屈、程不分之说）。白衣先生洒泪送走了家人，屈百易这位铿锵铁骨的汉子策马扬鞭冲向紫禁城，配合各路义军攻打北京城，从此以后再也没有人知道这位屈百易"白衣先生"的下落。

白衣先生走后不久，通州大营的官军一路而来，等到了董村已是夕阳西下。此时大多数村民已经跑了，只剩下一些老弱病残，舍不得这把老骨头丢在异乡的老人，官军至此杀光抢光，没走的人无一幸免，最后为了斩草除根，命令清军火器营纵火烧毁董村。一时间，浓烟四起，火光冲天，哭号之声不绝于耳。可惜董村的四百米长大街刹那间变成四百米火龙，就好似人间炼狱，熊熊的火光映红了天际，连远在200余里的天津卫都能看到西北方向烧红的半边天。大火一直持续烧了三天三夜，迟来的一场大雨才将大火扑灭，后来过了不知多少年，人们才陆续返回家园，由于害怕官府追剿，遂改董村为白庄。随着清朝统治阶级的衰败，

人们又恢复了董村的村名，并一直沿用至今，而大火烧董村的故事也因此世代相传下来。

许家坟的传说

董村东边有两个大水坑，大的叫大东坑，小的叫小东坑，再往东是许家坟，据说许家是北京有名的资本家，许家坟面积60亩，有院墙，建有南大房和北大房，房子的东面有一片松树林子，南面有五座大坟，占地四亩。其中，南大房九间，北大房九间，还有两个东西跨院，中间有院墙相隔，联通东西跨院各有一个月亮门。看院的就住在西跨院，院外是五座坟茔，全部是青砖垒砌，每座坟里面分别合葬有三至四人。当时每年的清明节，许家人将汽车停在村口徒步进村请董村的老百姓三百多口吃"云吞面"。据说国民军29军军长宋哲元是许家四老太太的干儿子。后来因为许家坟地的四棵松树被砍伐，还差点闹出几条人命，这其中到底发生了什么事情呢？

民国24年（1935），前西北军将领石友三在日本人的支持下打起"自治"的旗号，公然向北平进军。当时的北平军分会手下无兵可用，萧振瀛急调驻守天津的宋哲元拱卫北平。宋哲元立即派手下大将冯治安率领37师挥师北上进驻北平。当时29军正好有部队驻防北京京东董村、西直河，水牛坊、大鲁店一带，一个营的营部住在董村北面的水牛房村，由于物资匮乏，部队需要烧柴做饭，一个炊事班将许家坟地的四棵合抱的塔松砍倒用作柴烧。看坟的杨永和不敢阻拦，急忙跑到北京昄庙胡同向许家四老太太报告说：四老太太，不好了，咱家的坟地有四棵松树让军队给推倒烧火了，老太太一听就急了，这还了得！这不是把我们家的风水给破了吗？四老太太马上给干儿子宋哲元打了电话：请宋哲元过来打牌，宋哲元一听说干妈请他打牌，准知道有急事。打牌期间，四老太太就跟宋哲元说："宋军长，咱家董村的祖坟有几棵树让人家给刨了，刨几棵树倒没什么要紧的，主要是那几棵树在坟地里是'风水树'"，说话间，眼泪噗哒噗哒流了下来……没等四老太太把话说完，宋哲元把牌一推说："谁这么大胆子，敢违反军纪！"马上命令身旁副官，立即调查是哪支部队，对肇事者严惩不贷。一会儿副官带着驻扎在大鲁店的一名团长回来报告说，就是这个团驻扎在董村的部队干的。宋哲元立即集合全团，决定公开枪决这个违反军纪的炊事班班长。就因为推倒三棵松树枪毙一个班长？这个团长求情未果，急忙赶到马桥，请出国民第七区管辖63村的马驹桥公所所长，由所长出面带领63村保长为这个炊事班长求情，宋哲元怕激起民变，遂将这位班长解除军职，令其卸甲归田。

　　民国28年（1939）日本侵华战争升级，北京陷落，日寇横行，致使民不聊生、匪盗猖獗。许家坟在夜间被土匪盗掘，许家听说祖坟被盗，急忙赶到董村自家祖坟，只见现场一片狼藉惨不忍睹，所有人顿时跪在祖坟前大哭不起。许家人商量再三，认为风水已破，遂决定将祖坟迁址至京西八宝山，只留下一座硕大的宅院。

武举人焦老爷

■景　浩

有朋自远方来

清朝咸丰年间，小民屯出了一位姓焦的武艺高强的人，经乡试中了武举，出仕作官后，在绿营中当了个"千总"官，他家境富裕，村里老乡都称他为"焦千顷，焦老爷"，其实这是一种误读，将"千总"称为"千顷"了。

焦千总，焦老爷，他的武功到底有多强，谁也说不清，只是听老辈人讲：一天村里来了一位推着独轮车卖切糕的商贩，独轮车是木制的，用一块白布盖着黄米作的小枣切糕，足有一掌多厚，热气腾腾扑鼻的香。小贩进村后，他不推着车走，而是用两只手握着车把，直挺前胸，端着一车切糕，不紧不慢的往街里走，一边走一边粗声粗气的高声叫卖："切糕！黄米小枣切糕！俩子儿一块！"

清代武举人练习臂力

街上的人一看，这卖切糕的有车不推端着走，有些怪，肯定有点儿来派。一会儿功夫，围了一堆人来看新鲜。这个人一边吆喝："小枣切糕，俩子儿一块！"一边直奔焦老爷家门前走去，越来越多的大人、孩子追在这人屁股后头看热闹。

这时候，早有伙计跑回焦家禀报："老爷，您快到门外瞧瞧吧，来了一个卖切糕的，有车不推端着走，奔老爷您家来了。"焦老爷一听，心里就明白了，这不是卖切糕的，是武林人来访他的。既然来了就要出去见一面，"有朋自远方来，不亦乐乎"，切磋切磋武艺，交个朋友也未尝不可。于是穿上长袍，系上腰带，便出了房门，来到院子大门之外看个究竟。只看来的这位，虎背熊腰，面如铁锅，个子不高，端着一车切糕走了过来，到了院外一颗大槐树下。焦老爷一看他的走像，心里就明白了，这位来访他的人，不是什么高手。随即对来者道："朋友，远道而来，一路辛苦，来，请坐下休息休息。"说着便把树下打场用的石头碌碡，随手一搣，顺势把碌碡架在树叉叽上，然后一掌托起，稳稳当当的又放在地上，说了一声："请坐。"来者一看，单手把这碌轴架在树上，再单手拿下来，这玩艺得有二百多斤，跟玩泥球似的，这得多大的力气呀！二话不说，把车放下，抱拳致谢道："不敢不敢，我作小买卖的，还得到别的村去卖，打扰了！"焦老爷笑道："朋友，你这是饭力，想要为朝廷效力是不够的。"

事后，焦老爷说：他这是饭力，力气是有，功夫也有，但是，看看他的肚子，像个西瓜似的，一餐斗米，吃饱了才有劲儿，饿了像个尿泡一样瘪了，这不是高手，也成不了大事。

被盗

过去在社会上讲："穷习文,富习武"，一般习武之人，家境都比较富裕。焦千总焦老爷，在这一方有点名气，名传远了，就有点偏了，把"焦千总"传成"焦千顷"了。"人怕出名猪怕壮"，"树大招风"，焦老爷，号称"千顷"，一定家财万贯。有钱人家就要招贼。

一个月黑风高的夜里，一伙盗贼，偷偷打开焦家大门，把他家养的四匹骒马赶出了大院。此时焦老爷已经听到了响动，爬到窗前，用手捅

破窗户纸，向院里一看，只见院门大开，四头牲口被人赶出门外。话不宜迟，立马下炕蹬鞋，顺手提起他手使的家伙——雁翅镗，又随手拣起一只木凳，然后打开屋门，先将木凳抛出，随后一个箭步跃出门外。就在木凳抛出之时，就见屋门上方一道寒光，直奔木凳而去，只听"啪"的一声，木凳被打得粉碎。焦老爷是武举出身，又是个"千总"军官，早料到屋门上方，定有断后之人，才先将木凳抛出，引诱贼人出手，这也是防身的招数。此人手使一条九节钢鞭封门，上了这诱敌之计，鞭出手，凳子被打碎了，鞭还未来得及收回，焦老爷回身一枪，便把钢鞭绞在枪两侧的雁翅上，顺势往下一带，把贼人从屋檐上拽了下来，贼人知道中计，不敢恋战，起身躲过一枪，转身朝天井墙上一跃，想翻墙逃走。此刻焦老爷调转枪头，向前一个跨步，大喊一声："哪里走！"随后一枪，刺向贼人背部，只听那贼人喊了一声："没扎着！"翻身掉到院外的胡同里死了。再说赶着牲口的那两个人，一看头儿没来，估计大事不好，丢下牲口也逃之夭夭了。

　　贼头儿死了，可真是贼心不死，逃跑的两个人真有贼胆，居然还报了官，称他们三人，因走亲戚，夜过小民屯的焦姓家旁，被害身亡。当通州州官接到此案，便于当天到小民屯现场断案。州官大老爷坐着八抬大轿，带着捕快，仵作和一班衙役朝小民屯而来。当轿子到了胡家垡村，离小民屯还有三里路的时候，叫下人停了轿，起身下轿走着前行。这是为什么，因为州官知道，焦老爷是武举出身，又任过千总，按当时朝廷的制度，身份比州官还高一些，为此才下轿步行。来到村中，到了现场，哭主状告焦老爷故意杀人。焦老爷如实将昨夜发生之事向州官大人述说一遍，证明不是随意滥杀无辜，并请州官大人移步到院内，看看第一现场。果然，屋门前的碎木凳和贼人翻墙欲逃时被刺后，在墙上留下的血迹，均历历在目，证明被告无罪，原告诬告，被判收监问罪，事情就这样过去了。

　　但事情远远没有结束，原来这些盗贼是个团伙，本想借此机会捞些钱财，还为死者报仇，没想到偷鸡不成蚀把米，于是总想找机会报这个仇。明着打，打不过，人家是武举出身，十八般武艺，样样精通。明着不行，只能使阴着儿进行报复了。

火烧小民屯

事情过了半年，到了秋天，各家收完秋之后，把地里的玉米秸运回村里，街里街外，各家各户，房前屋后都堆得里三层外三层的，准备一冬烧炕做饭用。到了冬天，一天刮起了大西北风，天黑星稀，夜阑人静，到了三更半夜的时候，突然在村西北角老吴家院外着起了大火，当时天燥柴干，火借风势，瞬间便连成一片。夜里打更（gēng）的更夫发现了，立即敲起了梆子，并敲响庙里的大锺报警，顷刻之间，全村的人都惊醒起来，跑出门外，大火从西北顺风漫延。冬天，水缸里的水结了冰，水坑里也结了三尺多厚的冰层，凿冰取水来不及了，井里的水更是不够用。大火借着凶猛的风势，顷刻间便把街里的玉米秸全部点着了，一团团的大火球随着风势在大街、在房顶上随风乱滚，滚到哪里便把那里点燃，数丈高的烈焰，借着狂风，渐渐地把树木、房屋吞噬。噼噼啪啪的暴烈声，轰然的倒塌声，孩子、妇女的哭喊声叠加在一起，在烈火中回响，不一会儿，全村从西到东连成了一片火海，映红了整个夜空。风太凶，火太猛，人们只能无助的，任其狂虐地燃烧下去，直到天明。

风还在刮，烧过的柴灰，随风飘散，多年的老榆树，街中的老槐树，水坑旁边的柳树、杨树，所有的枝杈全部烧尽，只有乌黑的树干伫立在那里，房屋因木架燃尽而坍塌，只剩下被火烧黑的残垣屹立着。

天明后，人们各自在自家的废墟里，寻找着劫后粮食和衣物，收拾起未燃尽的屋架，重新搭起藏身的窝铺……日子还得过，乡亲们展开互助，相互搀扶着，度过这艰难的一冬。

到了第二年春天，焦老爷卖了几百亩地，将所有钱财拿了出来，帮助穷困人家，买木料修房子；买种子分给各户种地，又买了大量粮食，分给大家度过春荒。仅仅经过一年，小民屯又恢复了生机。而他焦千总焦老爷，再也不是"焦千顷""焦老爷"了，从此溶入了平常百姓家。这场大火，全村人都明白，焦老爷心里更清楚，这把火不是天灾。但火烧小民屯的故事，一直在流传中。

百年后的1951年，笔者特意到村西北角吴希尧家的旧房子看看，西房上被烈火烧过的烟痕犹存，这是火烧小民屯唯一的历史佐证。

从这儿以后，小民屯村里流传下来一种民风。全村不论贫富，都自

觉分个长幼，见面时统统都有称呼，见到长辈老人要称爷爷奶奶，像齐五爷、郑四爷、徐二爷、王端爷、田三爷；李二奶奶、卢六奶奶、杨五奶奶；许二叔、郑五姑等等，大小都有个辈分，见面该叫什么叫什么，和和气气。谁家有事儿，如麦秋收秋，盖房打井，红白事什么的，不用招呼，不用请，大伙自动来帮忙，有钱的随个份礼，没钱的出力，有的连饭都不吃，邻里和睦，互敬互助，没打过架，没红过脸，亲如一家。笔者至今依然眷恋着那时的故乡——小民屯。

郑庄兴隆寺与大槐树的传说

■ 口述：李树刚 孙绳义 邱鹏　整理：崔永刚

　　据说，郑庄村的大庙，正名叫兴隆寺，始建于明朝。兴隆寺的整体建筑风格独特，大庙正殿供奉着释迦牟尼佛，在大殿通往山门的甬路东侧种有一棵槐树，现在已经长成胸径有 1.26 米，树高十几米，树冠覆盖 100 平方米，树龄超过 500 年的古槐。当年香客云集，香火旺盛的兴隆寺早在 20 世纪 60 年代因年久失修已不复存在，原址上建起了一所学校，朗朗的读书声淹没了遥远的钟声。原来种在院外影壁两旁的古槐在 1958 年被砍伐用作它用，只剩下唯一的一棵历尽沧桑的老槐树和我们一起共同见证着沧海桑田的变迁。

　　据说种在兴隆寺里的这几棵古槐，是来自于京西门头沟的潭柘寺寺院后山的龙潭，龙潭是由两股丰盛的泉水（一股名为龙泉，一眼名为泓泉）在后山合流而成，后流经寺院向南流去，这五棵古槐就来自龙潭的岸边。当年兴隆寺建成时正值天下大旱，草枯河干，气温陡升，人畜皆受其害，因此当时的住持大和尚便想起了龙潭岸边的槐树，连夜步行百里，从龙潭岸边移来五棵槐树幼苗，用僧袍沾湿潭水，将树苗包裹起来连夜赶回兴隆寺。据说大和尚回来时太阳还没露头，僧袍一拧还往下滴水呢。于是老和尚顾不得休息，便在禅堂院里种了一棵，禅堂外的影壁两边各种了两棵，取"金木水火土"五行之意，祈祷风调雨顺，荫佑万民。就这样经历 200 多年日月精华的洗礼，这几棵槐树已经长成参天大树，到了

炎热的夏季，附近的村民和赶脚的客商都会在此落脚纳凉。

一天午后，乌云翻滚，雷声隆隆，一道闪电将禅院里的槐树从中间劈开了一条裂缝，霎时云开雷止，更让人惊奇的是竟然滴雨未下。就这样不知过了多少时日，大树的中间逐渐形成了一个大洞。一天，老和尚讲经回来打开山门，忽然发现一条五花蛇从空中钻入槐树的裂缝儿，和尚大惊，原来这条五花蛇已经修炼了四百余年，就要修成人形，一旦让它修炼成功，将与五行栽种的槐树相生相克，到那时祸患无穷，附近百姓将无宁日。于是，和尚当即取出法器"金刚杵"对准槐树掷去，一道金光将大树拦腰穿透，轰的一声，五花蛇从树洞中跃出，直上云霄，翻云作法。一时间风雷电闪，大雨倾盆，顷刻之间大水漫过兴隆寺的第一步台阶，四周白浪滚滚，眼看着就要淹没周围的村庄。和尚瞬时取出金钵，高高擎起口中念念有词："佛法常兴，土地龙神，安僧护法"，说话间云开雾散，天朗气清，水退归原。

从此，这里的人们安居乐业，五谷丰登，据说那条五花蛇被押到京西潭柘寺继续修炼，那个五花蛇修炼的树洞已被园林部门用水泥填充，树干也用钢管支架保护起来。您要是不信请到郑庄大槐树看看，那里到现在还可以看到和尚的金刚杵从大槐树穿过的两个洞呢。

原郑庄兴隆寺前大槐树（2021 年 摄）

通州非遗单琴大鼓的传承

■ 姚玉增　张绍明

　　单琴大鼓，唱腔纯正甜润，唱词生动感人，被列入通州区非物质文化遗产名录。2016 年 10 月 21 日《通州时讯》报道："近日，通州区举办'隔不断的记忆'传承非遗主题演出，将通州的非遗文化搬上舞台，展现了通州区非遗文化的悠久历史和独特魅力"。在此次演出中，95 岁高龄的单琴大鼓第二代传人沈长禄携弟子一起登台表演。

　　单琴大鼓是五音大鼓（北京琴书）前身，诞生于民国时期。创始人是翟青山（1903—1952 年），北京通州马驹桥柴家务（俗称柴府）人。民国十九年（1930），翟青山在天津说书兼演奉调大鼓。二十一年（1932），因三弦伴奏声音过大，影响演唱，他开始研究改由悠扬动听的扬琴伴奏，并与师弟魏德祥一起边探讨，边排练，边改进，又在西河大鼓和乐亭大鼓的基础上，将两种唱腔融合在一起，并用一架扬琴予以伴奏，成为新曲种，定名为"单琴大鼓"。单琴大鼓是乡土乡音的民间艺种，带有浓郁的地方特色，纯正的京腔京味，优美的唱腔词曲，醉人心田。民国二十三年（1934）夏，翟青山在天数仁昌电台试验播唱，一举成功。从此他独树一帜，唱遍京津地区，受到广大听众的欢迎，被誉为"单琴大王"。至今已经传承四代，第二代传人沈长禄，第三代传人有张宝增、张洪荣、孙艳芹，第四代传人陈辰、胡伟。

　　沈长禄，原名沈禄，台湖镇水南村人，1923 年 1 月 31 日生。1938

年拜翟青山为师，学习单琴大鼓。他为人谦逊严谨，极具艺术天赋。表演单琴大鼓，功底扎实，演唱、操琴俱佳，嗓音甜润，感情真挚，无论伴奏与演唱，与搭档配合都十分默契、相得益彰。传统段子表演得心应手，新段子创作信手拈来。

新中国建立前后，沈长禄和师父、师兄弟一起游走乡里，同台献艺，表演鼓曲。年节和地方的庙会，百姓家红白喜事，都是他们"用武之地"。1954 年，沈长禄在天津广播电台工作，演唱单琴大鼓。1955—1958 年回乡从事农业劳动。1958—1961 年，参加密云修水库建设。

成千上万的民工，从北京各区县来到密云水库工地，用土、石料在临近两山之间筑起大坝，堵住下泄水路，使这片广阔山地成为四周高、中间低的特大封闭蓄水池。密云水库建设指挥部领导听说沈长禄会说书，便派他为民工表演，鼓舞士气，沈长禄欣然应允。第一次密云水库演出，会场在工地的一片空场上，大家席地而坐，沈长禄演唱曲目为老唱段《丑妞出阁》。正段演唱之前，他通过参加水库建设工作中的所见所闻，即兴现场编词，唱道："党是春雨库是花，花儿开放香万家。齐心努力修大坝，潮白两岸开鲜花"。新台词刚唱完，台上领导、台下听众一起鼓掌叫好。

接下来唱《丑妞出阁》正词："有一个妞儿长得真可乐，柿饼的小脸蛋，蚕豆的脑袋壳。龙井鱼的两眼睛，瞳仁还扎破，小鼻子翻鼻孔。捎带着鼠疮脖，这两个扇风耳朵，亚赛咯啦簸。"沈长禄才唱完这么几句，台下的听众便笑得前仰后翻，掌声大起，等全段唱完，掌声经久不息，大家连连叫好。听完演出的民工都说：那天沈长禄唱的那个大鼓书，跟真事一样，太好听了。大伙儿在劳动中时时提起，也是笑声不断，真是鼓舞了干劲。沈长禄也决定用自己的一技之长为修水库作出贡献。

后来水库工地建立了广播站，沈长禄成了专职的说唱广播员，用琴声愉悦大家，活跃工地气氛，丰富大家文化生活，鼓舞干劲，为水库建设献上了凉水河畔的艺术之花。

改革开放的春风吹遍祖国大地，农村也发生了天翻地覆的变化，农民不用起早摸黑下田种地，有了更多的空余时间，精神生活也就要求的更加丰富多彩，沈长禄的专长——单琴大鼓受到了广大乡亲们的欢迎。

村里成立舞蹈队、合唱队，沈长禄也是合唱队的一员，参加村组织的各项庆祝活动，2008年到镇里演唱还获了奖。2014年，93岁高龄的沈长禄还操琴为弟子伴奏。

2014年，沈长禄（左）师徒在次一村文化站表演

张宝增，艺名张树增，台湖镇次二村人，沈长禄大弟子。1942年生，2002年正式拜沈长禄为师，单琴大鼓琴师，次渠"星火工程艺术团"团长。

早年，张宝增痴迷单琴大鼓这门艺术形式，找上门要拜沈长禄为师。沈长禄觉得自己是一个就会唱几句琴书的人，没法收徒，就拒绝了。可是没过多长时间，张宝增又到他家说："您不收我为徒，我就不走了，老求您！"沈长禄看他一片真心，答应收他为徒。拜师后，沈长禄虔心教他琴艺，带他到各村演出。师徒配合得非常好，马驹桥一带的红白喜事，多有他们师徒演出。

为挽救这一绝技，不使单琴大鼓失传，作为健在的第三代传人的大师哥，他深感责任重大，在频繁演出的同时，一直以搜集单琴大鼓的资料为己任，在他家，留有各样书籍。在2005年，即申报了非物质文化遗产项目，2006年正式成为通州区非物质文化遗产。

张宝增乐感极佳，耳濡目染，深得扬琴演奏真谛，一直以作琴师为主。

和师傅一样也长于创作，2010年，建党89周年之际，他创作、他伴奏、张洪荣演唱的单琴大鼓《反腐倡廉好》在区镇演出中，都有强烈反响。

张洪荣，艺名张树荣，台湖镇次一村人，原为张宝增搭档。1942年生，2003年，成为沈长禄记名弟子，单琴大鼓第三代传人，次渠"星火工程艺术团"主要演员之一，以唱功见长。

他自小酷爱单琴大鼓，年少时经常陪哥哥张洪德看村里的剧团演出。看到有单琴大鼓演出时就立志要投身这门艺术。但那时没有学习条件，因为要养家糊口，虽然喜爱，却无暇顾及，只能积累蓄势。一直坚持到退休。2003年，他找到了琴师张宝增，经其引见，跟老艺术家单琴大鼓传人沈长禄学习单琴大鼓。此后愈加刻苦，虚心学习，不懂就问，尽力领会师傅所传要领。积极参加演出，在老师和师兄的帮助和指导下，他很快掌握了这门艺术的一些技巧，在次渠"星火工程艺术团"和次二文化站演出中，受到好评不断。和张宝增一起，自编自唱，努力揣摩，几年来演出了几百场。

2014年，张宝增（左）、张洪荣（右）在朝阳区康梦园养老院演出

孙艳芹，艺名孙树芹，高古庄村人，沈长禄的女第子。1950年出生，2013年6月，正式拜沈长禄为师。孙艳芹擅长评剧、歌唱、二人转等演唱，2013年，孙艳琴搬至新次渠小区，和沈长禄成为了邻居，开始拜师学习单琴大鼓。次渠"星火工程艺术团"主要演员之一，嗓音甜润。

孙艳芹入行单琴大鼓，源自师傅爱才之举。那时候，沈长禄、张宝增、张洪荣都感觉到自己年龄偏大，这"独门绝技"传承迫在眉睫。在一次演出休场时，沈长禄主动找到孙艳芹表示：你嗓音条件这么好，又有悟性，且极具表演天赋，还是学单琴大鼓吧！拜师后，她虔心表演，与著名鼓书表演艺术家董湘昆弟子王兆起组成搭档演出。2014 年 8 月 18 日，在首都文明网刊载《通州区台湖镇开展法制文艺大赛接地气》一文中写到：在家人搀扶下，93 岁的沈长禄老人勾着腰，缓步迈向了那架他几乎弹奏了一辈子的扬琴。少顷，老人神采奕奕地挥动琴槌，发出一连串悦耳音符，站在老人身边的弟子——65 岁的孙艳芹旋即亮嗓开唱，师徒二人用通州非物质文化遗产——单琴大鼓的独特韵味，娓娓讲述了一个发人深省的法制故事。师徒二人合演的《赌博害己又害家》赢得了现场观众阵阵掌声和笑声，为大家带来了一堂寓教于乐的法制宣传教育课。

"现在随着拆迁，很多村民都搬迁住上了新楼，手里也有了钱。可有些人却不珍惜，拿钱去赌博，结果把房子都输进去了，让人看了特痛心，我身边就有这样的事例。"孙艳芹说，为了告诉大家赌博的危害，好好珍惜来之不易的美好生活，她和师父就一起商量创作了这个节目。在 2014 年通州区繁荣杯期间，他们这个节目一亮相，就拿了个二等奖。

2016 通州区举办"隔不断的记忆"传承非遗主题演出，将通州

2021 年 9 月，孙艳琴师徒合照孙艳琴（中）、胡伟（左一）

的非遗文化搬上舞台，孙艳芹演唱的单琴大鼓《喜看通州谱新篇》唱出了通州的新变化，展现了通州区非遗文化的悠久历史和独特魅力。

陈辰，艺名陈华辰，北京市朝阳区人，单琴大鼓第四代传人。1993年生，2007年9月23日，正式拜张宝增为师。

2001年，陈辰从朝阳区搬至台湖镇次渠村居住，一个偶然的机会，听到张宝增演唱的单琴大鼓，便对单琴大鼓产生兴趣，随即跟张宝增开始学习，对单琴大鼓技艺孜孜以求，表演中规中矩。现在张家湾卫生院任职。

胡伟，艺名胡华伟，北京市通州区梨园镇人，单琴大鼓第四代传人。1980年生，2019年11月17日，正式拜孙艳琴为师。现为通州区梨园镇政府环保科工作人员。

2019年，胡伟（左四）拜师宴会

（姚玉增，次渠中学政治教师）

（张绍明，通州书协会员，原次渠一村党支部书记、次渠镇木雕装璜厂厂长）

安定营的"滦州皮影"

■ 口述：刘万民 孙德明 朱明佑　整理：崔永刚

　　皮影戏是中国民间古老的传统艺术，老北京人都叫它"驴皮影"。据史书记载，皮影戏始于西汉，兴于唐朝，盛于清代，元代时期传至西亚和欧洲，可谓历史悠久，源远流长。2011 年，中国皮影戏入选人类非物质文化遗产代表作名录。

　　安定营的皮影戏来自于河北滦州，今安定营村 60 岁以下的人已经很少有人知道皮影戏曾经的兴盛。其历史可追溯到清朝，后经几代传承，到了清末民初传承到王某某（名不详），民国时期至中华人民共和国成立初期，次渠地区的刘殿奎、刘殿余、陈焕忠、孙德明、孙德领等仍进行皮影演出，后又有朱明佑、刘万民二人学习皮影戏，直至 1956 年农业合作化后，皮影戏逐渐消失。

　　安定营的皮影，影人以驴皮制成，皮影人物由头、臂、手、身、腿等八部分组成，经过选皮、加工成半透明状，然后画稿、镂刻、画染、刷油、晾晒等八道制作工序。人物造型具有夸张性，依据人物性格不同，脸着五色，红忠勇、绿善战、黑憨直、黄干练、白阴险，服装男红女绿造型上窄下宽，喇叭裤儿，配以简洁大块的纹饰具有强烈的装饰效果。雕刻有阳刻（去皮留线）、阴刻（去线留皮）、影人分小角（旦角）、大角（白、黑、红、绿，多是满须）、生角（文生、武生）、髯角（有长须的中老年人）。制作的皮影人是根据剧情人物的变化组装起来，用油线连接，

演出时影人前有长宽三米的大幅白幕布（也叫"亮子"或"影窗"），白色幕布的背面两边各放置一盏油灯，表演者立于幕后，持影人站在幕后舞动影人，根据演出的剧目，配予不同的歌词曲赋和音乐。唱腔则吸纳了高腔和滦州一带的方言方音，糅合了北京地区民间歌词小调、京剧、评剧、北京的琴书、鼓书和北京的方言俚语，小商、小贩的各种吆喝叫卖声调也融入其中，唱腔语音柔和优美、表演丰富多彩、曲调委婉感人，民间流传的"拉大锯，扯大锯，姥姥家门口唱大戏，接闺女，请女婿，小外孙子也要去，不带去乖哭了"说的就是当时皮影戏演出时轰动的场面。影人人物和服饰造型生动，再加上雕刻手法之流畅，着色之艳丽，熟练的技巧与精湛的工艺制作效果，着实让人赏心悦目，爱不释手。

滦州皮影
人物造型

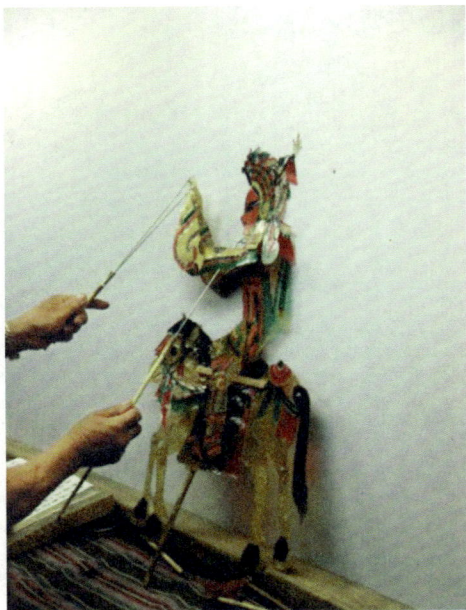

皮影戏的演员全部为男性，演唱按行当角色不同分成大嗓和小嗓两种，发音有假嗓和捏嗓，这种唱法能使声音传得很远，形成了当时以刘殿奎为代表的极具北京地区特色的曲艺演出形式。安定营的皮影，继承和充实了滦州皮影的特点及演出形式，留下了脍炙人口的经典作品，有《破洪州》《镇冤塔》《五峰会》《三国演义》《西游记》等曲目。

安定营的皮影在演唱过程中形成了唱词严谨而又富于多变的格律，诸如大金边、小金边、五字赋、三赶七等，不同的唱词结构，产生不同的旋律和效果，道具有皮影、梆子、手锣、大锣、马锣、月琴、碗碗（形如小铜钟）、云鼓、边鼓、二弦、胡琴、唢呐、笙，后来根据剧情需要又添加了扬琴、月琴。

皮影表演

安定营皮影戏在鼎盛时期，戏班有成员三十多人，演出范围覆盖周边十几个村庄。一般每次演出由七至九人组成，所以又有"七忙、八闲、九消停"之说，周边村民家中举办红白喜事、为老人祝寿等活动，经常会邀请皮影戏班进行演出。

这一古老的技艺通过灵活精湛的艺术形式、老百姓喜闻乐见的表演手法、以民间传说、演义、神话故事为题材，褒扬正义、唾骂奸佞，针砭时弊。这些雅俗共赏、脍炙人口的故事和惟妙惟肖地表演，给那个年代老百姓枯燥贫困的生活带来了无尽的快乐和对美好生活的憧憬。直到60年代初受当时历史背景的影响而销声匿迹。

口子村古老的蹦蹦戏

■口述：李大勇　整理：刘长青

　　蹦蹦戏是北方的古老的剧种，曾普遍存在于华北地区的民间，尤其在京东大运河沿岸地区广为流传，在文化生活不发达时期，受众面很广。清光绪十九年（1893），活跃于民间的蹦蹦戏首次进京，在东安市场演出。这种带有浓郁乡土气息的戏曲，内容通俗易懂，演唱生动活泼，很受民众欢迎。蹦蹦戏在京城站住了脚，有多个班社相继进京，在天桥、后海和月坛等撂地演出，十分火爆。连一些河北梆子演员，都加入了蹦蹦戏班社，改行唱了蹦蹦戏。

　　口子村的蹦蹦戏，有上百年历史。据村中两位九十岁高龄的老人说，1930—1940 年，是蹦蹦戏演出在口子村最活跃的时期。当时大家都特别爱听村里的蹦蹦戏，至今蹦蹦戏的演出场景仍记得很清楚。演出的地点一般都在村里庙台上，有锣鼓、弦乐伴奏。乐器出自当时的"会里"，属于公共财产性质。伴奏者有李永善、李恩慈等人。演出的剧目有《刘云打母》《打面缸》《拉郎配》《马寡妇开店》《老妈开嗙》《孟姜女》等。

　　蹦蹦戏是一种民间的使人发笑的娱乐项目，就像相声、山东快书一样。她的唱腔有点像京东大鼓，又有点像运河的拉船号子，唱腔的韵律不太规范。节目也短小精悍，一场演出才一个多小时。通过故事情节、戏剧冲突，寓教于乐。嬉笑怒骂，侧重于诙谐幽默。因为有乐，且不付费，每晚演出都能聚集百人以上。

　　演员们没有任何报酬，剧中人物的扮演者都是男演员，女角也由男演员扮演。剧组有十来个演员。现在九十岁高龄的李大勇能说上当时剧组的五个人——李恩勤、李思斌、李永秋、刘景山、刘祥。这五个人是当时剧组的台柱子，是主要人物，组里的其他人物不太重要，有缺席者，随时找人顶替。

　　抗日战争时期，唐山地区的评剧传入本地，很快取代了蹦蹦戏。解放后，国家重视百姓文化生活，戏剧繁荣，一些有地方特色的剧种，如京戏、评剧、河北梆子、河南坠子等发展开来。但是一些韵腔韵调不太规范的地方戏没能传承下来，流传于京津冀大运河一带的蹦蹦戏，曾经让京东大运河沿线的老百姓喜闻乐见的乡土剧种，逐渐从人们的视线中消失，口子村的蹦蹦戏也随之销声匿迹。

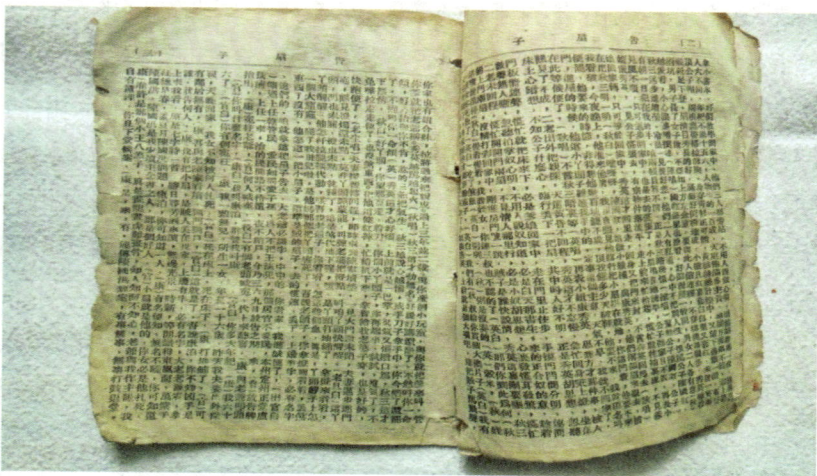

蹦蹦戏唱本

蒋辛庄村评剧团和窑上村评剧团

■口述：张书则 杨永盛 赵宗华 整理：杨会礼

新中国成立初期制定的《婚姻法》，是以倡导婚姻自由、妇女解放为主要内容的法律。那一时期农村地区文化生活相对匮乏，为推动新婚姻法的实施，改变人们陈旧的思想观念，当时的基层单位普遍组织了小剧团，深入群众，宣传政策。评剧属北方曲种，通俗易懂，且演出剧目符合时代发展，涌现出许多新题材、新剧目，台湖地区便发展起来一批小评剧团，不仅丰富了农村的业余文化生活，重要的是改变了人们陈旧的思想观念。通过评剧表演，民间艺人的才华得到了展示，特色的民族文化得到了传承，可堪称寓教于乐，寓教于人，评剧名角李忆兰、张德福曾受邀前往蒋辛庄村评剧团进行教学指导，谷文月（著名评剧表演艺术家）从北京市戏曲学校毕业后，到窑上村评剧团体验生活，劳动之余，为评剧团演员做指导。这些村里的评剧团活跃了十几年，改革开放后，群众的业余文化生活日渐丰富，评剧团也逐渐消失。

一、蒋辛庄村评剧团

蒋辛庄村不乏文化和文艺人才，吹、拉、弹、唱大有人在，尤其是张书训，更是琴棋书画样样精通。在与本村文艺爱好者张绍元、孙庆林、张绍堂等人商议后，走家串户动员村内文艺人才组建评剧团。

1951 年秋，蒋辛庄村评剧团正式成立。1952—1964 年期间，剧团有演职人员五十多人，演出有《打狗劝夫》《三不愿意》《打渔杀家》《王贵与李香香》《快嘴李翠莲》《豆汁记》《刘巧儿》等二十多个剧目，剧团从成立到最后消失，共演出二百余场。

评剧团里分工明确，各尽所能。张绍堂为召集人，负责组织和对外联系；张书训、张绍元为导演，负责排练和演出；刘广德、张贵为文场和武场领队，负责筹备乐队器材和演出伴奏；孙庆林为化装师，负责筹备服装道具和化妆；主要演员有张书训、张绍元、张绍坡、张绍新、刘广金、杜秀珍、张玉荣、张淑芝、尹秀清、刘凤兰。演员们按照安排的角色在田间地头，一边劳动一边背台词，并经常利用晚上时间在关帝庙厢房进行排练，把关帝庙后殿当舞台，做到成熟一个剧目，演出一个剧目。

为提高评剧团的演出水平，村干部带领主要演员多次到通县新通剧场观看演出，提高演技。导演张书训利用旧时与北京评剧团的关系，于1957年3月请来了评剧名角李忆兰、张德福，从眼神、演技、坐唱、手势、亮相等多方面给演员们进行指导。

蒋辛庄村评剧团每年从腊月三十到正月十五都在台湖、外郎营、麦庄、胡家垡、北火垡等村巡回演出。1957年腊月，在台湖村演出时，天气十分寒冷，又飘起雪花，观众仍冒雪前来观看。1958—1960年，蒋辛庄村

1960年，通县联合演出队在密云水库合影（前排：右二尹秀清右三张玉荣；后排：右二张淑芝右三杜秀珍）

评剧团演员杜秀珍、张玉荣、张淑芝、尹秀清四人受邀参加了通县联合演出队，上午劳动，下午排练，晚上演出，先后在密云水库和潮白河主坝工地演出《闹严府》《棒打薄情郎》《刘巧儿》等剧目五十多场，受到密云水库总指挥部的高度赞扬。当时北京市政府有关领导和通县政府有关领导曾多次观看演出。

二、窑上村评剧团

1951 年，二十多岁的商廷弼担任窑上村党支部书记，他发现村里有很多能歌善舞的人才，如果能组织起来进行表演，既可以丰富村民的业余文化生活，又可以利用表演宣传国家政策。于是他就找到杨永盛、商廷明二人说出了想要成立评剧团的想法，三人一拍即合。经过周密策划，又根据评剧演出的要求，挑选了适合各种角色的人员二十余名成立剧团。受当时思想意识束缚，演员均为男性。党支部书记商廷弼为总管，四处奔波寻找合适小剧团演出的剧目、联系导演，走东家串西家筹钱购置演出的服装道具和各种器乐。杨永盛为团长，商廷明为副团长，赵家礼负责文场，赵家信负责武场，聘请高古庄村李老先生为导演。

参加评剧团的人员服从安排，任劳任怨，不计报酬，利用冬闲和晚上时间排练，经常从晚上七点排到十一点。商廷赞、商文生、商廷孝、商廷文、商廷璋、蒋德林、商廷会、商廷震等主要演员通常排练几个小时下来累得满头大汗、精疲力尽，特别是商文生、商廷文、商廷璋三人要男扮女装。他们在背台词、练发声、练动作、摆姿势各方面下了一番苦功，吃尽了苦头，最终其惟妙惟肖地表演得到观众的一致赞誉。经过一年多的精心排练，《小姑贤》《小女婿》《打狗劝夫》《刘女打母》《三不愿意》《不忘阶级苦》《牢记血泪仇》等十几个剧目上演。

1953 年春节期间，在村中一大户人家倒作房（南房）支桌子，搭戏台，从腊月三十到正月十五隔一天演一场。每场都有一百多名老少乡亲自带板凳，穿着厚厚的棉衣前来观看，可说是场场爆满，掌声不断。虽说农民出身的男演员不会使用假嗓，在饰演女性人物时，仍用男腔，可还是博得了大家一致认可。此后，评剧团有了女同志加入，愈加活跃。演职员分工也更加明确，各饰一角。如在《小女婿》一剧中，商廷文饰演杨香草；商廷会饰演小田喜；商文生饰演杨母（香草妈）；商文珍饰演田母（田喜妈）；商廷赞饰演老杨发（香草父）；蒋德林饰演陈快腿（媒婆）；商廷镇饰演陈二（陈快腿之夫）；赵宗玲饰演秋菊（香草妹）；商淑华饰演罗寡妇（反角）；商文仲饰演罗长方（罗寡妇之子，小女婿）。该团演出水平在当时众多的村级评剧团中可算是佼佼者，因此也极有凝聚力。

他们除了在本村演出以外，先后到邻村台湖、外郎营、胡家垡、兴武林、朱家垡、高古庄等村演出，还受台湖乡党委邀请多次到北京京棉三厂演出。据不完全统计，十几年时间，窑上村评剧团村内村外共演出剧目十几个，演出场次达二百多场。1961年通县县委书记刘拓在台湖公社党委书记牛尚武的陪同下到窑上村检查农业生产时，商廷弼还邀请他观看本村的评剧团演出。

1965年秋，著名评剧表演艺术家谷文月在北京市戏曲学校（现北京戏曲艺术职业学院）毕业后，即到窑上村体验生活。在村民家吃"派饭"（也称号饭。即轮流到各家吃饭，交钱、交粮票），住在赵宗礼家，和村里季增珍、商廷芳、赵宗玲、赵宗华等爱好戏曲的青年成为朋友。白天和社员一起下地劳动，到了晚上谁都不觉得累，青年人集中起来，听谷文月上评剧课。她平易近人，拿这些同龄人当兄弟姐妹，和大家讲评剧，逐字逐句教唱评剧，手、眼、身、法、步，一招一式地做示范。教唱的《会计姑娘》唱段"黑大爷……"尤其传神，头天晚上教，第二天人们就能在田间地头唱。她回城后，大伙还都十分挂念，给她写信。无奈大家都忙，渐渐地失去了联系。每当电视台一有播放她的节目，人们还是马上转过台来收看。

如今，这些青年都已年逾古稀，可是还都能回忆起当年谷文月英姿：花格衫，红头绳扎的小辫子，活脱一个"李铁梅"（样板戏《红灯记》中人物）。2014年，谷文月到通州区文化馆参加活动，称窑上村为第二故乡，还托人邀请当年窑上村评剧团女演员赵宗华到场。老姐妹相见，回忆半个世纪前的姐妹情谊，紧紧相拥，令在场人无不为之动容。

（杨会礼，原台湖乡组织部长、建筑公司党支部书记，原台湖镇党政办公室主任、党委宣传部部长、镇总工会主席）

次渠村的旭光剧社

■ 张绍明　张宝增

　　中华人民共和国成立后，在共产党的领导下，贫苦农民在土地改革运动中分得了土地，有了土地就像有了命根子。当时大家生活条件都很艰苦，有了土地但缺少生产工具，有的家里没有青壮劳动力，一家一户也很难耕种。为了解决生产资料和劳动力不足的问题，20世纪50年代初，次渠村成立了互助组，后来发展成立了初级社，一个叫总生社，一个叫总成社，总生社的规模比总成社大了许多。有了初级社，农民就有了主心骨，大家都以社为家，农闲时，为了丰富业余生活，就产生了成立剧社的想法。1952年，总生社社长张德友决定组织社员成立剧社，因为大家觉得在共产党的领导下，日子越来越好，就像东方的太阳冉冉升起，因此决定剧社的名字为旭光剧社。

　　要成立剧社，说起来容易做起来难，面临资金、场地、人才和管理等诸多方面的困难。首先是活动场所，大家齐心协力，用车拉人推的方式，在宝光寺后、次渠塔前面搭了个大土台，排练、演出场地就有了。由于没有资金，服装道具几乎为零，大家就自己动手自制幕景，又集资买化妆材料，本着能节省就节省的原则，虽然困难很多，但服装道具上决不凑合，没有钱买就托人去北京戏剧团租，尽量少花钱，这也是当时解决资金不足的唯一的办法。

　　剧社刚成立的时候，没有一分钱的活动经费，所需都是剧社成员你一元，我一角，在生活上省吃俭用，众手拾柴式的凑出来的。人员都是自愿参加，没有人强迫谁，大家都一心想着把剧社办好。别看是一个农业社办的草根剧社，社长张德友经过多方努力，请来了各方面的人才。刘万鹏，潞河中学高中毕业生，多才多艺，能写会画，剧团里的幕布、布景都是由他制作，他又能拉二胡，还是剧团的导演；夏海泉，著名相声表演艺术家常宝堃（艺名小蘑菇）的徒弟，能说相声、演京剧，演什么像什么；张书全，是当时北京地区有名的琴师，京剧、评剧伴奏曲目演奏得都很精湛。其他几名主要演员都由社里的社员担任，这些社员也是戏剧爱好者，一些传统剧目中的经典唱段，也都模仿得惟妙惟肖，具有相当的水准。

为了剧社的发展和提高，剧社特地聘请了评剧演员小辫连（艺名）和其女连春香来传授评剧，又从天桥聘请了京剧老艺人李德寿来社里指导。在老艺术家的精心指导和严格要求下，剧社排练了评剧《秦香莲》《小女婿》，京剧折子戏《打渔杀家》《豆汁记》，还有相声、小品、清唱等剧目。

第一场演出场地在宝光寺院内，这也是剧社的公开亮相。演出前照例贴了海报，为的是让更多的群众前来观看。记得那是一个冬天，天气十分寒冷，大家都不怕冷前来观看，整个街巷里都站满了人，都想目睹自己剧团的第一场演出，看看到底是什么样。当时演出的是评剧《秦香莲》，由刘会莲演秦香莲，张文裕演陈世美，夏海泉演包公，魏延祥演王延龄，张春兰演国太；还有刘会莲的儿子和女儿饰演冬哥春妹，那两个小演员年纪不大，但演出相当成功。张洪德等配角表演得也很出色。当夏海泉饰演的包公一声开铡，观众的掌声和叫好声不断。这场戏深深地印在了次渠村百姓的心中。

首场戏演出成功，鼓舞了大家，使大家更有信心了。从这以后，剧团除了冬闲或节日给村里义演外，也应邀去外面演出。剧社成立的第二年，参加马驹桥商业大会演出，观众人山人海，叫好声不断。此后，剧团演出的节目也越来越丰富，除了评剧外，还有京剧、曲艺等。夏海泉和王金搭档的相声很受观众的喜爱，他俩在台上一逗、一捧，包袱不断，精彩之处笑得观众前仰后合，他们两个被称为"活宝"。魏延祥、蔡国昌

的清唱，刘得志、李连生、翟德贵、王志福的小品《除四害》，都深受观众喜欢。《除四害》表现的是当时开展的消灭麻雀、老鼠、苍蝇、臭虫运动，每个人分别扮演一种害虫，即滑稽又生动形象，给观众们留下很深的印象。刘会莲和王清也经常被邀请区县广播站录制唱段。剧社在当时通县地区也是很有名气的，县里的主管领导王明经多次来这里考察，认为旭光剧社已经达到专业水准了，因此特为剧社发了演出执照。据说当时只有旭光剧社有这个执照，可以在通县任何地方演出，这在当时也是上级对剧社的一个肯定。

由于演员的投入，角色饰演到位，给观众的印象深刻，久而久之就把演员的姓名改成了角色的称呼，如张文裕被大家称呼"陈世美"了，王立山演的《小女婿》中的田喜儿，他也叫"田喜儿"了，田喜儿的名字一直陪伴他终生。当时剧

王清演出照（左：王清 右：高文瑞）

社鼎盛时期高达六十多人，人才济济，少长贤集，最小的王清当时只有十二岁。村里上了年纪的老人，每当提起当年剧社时都有一种骄傲的感觉，如数家珍一般。

旭光剧社在一九五七年秋的最后一场演出后就解散了，这个存在了五年的旭光剧社停止活动，再也没有恢复起来，而是仅仅留在了人们的记忆中。1958—1960 年期间，原剧社演员夏海全、王金还受邀参加通县联合演出队，在密云水库现场为施工人员演出。

六十多年过去了，剧社的大多数人都相继离开了这个世界，尽管

健在的几个演员也已是耄耋之年，但这段次渠村的辉煌岁月却留在人们的心中。经年已久的许多演员、琴师、剧务人员，人们记得不太清楚了，然而大家对旭光剧社演出的情景还都能记忆犹新。旭光剧社，在次渠人们的记忆中永远不会消失。

（张宝增，原北京电子管厂武装部干事、车间党支部副书记）

次一村的小车会

■口述：孙绳文 孙绳义 郑学安 李树泽 邱瑞华 李群
整理：崔永刚

　　小车会（也称"太平车"）起源于宋朝初期间"韩龙送妹"的故事（也有说依"昭君出塞"故事），后来逐渐演变为庆贺太平的一种民间（花会）艺术。小车会演员众多，表演场面宏大，风趣喜庆，剧情故事高潮迭起，富有喜剧色彩，深得乡间人们喜爱。由于各地历史文化传统、民俗风尚迥异，小车会表现的故事情节、场面规模及角色设置也不尽相同。

　　小车会在台湖地区也很具有影响力，尤其是次一村的小车会，更是远近闻名，为大家所熟知。说起次一村小车会，就得先说到原次渠地区的郑庄小车会。据记载，郑庄小车会成立于清同治年间，以独特的表演方式、新颖的内容，使人赏心悦目，深受当地百姓的喜欢。小车会原名云车老会，在次渠、马驹桥一带颇有名气。当年郑庄小车会"出会"（给皇宫内部的人演出），到懿贵妃那里去表演的时候，演出了地面道路不平的景象。在不平路上行车，车子两个轱辘着地，这边高那边低，于是就会换着方向倾斜，持续出现这种状况就叫作"云车"。正是在表演途中，懿贵妃脱口说出一句"瞧这车'云'起来了！"那时的会首在跟前，听到这么一句，连忙跪下说，"求娘娘赐号"。贵妃琢磨着，要不"郑庄云车老会"就改一个字，叫作"郑庄云车圣会"好了，于是名称就此沿袭。

据传当年小车会能打黄旗（那时只有皇家才可用），且能上潭柘寺庙会去表演。

据老会首说，清光绪三十年（1904）四月十五，正值马驹桥庙会，郑庄小车会的精彩表演，让前来马驹桥赶集的南海子围场理事太监看到了。可巧，这一年正是慈禧的七十寿辰，又赶上日、俄两个帝国主义列强为争夺我国在东北的利益发生战争。国难当头，内忧外患，慈禧无心大办喜寿。但是，各级官员知道这并非慈禧的本意，遂变着法地讨慈禧欢心。这个理事太监就把郑庄的小车会介绍给了刚上任一年多的署理步军统领工巡局事务（俗称"九门提督"）那桐。1904 年 11 月，郑庄村小车会奉旨进入紫禁城。郑庄小车会的到来，让慈禧心情大悦，一扫心中的阴霾，当即厚赏了那桐。之后，为了让郑庄小车会顺利进宫，那桐取出慈禧赏赐的八宝琉璃宫灯一对，赠给郑庄小车会，每只宫灯上面亲笔书写"九门提督赠"五个字，并告知禁卫军凡见此灯者不得阻挡，从此郑庄小车会载誉京城。可是时运不济，光绪三十四年（1908 年 11 月 15 日），慈禧太后去世，郑庄小车会再也没有机会进入紫禁城了。

民国后期，郑庄小车会传承到了李坤（外号"李大脚"）这一代。李坤擅长坐车走会，还有邱玉祥推车，李厚拉车，李传、李春茂舞扇等等。

民国时期郑庄小车会合影

随着朝代的更迭，时光的流逝，郑庄小车会也是代代相传，经过几代人的精心打磨，表演艺术更加炉火纯青，享誉四邻乡里。郑庄小车会主要在传统节日期间演出。每年到了农历正月十五、四月十五、七月十五等节日，马驹桥都要举办庙会（有"北京倾城趋马驹桥"之说），周边乡村各种民间花会、杂耍、曲艺、戏剧等在这里汇集，各显神通，是一场高手云集的文艺盛会。郑庄小车会不仅是马驹桥庙会的传统剧目，而且还时常被邀请到附近村镇，为一些喜庆之事助兴捧场。

参加整场花会表演的有数十人，角色齐全。据《通州文化志》记载，这个小车会表现的故事是依据"昭君出塞"演化而来，云车会角色的创意与保护昭君出塞的侍卫有关，走会的各种技巧即所谓"活儿"显示了昭君出塞时的千辛万苦、重重险阻。角色有公子、甩头冠子、膏药、大烟袋、媒婆、傻柱子、傻丫头、推车的、拉车的、娘娘、渔翁、算账先生、挑担的、小媳妇、帮车的，加上乐队最多能达到三十多人，上场角色一般不少于十七个。

演员大多是年轻的小伙子，浓妆艳抹、踩着鼓点节奏，通过幽默、滑稽、夸张的喜剧手法，把皇上民间选妃选中大家闺秀、皇上派的两名宫女、膏药等一行人接皇妃入宫。小姐的哥哥推着车，两位仕女陪伴，送亲的队伍一行人通过夸张地表演，把远途中历尽艰辛、跌宕起伏的感人故事和人物的心理状态表演得淋漓尽致。

道具主要是花车，车顶蒙红绫布顶，下围绿裙，车的四角坠上流苏绣球，车前有拉环，后有车把手，布袋搭肩，没有车轮，只是在两边遮帘上画的车轮。娘娘坐在中间，腰间有两个钩子，将小车钩起，娘娘前面装一双假腿如盘膝状，宛如娘娘坐在车上，用真腿走路，伴奏乐器，主要有大鼓、大镲、小镲等。小车会的基本步法为丁字步、踏步、云步、旁弓步、前弓步、大八子步、半蹲、十字步、推车蹲裆步等。

表演分武场和文场，可以演奏多种曲牌，踩着锣鼓点走起来，车随人舞，场面风趣，威风八面，高潮频起；追逐观看的人流如潮，车水马龙，十分热闹。但看娘娘头戴凤冠，身穿彩服，后披肩，右手拿彩扇，左手拿手绢，下穿花裤花鞋，随队伍行进或扭动腰身，或半卧车中似睡非睡，或盘腿端坐，雍容华贵，仪态万方。拉车的宫女梳着黝黑的长辫，系着红头绳，身穿彩服，头戴花冠，脚踏花鞋俏皮可爱。推车的老汉头戴草帽，挂着长须，系腰带，下穿老头鞋，肩搭布袋，双手推车，进退拐转，左摇右摆，还不时亮出虎跳、飞脚、吊腰、扫蹚腿等绝活。膏药俗称"丑角头"，戴花顶帽，左手拿摇铃，右手拿幌子，身穿黑圈黄土上衣，脚穿黑色软底青帮鞋，翻转腾挪，倒立打走，鱼行倒立叼花，挤眉弄眼，花样百出。文扇扮相俊美，手持彩扇，风流潇洒。武扇，也称"四公子"，头戴公子巾，身穿大袍（红绿粉紫），白色内衣裤，中腰系带，下穿红色高马靴，手持彩扇，紧靠甩头冠子，舞动双扇，鹞子翻身，下身劈叉各种杂耍，让人目不暇接。老太太排在队伍后面，手持大烟袋，戴花帽，穿彩服，拄拐棍，蹬花布鞋，一根大烟袋要得让人眼花缭乱。甩头冠子头戴甩头帽，身穿花色衣裤，手拿鹅毛扇、花手绢，脚穿花丝鞋，走在队伍的前面，手摇鹅毛扇，尽在头上转，打起旋风脚绕场跑几圈。纨绔子弟与傻柱子排在大烟袋后面，头戴立天锥小帽，手拿一根小辫，身披褡裢，脚穿破鞋，憨憨地表演惹人发笑。傻丫头是打趣的丑角，头上梳两个高低大小不均的小辫，上穿花衣，下穿彩色混杂长短不一的花裤，脚穿花布鞋，前后穿行打骂逗趣，妙趣横生。账房先生戴着瓜皮小帽。迈着四方步，翻阅着账簿，悠哉闲哉。表演中，所有演员都伴着节拍，舞动彩扇随队行进……

小车会中，娘娘所乘的车有 80 厘米宽（原为 1.2 米），长 1.6 米（原长 2 米）。过去有道具叫作"桥"，长 3 米、高 1 米，木制，所有角儿都得上去"耍活儿"。有一招是"弯腰捡花"，即行车过桥时，角色假装把头上的花不小心掉在地上，然后表演在桥上弯腰捡花的高难度动作，这一招可要有真功底，可以说是一个紧要的关口，现在已经没人会了，因为没有身板基础。此外，还有上坡、下坡等"活儿"，即使平地也要表现出有道路崎岖的感觉，需要上下坡，偶尔还会被陷入泥里。小车会还有一个绝活儿就是"卧车"：演出道上有泥有水的感觉，意思是这车"卧"在这儿，是不动了。护送娘的大伙儿都围着车着急，过去这个时候就有唱段了。小车会整个过程只能在"卧车"的时候唱。因为小车会是一个哑剧，主要靠动作和神态来传情达意，但现在唱词已经遗失了。整个表演过程大概半个小时。小车会的乐器是锁呐，此外还有后档儿的 10 来个

人，负责打镲、打鼓等。

到了 20 世纪 80 年代初，按照市、县文化文物部门的要求，整理挖掘非物质文化遗产，郑庄村又重新排演小车会（云车老会），小车会成员共有 50 多个人，上场的有 20 多人，新添的角儿有婆子、宫女、侍女、骑驴的、猪八戒、唐僧、孙悟空、青白蛇、许仙、法海等一共 10 多个角儿。并准备把一整出《水漫金山》搬上去，而且与之前不同的是，现在一般都是女扮女角儿，男扮男角儿，只有婆子角色还是男性在扮。成员的年龄构成以 40 岁往上的人居多，年龄最大的有 80 多岁，多是本村人，外村人想要加入并有一定本领也可以参与。主要表演人员有坐车的李云，推车的郑利、李信，拉车的程大亮、李春喜，文扇李强，武扇李来福、李树泽，老太太李青、程永安，甩头冠子邱鹏，傻小子邱良，瞎子张会强，老道郑邦维，打鼓卢连明，打棍褚士全，大烟袋褚士华，膏药李松等等。乐器有大鼓、小鼓、大镲、小镲、大锣、小锣。各角色一应俱全，演出场面如初，盛况不减当年。

现在郑庄云车会被次一村（原次一大队）继承了下来。次一村原来就有秧歌队和小车会，都是自发组织的，小车会人数多的时候达 200 多人。据会首介绍次一小车会与郑庄发生联系是 1996 年，当时市区里要拍一个有关运河的 12 集连续剧，其中有关庙会的镜头要小车会上去表演。于是，工作人员就找到了次一村小车会。乡里寻思着请郑庄云车会的人来指导指导，但是在返回途中，郑庄云车会的传人发生意外去世了，这样次一就成了郑庄云车会的真传。

目前，整个次渠有原村落人口 2000 多人，流动人口 2 万多人，因为附近 10 多个村子由于拆迁都搬到了次渠，成了一个个独立的社区和街道，各村人杂居在一起。在未拆完的老房子边纳凉的老人们依旧怀念从前的光景，有位老太太说"这都是保佑村子的大仙爷、二仙爷显能了。不扒了那大庙和塔，这村就不会没了。现在没塔没庙，仙爷们就跑到别的地方去了，不在次渠了。"

胡家垡村高跷老会

■ 崔福军

　　高跷，也叫高跷秧歌，是一种汉族民间表演艺术，一般以舞队的形式表演。胡家垡高跷会有 400 多年的历史。明末清初，因永定河流域道教文化传入而生，延续到光绪三十二年（1906）重修关帝庙期间，表演者便为村民熟知，96 岁老翁王太，还能清楚地讲述，当年的会头，即其先人。

　　据王太老人讲，胡家垡高跷会表演者没人管饭，演出后各自回家用餐。所需资金，全部出自会员，到 1945 年时，他父亲、大哥和他三家还各出资五斗玉米，用于高跷会置办行头等道具开销。现在，这些用粮食换来的表演行头，陈列在胡家垡村史馆中。以便被后人了解当初胡家垡高跷会的辉煌景象。

胡家垡村史馆中陈列的高跷道具（2021 年　摄）

胡家垡高跷会的主要角色有十二个,分别是四跳:大头行(扮演武松)、小二哥(扮演哪吒)、舞扇(扮演燕青)、膏药;四唱:渔翁(扮演肖恩),渔婆,樵夫,老坐子(扮演仙女),四打:两锣、两鼓。在演出前一个月,高跷会会员认真组织排练,练习各种腿法,技法,棒法。

20 世纪 80 年代
胡家垡高跷表演

表演开始前,演员们化妆、着装、登跷、戴好装备,以突出每个角色的特点。演出开始,大头形作为领头,第一个出山门,他采用蹲桩,别黄瓜架,苏秦背剑、开路棒、转棒、背棒等技法迎接第二个出场的角色舞扇出场,舞扇在高跷会中起到引逗作用,推动整个高跷会的进行。随着舞扇的引逗,其他角色依次登场,之后舞扇点到某个角色,用他角色特有的技法,摆出各种姿势,与舞扇一起互动。高跷会队伍边表演,边行进,从村东走到村西,小孩们手里拿着糖葫芦,攥着棉花糖,大人们鼓掌喝彩,也一直从村东头追到村西头。

胡家垡村高跷会以高难度动作著称,因绝活突出,曾被美誉为"京东第一会"。新中国成立前后的四跳演员:王太、陈华、王士昆、张元,他们可称为代表人物,上世纪 80 年代出生的人大都还领略过他们的风采。

胡家垡高跷会有自己独特的绝活,如金刚铁板桥上跳板,劈大叉,翻越八仙桌子落板凳。跳板为距地一米高的长方形木板,长 5 米,宽 1.5 米,一侧设有台阶，方便上跳板使用，将八仙桌子放置在跳板的另一侧，八仙桌子上再叠放三条 0.5 米高的板凳，在最上面的板凳上放茶壶、茶碗、茶盘子，他们采用金刚铁板桥的方式（身体后仰，双手举过头顶，从后侧下腰），上衣接触到台阶，一步步倒退走上跳板。在跳板上表演各种动作。最后腾空而起，越过八仙桌及板凳、茶壶、茶碗、茶盘子，落地后连接做苏秦背剑式。在表演过程中，表演者踩在高跷上（注：胡家堡村高跷老会的高跷为杉篙木制，踩盘距地 0.95 米），稳住身形，一条腿作为中心点，保持身体稳定，另外一条腿慢慢移动后撤，直到表演者以劈叉的姿势，两腿伸直坐在地上，之后再以手中的道具为支撑，双腿回收，重新站起。高跷会会员张元便是表演这些绝活的佼佼者，虽然惊险表演，但因基本功扎实，多年以来，从未出现表演事故。

胡家堡村高跷会有舞有唱，各角色有各角色唱词，一般为四六八句句式，如：

（小五佛）阿弥陀佛念了一声，观音圣母渡花中（花中，人名）。
（合唱）连渡三元是无渡上，脚踏祥云是起太空。

阿弥陀佛念了二声，二郎杨爷是圣有灵，单鞭赶日如飞快，泰山压顶运不通。

阿弥陀佛念了三声，桃园结义是数关公，大刀一把人人怕，阻挡曹操百万兵。

阿弥陀佛念了四声，四海龙王是把雨行，小白龙错行三阵雨，龙头落地吓坏太宗（太宗，指唐太宗）。

阿弥陀佛念了五声，九位娘娘是圣有灵，日过九州来朝顶，一秉虔诚是圣有灵。

高跷会不仅每年为村民表演，在庙会、重大节日或大型庆祝活动上也会受邀进行表演。尤其每年的农历正月十二、四月十七的两场大型庙会，是历年的重头戏。用于祈求风调雨顺，五谷丰登。走会开始前，要在庙内祭拜老狼神（戏神）、关帝、娘娘、观音。然后演员以表演形式出庙门，

自东向西表演，表演时间多为一天。

抗日战争胜利之际，住在邻村江场的武工队队员，联系当时本村高跷会会头王德祥，邀请参加在马驹桥举办的抗日战争胜利庆祝活动。王德祥欣然接受，并带领高跷会成员日夜排练。1945 年 8 月 15 日，王德祥带领全体高跷会会员 20 余人来到马驹桥镇参加抗日战争胜利庆祝活动。晴朗的天气，象征人民在抗战中取得胜利的喜悦心情。演出现场，锣鼓喧天，彩旗飘扬，人头攒动，热闹非凡，人们身着盛装，脸上洋溢胜利的笑容。经过 8 年的艰难奋斗，终于迎来的伟大的胜利。当天参加活动的有几百档花会组织，包括高跷会、小车会、杠爷会、舞狮会、舞龙会、毛驴会等，光高跷会就有七八十档之多。花会表演队伍由马驹桥南的木头市场，向北行进，一直到马驹桥北的黄亭子结束，距离将近 2 公里。队头已经到达黄亭子，队尾还在木头市场等待出发。胡家垡村高跷会由于技术高超，名声响亮，被安排在压轴位置出场。当天演出的人员有：王德祥、王世贞、王永元、王世坤、王太、陈华、陈德、陈廷元、刘荣、叶二、王世恒、张宝忠、赵荣、张永利等。欢庆活动一直从早上持续到晚上十点才结束。

1949 年农历八月十五，胡家垡高跷会前往张家湾镇高楼金村参加庆祝中华人民共和国成立活动。当天庆祝活动共有 4 档高跷会，分别来自上码头、大高丽、马营、胡家垡。白天天气晴朗，到傍晚将近结束时，下起了小雨。在雨中，胡家垡高跷会的演员为前来参加活动的观众奉上了精彩的表演。

1954 年胡家垡高跷会参加通县举办的大型花会比赛，获得最高奖。奖旗由村中高跷会队员王太保存至今。1958 年人民公社成立，到张家湾参加庆祝表演，同年参加了慰问密云水库建设者的表演活动。1984 首届北京春节龙潭庙会，获得优秀。1991 年通县首届美食小吃节，获得优秀奖。

胡家垡高跷会不仅技艺高，与友邻各档高跷会关系都非常融洽。1950 年，张湾镇里二泗高跷会还来投师学艺。由于老辈演员年龄渐大，年轻人学高跷的逐渐减少，至上世纪 90 年代中期，胡家垡高跷会停止了演出活动。

高跷演员王太及其收藏的 1954 年通县花会大赛锦旗

90 年代，胡家堡高跷参加通县农民艺术节演出

麦庄的高跷会

■ 崔　永

麦庄的高跷会由庞德禄的太爷引进。在清朝时麦庄就创立了这档民间花会，并一代一代传承下来。相传，有一家五口儿逃难，遇上山间的一条大河挡住去路，樵夫便用木棍做成高跷，让他们蹬在腿上涉水过河，逃过一劫。后来这家人为了感激樵夫就办起了高跷会，这就是高跷会起源的传说。

麦庄高跷会在解放前由吴克群的爷爷和洪五爷当会头，解放后由李树荣和庞德禄当会头。会头演技全面，还要有领导能力，是大家推选的。会头组织大家排练的重要口语是："要想人前显贵，必得背地受罪"。会头组织领导高跷会的一切工作：定会规；安排饰演四跳、四唱、四锣、四鼓的角色；安排演出程序；记清村民自愿捐资扶助高跷会的姓名和捐赠的数量、名称等，很是操心费力，但会头高兴。解放前，麦庄高跷会就在村公所的院子里拉大绳，初练者扶长绳走跷。解放后，久练成熟者，冬天到亮乏地里去练。四跳飞越摞起三米高的桌凳；四唱调音调背唱词，不论是武跳还是文唱，都是师徒一对一地指教排练。晚上练饿了，大家共吃村民资助的摇籽杂儿。1962 年，已到耄耋之年的洪五爷染恙在身。他儿子说："高跷会能治病，只要听到锣鼓声，他就没病了，就能离开病床，前去现场指导排练。"可见洪五爷是多么喜爱高跷会。为此，村领导决定在离洪五爷家近的地方排练，他出家门约走十米远就能指导排练了。几十年过去了，洪五爷站在较高处打鼓的那情形，那架式，那微笑还留在我脑际。

1945 年，日本投降，全国抗战胜利，麦庄高跷会演出庆祝。当时麦庄西街有独木桥，约 3 尺宽。在独木桥上走高跷需要胆量，不但走过去，还要架滑车。架滑车是一个武跷在后面，两个武跷在前边，后面的拉住前面的各一支跷腿。三人蹦跳走过独木桥。这要服从锣鼓的节奏，才能动作一致。当时饰演大头行的是李树仁，饰演小二哥的是龚祥泰，饰演武扇的是李树培，饰演膏药的是李进财。

1949 年全国解放，麦庄高跷会演出庆祝，人们热情高涨，热闹空前。当时麦庄西街李金华房东侧的土坡约有四米高，从四米高的坡上往下跳，动作异常惊险。此起彼伏的喝彩声、叫好声夹杂在人们喜悦的笑声里。这场面显示了麦庄人民盼天亮得解放的心情。当时饰演大头行的是张德元，饰演小二哥的是庞文生，饰演武扇的是张元，饰演膏药的是付存。

20 世纪 50 年代初，麦庄高跷会便积极参加"拥军优属"活动，每当有村民参军入伍，高跷会首先到新兵家表演，然后送新兵到通州。

90 年代，通县举办农民艺术节，30 多档花会参加比赛，麦庄高跷会荣获一等奖。奖品在庞德禄家珍藏。那逗场的表演给花会增添了喜庆的气氛。

曾经为麦庄争得荣誉的演员，人们在茶余饭后总是发自内心地赞叹。他们是：大头行崔洪武、张文明；小二哥张文凤、郝志全；武扇姜士海、张德珍；膏药吴文明、龚廷富；老座子郝德忠、郝德水；渔婆龚全、王雪峰；渔翁庞德怀、石三；樵夫吴克明、庞文生。四伴锣：李华、龚祥凤、李亚利、吴宝利。四伴鼓：李廷贵、姜文来、党立青、姜文才。虽然他们中有的人已过世多年，但人们提起他们的演技，仍翘起大拇指，称他们是麦庄高跷会的演艺明星。

这些演艺明星把我的思绪带到 1962 年春节，那时我 13 岁。我们那帮小顽童第一次看到高跷会，跑到人群最前边。在"呛，呛，格隆咚呛；呛，呛，格隆咚呛……"的打击乐声里，掺杂进我们的嗷嗷乱叫。

滚圆金红的朝阳悬在东方，犹如天安门上的红灯，放射出万道霞光。高跷会的演员在大筛和锣鼓的打击乐中，在震耳欲聋的鞭炮声中，出场

亮相。第一个出场的是饰演大头行的庞德禄，他上身穿黑缎子紧身短袄，下身穿黑衩，月牙箍头长发披肩，有节奏地敲击手中的双木棒，昂首挺胸目视前方，雄赳赳气昂昂。接着饰演小头行的崔洪凯出场，小头行俗称"小二哥"。他手持马鞭头戴童子帽，全身红衣，刘海发型，是一位英姿勃发的少年。"快看，那是武扇，那是老座子。"爷爷指给孙子做介绍。

武扇张德珍饰演的是一位公子，他敞穿红色外氅，头戴红绣花公子帽，手持红折扇，尽显英俊潇洒。文扇俗称"老座子"，角色是公子的夫人。她涂脂抹粉面带慈善，头戴发髻，身穿绣花天蓝长衫和黑缎绣花裤，态度安然，动作舒展飘逸，像荷叶在微风中舞动。饰演老座子的是郝德水。

"瞧膏药的！"膏药是个丑角，随着人们的喝彩声，出场就来个鹞子翻身，缩脖端肩滑稽的向观众举手示意。那膏药头戴红缨帽，身穿马褂长裤，左手拿膏药幌子，右手拿铁制串铃，铃声清脆一脸诙谐。饰演膏药的是龚廷富。接着渔婆闪亮出场，角色是渔翁的女儿。苗条秀欣的渔婆，柳叶弯眉，丰润的脸庞涂淡淡的红脂。她头梳发髻，戴长圆花穗冠帽，上身粉红绸衫，下身粉红内裙外套白色长分裙，明亮的眼睛闪动着，更显渔婆的妩媚。她左手插腰，右手持的鱼竿钓到一条金鱼。漂亮的渔婆特别让人爱看。饰演渔婆的是龚全。

接着并行出场的是渔翁和樵夫。渔翁戴白毡帽，穿浅黄色大襟长袍，白色长髯飘于胸前。打柴的樵夫头戴壮帽，腰别板斧。左手随乐声摆动，右手扶肩上的扁担。渔樵分别由庞文生、吴克明饰演。渔樵的后面是四伴锣，四个大姑娘左手拿铜锣，右手拿锣槌。她们描眉打鬓，粉红的脸膛油黑的头发。这四伴锣由崔恒、李秀玉、龚祥凤、李华饰演。最后出场的是四伴鼓。他们都穿黑缎子夜行衣。头戴缀有各色绒球的透风帽。双手拿鼓槌，有节奏地敲打背在右腋下的腰形长鼓，这四伴鼓由刘文志、姜振明、韩德忠、吴克顺饰演。

随着太阳升起，演员像是被罩上金纱，个个脸上春风洋溢，观众心里也充满了灿烂的春光。会头李树荣是总指挥，他敲大筛带领演员去拜关帝庙，焚香朝拜，祈求关老爷保高跷会平安。然后高唱："日出东来万丈高，周仓扛把雁翎刀。我问周仓哪里去？法令桥上等曹操。一等曹

1995 年，麦庄
高跷走街表演

操兵百万，二等徐庶和张辽。老爷猜透贼奸计，刀尖斜挑挑红袍。"拜过关帝庙，又去庵庙朝拜，朝拜庵庙有这样的唱词："来（呀）到，来（呀）到了寺院内……见了如来念声佛……灯光菩萨圣……保佑太平年，年太平……"

走会开始，人们早已在门前摆好茶桌，上面摆放干鲜果品。待演员走近，鞭炮齐鸣，竹杆支起一长串小红鞭炮，二踢脚叮咚响彻云霄。大筛紧奏，锣鼓紧敲，热闹非凡。四位武跷、大头行、小二哥、武扇、膏药闯进劈啪山响的鞭炮阵营，拼打厮杀，踢脚亮臂。大头行庞德禄挥棒摆头飘开长发，小二哥崔洪凯舞鞭前往尽显英勇，武扇张德珍抖大氅跳舞蹈不甘示弱，膏药龚廷富摇串铃清脆响亮冲锋陷阵。满街观众摩肩接踵拥挤争前，阵阵喝彩更显场面壮观……

鞭炮疏落，大头行敲棒，锣鼓节奏放缓。大头行开棒舞路，小二哥舞动马鞭，演员随其后左右两路分开，开出圆场，武角纷纷入场：大头行背起一支跷，另一支跷独立在胸前随鼓点敲双棒。小二哥左右盘肘表演蹲桩劈叉。膏药鹞子翻身接着就是蝎子勾。武扇上场，随鼓点起舞。他右手的彩扇"啪"地一声展开抖动，左手敞开外氅，大架门开扇前行，把渔樵逗到场内，又去把打鼓的农夫请来。四人在场中央唱《渔樵耕读》。渔翁唱打鱼辛苦，樵夫唱

上山砍柴，耕者唱春种秋收，公子唱："连考三场没中，丑名在外……"农夫劝他："老（哎）仁兄，你（呀）应趁，雨水调匀把（耶）田耕种……""咱四人，吃杯水酒，耽误不了功夫……"唱的曲目也叫大秧歌，这大秧歌主要由四位文跷、老座子、渔婆、渔翁、樵夫演唱。这文跷演员动作平稳，没有剧烈运动，体能消耗少，演唱任务主要由这四位担当，既活跃气氛，又使武角演员得到休息。那《十二月花草带古人名》至今还响在耳边，"……三月里，桃杏花开红（哟）白相衬，有（哎）刘备和（耶）关张结拜了弟兄……"总之，所唱的都是祈盼风调雨顺、五谷丰登、国泰民安的词曲。曲调的节奏由锣鼓的敲击声附合。那独唱、对唱、合唱，唱腔高亢，鼻音浓重，尾声干置，嘹亮动听，铿锵有力，倾倒了满街观众，百听不厌。

当时麦庄二队前边有又高又长的土坡。演员要从土坡上走下来，到下面开阔地表演。武扇和膏药要把老座子和渔婆"请"下坡。公子武扇鹞子翻身面向老座子。文扇老座子起舞随鼓点扭动腰肢，手中粉帕举在胸前左右摇摆，二人边行边舞。武扇不时搀扶老座子，老座子也不断向公子暗送秋波。夫妻恩爱之情表演得淋漓尽致。老座子似彩蝶，让观众陶醉，那舞姿煞是好看！又有锣鼓配音节奏鲜明悦耳动听，观众享受到自然而和谐的美。

高贵漂亮的渔婆她是不轻易下坡的，武扇和膏药在渔婆面前争相取宠，但渔婆就是请不动。她满脸娇气，一身妩媚，婀娜柔美就是不下坡。武扇急中生智抓住金鱼背在身后，他得意地向观众显摆："是我把渔婆请下坡的。"到了坡下大惊："上当了！"原来膏药在中途抓金鱼替换了渔婆。膏药得意的鬼脸让观众会心的笑了。再看膏药急转身摇串铃直奔渔婆，献媚的把鱼竿递到渔婆手里。渔婆左右甩摆金鱼，膏药就用晃子左右奉迎，微笑挑逗向渔婆讨好。膏药的滑稽诙谐赢得观众笑声。叫好喝彩此起彼伏，终于赢得渔婆的欢心，她这才迈开跷脚缓步下坡。这时的膏药以功臣自居喜形于色洋洋得意。但人们仍戏称他"坏膏药"。

该渔樵二人下坡了。渔翁用爱、甩、摊、喷表演长髯；樵夫扶肩上的扁担对舞。渔樵的表演舒展大方生动细腻，这和武跷的热烈奔放形成鲜明的反衬。

该四件鼓下坡了。这四个打鼓的舒展放开打鼓的架门，亮出腋窝，眼神随鼓棒移动。随后四件锣表演四方斗。敲打铜锣倒退下坡边跳边舞，眼神随铜锣上下翻飞。这四方斗是拿手戏，倒退打锣下坡，没有功底是不敢这样跳的。"瞧花的，又上去啦！"应观众喝采，四个打锣的姑娘又重返坡上，虽汗流满面，但越跳越起劲，仍然是倒退蹦跳打锣下坡。

当演员都聚坡下时，大筛紧奏，锣鼓紧敲，表演进入高潮。场中央放八仙桌，武跷不费吹灰之力，鱼贯跳过。八仙桌上再放一条板凳，板凳上再摞两条板凳。"能从这么高的桌凳上跳过去吗？"观众在疑惑在为武跷捏一把汗。没想到四位武跷都轻松如燕地飞越过去了！那紧张惊险的场面，那勇敢豪迈的气概，那高超绝妙的跳功，使人群沸腾了！爆发出一阵又一阵的喝彩。

武跷不负众望，继续表演各自的绝活儿：大头行表演怀中抱月，就是怀抱一支跷，另一支跷着地，手里的双木棒随锣鼓声敲打。小二哥表演背剑，他左腿单支着地，右腿弯曲到左肩头，用左手抓住右腿的高跷，右手向外侧平保持平衡。这个高难动作惊呆了现场观众！随后传来一阵又一阵的叫好声。那小二哥却满脸轻松，用点头微笑答谢观众的喝采。那武扇在表演蹲桩，就是随鼓点儿节奏深蹲。膏药在演蝎子勾，他单腿着地，随鼓点儿向前蹦，另一条腿弯曲45度，双臂左右平伸，保持平衡。

我当时听到一位邻村的观众说："这真是高超的技艺！"这是观众发自内心的赞叹！虽然二队前面是一片开阔地，但从三里五村涌入的人们把宽阔的街道拥挤得水泄不通。再看房顶墙头草垛树杈上面，全是看热闹的。这样的人山人海必须有人维持秩序。维持秩序的人是退下来的各角色演员。他们手持彩旗陪走在演出队伍两边，演出时要求观众"向后退"，让出表演现场。告诫观众注意安全。行话叫"护场的"。

该文跷演唱了。在文跷演唱的同时，全体演员表演五圆井。五口圆井每井必须保持三人，边唱边走边敲锣鼓伴奏。全体演员必须高度默契配合，精神高度集中才能完成五圆井的演出。这五圆井是麦庄高跷会的一大特色，麦庄高跷会的翘腿子（脚心以下）3尺2寸，踩这么高的跷是麦庄高跷会的又一大特色。

20世纪四十年代末五十年代初是麦庄高跷会最辉煌的年代，不但在本村出演还应邀到马驹桥小羊坊等地演出，都受到热烈欢迎。当时麦庄高跷会誉满方圆几十里，麦庄高跷会创下的辉煌历史，成为会头和每位演员一生的永恒记忆。大家共同辛苦努力，才有人人称道的好口碑。

1995年，麦庄高跷队在参加通县花会比赛后合影

2011年麦庄整体搬迁至次渠。新的村址找不到适宜的排练场所；演员分散零居；地面硬化，不利踩跷，麦庄高跷会也不再进行表演活动。

光阴远逝，麦庄高跷会虽然不再表演，但大头行庞德禄的豪迈气质；小头行崔洪凯的蓬勃朝气；武扇张德珍的潇洒英姿；膏药龚廷富的诙谐挑逗；文扇郝德水的富态靓丽；渔婆龚全的苗条俊美；渔樵二翁庞文生、吴克明的安然稳重。会头李树荣敲锤大筛，声音清脆、余音悠长；崔恒、李秀玉、龚祥凤、李华敲打那四伴锣，声音高亢响亮；刘文志、姜振明、韩德忠、吴克顺敲击那四伴鼓，鼓声浑厚。这些演员精彩的表演，高超的技艺，以及那"呛，呛，格隆咚呛；呛，呛，格隆咚呛……"的锣鼓声，还清晰地浮现在我们这代人的记忆中。

（崔永，原麦庄村精铸厂厂长、次渠中学语文教师，麦庄东升学校教务主任、新河康乐学校副校长）

大运河翰林民俗博物馆

■ 刘福田

通州区台湖镇凉水河北岸，有一座历史悠久的古村落——高古庄，隋唐大运河永济渠古河道，在这里汇入永定河东派分支——凉水河，由此上溯直达古蓟城下，隋、唐时这里是远征高丽的重要漕运节点。如今高古庄村已大部拆迁，但一座古色古香的院落依然矗立在河畔，它就是由本地民营企业家谷建华先生发起、成立、建设，并免费向公众开放的大运河翰林民俗博物馆。

大运河翰林民俗博物馆 2008 年动工兴建，历经两年完成，2010 年 4 月正式注册。博物馆占地十余亩，仿古建筑面积达 1 万平方米，系通州域内首家民营博物馆。

大运河翰林民俗博物馆馆藏丰富，文物藏品达数万件，均系谷建华先生个人收藏。谷建华出生于台湖镇北堤村，自幼受运河民俗文化影响和熏陶，对民俗历史情有独钟，当成长为民营企业家后，更主动生发出一种社会责任感。博物馆主要展示大运河漕运文化和沿岸民俗器物遗存，如漕运古船及各种遗存物品、陆运马车、农耕器具、明清家具和各种生活器物等，现拥有玉器、瓷器、石器、现代工艺品、古代计量器、陶器铁器、景泰蓝工艺品、青铜器工艺品等展厅达 26 个。各展厅按藏品品类、用途、材质等进行框架分类，有些藏品种类有所穿插。

说到建大运河翰林民俗博物馆初衷，谷建华称最早与台湖镇一座著

名文物古迹——宝光禅寺有关。宝光寺遗址位于台湖镇次渠村偏西，该寺曾是当时远近闻名的一座大寺，据《通州志略》记载，宝光寺旧名"法华寺"，始建于元大德元年（1297），明正统五年（1440）被赐名"宝光禅寺"，内有定光佛舍利塔。在谷建华的记忆中，古庙在"文革"时期被拆除，那座古塔也毁于1976年唐山大地震。塔毁后出土的一些文物，被北京文物工作队运往北京，剩下塔基等断壁残垣无人问津……直到2000年，谷建华此时已成为当地民营企业家，在当年庙会和集市旧址开发华馨园小区。清理塔基废墟时，谷建华发现了被遗弃的两块碑座和一些残存碑刻、砖瓦，文物意识告诉他这些东西还有保存价值，由此便拉开了他收藏民俗文物的序幕……

大运河翰林民俗博物馆馆长、民营企业家谷建华

文物收藏得越来越多，总得有一个存储和展示它们的地方，这是大运河翰林博物馆建馆的初衷和家底。推动这件事成为现实的，更因为与文化相关的全国性的几件大事，先是1997年香港回归、1999年澳门回归，1998年纪念老舍诞辰100周年，2000年抗美援朝五十周年纪念活动等。由谷建华任董事长的北京大运河翰林文化开发中心，承办和组织了多次具有历史意义的大型书画展，展品皆由中心组织当时国内各领域文化名家和老一辈革命家中的书画爱好者们创作，完成后即成为文化珍品。接着，中心历时3年组织国内百名知名画家集体创作的反映康乾盛世时老北京风貌的182米国画长卷《京门九衢图》和历时5年组织集体创作的反映明代漕运鼎盛

时期京杭大运河沿岸民风民俗的 210 米国画长卷《古运回望图》完成。2007 年，中心又聘请国内资深书法家曹国兴历时数月书绢，完成了《北京 2008 年奥林匹克运动会申办报告》130 米书法长卷……

上述文化工程曾分别在人民大会堂、全国政协办公厅、中国革命军事博物馆等场地展出，李瑞环、李鹏、贾庆林等国家领导人还分别出席了开幕式并参观，这些活动得到各界好评，展品也成为宝贵的文化财富。这些文化珍品更需要一个长期稳定的展藏场所。由此，大运河翰林民俗博物馆的建设水到渠成。

2006 年 11 月，全国政协礼堂展出的《古运回望图》

2009 年，原国家文物局局长、北京故宫博物院院长的著名文博专家吕济民先生为正在筹备中的博物馆题名。

2010 年 4 月，大运河翰林民俗博物馆正式成立，博物馆落成后即开始免费向公众开放。谷建华先生认为，他的这些藏品不仅仅属于他个人，这里的每一件藏品都或多或少地记录了大运河及其两岸的历史和现代文明，这些藏品应该属于社会和大众，作为一个民营企业家，他也理应回报社会。

博物馆自开馆以来，逐渐发展成为北京地区一处大型运河民俗文化综合展示、研究、保护、开发和利用的平台，馆藏大量的珍贵文物，

现代书画文化珍品，辅以说明的文字史料，形象生动地展示出绚烂多彩的运河民俗历史和文化，成为本地乃至全国民众了解运河及其历史的重要平台。大运河民俗博物馆除了免费开放，还无偿为通州、北京乃至全国各相关文化协会提供办公及会展场地，如通州区工艺美术行业协会在此办公，北京史地民俗学会和中国老年报社书画院等也在此挂牌。

2015 年 5 月 27 日，次渠中心小学学生参观大运河翰林民俗博物馆

　　一个地区的历史就是这个地区的灵魂，是一个地区发展的文化根基和底蕴，具有深厚历史和文化情怀的谷建华先生，很明确这样的道理。谷建华说："我是民营企业家，有了党和国家以及社会给予我的支持，才有我今天的成绩，我要感恩于党和国家，回报社会，踏踏实实做事，实实在在做人。"他的大运河翰林民俗博物馆，不仅被他建成了一个公众文化平台，还被他当成了培养新一代文化人才的地方。他主动和本地教育部门取得联系，多次组织青少年开展参观交流活动。有的学校更以此为爱祖国、爱家乡、弘扬民族文化教育基地，师生们不定期来此接受教育。

　　大运河翰林民俗博物馆开放至今，举办专业性研讨会、联谊会和大型展览百余次，接待游客数以万计，为全国（包括港、澳、台地区）热爱大运河文化和民俗文化的专家学者和民俗文化爱好者提供参观、交流与研究的机会，进入现代网络时代，它更成为很多文化青年的网红打卡地。大运河翰林民俗博物馆的办馆宗旨是："传承保护珍贵遗产，突出彰显艺术特色，发挥区域优势，展藏科研并举，弘扬悠久历史，光大运河文化……"

大运河翰林民俗博物馆（2010 年夏 摄）

北京文旺阁木作博物馆

■ 刘宗永

人类在上古时期便开始了简单的木作工作。木作，在很长的一段历史时期中，与人们的生活息息相关。

在北京市通州区台湖镇东下营村，有这样一家木作博物馆，馆内陈列展出了上万件的木作老物件，这些由工匠巧夺天工制作的老物件，伴随着人们走过了几个世纪。虽然很多老物件已经退出历史舞台，但是中国工匠所传承下来的智慧结晶，成为了博物馆中的展品，有很多的传承者仍然在引用和延续着这一门手艺，从而成为了大国工匠。

王文旺就是这样一个执着和坚守并传递这些老物件的守望者。1988年，高考落榜的王文旺来到北京，在东华门附近的古代家具修理

文旺阁木作博物馆

厂当学徒。1997年，王文旺开始收藏木作老物件，并在海淀上庄开办了自己的家具修理厂，从事老旧家具的修理。工作之余，他骑着自行车，驮着工具箱，在老北京胡同中走街串巷，只要看到有价值的木作物件，他都要不惜代价把它买下来。2000年，他先后参与了故宫建筑、丰台区药王庙、卢沟桥、宛平城以及通州区燃灯塔的修复工作。2003年，王文旺来到台湖镇东下营村租了约有20亩地，近一万平方米的房子，成立木作馆，用于修理家具和收藏他从全国各地收来的老物件和建筑构件。

2005年，是木作馆最好的时期，当时有100多名员工，同时开始展出自己收藏的老物件。东到上海、西到乌鲁木齐、南到海口、北到哈尔滨，他先后在20多个省、市展出了收藏的各种类型的木作老物件，其中大型展览有90多场，并连续三年参加了首都博物馆的独场系列展览。

2007年，王文旺前往河北枣强县收老家具，在一个破败的院子里，看到一位老太太手拿一个家具的腿儿正要往灶膛里放，他赶忙从老太太手里夺取下来，说：这块木头我买了，您说多少钱？老太太说：这个不要钱，送给你了。这两条腿都是黄花梨木的，很珍贵的，却差一点被烧了锅。这件事情刺激了王文旺很长一段时间，让他忽然觉得有比修理家具挣钱更重要的事情需要做。

因为工作原因，王文旺与北京市文物鉴定研究所的李晨先生、北京市文物研究所的齐心等人都有长时间的交往，在跟这些专家学者的交往中，耳濡目染，受到了各位专家学者的言传身教，萌生了做博物馆的想法，为了把民间传统文化与技艺通过博物馆保存下来、弘扬出去，让人们发现中国民间传统技艺的魅力，王文旺开始立足于博物馆角度的专业收藏。当时的定位就是收藏有文化、科技含量，有人文情怀的既能日常使用，又有丰富历史内涵的木作老物件，而不是收价格昂贵的稀世珍宝。经过十多年的收藏，渐成规模，有几万件藏品。

2017年6月，"北京文旺阁木作博物馆"注册成功，成为一家正规的民营博物馆，也是当时北京市唯一一家以木作为主题的博物馆。博物馆坐落于通州区台湖镇东下营村，建筑面积6000平方米，以木作艺术品、木作文物为依托，研究、展示、弘扬中国传统木作文化，让社会群众认知和了解木作文化。

博物馆有展览展示部、文物储藏部、文创部、教研部等多个部分，并开发了几十种木作的文创产品。博物馆内设教学厅、互动室与木作坊以及培训学校，把对老物件看、听与老的手工艺动手操作结合起来。展品不再是高大

王文旺进行
木作演示

上的只能远观而不能把玩的供品，而是可以任意触摸把玩、欣赏的物件。这些展品不怕坏，因为博物馆的主人就是专业的木作器物维修专家，坏了可以随时修好，完璧如初。这里的展品没有宫廷宅院里的金银玉器、古玩字画等高雅稀见的宝贵物品，而是古人日常生活、衣食住行以及各行各业的工具行头，是常见而且宝贵的物件。

馆内设有大型的基本常设展览，包括中国古代木匠展、古代大漆工艺流程展、二十四节气与农具、三百六十行展、古代建筑展、古代招幌展、美丽之纹展、婚礼与家具文化展、儿童家具展、大运河文化展、输攻墨守——古代军事器械文化展、明清家居展、古代度量衡展等13个展览。

三百六十行
——木匠展

以上所有这些展览都是立足于馆内数万件珍贵木制老物件藏品，同时突出木作手艺的独特角度。

在展览的同时，博物馆开设互动体验项目：拉大锯、推刨子、组装拆解小板凳、组装鲁班锁、手

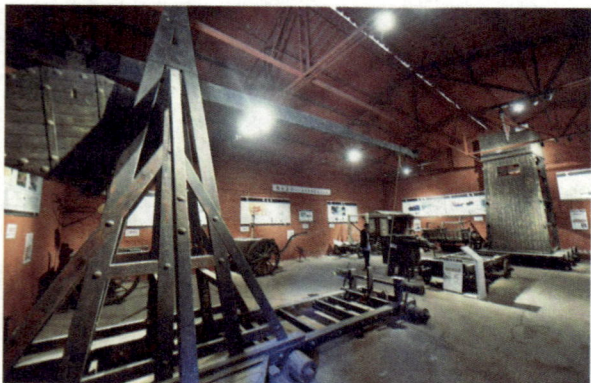

三百六十行
——古代攻守
城器械展

工制作无动力小车、木屑刨花创意画、组装木牛流马、通州八景拓印、中国古代瓦当纹饰拓印、十二生肖拓印、唐诗活字印刷、粘扇子、手工造纸、射箭、织布与扎染。通过这些互动体验活动，教孩子们与父母一起亲自动手制作木头玩具和模型，了解榫卯、墨斗、锯齿是怎么做出来的，让他们触摸、体会木头的温度，通过这样的方式把传统木匠的手艺传承下去。同时，开发了鲁班尺、小鸡啄米车等几十种文创产品。

随着藏品的不断丰富，在收藏的同时，王文旺开始展示这些老物件，截至 2018 年，王文旺受邀参加全国各地的大型文博会、展会与宣传活动上百次，并且多次与国家级博物馆合作办展，先后在首都博物馆、荆州博物馆、宣南文化博物馆、港口博物馆等地办展，总受众人数百万，并且受邀到香港与澳门参展，展示中华传统木作文化。

北京文旺阁木作博物馆，先后被北京市科委批准为"北京市科普基地"、被北京市教委批准为"中小学社会大课堂资源单位"，同时也成为"北京市文化和旅游体验基地""中华木作文化传承教育基地""民俗文化教育基地"等教育培训示范点。王文旺也先后获得"北京市劳动模范""首都劳动奖章""通州大工匠"等多项荣誉。作为"中小学社会大课堂资源单位"，与多家中小学形成合作模式，接待中小学的社会实践活动。馆内研发了几十个木

作课程，针对不同年龄段开展活动，通过参观和体验，学习到中国传统文化知识，充分发挥学生的想象力与创造力，真正使博物馆教育和学校教育结合起来。还多次走进校园进行木作传统文化公益宣传，先后前往梨园中学、北京小学通州分校、芙蓉小学、通州第四中学、次渠中学、台湖学校等11所学校，进行木作文化和木作科普知识宣传活动。其"木作系列展品"被录入山西——《中华优秀传统文化教育·经典诵读》，以供四年级、六年级、七年级、高二和高三诵读。

2017年，在木作博物馆内，专门开辟了一个展室，做为"东下营村村史陈列馆"，博物馆的工作人员，有一部分也是东下营村的村民经过培训后上岗的。村民们既会讲解，也会动手指导参观者如何做出高水平的木制文创产品。虽然多数是志愿服务，但是村民们也乐意，因为自从有了这个博物馆，东下营村的知名度越来越大了。

博物馆自建馆以来，始终坚持"留住过去，学习历史"的建馆宗旨，秉承着习近平总书记："要在展览的同时高度重视修史修志，让文物说话、把历史智慧告诉人们"的理念。

参观不收门票，主要收入来源就是每月外出办展参会，能有三万多元收入，有时还得拿出自己的积蓄，补贴博物馆运营。2019年，这家博物馆接待游客将近4万人次，中小学生是主力军。截至2020年，博物馆内有7个展馆、50多个主题展，还有专题展览，例如新中国成立70周年展，共陈列展品上万件。全馆分为东、西、北三块区域：东边以前是工人们修复古董家具的车间，现在经过彻底改造装修，一半是教研中心，由贯通的三间大教室组成，用于课堂授课，认知无榫卯结构的课堂、手工课堂，另一半被开辟为修复车间；西边由王文旺原有的收藏室改造成展区，共有五大展室。

为了把博物馆更好的开办下去，让木作这个古老的行业延续下去，2021年1月，北京文旺阁木作博物馆开始正式收门票开放，提供全面详细专业的博物馆讲解和文创产品制作体验服务。

（刘宗永，北京市方志馆副馆长，原通州区政协文史委员会特邀委员）

萧太后河文化馆

■ 朱 勇

在通州区台湖镇古老的萧太后河畔，有一座萧太后河文化馆，文化馆坐落于台湖双益发文创园，虽然面积只有 400 多平方米，但是馆内展出的千余件展品，为研究辽代的历史文化提供了大量的实物见证。

萧太后河文化馆（2021 年 摄）

公元 938 年，辽太宗下诏更国号为大辽，以幽州（今北京广安门一带）为南京析津府，另外四个京都分别为：皇都上京临潢府（今内蒙巴林左旗东南波罗城）、中京大定府（今内蒙宁城县西南大明城）、东京辽阳府（今辽宁辽阳市）、西京大同府（今山西大同市），

其中南京（今北京）则是辽国五个京都中规模最大的。为解决运输、贸易等问题，辽朝于南京城至张家湾运河码头间疏挖原有河道，并命名为萧太后河。辽宋战争期间，萧太后及辽圣宗耶律隆绪曾驻跸南京，因今台湖及台湖西南一带广袤区域在当时多河富水，成为皇家举行捺钵活动的重要场所。这段历史也在通州历史上写下了浓重的一笔。

为了让人们更好的了解这段历史，了解萧太后河流域的文化，有着四十年军旅生涯的退役军人张苏，业余时间凭着对中华历史文化的热爱，从民间收藏了几千余件辽金时期的珍贵物品，并于 2019 年，在台湖镇萧太后河畔着手创建萧太后河文化馆，由于受到新冠肺炎疫情的影响，建馆过程一度中断。2020 年 5 月，萧太后河文化馆落成，并以公益展览的形式面向公众开放。由于受场地限制，张苏的收藏没有全部被展出，仅陈列出千余件藏品，囊括了辽代政治、军事、宗教、文化、音乐、仪式、体育、建筑、交通等各方面的独特风貌，北京人民广播电台北京城市广播、通州时讯、北京学习强国公众平台均做过相关专题报道。民族考古学家、中国国家博物馆研究员宋兆麟第一次看到这些展品时，用"震撼"和"了不起"来形容当时的心情，尤其令他感兴趣的是字典、印刷器具和贸易图。

萧太后河文化馆中的《契丹字典》《女真字典》《回鹘字典》等藏品，字典涵盖契丹文、渤海文、西夏文、女真文等八九个语种，为研究辽代文字提供解谜的密码，打破了让专家学者研究辽代文化举步维艰的困境。一张颜色古朴的"贸易图"，寥寥数人，却形貌迥异，有宋代民众、契丹人，远处一艘帆船边还有金发碧眼的外国人，含义丰富，包含民族文化的交流、中西文化的交流，对于研究海洋文化、东北亚文化，包括古时候的丝绸之路都有很大帮助。

辽朝是契丹人建立的国家，馆藏的"狩猎图"如实记录了契丹贵族作为游牧民族驰骋狩猎的情景。图中有着契丹人的典型发型——髡（kūn）发，两绺长发垂在两耳旁边，而头顶是光的，狩猎时，一般都会臂驾海东青，昂首挺行十分威武潇洒。契丹人也有农耕，但一直保持着游牧民族和渔猎生活习惯，即使是在辽南京也是如此，文化馆馆藏品中有一套铜鎏金契丹出行俑，全方位的展示了契丹人出行、狩猎，满载而归，奏乐行进的欢乐情景。而辽代特有的狩猎实用器物"臂鞲（gōu）"，在文化馆也有珍藏。"臂鞲"就是为了"驾鹘（hú）"之用，鹘又称鹘鹰，学名矛隼，古代又称"海东青"，是一种异常凶猛的猎鹰。辽国围猎必用海东青，游猎时鹘鹰栖于主人手臂之上，契丹人习惯使用"臂鞲"来"驾鹘"以保护手臂。文化馆珍藏的一对"臂鞲"为纯金打造，长9厘米，宽4厘米椭圆弧形片状，正面为精美的凤凰纹饰。契丹皇室贵族所用纹饰一般男性用龙纹，女性用凤纹，按照纹饰风格我们可以断定，这对黄金"臂鞲"为契丹贵族女性用品，可以想象这位契丹贵族女性生前佩戴这对精美的黄金凤纹"臂鞲"，驾"海东青"策马奔腾、英姿飒爽，也许它的使用者正是辽朝的传奇女性萧太后。

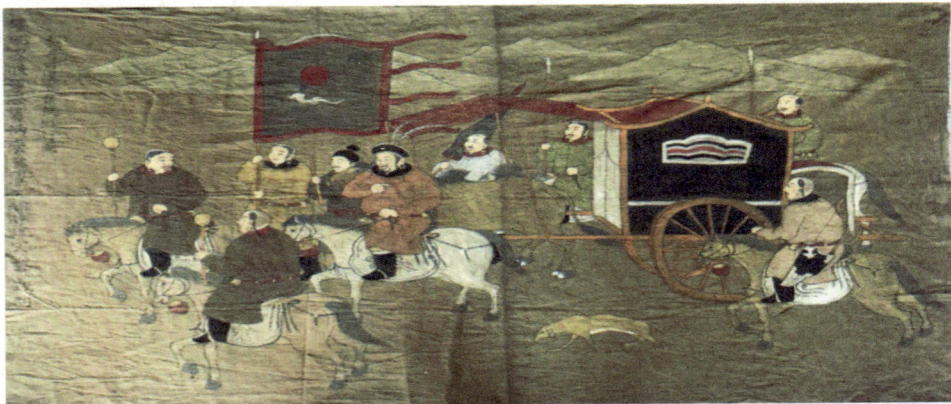

狩猎图

此外，萧太后河文化馆还收藏了大量的辽代契丹人日常生活用品，包括日常饮食用具、服饰、生产工具等。馆藏的"契丹宴饮图"，展示了契丹人以前吃什么、喝什么、用什么样的器具、以什么形式就餐。馆藏的"辽代百工图中"，还有辽代人如何制作奶酪、肉干，加工衣帽、鞋子，建造房屋的流程图等。

辽代南京（今北京）由于地处中原地区，境内契丹、汉族和其他各族人民共同创造和发展了以汉文化为核心，又带有草原游牧文化特点和时代特色的辽文化，汉语和契丹语均为辽代官方和民间的通用语言。从馆藏的"香柏木乐俑"以及各种辽代时期的乐器可以看出，不仅有少数民族的特有乐器琵琶、觱篥（bi li 音必利）、短笛等，也有汉族的常用乐

辽代百工图（造纸）

器。不仅在文化、音乐方面，在医药方面，与传统的中医文化充分结合，文化馆展出的展品不仅有药箱、药碾等常用的医学用品，还有汉契双语的伤寒论，针灸穴位图。最具有代表性的藏品是一对木质针灸人，分为男性和女性，高约 130 厘米，制作精美，在身体各穴位上均标注有穴位名称。

而作为辽代主要的宗教信仰佛教，也是展示辽代文化不可缺少的部分，萧太后河文化馆展出的馆藏佛像有 80 余尊，材质有木质、玉石、陶制、泥塑等，大小不一，形态各异，充分体现了辽代佛教文化的特点。其中一尊"迦陵频伽"像（佛教传说中的一种禽类），高约 18 厘米，其身体和翅膀是用头发丝粗细的金丝编制而成，细致精美，头、手用和田白玉雕刻，底座镶嵌宝石，不仅体现出辽代的佛教文化，也体现出辽代精湛的古代花丝工艺。此外，馆藏辽代缂

辽代木质乐俑

"迦陵频伽"像

缂丝唐卡文殊菩萨像

（kè）丝工艺制作的文殊菩萨、普贤菩萨唐卡，是我国目前仅存的辽代缂丝作品，比上海博物馆馆藏的南宋缂丝作品还要早。

萧太后河文化馆的创建，不仅很好的保护了这些珍贵的物品，也为研究辽代文化提供了诸多的实物见证，为研究通州历史打开了一扇文化之窗。正如中国国家博物馆研究员宋兆麟所说："这些物品从衣食住行多个方面再现了辽代场景，堪称百科全书，从一些藏品来看，可能有不少以往我们熟知的历史要改写。"

（朱勇，北京畅响九州文化传播有限公司编辑部主任）

谈台湖的料器

■ 郑建山

料器简介

料器，古时也称作琉璃，人们通常又都叫它小玻璃玩艺儿，小如珠子、小猫、十二生肖等等，数百上千个造型。大如雄鹰、鸽子、狮虎、麒麟等鸟兽鱼虫，也有数百种之多。真是花样翻新，五光十色，在人们的生活中处处展现着异彩，丰富着人们的美好生活。料器是在三千多年前的琉璃工艺上发展而来。北京和山东的博山是料器传统生产基地。北京的料器产于何时，待考，但有一个故事在民间艺人中传得神神的。说是明朝宣德年间，一个姓李的书生从广东进京赶考，结果三试未中，所带盘缠用尽，生活十分窘迫。一天，他灵机一动，将手腕上的一副玻璃镯子放到炉火中烧软，再粒制（一种加工技术）成手饰一类的小件物品，拿到市场上去出售，结果所烧制的玻璃饰品，顷刻便被抢购一空，于是北京的料器生产便从此开始。通州地区料器生产始于何时其说不一，亦难定论。因为，过去对这种民间手工艺视为雕虫小技，不可能见诸文字记载。据民间老艺人回忆，通州地区的料器生产可以追溯到清朝末年，至今约有 100 多年的历史。及至民初，1916 年以在北京学艺的台湖镇东下营村人高俊向料器名匠李春润学习制作料器开始，期间历经 13 年，才于 1929 年在北京街头出现小料鸟、十二生肖等料器产品。之后，料器工艺始传通州区台湖镇东下营村。高俊是北京料鸟、料兽、料器花的始创者。他为北京的料器工艺作出了历史的贡献。之后，台湖就有了"蒋（前营蒋文奎）记"、"郭（东下营村郭海全）记"等几家料器作坊。

"料器之乡"台湖镇

台湖乡（镇）地处县城西南部，下辖 21 个自然村。其料器工艺源远流长、久负盛名。改革开放后，几乎村村有料器加工业，户户有能工巧匠，大人小孩儿都喜欢料器艺术。20 世纪 80 年代当地民谚有云："要看姑娘巧不巧，先看料活儿捏得好不好"。因此，姑娘在出嫁前都练得两手捏料活儿的好手艺，到了婆家才倍受尊重，在家庭料器加工业派得上用场。不难看出，料器工艺在台湖乡具有广泛的民间性、传承性和艺人众多、后继有人的显著特征。促使台湖乡的料器专业村一时期如雨后春笋、层出不穷，料器专业户最多达 400 多个，从艺人员竟达数千人，料器品种丰富多彩，工艺精湛，产品远销日本、韩国、新加坡、马来西亚、美国、俄罗斯、澳大利亚等国家。

朱家垡村前方料器厂厂长陈士福，子承父业。1983 年，开办个体料器加工厂，以传统工艺生产来料加工鸟兽产品。之后，陈士福大胆革新，不再依靠"来料"干加工活儿，而是自配料方，随心所欲，自己烧制五颜六色料棍，生产出色彩逼真、形象生动、质感如玉的料鸟兽产品；其中，形制各异、体重不等的"料八象"、"料八骏"等料器工艺品，曾在市场风靡一时。其间，陈士福又采取"模压仿玉"法，将自己配方熔化的料液，灌注于大型鸟兽模具中，一俟冷却，即行局部细加工，所生产之料马、料象、料佛等，竟可达七八斤重，流光溢彩、形态各异、栩栩如生。前方料器厂生产的传统料兽产品，主要经北京工艺美术品进出口公司，销往日本、韩国、马来西亚、美国、西班牙等国家。

东下营村兴蓉料器工艺品厂总经理刘长兴，16 岁开始研习料器工艺，于今已有 38 年历史，被称之为料器之乡的"料器大王"。1984 年，加工厂袭用传统工艺生产鸡心桃、水石、耳坠儿、钥匙链儿等一类的传统特色小料器。后来，请进身怀绝技的老艺人进厂开发传统新产品，不出几年工夫，便发展为具有 60 人规模的料器工艺厂。但刘长兴并不以此为满足，暗下决心，进行烧制材料和花色品种上创新。1991 年，研制世界

上最流行的水晶玻璃制品成功，生产出"二龙戏珠""四世同堂""情侣椰下"等几十个花色品种的水晶玻璃料器，刚一投放市场，即被抢购一空，开创了长江以北水晶玻璃料器工艺的先河。1994年，陈长兴又研制出水晶玻璃磨砂工艺，使料器产品色泽温润、典雅瑰丽。1997年，开发出水晶玻璃镀金产品百余种，观之，透剔晶莹、金光闪烁、富贵华丽。2000年，刘长兴大胆借鉴外国玻璃制品新工艺，研制出水晶玻璃拉丝产品"一帆风顺""爱情双鸟""嫦娥奔月""天女散花"等几十个花色品种，创造了北京料器史上的奇迹。2002年刘长兴根据吸光、发光的科学原理，研制开发出夜光水晶产品"狮子滚绣球"、"祥龙戏珠"、"三羊开泰"等几十个品种，为料器工艺品家族增添一支新秀，创立了一项国内料器工艺品的崭新纪录。十几年来，兴蓉料器工艺品厂的水晶玻璃工艺品，相继出口美国、日本、西班牙、俄罗斯、澳大利亚等国家和地区，并在国内拥有相当的市场。中央电视台、北京电视台、北京日报等新闻媒体，相继对刘长兴及其研制、开发的水晶玻璃工艺品多次进行报道。2003年，刘长兴被北京市人民政府授予"北京市个体工商户优秀经营者"称号，并荣任政协通州区委员会委员之职。

（郑建山，北京作家协会会员、通州区政协文史和学习委员会特邀委员、通州区文化馆副研究馆员）

汤秀山与台湖料活

■ *汤德生*

料器工艺最早由西方传教士带入中国，至清朝时盛行。最开始是用嘴含金属管吹灯火，烧化料棍后手捏而成器物。后改用气筒、气缸吹制，再后来大的料器厂采用气泵集体供气，大大节省了工人的体力。

吹制料器时，每个操作人员一盏油灯，燃料采用煤油、植物油。常规工具有钳子、镊子、挑针、托盘、退热砂等，如吹纽扣类还需有各种不同的模具。

加工原料为各种不同粗细、不同颜色的料棍。最开始只能用广料和日本产的洋料，直到 1930 年，北京民间艺人赵九皋与人合作在花市开设"四义公号"化料作坊，才结束了北京料器必须用"广料""洋料"的历史。料器本身可分为三大类：料兽、料花、料珠。但都是从琉璃—玻璃—料器发展而来。

台湖域内从事料活行业的，在民国时亦有之，但那只是在城里，或农村人把孩子送去学徒，大多集中在北京花市一条街内。台湖镇外郎营村的汤秀山，祖上曾在北京花市一条街内开设吹料活的铺面，汤秀山少年时在自家料活铺子里做活，后又拜"志源号"老板蒋文亮为师，学习料兽技艺，其技术全面，尤以料兽制作最为突出。

1973 年台湖公社开始发展料活加工，当时料活没有集体建厂，散落在台湖域内家庭中。后逐渐形成有规模的三大主力，一有朱家垡的陈富、

料器——青龙

料器——鸳鸯

西下营的刘殿举、东下营的刘长兴。当时公社领导为了经济的发展，成立了以刘深为组长的工副业组，以支持和疏通采购、销售渠道。当时台湖地域内及周边的磨玉、料活、玻璃制品的作坊、工厂、个体家庭如雨后春笋般建立起来，玉石和玻璃制品都已机械或半机械操作，手工技术也可模式化，唯独料器制作属纯手工工艺，操作人员必须长时培训才可熟练。此时陈富率先聘请外郎营村的汤秀山来朱家垡村作技术指导。

1975年春季，台湖的料器纽扣率先进军广交会。外国商人非常喜欢，订单大增。为了满足需求，三大主力纷纷扩大规模，征招工人，政府动员各家庭散户，加班加点。县政府领导也非常重视，开会表扬，在其他公社推广以副养农的经验，并称台湖为"料器之乡"。料器产品走出国门，更激发了从业人员的极大热情，并根据需求大胆创新思路。如刘长兴向料花盆景上发展，并兼做料兽。刘殿举则更为奇特，他料器不丢，并开发空腹玻璃封条的跨行业经营，获得良好的收益。

料器行业在台湖风生水起之际，外郎营村领导召回汤秀山，成立了本村的料活组。汤秀山欣然放弃能挣高工资的机会，为自己同村的乡亲兴办副业，富裕乡

民。汤秀山上任伊始，按师傅传授的方法，耐心地传授给工人，教其控制气压与灯火的关系，如何在不同情况下，使用微火、中火、猛火，如何使用捏、拉、挑、点等手法，如何使用纽扣模具。按他自己的管理水平、技术经验，完全可以独树一帜，但他身为党员，又是个利他主义者，他把所有精力放在了帮助更多的人得到利益上，也是一种奉献，并且对上门求教者，百问不烦，悉心指点。

1978 年，天津料器厂来人，出高工资聘请他作技术指导，他婉拒后，让自己的徒弟蒋辛庄的张少波去了天津。同年，北京特艺公司请他吹了八两重的鲤鱼，凤凰和十二生肖类的料兽，参加在香港举办的展览会。

1989 年，台湖料器业的鼎盛时期，汤秀山因脑溢血入院治疗。至2000 年因大面积脑梗而离世，终年不满七十岁，离开了他钟爱一生的料器事业。如今精湛的料活手艺传承有人，刘长兴等已带领一干众人，承前启后，开发了一批新产品，走出了国门。事迹在中央电视台、北京电视台、北京日报等新闻媒体报道。

（汤德生，原台湖木器厂副厂长、北京燕港高级家私有限公司生产经理）

京胡改良的创新者——王志森

■ 口述：王志森　整理：张宝增

提起京胡，人们都不陌生，它是一件平常的民族乐器，是国粹艺术京剧文场乐队伴奏配器的主奏乐件，加上月琴、京二胡，俗称"三大件"，而京胡居于首席领衔地位，足见这件乐器的重要性。

京胡，原称"胡琴"，在清乾隆五十年（1785）左右，随着京剧的形成在胡琴的基础上改制而成的拉弦乐器，至今已有200余年历史。200多年来，京胡在制作材质上有些变化，但制作工艺没有多大变化，只不过有些手工工序在当代被机械加工替代了。其演奏技巧借鉴吸收二胡和板胡某些色彩，除主要应用京剧伴奏外，有些演奏家尝试独奏和大型协奏曲演出，拓展了京胡乐曲的表现领域。

但是这件传统的民族乐器，在音质、音色上有一个致命弱点，就是音量小、有噪音，俗称"沙音"或"狼音"。特别是初学者，如使用中低档的琴，在练习时往往发出沙哑、尖酸的声音，非常刺耳，即便是一般的爱好者单独演奏京胡，它的声音也不那么悦耳动听。到了20世纪90年代初，当时通州区次渠镇（现台湖镇）东石村的一个普通农民王志森，对传统的京胡进行了大胆的改革。

王志森改革京胡，最初是受其他民族乐器改进的启示，像二胡的木琴轴改成机械轴，有的将传统的六角筒改成八角内圆筒，笙的竹管加上金属扩音管等等。王志森是一名京剧爱好者，会演奏多种民族乐器，包括京胡。他说，在演奏时总感觉它的音色不够理想，特别是离开乐队独奏时听起来不尽心意。于是他就反复琢磨京胡的构造，试图找到影响音色音质的原因，终于发现产生沙哑声音的要害所在，那就是京胡构造上的缺陷。

其实传统京胡的构造很简单，用料主要取材于质地比较坚硬均匀的竹子，由琴筒（右端蒙有特制的黑鱼皮）、琴杆（也称"担子"）、琴轴（上下两支）、弓子、琴弦、千斤、码子等配件组成，制作工艺很复杂，经多道工序才能成为一件成品京胡。在构造形制上，琴杆由琴筒靠近蒙皮处上下两端穿入，从而起到固定作用，在琴弦的拉力下不致移动变形。但是，由于琴筒的内壁直径只有 5 厘米左右，琴杆直径约有 2 厘米，这样琴筒截面就有 10 平方厘米的空间被占用，当音源从琴筒传出时形成约 40% 左右的阻力面，声音不能顺畅通过，势必减少音量，劣化音质。他认为，这就是传统京胡构造不科学的地方，于是王志森产生了一个大胆的设想——对传统京胡进行改革。他的初步方案，是在保留传统京胡基本形制和材料的前提下，改变原有的结构，关键是琴杆不穿过琴筒，减少声音阻力，改变音质，增大音量。

王志森认为，他理论的分析是合理的，符合物理学上的发音和传导效应原理，但在初始阶段的尝试中也遇到了不少问题和阻力。首先，因为不是彻底改造这件乐器，必须在原有乐器上作结构和材质的改进，但不能保证一两次试验就能成功，势必毁坏多件乐器，那成本就高了，经济上负担太大。这时，王志森选择另一条思路，先找一些材料，学习乐器制作，在制作中改进它的结构和工艺技术。由于他的方案选择是琴杆不穿过琴筒，如何保证琴杆在筒壁上的固定和安装材质的工艺是最大的难点，也是成败的关键。

为了解决这个带有突破性的创新技术，他参考了有关乐器制作的资料，还专程到乐器厂向有经验的老琴师们请教，虽然受到了一些指点和建议，但依然没有成熟的方案。有一点是肯定的，琴杆和琴筒的连接处必须是金属材料，只有这样，才能满足两个竹制部件的固定，并在琴弦的拉力下不变形走样。王志森又请教了机械加工的师父，学习金属削切和镟制小部件的工艺，经过一段时间的摸索试验，终于攻克了这项传统

乐器改革创新的难关。安装结构的形制是，选择优质铜材，在琴筒上部紧贴筒壁嵌入底托，突出部分镟开一个最大内径和琴杆外径匹配的 V 型凹槽，琴杆下端套上与之相对应的锥形体，形象比喻如同萝卜和萝卜坑的关系，这样，琴杆和琴筒相接，在外力作用下不致转动或弯曲。装上琴弦后，任凭调弦加力，定弦至固定音高试奏，顿时，一缕清脆悦耳的乐音从琴筒传出，王志森无比兴奋，借美妙的琴声演奏了几首动听的京剧唱段。在此基础上，王志森又将琴筒适当加长，将原直筒内壁改成喇叭形，这样不仅音质有了明显的清脆、响亮，而且音量也有了一定程度的扩大。

王志森在传统京胡上进行了三项改革取得成功，带着他的新型乐器，请来同行前来试听、鉴赏，主要是听取他们的意见和建议，以便在制作工艺上进一步改进提高。通过比较前后两种京胡，改进后的新式京胡具有明显的优势。接下来，他又把目光投向未来的乐器市场，让京剧伴奏和业余爱好者尽快尝试改进后的京胡。为此，王志森于 1994 年 8 月正式向国家专利局申请专利。专利局按照申请人提供的产品实物和该产品的设计图纸及选材制作工艺等诸多资料，分别由生产乐器的专家和使用京胡乐器的演奏家、专业剧团、京胡爱好者等各方面人士，进行鉴定评审，于 1995 年 5 月中旬正式授予该产品专利。经过王志森改造的京胡，被国家专利局确定为"一

京胡改进专利证书

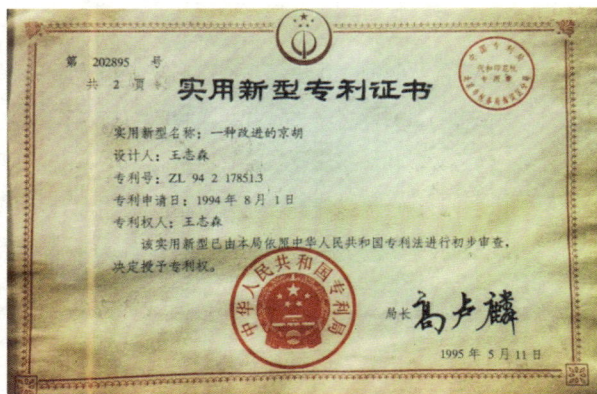

中国专利十年
成就展银奖

种改进的京胡"，获"实用新型专利证书"，王志森改革传统京胡的心愿，由理想变成了现实。

从这以后，在王志森的小院里，人们经常可以欣赏那清脆、柔美、悠扬的琴声，附近的音乐爱好者也时常汇集他家里切磋交流。贴着国家专利标志的新式京胡一批批走进乐器市场，新式京胡在舞台上展露时代的芳华。

生产生活

记忆中的柴禾灶

■ 王梓夫

　　前不久刘绍棠的夫人曾彩美打电话给我，她正在整理丈夫的遗作，篇中有个词叫做"柴禾灶"，责编建议改为"柴火灶"。我觉得这两个字都没有错，且大多数人都写成"柴火灶"。但是绍棠先生及后来的我们，写成"柴禾灶"是有一定的道理的。原因很简单，坐落在大运河畔的台湖镇以及周边一些平原地区的人们生火做饭，放在灶膛里点火燃烧的东西基本都是秸秆、茬头儿、高粱蔑儿、棒子骨头之类。何况，无论木本草本的可烧之物，都写作"柴禾"。

　　有学者说，人类自古以来，都是处在饥饿和半饥饿的时代，很少有丰衣足食的时候。要我说，应该是饥寒和半饥寒时代。幸运的是，我的青少年时期，非常深刻真实地体验了这个时代，经年累月地处在饥寒和半饥寒状态，少有温饱的体验。我之所以不放过这个"寒"字，自然是跟灶有关的。无论是饥与寒，解决的唯一途径只能是灶。灶上有锅，锅里的食物可以充饥；而要把锅里的食物变熟，则需要灶里的柴。那时候的人表示愁苦，应该是这样的口气：唉，锅里没有，锅下也没有。

　　灶是赖以生存的地方，是一日都不可或缺的地方，它是神圣的。在家家户户的灶台上面，都供着灶神，也叫做灶王爷。无论是饥肠辘辘的成年人还是嗷嗷待哺的孩子，眼睛都是盯着灶台的。灶神的眼睛也盯着灶台。人盯着灶台渴求的是锅里的食物，灶神盯着灶台是监督索取食物

农村常见的柴禾灶

的人。许多家庭的战争都是在灶台上引起的，孩子争抢美味，婆婆说儿媳妇偷吃，男人嫌女人做饭难吃。或鸡吵鹅斗，或拳脚相加，或由此引申出来的恩恩怨怨，以及每个人所表现出来的善恶智愚。灶神都看在眼里，记在心里。每到岁末的腊月廿三，灶神都要向天神汇报。这时候，似乎只有到了这个时候，家里的主要负责人才想起来需要对发生在家里的所有事情负责任。于是便恭恭敬敬地给灶神上供烧香，送灶神上天。在灶神的牌位上贴上对联：上天言好事，回宫降吉祥。横批上则更是将灶神奉为"一家之主"，自己卑微地降为被领导地位。一年到头，围着锅台转的是女人，可是祭灶这种神圣的仪式，却是由男人主持的。可见，处于饥寒和半饥寒状态的人们，还是有敬畏之心的，吃饱了之后便无所畏惧了。

柴禾灶多种，堂屋里的主灶，用来做饭以外，冬天还兼顾屋内的取暖。一些人家的屋里还有炕灶。炕灶在炕沿下面，低于地面，下面是灶坑，上面是灶门儿，因之也叫地灶。炕灶有的有锅台，有的没有锅台。有锅台的可以照样烧水做饭，没有锅台的只是为了补充采暖之不足。有的人家院子里还有灶，大多在一个角落里，小灶，烟囱直接贴着墙，为的是夏天做饭不至于让屋内那么热，或者做点儿小菜、煎汤熬药之类的。更有一些临时小灶，三块砖头支，急用，用完就拆掉。临时灶也有大的，很大。家里有红白喜事，请来"跑大棚"的做饭，就要在院子里盘一铺有模有样

农村地区
院内土灶

的大灶。砖垒的，三尺多高，上面的灶眼儿有大有小，总有三五个。

说完了灶，该说柴了。前面说过，大运河畔的农家主要烧的是农作物秸秆，以玉米秸秆为最，我们叫做棒子秸。当年玉米是农民最主要的粮食，种植的面积很大。民以食为天，食以粮为先。玉米不仅是庄稼人的主食，还是灶里的主要柴禾。玉米秸较硬，经烧，特别是玉米秸下半部分，连杆带根连在一起，更是柴禾中的精品。相反的，作为精细粮食的小麦和水稻，其秸秆基本上是不能当做柴禾的。玉米的浑身都是宝，除了秸秆，连棒子皮儿棒子骨都是上好的柴禾。有些饭食，譬如摊蛋饼摊饸饹，需要微火快煎，非烧棒子皮儿不可。棒子骨更是了得，数九隆冬，在灶里塞满棒子骨，能慢火燃烧一整夜。

庄稼人的孩子吃不了三年闲饭，会走路就会干活，孩童时期的主要活茬就是打猪草拾柴禾。拾什么柴禾，茬头儿、搂树叶、打青柴、捡树枝，只要是能烧的，有什么概搂什么。近年来无论在城市还是农村，常常见到大片大片的荒草没有人割，满地的落叶没有人动，还有碗口粗的树木枝干随便丢弃，往往非常心疼。这可是最好的柴禾呀？特别是从树上砍下来的枝干，是庄稼人非常稀罕的劈柴。庄稼人对待劈柴就像对待宝贝一样，劈好了摞起来舍不得烧。我记得父母从农村搬到城里时，院子里还存放着一大垛劈柴。父亲啧啧叹息，心疼这些白扔了的大

笔财富。

挽不住的乡愁，每个人的故乡都在沦陷，柴火灶离我远去了。不知道有多少人怀念柴火灶，商家抓住了人们怀旧的心理，推出了所谓的柴锅炖鸡炖肉炖大鹅，柴锅贴饼子炖小鱼，柴锅米饭熬粥打糊饼。我和朋友们往往去追寻品尝，十次有九次要失望的。我终于明白了，我们失去的不仅仅是炊烟土炕火灶，而是给与我们生命最初滋养的故乡滋味。

（王梓夫，北京人民艺术剧院国家一级编剧、中国作家协会会员、北京作家协会理事、通州区文联名誉主席）

我在台湖工作的日子里

■ 马志昶

　　1971 年，正是"抓革命、促生产"时期，此时我到台湖公社担任党委书记，心情很不平静。台湖这个地方是全县有名的低产社，如何把生产搞上去感到有很大难度，无从下手，正在百思不得其解的时候，通县县委为了解放干部思想，振奋干部精神，组织各公社党委书记到全国的先进典型——大寨、沙石峪等单位参观学习。在学习座谈会上，县委书记张鼎忠指出："我们学习外地先进经验，就是要在通县开花结果。同是一个天，同是一个地，同是共产党领导，大寨、沙石峪能办到，我们为什么办不到？我们是首都，有得天独厚的优越条件，关键是我们在座的同志有没有决心改变我们的生产条件。"看了大寨、沙石峪的变化，听了张书记的讲话，我的认识提高了，从千头万绪中找出了头绪，就是领导全社人民向大自然宣战，改变生产条件。

　　我在台湖公社党委会上原原本本地传达了张书记的讲话和个人的观感，党委一班人很受感动和启发，大家认为张书记讲话代表县委对各级党组织的激励和鞭策，是对全县人民的号召，我们怎么办？是守摊维持现状还是积极响应号召努力改变台湖的生产条件，这是摆在我们面前的重要课题。

　　党委一班人都有一颗忠于党的事业的心，有些同志认为，工作还是稳一点好，而多数同志认为，共产党员不能怕这怕那，是因循守旧还是

领导群众大干一场，是衡量党委领导是否全心全意为人民服务的重要标志。为了党的事业，为了把生产搞上去，就不能计较个人得失，只要尽心尽力，做出成绩，群众就会拥护我们。经过反复讨论，统一了党委一班人的思想，决心在全公社以台湖千亩丰产方为突破口，掀起大搞农田基本建设的高潮。

发动群众决心打好这一仗

丰产方选在台湖村西一片高低不平的土地上（其中有胡家垡200亩），在台湖全体党员干部大会上展开热烈地讨论，众说纷纭，意见不一，表现了不同程度的思想顾虑和畏难情绪。有的干部说："弄不好将来还挨整。"有的说："搞平这块乱坟岗子地不那么容易，地里有上百个坟头，平了坟，人家还不跟你玩命，搞千亩方亩产800斤在咱这儿还没听说过。"更多的同志认为："当干部就不能怕，怕就甭当干部，说了算，定了干，干就干出个样来！"

思想敞开了，问题摆出来了，需要我们做耐心思想工作，我代表党委表了态："平地决心下了，请大家不要顾虑，风险由公社党委承担，要斗先斗我们，沙石峪"万里千担"搞一亩田，我们平一片地又算得了什么？只要有决心，就没有过不去的河。"党委表态为全体党员干部鼓了劲，大家放了心，纷纷表示回去后要发动群众，大干一场，坚决平好这块地。出乎意料地上百个坟头的主人顾全大局，同意无条件地就地深埋。

速度要快，标准要高

1971年秋后，平地战斗打响了，公社、大队成立了联合指挥部，工地搭上了指挥棚，进行现场指挥。我担任总指挥，党委副书记任大湖、任宝堂、邓京林担任副指挥，台湖、胡家垡两个村的大队干部为指挥部成员，当时的战斗口号是："大干100天，平好千亩田"。台湖大队和胡家垡四队组织了三百多人，一百多辆手推车，十辆大车，两台拖拉机，人畜机结合，展开了平地战斗。在"男女老少齐参战，不怕苦，不怕难，平好千亩田"的口号鼓舞下，干部身先士卒，既是指挥员，又是战斗员。我们公社党委负责人，坚持边指挥，边劳动，公社干部坚持半天工作，半天劳动，大队和生产队的干部带队跟班劳动。群众赞扬大队长杜德生说："杜队长真是棒，又指挥又参战，一人能顶两人干。"原大队党支部书记牛文祥，当时虽不在职，但他的责任心不变。不少人赞叹地说："老书记牛文祥，不在职，不埋怨，雨天一身泥，晴天一身汗，不是领班，胜似领班，为平地做贡献。"俗话说"火车跑得快，全凭车头带"，"干部带了头，群众有劲头"。在群众中涌现了不少"一车推一分，十车推一方，日跑几十里，腰酸腿疼无所惧，不完成任务不休息"的先进人物。在党员干部和先进人物带动下，开展了"谁英雄，谁好汉，平地战场比比看"的劳动竞赛，工地上的欢呼声、赞扬声、拖拉机的轰轰声此起彼伏，连成一片，红旗招展，热火朝天，展示着排山倒海势如破竹的雄风。在平地过程中，县委张书记先后来过两次，每次都为我们鼓劲，并一再嘱托我一定要搞好这个千亩丰产方，为通县争光。

我们经过近百天的日日夜夜地奋战，用工三万多个，动土五万多方，平地1100余亩，造田40多亩，将一大片"两条道，一大坑，三沟百坟地不平，高低相差一米多，老牛卧下看不清"的土地，变成了田成方、地连片、沟路林三条线、旱可浇、涝可排，旱涝保收夺高产的基本农田。人们都说改地换天变了新颜。

雪中送炭

平好了土地，只是万里长征走完了第一步，距夺高产路程还相差很远，我们还要连续作战，不能辜负县委的嘱托和农民们的期望。千方百计地搞两杂种子，没有杂交玉米种，就搞杂交高粱。这些谈何容易，技术、种子、化肥等基本高产条件仍然困惑着我们。正在焦急为难之际，县农林组和农业局的同志为我们"雪中送炭"来了，答应我们到山西去调种子，化肥保证供应，县里给请技术员，这样县委支持，有关部门帮助，大大坚定了我们搞好丰产方的信心。

一九七二年四月，绿油油的小麦迎着春风进入了拔节期，路旁新栽的小树吐出了嫩芽，新平整的1100亩大平原，期待着主人的耕耘。随着时间的推移，播种期的临近，公社党委副书记任大湖从山西调来2000多斤杂交高粱种，县农业局由辽宁省辽中县请来了两名技术员刘志敏和郭

德祥，建立了田长和专业队员的生产责任制。查墒（shāng）补墒、种子发芽试验、运送肥料等播种准备工作紧锣密鼓地完成了。科技站的张风歧和请来的两名技术员，训练了扶犁、撒肥、点种三把手，并亲自跟踪作业，截至4月25号，全部完成了1100亩的播种任务。出苗后又进行了两次移苗，确保了全苗，每亩留苗9000～10000棵，打好了丰收的基础。

又一次考验

功夫不负有心人，只要讲科学，付出汗水，就会得到大自然的回报，千亩方的高粱苗，苗齐苗壮，长势喜人，好像是铺天盖地的绿地毯，使人看了十分欣慰。然而天有不测风云，正在长势旺盛期，遇到了大旱之年，春天无雨河水断流，不少坑塘干枯，好端端的高粱旱黄了，普遍上了蚜虫，每株高粱苗有成千上万的蚜虫吸食养分，使旺盛的禾苗萎靡不振。在严重的干旱虫害面前，干部群众经受了考验，不靠天等雨，不消极畏难，而是抗旱除虫。为了抗旱千方百计挖掘水源，采用沟中挖沟，坑中挖坑，二步扬水担水，用盆端水等办法，硬为高粱苗浇了两水。为消灭虫害，干部群众齐参战、六台机子一齐转，十天打药整三遍，蚜虫彻底消灭完。经过两水两肥三次打药，使高粱苗又重新充满了生机，更加苗壮，绿油油黑乎乎，整齐美观的禾苗，一眼望不到边，十分喜人。

此时县委书记张鼎忠前来检查工作，看了全社的水稻，看了高粱丰产方，高兴地说："高粱长得好啊！要搞好这个方，这是个样板，榜样的力量是无穷的。"按照张书记的指示，我们加强了千亩方的后期管理，彻底地清除了杂草，整了地容地貌，等待丰收季节的到来。

一片红海洋

八月中旬高粱开始抽穗，逐渐由绿变红，当高粱晒红米的时候，煞是好看，红彤彤的高粱穗，漫无边际，一片红海洋。县委农林组和农业局的同志视察后转达了县委组织全县生产队长以上干部来参观的意见。为了能看到这丰产方的全貌，建议我社搭个参观台。两米多高的参观台，能同时容纳四五个人观赏。从八月底到九月十五号，先后有数千人前来参观指导。全县生产队长以上干部来了，京郊各区县社队干部来了，河北省廊坊、大厂、香河、三河一些干部也来了。这个丰产方，对参观者有强烈的吸引力。有的参观者手里掂着高粱穗的分量说："一个穗有一两粮食"，有的则更赞叹赏识："高粱长得太好了，是粮食囤，是高粱海，是一幅天然美丽的图画。"

高粱地

收获前，科技干部进行了测产，高的地段平均亩产 460 公斤，低的地段也在 400 公斤以上，最后实产 1100 亩高粱，平均亩产 425 公斤，比平整前亩产 200 多公斤翻了一番。由于丰产方的样板作用，在大旱之年，全公社三万多亩粮田不但没减产，还比上一年增了产。千亩高粱丰产方的成功，大旱之年的增产，与广大农村党员干部带领群众齐心合力、排除困难、艰苦奋战是分不开的。

（马志昶，男，1926 年 4 月出生，原通县农业局党委书记，局长，现离休干部。）

稻麦耕作制度与稻作文化
——台湖镇稻麦两茬农业模式

■ 资料提供：王乃春 安继连　整理：崔洪生

　　北京地区的传统农业基本上属于北方干旱农业区。新中国成立到人民公社化后相当长的时期内，台湖地区（次渠、台湖）农业，在计划种植和统一耕作制度之下，基本上以小麦、玉米、高粱等旱田作物为主。进入 60 年代以后，随着兴修水利，农田基本建设和改造盐碱低洼土地，水稻种植面积不断扩大。到了 70 年代中后期，这一地区的水稻种植已占农田面积的 80% 以上。水稻作为主产作物，促进了农业发展和农业耕作制度改革，整个地区形成水旱轮作、稻麦两茬的耕作模式，享有"京郊小江南"和"鱼米之乡"的美誉。

一、因地制宜，传统的旱田转变为水田

　　台湖镇地处北京市东南部，永定河切割老洪冲击平原和现代冲击平原阶梯地带，地势相对低洼，自西北向东南倾斜，海拔 19.4 ~ 28.8 米，相对高差 9.4 米。土壤大部分为两合土和粘性两合土，西北部为黄潮土和粘性黄潮土，东部和南部多为黑黏土及沙姜底黑土，局部有轻微盐碱地。土壤深厚，熟化度高，土质肥沃，水源充足。凉水河流经境域东南部与各主支渠相连，北部有萧太后河西接通惠干渠与主支渠相通，构成该地区地表水网；地下水位 18.5 ~ 20.47 米，平均水位 18.72 ~ 19.75 米之间，

埋深 3.12 ~ 3.52 米，土质和水源条件适合水稻生长。受诸多因素的制约，该地区农业走的是一条从旱田到水田的路子，其间经历了一个不断探索，反复试验，大胆改革创新的渐进发展历程。

据调查，早在解放前和建国初期，次渠和台湖地区就有人从京西海淀地区引种水稻，主要是用于调节口粮结构，改善生活。人民公社化以后，个别大队、生产队利用自然坑塘蓄水和靠近沟渠的便利，在低洼地，边远半荒地小面积种植水稻，产量一般都比较低，但是比种植旱粮作物要高。1964 年，麦庄公社西部郑庄、丁四庄（丁、白、马、孟）等大队引朝阳区界河水源种植水稻。当时，受技术和经验不足等方面因素制约，产量一般都不高，1970 年前后，学习大兴县芦城地区种稻经验，水稻亩产提高到 260 公斤，高产地块达到 300 公斤。

稻田

在当时农业生产布局和管理体制下，提高粮食单位面积产量和全年粮食创高产，是一个基本的指导思想，也是农业生产的重要考核指标，粮食产量的高低还带有某种政治意义。根据 1956 年《全国农业发展纲要》要求：从 1956 年开始，在十二年内，黄河以北地区粮食亩产要达到 400 斤（200 公斤），黄河以南长江以北地区 500 斤（250 公斤），长江以南地区要超过 800 斤（400 公斤），当时提出的口号是"上纲要，过黄河，跨长江"。60 年代末 70 年代初，全县粮食亩产已经稳定超过 220 ~ 250 公斤，基本实现了上纲要，过黄河，农业生产向实现跨长江的目标奋斗。

台湖地区靠近水源的耕地种植水稻，粮食产量比种植玉米、小麦等旱粮作有明显的优势，而且在灾害（特别是涝灾）年份，水稻的抗灾能力要大大高于旱粮，这种显而易见的示范效应，促使越来越多的村队逐

年扩大水稻种植。从 60 年代少数村队开始引进试种，之后种植水稻的村队逐年增加，种植面积不断扩大。到了 70 年代中期，次渠公社几乎绝大部分村队都有水稻种植，有的村队水稻面积已占粮田面积的 50% 以上，高的达 70 ~ 80% 乃至更高，已经成为替代玉米的主要粮食作物。

70 年代，通县水稻种植面积突破 21 万亩，为历史最高时期。后因水源不足，种植面积逐年减少。到 1978 年后，下降到 12 万亩，除马驹桥公社，次渠公社和台湖公社也是全县植稻面积最大的两个公社。1989 年，通县 12.1 万亩水田，次渠、台湖两乡 7.1 万亩，占全县总面积的 60%。到 90 年代初，次渠、台湖两乡水稻面积发展到近 8 万亩。

二、不断探索，选择适合本地条件的耕作模式

从地势和土质条件上看，在部分地块上改种水稻，是当时为了抵御自然灾害的被动选择，然而，大面积发展水稻并使之成为一种稳定的种植形式，则是对自然规律、经济规律和农业生产内在规律探索的结果。

在相同物资资料投入和田间管理条件下，种水稻产量一般比较高，是因为水稻的适应性较强，不仅耐盐碱，而且抗涝，这是台湖地区由传统旱田向水田转换的原初动力和决定性因素。当水稻种植达到一定面积时，继续扩大生产规模也是当时的主客观条件决定的。

首先，这是由粮食产量和收益规律决定的，种植水稻不仅产量高，收益也相应提高，而且还能改善人们的主食结构。这种情况在同一个公社（乡镇），相邻的村队之间有着很强的示范效应，为追求高产，提高农民收入，改善人民生活，创造条件，将种植玉米高粱和小杂粮改为种植水稻。

在改种水稻发展进程中，一度出现了水旱田布局交错的情况。由于地块毗邻，甲村（队）种水稻，而乙村（队）种旱粮，水田渗水浸泡旱田，或是旱粮（玉米高粱等高杆儿作物）遮挡水稻的阳光。为避免不必要的纠纷，同时也是为了便于管理，只得旱粮改为水稻，逐步实现区域化种植。

随着水稻面积的进一步扩大，农机、水电、劳动力投入相应增加，尤其在三夏、三秋关键季节，水田旱田争水（肥）、争电、争农机、争劳力的矛盾日渐突出。凡是水稻面积达到或超过 50% 以上的村队，在关键生产环节上，特别是在三夏、三秋季节，人力、物力、财力等要素投

插秧

入大多偏重水稻。虽然上下都强调农业生产上要统筹兼顾，合理安排，但在要素约束的条件下总是先照顾水稻，农忙季节的农业生产组织和指挥，免不了出现顾此失彼的情况。

当时在计划经济体制下，全区（县）农业实行的统一的种植形式，生产组织和指挥宗旨是从旱作农业的规律出发的，即使考虑到台湖、次渠等稻区的实际情况，但就全区（县）而言，水稻生产仅是局部几个乡镇，物质生产要素和劳动力的投入也是偏重于占 80% 以上的旱田。

面对这样的情况，台湖、次渠等地区乡镇（公社）干部群众，在处理水稻和"三种三收，间作套种"的关系上，如何选择适合该地区的耕作模式，乃至进一步提高复种指数等课题开始进行深入地探讨。1980 年前后，当时的麦庄公社党委，组织有经验的大队生产队干部、农机手、科技人员等作专题调研，通过大量的数据和农作物生长的需肥量、日照积温、各种农活的标准作业量等诸多因素，探索该地区农业发展和管理的新路子。全公社上下基本形成一个共识：为了便于田间耕作和农业生产活动的规范化管理，充分体现规模效应，当水稻面积达到粮食面积的 50% 以上，特别是到了 70 ~ 80% 阶段，即使原来适合种玉米高粱等旱粮作物的地块，也都将其改种水稻，做到整齐划一、便于管理。在这一思路的指导下，次渠、台湖两个地区由于自然条件基本相同，又具备靠近水源的优势，逐渐形成"稻麦两茬，水旱轮作的农业耕作模式"，最终确定了具有区域性的特色农业。

三、合理配置，稻麦两茬诸生产要素的投入

稻麦两茬耕作模式的农田水利建设　水稻是需水量较大的农作物，在整个生长过程中，总耗水量一般是旱田的 2~3 倍，特别是干旱少雨年份

更为突出。

当时的农田水利工程，基本上是按照旱田的标准设计的，对于水田不完全适用。为了满足大面积种植水稻对水的需求，早在 70 年代初，台湖和次渠地区重新规划设计农田水利布局，主要是平整土地，调整和完善田间沟渠配置，增设提水泵站，为弥补地表水资源不足问题，增打和翻修机井，充分挖掘地下水源。到 70 年代末 80 年代初，台湖、次渠地区已基本建立起排灌自如的农田水网系统，实现了大地的园田化，有效地提高了水稻生产的防灾抗灾能力。90 年代大力推广衬砌渠道和拉模渠道，减少中间渗水跑水，加速水流速度，提高了水的利用率。

在插秧用水高峰期，各村队用水相对集中，因争水抢水，频繁发生矛盾，为合理配置水源，乡镇和村队之间建立协调机制，分轻重缓急解决用水问题。当时在用水方面提出的基本思路和口号是："近处让远处，泡地让保苗，先进让后进"，各村队用水实行全乡镇统一调度，有困难的村队大家都要为其让水，决不让一个村、队、地块浇不上水，做到泡地、插秧、保苗、补水均衡发展。

发展适应稻麦两茬的农业机械化，传统水稻插秧主要是靠人工作业，刚开始改种水稻时，面积小，采取人工插秧基本可以按时完成。随着面积逐步扩大，插秧时间延长，致使水稻耽误最佳生长季节。到了水

农业机械化

稻面积 50% 以上，劳动力愈加不足，相当多地块因不能适时插秧而造成减产。经测算，在 7 月 5 日以后插秧的地块，每推迟一天可减产 2% 左右。有的村队曾做过对比，以麦茬稻为例，7 月 1 日以前插秧的比 7 月 10 日以后完成的，亩产量相差在 40 ～ 50 公斤。当时曾有时间就是产量的说法，以此激励争抢农时，按时完成插秧任务。

从 70 年代起，台湖地区开始推广使用插秧机，最初选用的是北京产

的直插式机型，操作不便，经常出故障，修理耽误进度，逐渐不再使用。后来采用湖北随县的滚插式机型，性能稳定，操作使用顺手，大多数村队都购置这种插秧机。70年代末80年初，原台湖地区的插秧机达到80多台，小村1～2台，中村3～4台，大村达到8台。刚开始使用机插秧，每台机每天只能插20～30亩，熟练的每天可达到60～70亩，最高的达到80亩。大面积推广机插秧，一时缺少技术人员，先是组织到本市朝阳、海淀等地学习，回来后组织培训，在插秧季节现场示范，并选调操作和修理能手到田间指导，及时排除故障，大大提高了插秧进度。

水稻收割开始大多是人工，后来使用手扶拖拉机配挂185型收割机，提高收割速度，打捆以后的工序仍须大量人工，属于半机械化。为三秋赶进度，台湖地区逐步推广使用联合收割机，到90年代台湖乡东下营、西下营、玉甫上营、前营、台湖、蒋辛庄、田家府等大村均使用联合收割机，从而保证了三秋及时腾地，为种适时麦争取了时间。全年农业生产基本上做到"三夏不插7月秧，三秋不种寒露麦"。

农业科技在水稻生产中的广泛应用 60年代中后期，提倡科学种田，许多新技术在生产实践中推广，农业生产达到新的水平。相对于旱粮，水稻种植时间较短，栽培管理技术基本上是零点起步，从头学起，实践经验也有一个点滴积累的过程。

从引种水稻开始，就组织人员到本市和外埠学习。为尽快掌握栽培管理技术，在关键季节，请农科院的专家系统讲授水稻栽培管理知识，邀请水稻生产先进地区技术人员前来介绍经验。各村队选配专兼职的水稻技术人员，定期开展各种类型的培训班，经过几年的努力，逐渐培养出了一支健全精干的科技队伍。

水稻种植涉及到多方面的技术，理论知识可以从书本上学，但用于指导

田间护理

生产则需要在实践中摸索和总结。开始引种水稻主要是早、中稻，生长期较长（150、160～180天），一般在5月上中旬插秧，育秧需在4月初清明前后，因天气冷暖无常和水肥管理不当，一些村队常常育不好秧，影响适时插秧，或者秧苗不足而被迫改种。有经验的技术员将书本知识结合自己的经验，编写出水稻育秧小册子，发至各村队指导水稻育秧。在秧苗生长和管理期间，经常组织有经验的技术员到田间指导，现场解答秧苗管理方面的问题。

　　插秧后的大田管理，涉及到各种与旱田耕作不同的新技术，主要是水肥管理，病虫害防治、化学除草，良种培育和旱地直播等。在水肥管理方面，刚开始种植水稻时，人们囿于"水稻、水稻，全凭水泡，肥大水勤，不用问人"等既往经验，致使有的因泡水时间过长，秸秆柔软不抗风灾而倒伏，或肥量过大，氮磷钾肥比例失调，反而减产。通过失败不断总结经验，利用书本、专家讲课、到先进地区参观学习等做法，逐步摒弃过去的陈旧观念，在水肥管理上采取"重施底肥，巧施追肥，分层施肥，配方施肥""大水扶秧，小水固秧，见湿见干，适度晾晒"，各村队根据土质、品种、田间长势等诸多要素，采取有针对性地管理，总结出适合本地的管理技术。

　　在病虫害防治和稻田除草技术推广上，一些新技术、新事物开始不为人们所接受，最典型的是化学除草。70年代初，我国研制出用于田间除草的农药，但当时在麦庄公社刚开始推广就遇到了很大阻力，主要是认为除草药剂不管事，有的还担心除草剂毒害水稻。北神树村（大队）第五生产队一块80多亩稻田进行化学除草试验，结果除草效果很好，而且比人工拔草的亩产高出80公斤。不久，台湖、次渠地区基本上都采取化学药剂除草。

　　农机、水电、科技、人力等诸要素的合理配置，转变了农业的传统耕作和管理，整个田间作业场面显示出现代农业的景象，劳动效率明显提高。为了增加单位面积产量，复种指数逐年提高，台湖、次渠稻麦两茬面积最高年份曾达到8万亩，不少村队复种指数达到90%，水稻产量达到亩产450公斤，相当一部分高产村队亩产超过500公斤（超千斤），加上小麦，出现了不少吨（1000公斤）粮地块，"稻麦两茬，水旱轮作"

区域农业显示了特有的优势。

四、结构调整，适度发展稻田种植养殖业

进入 80 年中后期，台湖地区稻麦两茬，水旱轮作的农业耕作模式基本定型，与之相适应的农业基础设施建设、农业科技推广及经营管理总体思路也日臻完善。到了 90 年代，这种耕作模式进一步巩固发展，水稻产量高收入高，富裕了一方百姓。

90 年代中期，全县开始实行农业结构调整，从过去单一粮食生产向多种经营转型，面向市场发展经济作物。当时各乡镇在农业结构调整产业项目上有许多成功的经验。台湖、次渠地区由于长期水田种植，大部分土地盐碱低洼，土壤板结，有效耕作层较浅，而且多年种植水稻，如改种经济作物，土地肥力和物理性能难以适应新的种植形式。

针对水田改种经济作物面临的困难和实际问题，原台湖、次渠两乡镇领导班子在和农业部门多方联系，反复研究对策，主要负责人亲自抓典型经验，组织基层干部和专业技术人员到朝阳、海淀等区和外省市考察学习，从稻田养蟹中受到启发。1998 年，台湖乡玉甫上营等村利用稻田养蟹获得成功，之后各村扩大推广到 1000 余亩，亩产蟹 75 公斤。蟹苗一般是在水稻起身期放养，稻田管理重点是防止蟹苗爬出，形成稻蟹共生的立体农业，有利于肥田，恢复培养地力。1999 年，次渠镇垛子村学习台湖乡经验，搞了 500 亩稻田养蟹获得成功，亩产清水大米 280 公斤，蟹 30 公斤，亩收入 2400 元。2000 年，又有 6 个村发展稻田养蟹 2500 亩，同年还有部分村试种 2000 多亩莲藕、茭白、观赏水草等水生作物。经过一两年的试验、示范，次渠镇初步选择了水田结构调整的路子，两年压缩稻麦两茬 2 万亩，改种经济作物 1 万亩，其中水生作物在 5000 亩以上，并规划了 8 个农

稻田蟹

业科技园，向高效农业示范基地方向发展。

2001 年，原台湖、次渠两乡镇合并，建立了新的台湖镇，农业仍然继续稻麦两茬的农业耕作模式。2003 年，由于北京市水源短缺，农业向都市农业和市场化转型，大力压缩水稻种植面积，土地逐步转为非农用途，昔日水网纵横，鱼米丰登的稻作农业，逐渐从台前退到幕后。然而，在已经城市化的新区里，台湖镇在建设中的特色小镇的进程中，人们仍可以感受到千重稻菽尽飘香的田园美景。

"垛子1号"的得名与宿命

■ 口述：黄永海　韩春元　整理：崔洪生

　　"垛子1号"是一种桃的名称，是20世纪60年代末，通县麦庄公社垛子村（大队）培育出来的，在这一带很有名气，曾一度享誉京城。后来很多地方都种上了这种桃，成为果品市场大家族的重要成员。

　　垛子村位于麦庄公社东北部，全村有4660多亩耕地，1600多口人，4个生产队。60年代中期，在"以粮为纲，多种经营"的农业生产方针的指引下，垛子大队农业主要以粮食种植为主，还有少量的蔬菜和农副产品。当时，这个村北部有一座很大的沙岗，由于浇水困难，一直没有充分地利用，只能靠雨水种一些红薯、花生及小杂粮，产量很低。大队党支部经过研究，决定开发利用北面的沙岗种植果树，计划很快得到公社党委和县农林部门的批准。

　　1965年，开发果园的计划开始付诸实施。大队利用农闲季节大搞平整土地，重点对这块沉睡千百年的大沙岗进行平整，新打机井，修建农田水利基础设施。1968年，开始栽植果树，从外地引来苹果、桃等果树幼苗，昔日的荒沙岗变成了一片果园，总占地210亩，其中沙岗地170亩，靠近沙岗北面的一块地40亩。

　　为了帮助垛子大队发展果品生产，通县农林局派来一名叫董华的技术人员，是个有名的果树专家，大队又选派两个技术人员，一个叫韩永泰，一个叫黄永海，还从各生产队抽调十几个劳动力，组成果树专业队。

在县农林局的技术专家的指导下，他们对栽植的果树幼苗进行精心管理，浇水、施肥、除草、打药，对各种果树剪枝整形，几年后桃树开始结果。在他们引进的十五六种桃树中，大都有正式的名称，如"五月鲜""久保""白凤""水蜜"等，唯独有一种没有名称。按照果树栽培技术要领，考虑到不同品种之间的传粉，这些桃树都是相隔几行栽种的。那个没有名字的桃树比其他的成熟都要早，在 6 月 10 号左右，麦收时，正好进入成熟旺季。这种桃的外观很像"久保"，但比"久保"小，而且是粘核（不离核）的，大个的每公斤 7 ~ 8 个，小的每公斤 10 ~ 12 个；外观颜色呈淡绿色，成熟度大一点儿的为黄白色，接受阳光的一面略微泛浅红色；甜脆、清醇、口感很好。收获后放在室内，可以闻到一缕独特的清香气味。

这么好吃的桃没有名字不行啊！

这种桃一上市，很快得到国家果林部门的关注，市农科院派出专家来到这里，给这种桃作鉴定。专家们详细了解引进、栽培管理情况并进行品尝，又查阅了国内各地的桃树品种分类资料，没有查到相关资料，无法将其归于哪一品系，最后商定：以它的产地来命名。自此，这种早熟的新品种桃被定名为"垛子 1 号"。

在鉴定命名的过程中，专家和本地技术人员对垛子村的地理、地貌土壤、气候等自然条件进行分析，初步认为这种桃树属于"芽变"（天然变异），可能是原产地栽培年代久了，原初性状发生退化；当移植到一个自然地理环境差别较大的地方，因气候土质等条件发生基因突变，成为一个新的品种。

以一个村庄的名字给一种桃的品种命名，时间久了，关于"垛子 1 号"来历，当地和更远一点的地方曾出现许多版本的议论和传说：一说是从别的地方引来的芽接穗，用一种野山桃作砧木嫁接培育而成；一说是属于"白凤"桃的一个近亲品种，叫"早凤"，还有其他几种故事性的版本……这些说法听起来似乎有一定的道理，但都被时任果树队技术员的黄永海先生否定了，他坚持"天然变异"的观点，并认为可能与垛子村的沙岗和地下水中的矿物质有关……

"垛子 1 号"送到北京永定门果品批发市场，经过行家品尝，甚是称赞，按每公斤 0.70 元收购，其他桃儿一般为每公斤 0.40 ~ 0.50 元。

由于比其他桃上市早，杏的销售季节过去后，就接上了这种美味鲜桃，一时成了抢手货。因数量有限，成果期仅有十几天，有的零售店在批发时都分配不到。还有很多站点都想要"垛子1号"，但整个果园只有40亩地这个品种，盛果期每天只能摘800～1000公斤，到批发站即刻被抢光。一时间，"垛子1号"在北京果品市场供不应求，市民都很喜欢吃这种美味鲜桃。

70～80年代，垛子村因"垛子1号桃"出了名，在市民百姓享受这种鲜桃佳品的同时，垛子桃还成为家庭、朋友间交往馈赠的礼品之一。很快，"垛子1号"冲出一村一地的局限，周边公社大队农场果园纷至沓来，上门求"枝"（用于嫁接的枝条），几年后，通县范围内发展了大面积的"垛子1号"，市场上有了比较充足的果品供应。更令人惊喜的是，这种早熟的甜桃还被摆上国宴的餐桌。据说，每年新桃下来，即为有关部门运走，用于国宴招待和外事活动。80年代初，国家有关部门持盖有国务院办公厅印章的公文，随行几名林果专家来到垛子村果园，经认真遴选、测量等技术评估，选定16棵壮年"垛子1号"桃树，连根带土移植到一个专门的地方栽种。

一株小小的桃树因村庄而得名，慕名者纷纷上门买桃，索要枝条，学习果树栽培管理技术。到了80年代中后期和90年代初，"垛子1号"已遍及通县，2000年前后，几乎整个北京市及其周边省市也都有了"垛子1号"栽培。每到果品上市季节，大量的所谓"垛子1号"充斥市场，这些桃中，极少有正宗的"垛子1号"；有些接近，尚保留一点"垛子1号"的某些性状和品味，有些已基本不具备原有的特征了。近些年来，有的商家打着"垛子1号"的招牌，但是其果型大了许多，早已不是当初的模样了，吃起来也与原种相差甚远。

如今正宗的、纯种"垛子1号"已经很难见到了，种源已不复存在，不知到哪里去找。出现这种情况，黄永海先生分析，这是大面积扩散，多代传递式嫁接繁殖的结果，有些可能与不同地区的土质和水源有关。据他介绍，现在距垛子村较近的蒋辛庄村还保留一片"垛子1号"桃树。传代过多的桃树发生严重的变异。这也许是一个优良品种的自然寿命，也可能与当初没有很好的保护原种、无序扩大发展有关。

账簿上的记忆——打草绳

■口述：郑文成 郑丽娟 隋忠芳 张宝海　整理：崔永刚

1964 年开始，麦庄公社在临近通惠北干渠水源的几个村庄率先引进水稻种植。随着种植面积不断扩大，种植水稻产生的"副产品"——稻草也越来越多。俗话说"水火无情"，堆积如山的稻草，时刻威胁着村民的生命和财产安全，巨大的火灾隐患引起了各级政府的高度关注。1978 年次渠公社（原麦庄公社）在经过细致周密地调查研究后决定，首先动员各村生产队打草绳，并统一销售，收入归集体所有，纳入年终分配。一方面为了杜绝因大量稻草堆积带来的火灾隐患，同时也能为农民找到一条符合实际、发展经济、摆脱贫困的发展之路。

打草绳，离不开草绳编织机。最早引进的叫做"脚踏式草绳编织机"，顾名思义，其动力就是人的双脚，操作时需要双脚反复踏动踏板带动链接装置，通过曲柄驱动变速齿轮，将动力源源不断的传递到卷绳装置。这种机器结构非常简单，主要由机架、喂入装置（圆锥体），俗称"喇叭口"、上捻装置、布绳装置、卷绳装置以及与之配套的人工动力装置组成，其使用方法简便、易学，非常适合农民使用。

打草绳的人往往坐在一条木板凳上，在身体的右侧放置一张与板凳基本同等高度的两三平方米的木质平台，用来放置浸好的稻草，稻草一般先进行初选、梳理、浸水，再将浸过水的稻草根朝上放置一夜进行控水，使原来干燥、容易折断的稻草变得柔软且赋有韧性，也只有这样才能使打出来的草绳表面光滑、毛刺少、结实、耐用。一时间以家庭为单位进行加工编织的巨大优势得以显现，家家户户男女老少齐上阵，在自家屋里院内摆开了致富的战场，老人孩子进行梳理和泡制稻草，成年妇女打稻草，男人打包装、码垛和运输。生产队免费将一车一车的稻草送到各家各户，有了奔头的人们在院里挖一个坑，坑底铺上薄膜，并放满清水，用来浸泡稻草。有的离河水较近，就在封冻河面开凿一个"冰窟窿"用来把稻草浸湿，然后将浸湿的稻草用手推车运回家中，将稻草根向上倾斜，以利于水分与稻草充分融合，经过一晚，那原本干枯的稻草竟变得柔顺起来，它们很快就会在机器"嗡嗡"地转动中变成金灿灿的草绳。

由于稻草绳拥有独特的经济、环保、实用价值，一经推向市场便供不应求。到了 1980 年，次渠公社决定将草绳编织机分散到各家各户进行打编。并

电动草绳机

由次渠供销社派专人进行产品的质量和技术指导，由通县土产公司统一销售，同时允许个人销售，初步呈现出了产、供、销一条龙的现代生产销售模式。按照当时一天一人打十五盘草绳，每盘 0.8 元计算，一人一天可以挣得 12 元钱，这在当时那个拿鸡蛋换油盐的时代可是个了不起的数目。有的人家干脆在晚上停电的时候点上油灯和蜡烛，采用人工"草绳机"来进行生产。由于油灯和蜡烛的光线昏暗，影响打出草绳的质量，之后人们又发明出照明度

更强的"电池灯",即利用"乙炔"气的产生原理而发明的照明工具。

1980年底，人们将脚踏式草绳机逐步改造成电动草绳机，这在很大程度上减轻了人们的劳动强度，生产效率也翻了一番，每人每天最多可以打30盘草绳，草绳价格也冲破了0.8元，达到1.2—1.8元每盘，昔日的烂稻草，俨然成了人们眼中的金疙瘩。人们将"稻草绳"四盘打成一捆码放在干燥透风之处晾晒脱水。由于当时电力供应紧张，人们总是不分昼夜的"追着电"打草绳，来电了干活，停电休息。只要一来电，人们就会马上起身踏动"草绳机"，随着"草绳机""嗡嗡"地轰鸣，一捆捆的稻草在姑娘们的手中变成一条条金灿灿的草绳，这俨然就是一场现代版的游击战争。为了打赢这场战争，有的人家购置了小型的柴油发电机直接给草绳编织机供电，实现了歇人不歇马，停电不停机的壮观场面，可见当时人们希望摆脱贫困的心情是多么的急迫。

90年代，次渠公社打草绳记账本

1996年后，由于生产规模不断扩大，当地稻草已经无法满足自身需要。郑庄村民郑文成为代表的草绳专业户，踏遍了周围各个乡镇的田间地头，以每亩25~35元的价格收购稻草，以保证原材料供应，同时郑文成还帮助村民销售草绳，20多年间从未收取一分钱的好处。至今他的家里还保留着当年为乡亲们销售草绳的账薄。（插图：90 年代，次渠公社打草绳记账本）直到 2000 年，由于农村产业结构调整，次渠地区这个以农业生产为主的地区，完成了从大农业发展模式向高科技产业园区发展的蜕变，从此摆脱了"面朝黄土背朝天"的历史，走上了共同富裕的社会主义康庄大道。附近只有台湖村第九生产队还有零星的观光水稻种植。没有了原材料的来源，这个繁荣了 22 年的产业因此镌刻在了郑文成那本厚重的"账簿"之上，印证了那段历史曾经的荣耀。

秸草情深

■ 刘长青　张绍明

20 世纪 60 年代之前，台湖地区多以种植小麦、玉米为主。1964 年，麦庄公社首先利用通州区与朝阳区的"界沟水源"和通惠北干渠水源，在临近的几个村试种水稻，其后种植面积不断扩大，呈现出"禾苗碧波千顷，稻花万里飘香"的美丽景象。在农业发展的同时，稻麦种植产生的副产品——稻草、秸秆，也越来越多，台湖人民便开始利用这些副产品，搞副业，增加收入，提高自身生活水平。

编织草帽辫（刘长青）

20 世纪 50 年代末 60 年代初，台湖镇口子村及其周边大小几十个村都以种植小麦为主，每年麦收之后，产生大量的麦秆，县领导在下村视察时发现这一情况，便向村民推广编草帽辫的副业。

以麦秆为原料编织草帽辫，时兴于 1962 年后。当时土产、日杂归供销社统一经营，草帽辫从生产到收购，也由供销社负责。当地种植小麦，麦秆皮薄细长，质地柔韧，色泽鲜亮，是编织各类草编的上乘原料。那时还没有机械收割，麦熟进场后，用铡刀将麦个子（麦捆）拦腰铡断。有麦穗的上半截晾晒打场，下半截称麦根儿用作燃料或积肥。

麦穗下面的第一节叫"麦莛儿"（压碎了叫"滑秸"），节长、光滑、韧性好，是掐（编织）草帽辫的原材料。编织草帽辫要选择秆长、匀称、发亮的"麦莛儿"，短的、粗的、发黑有霉变的"麦莛儿"不能使用。从地里收割回来的麦子，先不能上铡刀。要先将捆打开，用双手一把一把抓起来，使麦穗朝下在地上戳齐。然后，左手捉住麦穗基部，把太短的麦秆抖掉，接着用右手弯曲的五指，将麦叶捋掉，而后剪掉麦穗，去下半截，随手扎成把，放在通风干燥没有老鼠的地方晾干，严防烟熏和雨淋。

这项工作不到麦秋干不了。麦收时节，众人去场院剪编草帽辫的麦莛。大人小孩昼夜地剪麦莛，剪的量很大，要够一家人编几个月的才行。剪好了足够的麦莛，一家人男女老幼全编草帽辫了。在编织人员上，家家都是总动员，满额上阵。

草帽辫是用双手拇指的指甲编、掐而成的，所以也叫"掐草帽辫"。掐辫具体分起头、掐辫、续秆、接秆及去茬五个步骤。

起头掐"三黄四白"的，要用七根麦秆起头。方法是：竖起来，白色部分朝下，下排挨紧，上下错开，从左到右递短3～4cm；再取麦秆两根，白色部分向右，也错开，从下到上同样缩回3～4cm，并夹住竖着三根麦秆的下部，成十字形，而后七根麦莛来回的折编，也就是编得的草帽辫是七股。

草帽辫

草帽辫按窄、中、宽三种规格收购，收购员用尺量辫子的宽窄，最窄的草帽辫为一级，中等宽的为二级，宽辫子为三级。编得的草帽辫要编六丈长，然后绕成一盘。收购时，收购员

用尺量长度，检验完毕按等级给钱，一级草帽辫一盘四角八分钱，二级每盘四角二分钱，三级每盘三角六分，每一级少六分钱。当时口子村有一千四百余口人，编织草帽辫高峰时，编织者超过一千人。

在当周边几十个村子，上万人都在编草帽辫，在这些村里口子村是佼佼者，全村男女老幼百分之八十都在编草帽辫，其他村编织者不到百分之五十。口子村成为这一带的草帽辫编织中心，很受日杂公司的重视。

开始几年，本地区编织的大量草帽辫，一边收购，一边用车运走。到了1965年春天，北京日杂公司的领导和村干部商量说，日杂公司有扶贫任务，愿帮助口子村建一个草帽厂，就用本地区收购的草帽辫生产，如果本地区草帽辫短缺，再从公司调入一些。双方达成协议后，日杂公司马上帮村里购进八台草帽制作机，一台草帽整形压力机。在北京日杂公司的帮助下，口子村的村办草帽厂很快开张了。生产草帽是每日黑白两班运转，每个班工作八小时，白班人员每周轮换一次。机器上两班定员十八人，加上厂长、业务员、修理工、两名后勤人员，草帽厂定员二十三人，口子村三个生产队每队录用七人。制成的草帽成品，生产队派马车运送到距离40公里外的西郊北京日杂仓库，有两次运货途中遇上大雨，草帽全部被淋湿，草帽厂还专门派人去仓库进行晾晒。

当时草帽厂每年纯收入八千余元，三个生产队加上大队部共四股分红，每一股能分到两千元。那个时期，两千元可以买到两万斤玉米，相当于七十亩玉米地的产量，生产队长和社员都夸草帽厂这副业办的好。随着该地区编制草帽辫的人越来越少，1977年草帽厂也正式关闭。

口子村草帽厂从1965年春天开业到1977年结束，运营生产草帽十二年。十二年来为村里盈利将近十万元，十万元在半个世纪前那可是天文数字，在那一贫如洗的年代，为口子村人民增加了收入，起到了扶贫的作用。这让周边的村子非常羡慕。现在村里的老人偶然提起当年的村办草帽厂，还都赞叹不已。

小小稻草帘（张绍明）

20世纪60年代中期，农村大多都靠种地维持生计，那时的人民公社贯彻以粮为纲方针，由于生产力落后，粮食产量也不高，所有收入都是交公粮，卖余粮所得，一年下来也挣不了几个钱。孩子多的，劳动力少的人家还要欠队里的口粮钱，社员劳动一天就挣三四毛钱，生产队搞的好点的，有副业收入的能好一些。

当时，次渠公社的次一村就有个生产队，社员一天下来能挣六毛多钱，这就是次一村第一生产队，队长张洪德率领大家努力发展生产，提高粮食产量，同时又利用空闲时间搞副业，其中就有个打草帘的副业。就是把稻草加工成小小草帘，也称"瓶子套"，因为当时农药厂生产农药用玻璃瓶装，装箱运输途中，极易因颠簸而破碎，瓶子套上这稻草套，破损率会降低许多。

这副业主要设备是草帘子机，但并不复杂，土法生产即可。生产队找来木匠，做了一百多个，分发给各户，再将稻草、尼龙线等原辅材料配予各户，就开始打草帘。干稻草不利于加工，要经梳理后再浸水几分钟，捞出来后闷几个小时才能用。

厂家有严格的技术标准，十道经线，帘子高度四十二厘米，用五十五到五十六根稻草，完成一块后再把两段线头连上，放在一边，每十个捆起来压上砖。每加工一个挣二分钱。

那时的小孩子也能干这活，周六周日每天也能做四五十个，能挣八毛到一块钱，每天放学后也能编十几个，一个小学生一年也能几十块钱。父母劳动一天回家就给梳理稻草，捆绑草帘，待凑到二三百个就交给队里副业组。记得那时生活水平低，大家穿的都是旧衣服，有的还带补丁。我就用打草帘儿报酬，给自己买了新衣服。穿着上学，老师同学都羡慕。老师问我能挣多少钱，我一说，老师都惊讶："你们小孩，比我工资还高啊！"直到今日我也想说，那是我这大半生中，记忆最深刻的事，可以说，终生不可磨灭！

当时的组长李玉才是个老党员，对质量问题毫不含糊，四十二厘米的高度，差一点都不行，多一点可以。抽检稻草数量，不能少于五十六根，还要拿起来抖落一下，看是不是松懈，验收合格就给你记账，到时候凭数到队里领钱。队里把合格的草帘按要求加工成药厂用的瓶子套，用草绳捆绑起来，每隔一段时间就收集一次，凑足一辆马车就拉走，送到北京大红门的北京农药二厂。厂里按每块一毛钱收，村里除去稻草，白线，

运输等开支外每块还能有六分钱的收入，仅这一项，生产队每年收入就有两万多元，社员家中也不愁孩子穿衣和油盐酱醋等日常开销了。

那时队里有耕地 400 亩，粮食收入没有副业收入高，每到年底分红大家都很开心，每天收入六毛多，比相邻的生产队高出近一倍。有个社员家劳动力多，工分自然多，他家那年分红五百八十多块钱，这在当时算是天文数字了（一般的家庭都能分一二百块钱）。他高兴地说，还是共产党好，过去拼死拼活也挣不了这么多钱。由于有了钱，大家就有了信心，队里干群矛盾也没有了，大家都一心维护队里的利益。这样一直到一九七四年，用于药瓶防震的草帘被其他不易燃材料取代，这项家庭副业结束。现在村里六十岁以上的人都经历过这个阶段，一提起来那时的情况就津津乐道。

丁庄的扁担

■ 口述：王海 石俊悦 舒昌性 隋忠芳 马宝林 张宝海　整理：崔永刚

　　在北京的东南 30 里处有一个被当地人叫做"丁四庄"的地方，由丁庄、白庄、马庄、孟庄四个自然村组成，相传是当年燕王扫北时军队的伤兵和家属屯驻在当地，渐成村落因姓氏而得名。

　　当时这里地广人稀，植被茂盛，时有野兽伤人和强盗抢劫的事件发生，为了便于沟通和共同抵御外来威胁，遂采取"连营扎寨"的方式，最大限度地缩短聚落距离，丁庄在北，孟庄在南，白庄、马庄居中间，大事小事一呼百应，一村有事四村联动。无论朝代更迭和社会动荡，这种形式从未发生过改变，就连他们的风俗习惯和生活方式也共同延续下来。因此也就有了，"丁庄的扁担、白庄的车、马庄的蛤蟆、孟庄的窝"的俗语。在这里我们着重说说"丁庄的扁担"的由来。

　　提起丁庄的扁担，必须得从"盖点儿"说起，"盖点儿"是也称"盖帘儿"还有叫"盖得儿"的。是过去常见的一种家庭厨房用具，至今大多数北方家庭仍在使用。"盖点儿"一般为圆形，由高粱杆制作，用于放饺子、豆包、馒头、年糕等面食食物。历史上丁庄的先人在农闲的冬仁月以穿（制作）"盖点儿"为业。寒冷的冬季，冷风刺骨，一家人围坐在温暖的土炕上，大人们穿着"盖点儿"，孩子们则在热乎的炕头嬉闹、玩耍。就这样，在孩子们的打闹声、大人不满地呵斥声中，度过了一个又一个寒冷的冬季，迎来了一个又一个充满生机的春天。

制作"盖点儿"的原料是"苲（音jiàng）秆"；也称"箭秆"（高粱秸秆最上端，穗下部分）。工具主要有：一把月牙形弯刀、一张方桌、一个瓦罐、一把长一尺二的扁锥子、大针、麻绳。

开始穿"盖点儿"，先要把"苲秆"去掉叶鞘及下面的节，根据长短粗细，进行分类归拢，放在木桶中，然后准备好穿"盖点儿"的竹坯子，并根据盖帘的大小尺寸将准备好的竹坯子截好备用。

盖点儿

回头在桌子上钉两个铁钉，把同等长度的"苲秆"大约每十根一组用手按住，将"苲秆"顶住两个铁钉用扁锥子从中间穿过，然后扁锥子翻腕立起，将准备好的竹坯子从中穿过，扁锥子放平抽出。一般每张"盖点儿"穿两道，每个"盖点儿"由两片组成，一片是粗秆的，一片是细秆的。粗秆片称"面儿"，细秆片称"里儿"，两片呈"十"字交叉重叠在一起。再在"盖点儿"上用锥子扎四个眼儿嵌入四个两头尖的固定竹钉，用木头榔头砸实，这就具备了"盖点儿"的雏形。最重要的是拢圆儿（圈成圆形），找出一根大于"盖点儿"半径的"苲秆"。用一根大针将挑选出的"苲秆"钉在"盖点儿"的中心位置，沿着"盖点儿"的半径，"画圆"同时用一把半圆的掐刀，切掉多余部分，最后找边儿，将半成品放在合罐上，由于合罐中空便于走针，用箭秆将"盖点儿"两面找齐，并用大针带麻绳穿斜眼将"盖点儿"上下缝合形成一体进行圈边，以不露麻绳为标准，这样"盖点儿"更加结实瓷绷，最后再抡圆切掉多余部分，一个完整的"盖点儿"就完成了。"盖点儿"的尺寸一般从一尺二到一尺八，那如果需要"七壬锅"（直径大于一尺八）以上的"盖点儿"怎么办呢？七壬锅以上的就不叫"盖点儿"了，叫锅盖。

穿好的"盖点儿"要进北京城里售卖，每隔五六天就要挑上五六十斤，跑 30 里路。在那个交通极不发达的年代，坑洼不平的土路，最少也得走上两个时辰。要选一根桑木扁担和八根细麻绳，将麻绳分别拴在桑木扁担的两头，扁担的两头各打一个眼，放入一个竹钉，用小锤子将竹钉钉紧，以防止麻绳脱落。最后就是将大小不等的"盖点儿"紧紧地固定好，以适应长途的颠簸。因此，人们总结出了一个经验口诀："桑木扁担三尺三，八根麻绳套两边，小的'盖点儿'放两面，大的'盖点儿'搁中间"。

这样码放使"盖点儿"形成一个两头尖中间宽的"枣核形"，让麻绳与盖帘之间形成更紧密的关系，无论路途多远，也不会出现松懈现象。丁庄"盖点儿"不零卖，主要靠批发给现在北京的花市、隆福寺、法华寺、永定门等地方的"杉杆子铺"（相当于土产日杂商店）。

那个年代，北京冬季开城门在凌晨三四点钟，为了赶在别人前面进城，挑夫们必须提前两个时辰出发，赶在天亮前从左安门进城，一路之上黑灯瞎火，只能听到冬夜寒风的呼号和那根榆木扁担发出"噶油噶油"的声响。进了左安门，太阳还没出来，但是挑夫们不敢有半点的放松，只有将"盖点儿"卖出去才可以踏实下来。因为近一点的"杉杆子铺"收购了别家送的"盖点儿"，就不能再收了，所以还得往远的店铺跑。遇上有的"杉杆子铺"上次"盖点儿"没卖完，暂时不收，还得挑到下一家去。盖点儿推销出去以后，才能踏踏实实坐下来，喝上一碗热呼呼的豆汁，再来几根"油鬼"（油条）解解馋。

由于当时的"盖点儿"制作全都是手工完成，制作工艺相对简单，一般每个家庭一天可以穿 10 ~ 20 个"盖点儿"，"丁、白、马、孟"四个村有三分之二的人家都在冬季农闲时穿起了"盖点儿"，因此引起了"茳秆"荒（原材料缺乏），本地的"茳秆"供不应求。人们就把目光锁定了高粱产区张家口地区，张家口俗称"口外"，属于大陆性季风气候，是干旱、半干旱地区，四季分明，昼夜温差大，日照时间长，因

此出产的"莛秆"，挺直、细长、白净，穿出的"盖点儿"平整、匀实、干净、耐用、卖相好，深受家庭主妇的喜爱，所以逐渐垄断了北京的"盖点儿"市场。

因为路途遥远，人们要先将"莛秆"通过火车从"口外"运到永定门南站或者西直门火车站。"丁四庄"的村民每次进城卖完"盖点儿"，如果家里还有"莛秆"，可以直接回家，可是家中的"莛秆"要是用完了，就要从永定门南站或西直门火车站挑"莛秆"回家，用来制作盖点儿。来回一百多里路，那根扁担润着汗水，踩着步点儿，有节奏地发出"噶油噶油"的声响，"丁庄的扁担"这一俗语便由此流传下来。

村东的两座沙岗

■ 刘长青

　　口子村坐落在萧太后河北岸，形成村落近八百年了。村东的通马大道的东侧有"小沙岗"，稍远些有"大沙岗"，两沙岗相距二百多米。当年小沙岗占地 4.7 万平方米，最高处达二十多米，近一百万立方米土方，属口子村耕地。

　　1970 年春天，口子村二队在沙坨南面拍（建）了一座砖窑，是那种原始的马蹄窑，开起了烧砖的制砖厂。这是经济账，一年卖几窑砖，比种棒子粒强多了。烧了一年砖，多挣了些钱，年终工分值就多了几分钱。一、三队看烧砖有利可图，第二年开春，各自在本队的地里拍了马蹄窑，做起了烧砖的生意。于是三个砖窑点火冒烟。马蹄窑烧砖，是延续千年的原始制砖法。由于材料和制作工艺比较简单，至 20 世纪 70 年代，仍在沿用。

　　我们口子村一队是 1971 年建窑，我全程参加了建窑的工作。那天清晨，队长带人在小沙岗东面地里，选好了窑址，众人马上平那块地方。地方平好了，马车拉来了土坯，队长派几个灵巧人，用土坯开始码窑的轮廓了。里圈码了几层坯了，外围随着有人培土。码坯时随着留好装（音撞）窑进砖坯的窑门子，窑高五六米，要留上、中、下三道窑门。

　　马蹄窑拍好使用，先要摔砖坯子。人工制作砖坯子，叫"摔坯子"。没有制砖坯的机器，不管烧多少砖都是人工摔砖坯。拍完砖窑的第二天，

队长派了六名棒小伙，手拿三联的坯斗子，来到了砖窑现场，准备摔坯子。六个人进场后，手握铁锹各自平着使用的场地。场地平整完毕，用碌碡碾压几遍硬化。随后各自用双轮车拉来土，开始和泥。活的泥要够一天的定额——摔一千块坯子所用的泥。活好的泥要醒两个小时才能用，否则扣出来的坯子爱裂。上午平完场地，活好泥，到中午了，回家吃饭，下午再来上班时，活好的泥就可以用了。

六名摔坯子的人员分立两行，就好了位，开始干活了。前面三个人扣得的坯子码在工作场地前面，后排三人的坯子码在工作场地后面。工作区域和码放坯子的料场，安排是井然有序的。开始几天，由于不太熟练，天天加两小时班，才能完成定额。几天以后，不加班就能完成一千块定额了。

按定额算了一下土方量，一千块坯子用土一点七三立方米，六个人一天土方量十点三八立方米，一个月用土三百一十一立方米。一年要摔八个月坯子，用掉沙土二千三百一十一立方米，三个队的砖窑一年用掉七千五百立方米的土。照这样的速度，要将小沙岗夷为平地，得用一百五十年的时间。

1976年的春天，一天早上八点多钟，小沙岗前开来了一辆大卡车。从车上下来几个人，围着沙坨指手划脚地说着什么。后来得知，当时的台湖公社要在小沙岗建砖厂。第二天公社来人找村里书记和三个生产队长开会。商量结果是，关掉三个队的小砖窑，建一个大型的串窑制砖厂，生产红机砖，是人民公社所属企业单位。

串窑，就是砖窑之间微薄的隔开，所有的窑连成一串，顾名"串窑"。大型制砖厂都是串窑，烧砖时，烟从一个大烟筒排出，优点是设计合理，烧砖时节省燃料。大约用了两个月的时间，建好了砖窑，购齐了设备和原材料，开业投产。

开始一段时间还烧不了砖，两台制砖坯的机器昼夜的工作着。有人把制出的坯子码放好，进行风干、日晒。十几天后，砖坯子干了，有人用车推到窑内码好，这项工作称为"装窑"。窑内都撞满了砖坯子，点火烧砖。现代化的制砖厂，是串窑烧砖，从码坯子留烟道，到烧砖点火处，结构和方法上和以前的土窑烧砖截然不同，对村里百姓来说是新鲜事物。

新窑点火这天，大家都来观看。

点火是在早晨，窑门外站了很多人，来看"火工司"如何点火。他拿引火之物进了一道窑门，很快火点着，随着鼓风机给风，火势顺着火道向前蔓延。两个小时以后，串窑内添压的煤全部点燃，火势越烧越旺。窑场高大的烟筒由浓重的黑烟，变成了一缕缕蓝烟。

串窑点火烧砖需要一周的时间，加上"撞窑"三天，出窑三天，烧一窑砖需用两周时间。以前的马蹄窑三个队三个窑一次烧十万块砖，而串窑一下就是一百二十万块砖，一年至少可生产两千万块砖，用掉土方量为四万多立方米。

1984 年生产队解体后，人们各自找生财之道，手里有些钱了，都要翻盖房屋。于是纷纷来买砖，一时间购砖排不上队，砖厂"日夜兼程"，仍是供不应求。十年过去，沙岗的土用掉了三分之二。到了九十年代初期，农村又掀起了第二次建房热潮，砖厂的砖又出现一次供不应求。沙岗很快夷为平地。当时恰逢北京城里一些大中型企业外迁。位于城东的北京起重机总厂，选中了制砖厂的旧址，在这里建起了北京起重机厂。

大沙岗子占地 13.3 万平方米，比小沙岗子还要高。归口子、朱垡、铺头三个村共有。口子村占西边近一半。大沙岗的土方量是小沙岗的四倍，约为四百万立方米。它的消失起源于 20 世纪 80 年代初期，农村开始了建房热潮。百姓们盖房前都要垫房地基，纷纷都到到此取土。

别小看百姓家取土垫房地基，用土量要远远大于砖厂，因为要建房的人家太多了。三个村的百姓都去那里拉土。我家是 1981 年翻建房，大地开化后我拆了旧房，找两辆马车去沙坨取土。我跟车前去装土，到那儿一看，奔三个村方向去的大道都被车轮碾压得闪光发亮，大道边都没有一棵青草。

1984 年农村生产队散了，村民分地时沙岗没有划分，形成了天然的使土区域。开始几年，去取土的只是周边的三个村子——口子、朱垡、铺头的百姓。运土的工具有马车、拖拉机和汽车。三个村的百姓，都是熟人，有时碰到一起来拉土，还互相给装车，相互帮助邻里和谐。

时间不长，使土区开始乱了起来。每天都来很多拖拉机、汽车拉土，用挖掘机装车。而且不止是这三个村的村民，周边十几个村的建房户都

来取土。到了 80 年代末期，使土的区域有 1.3 万平方米，口子、朱垡、铺头三个土地所有权村，开始都派人前来看土，不让外来人取土。可是面对几十辆汽车拉土，根本管不了。进入九十年代，附近二十个村的建房户依旧取土不止。

到了 20 世纪末，大沙岗也夷为平地。没用二十年的时间，周边的百姓们就给运走了，人的能力真神力也。

小沙岗没有众人取土，烧了二十年砖，气数已尽。大沙岗没有烧砖，众人建房取土，也是二十年光景，不复存在。只留我写这篇纪实，作为历史划痕。

沙岗子，母亲

■ 刘长青

　　称沙岗子为母亲，是她养育了我，给我快乐的童年，供我吃，供我穿，供我花。我们这一带十几个村，1965 年以前出生的孩子，都没用过"尿不湿"，多数人连尿布（裤子）都没用过。大人们给我们用的是沙子口袋。

　　一般人家孩子满月后都要穿沙袋子。沙土口袋是用布缝的一个一尺半长的口袋，里面装上干沙子。不是粗沙，粗沙磨嫩皮，婴儿受不了。口子村沙岗有一种红褐色的细面沙，本地人称为"沙土"，既细又柔又吸水，是上天赐予当地人的福分。

　　婴儿腰部以下全装入沙袋中，屙尿全在的沙子上，湿了换上，既节省了尿布（那时物资匮乏，棉布也是宝），还免去婴儿腌屁股之苦。为防虫蚁，沙子在用之前必须放炕头炕干，或用铁锅炮（páo）干。高温作用，细菌也杀灭了。多少代人穿过沙土口袋，无从考证。我小时候就穿过一年沙袋子，脱了沙袋子，我就会走路了。

　　童年时代的我，是常到这里来的。放学后来这里挖猪菜，也和同伴们来这里玩耍，学校也组织学生来这里过队日。1961 年的春天，我上小学四年级。学校组织少先队员过队日。四年级和六年级各一个班，五年级两个班，四个班的同学分为两拨，五年级两个班为一拨，四年级和六年级为一拨，每拨学生各八十余人。分好拨以后，开始发冷布缝制的灰包了。为了便于分辨，灰包是兰色和白色两种。灰包发完了，又在两队

前面划了两道十米宽的隔离线，游戏开始前大队辅导员说了游戏的要领和注意事项。两队相隔十米，用灰包投向对方的身上，只准投在胸部以下的位置，严禁投向头部，以免伤眼。被灰包击中的退出战场，最后战场上剩的人多的为胜者。提前说清了，胜者是有奖品的。

为了防止有的人被投中后，私自掸掉灰，每个班选一名监督员，负责"战场"作弊的事情。我有幸当了监督员，负责"战场"的一些纪律。游戏开始了，两边的同学都离白线很远，都怕被对方击中。须臾，有些臂力大的同学先投灰包了，劲头真大，对方离灰线很远也被击中了。双方都有手劲大的同学，对方被击中的同学都退出了战场。还真有一个同学不愿下火线，掸腿上的灰迹，被我给发现了。于是我马上前去指责，令其退出现场，记下了他的名字，事后要点名批评的。这次活动是一节课时间，五十分钟。大队辅导员看了看表，已经四十分钟了，就对大家说："还有十分钟时间，现在双方各有二十余人，各自都要努力，要把距离拉大。"

双方听了辅导员的讲话，各自都"玩命"了。剩下的少数人员都机警得很，都是"老油条"了，很不容易被击中。有些不顾隐蔽，贪功心切，就被对方击中了。时间到了，随着一声哨音，双方停止了战斗。查点人数，五年级队剩十一个人。四、六年级合队剩员六个人，五年级联队获胜。最后公布违纪人员五名，五年级联队两人，四、六年级联队三人，做了口头批评。最后发放奖品，五年级十一名胜者是一等奖，每人拿到一支钢笔。四、六年级联队六人为二等奖，每人十支铅笔。

村边的小沙坨将近90亩地，口子村三个生产队都有地，每队20余亩，年年种黏食作物、红薯、花生……地势较高的沙土地，浇不上水，产量也不高，但却调剂了我们的生活。我赶上沙土岗种红薯，是1960年，粮食"低指标分配"以后，因为高产，沙岗上栽种的红薯，甘面可口好吃。

当时红薯产量，是每亩地六七千斤，五斤红薯顶一斤原粮，一亩地产的红薯，折成原粮是亩产1400斤。而当时玉米亩产才二三百斤，红薯亩产是玉米产量的五倍，生产队愿意种红薯。可是粮库征公粮不要红薯，只能在沙岗种几十亩红薯收获了社员们自己食用。

人们炒玉米花必须在锅里放沙土，沙土炒热了再放入玉米粒，玉米粒才被炒开了花，炒玉米花又叫"崩棒花"，玉米又称"棒子"。崩棒花是北方历史悠久的一种小吃，人们崩棒花都用沙岗的沙土来炒。崩棒花也是技术活，沙土得烧热，再放玉米粒搅拌，玉米才开花，外行人不懂火候，炒的都是死豆，不开花。当然了，众人炒棒花还是炒开花的是多数，死豆的是少数。人们炒些花生、黄豆、葵花籽，为了避免炒糊了，锅里也要放些沙子来炒。炒什么东西也是先把沙子烧热了，才能放入东西搅拌。因为锅里有热沙子，锅里的小吃炒熟了外皮也不糊。炒熟的小吃外皮不糊才好吃。不用沙子炒，外皮极容易炒糊，连里面的果仁一起炒糊，这样的小吃炒完就没法吃了，所以炒小吃必须放入沙土。

那时在口子、铺头、前营三个村的分界处，有一块小的使土区，面积约 6 万平方米。听老人说几十年前就有这小使土区，几十年过去了，周边的人们也没有从沙坨搬走多少土，沙坨仍然保持着它的原貌。沙岗的沙土吸水性强，垫院子、垫道，防止雨天路滑，给牲口棚、猪圈上垫脚，冬暖夏凉，防病又积肥。沙岗子用她博大的胸怀养育着这片土地上的人们。随着生产生活的发展，人们在这里取土建房，沙岗子日渐 20 世纪末，这片沙岗子不复存在。

餐桌上的变化

■ 张希臣

从一定意义上讲，农村老百姓的"吃"是与"种"分不开的，吃与养殖也有一定的关系。

1951—1957 年，台湖地区种植的粮食作物主要是黄玉米（黄棒子），后期有白玉米（俗称"洋白棒子"）、小麦、大麦、高粱（红高粱，俗称"牛腿高粱"；白高粱；粘高粱）、谷子、黍子、黄豆、红豆、绿豆、爬豆，也有少量的油料作物，如芝麻……

各家房前屋后一般都有点空闲地，用棒秸秆夹围成一个菜园子，里面主要种一些大蒜、葱、辣椒、芥菜、萝卜一类的季节性菜。

要说养殖，家家都养几只或十几只柴母鸡，加上一公鸡。母鸡产蛋，公鸡白天用来当鸡头儿，夜里用来值班守夜，早上报时、打鸣，叫人们按时起床，发挥钟表作用。养猪的也有，但是很少，一般也就一年喂养一头猪，给它喂一些粮食的糠皮，野菜，豆花（豆子的干叶子）等。养羊的也很少。

农村房屋的设置一般是三间或五间，没有专用厨房。三间、五间的房屋中间的一间称"外屋"，在外屋左右分建有两个锅台，安放两口大小不等的铸铁锅，两个锅盖是木头板制成，做饭、烧水加热用农作物的秸秆，两个锅台灶分别通向左右两边房间的土炕，这样做饭产生的余热把土炕也给升温了，实际也相当于现在的暖气片，产生的烟沿着土炕里的通道，顺着房上的烟道升入高空。这样饭做熟了，炕热了，屋里也暖和了，一举三得。

夏天是特殊情况，在院里边挨着天井有室外锅灶，有用麦秸泥垒成锅灶的，叫"凉灶"或"冷灶"，利用院里的锅灶来做饭。那时没有电，没有机器，台湖农村地区加工粮食的主要工具就是石磨、石碾子，用牛或驴拉石磨，拉石碾子用驴（因驴劲小）；也有用孩子推石碾子的，也是在大人的指挥下来推碾子，往往是两个孩子同时推一根碾棍，推着碾子转圈，大人用笤帚整理碾碎的粮食，虽说累点，回想起来也是充满了乐趣。

农村人常年吃的主食以玉米为主，即玉米加工后的面和细颗粒，俗称"棒子面""棒渣"。一日三餐几乎离不开玉米，早、晚吃棒渣粥，中午有吃大柴锅贴熟的棒子面贴饼子的，有用棒子面包菜馇馇的，也有用棒子面打馅糊饼的，还有用棒子面打葱花儿糊饼的。

要说吃饭，有棒渣饭、小米饭、小米豆干饭、高粱米饭……无论做哪种饭，都用柴锅，做塌锅饭，饭熟铲出后都有个焦脆的锅巴，家长们往往撒上点细盐，再铲出这锅巴，吃起来也别有风味。

吃元宵，现在都是用糯米粉制作。过去由于台湖地区不种植糯米，那时做元宵的面是黍子碾成米，磨出的黄米面或白粘高粱碾成米，磨出的粘高粱面，往往都是手工包元宵，再用水煮或上锅蒸；也有把红豆煮好加上糖精（那时不放糖，糖贵）做成馅，用粘高粱面烙粘饼子的；也有将粘高粱面和好上锅蒸窝头，然后放面板上与熟黄豆面裹在一起做"驴打滚"吃的；也有用黄米面与红豆、枣混在一起做年糕的。

20世纪五十年代，农村小麦种植面积少，产量又低，就很少吃白面，只有具备特定条件才能吃白面。一是过年（春节）的时候，用白面蒸点馒头，包点饺子，但是正月初六以后就开始吃豆馅馇馇了（棒子面包的）。二是麦秋（收）的时候，大秋，收种农活累，要吃白面，做点烙饼、面条一类的食品。三是家里来亲朋好友的时候，吃白面食品也就是吃一顿。四是家庭中的特定人物，如年老、体弱或有病，可以享受吃白面的待遇。再有孩子着凉感冒，家长给做碗面条汤加个鸡蛋，放点香油，这是对小病号的特殊关照。那时候孩子向往吃白面的心情非常迫切。要是谁家的

孩子在家吃什么了，往往见着小伙伴要显摆，"我昨天感冒了，我妈给我做了碗面条汤，还有鸡蛋"。吃白面也是一种荣耀。此外，过阴历五月节（五月初一），要吃白面食品。过八月十五中秋节，要用白面、黑糖、熟芝麻、香油，烙糖饼。

1958—1961年三年困难时期，台湖地区各生产队都建立了公共食堂，不论男女老少都到公共食堂集体进餐。这时候仍以玉米面为主，基本上人人能填饱肚子，后期粮食有定量限制，原粮每人每月十五斤三两，进餐方式改成以家庭人口为准，把应得餐量打回家吃。为了让肚子鼓起来，玉米面里要添加"棒骨面"（玉米脱粒后的硬芯，经水泡后，用石磨加工后掺入玉米面），上笼屉蒸熟，也就是"棒骨面窝头"，台湖地区1961年之前出生的人全吃过。有时还要加些干菜叶，有时还要加些"棉籽饼""豆饼"（棉花籽、黄豆榨油后的下脚品）等等。进入冬季后，村集体食堂改成每天两次供餐（百姓一日两顿饭），上午九点，下午四点。去集体食堂打饭的大多数都是各家的孩子，拿着簸箕、盆、桶等餐具，在打餐口排队。有时饭不熟，打饭的孩子就不耐烦了，喊"熟了不？我这饿着呢！快点揭锅！""我的肚皮要贴肠了！"还有敲盆、打桶的，场面还挺热闹。大师傅根据食堂管理员统计的各家人口数，用盘称称出相应食物重量，为保证准确，有的窝头用刀切成大小不等的碎块，随时添减；用手抓咸菜条，用水舀子盛粥、盛白菜汤。在打饭回家的路上，有的孩子由于饿，等不及到家，就边走边吃。饭打回家后，有的一家人口多或孩子多，还要把打回的饭再次按全家人口数分成尽可能平等的份数后再吃。一般家里掌握分餐大权的都是当妈的，当妈的也是最后取一份，若看到哪个孩子不饱，往往还要把自己那一份分出去点。现在回想那时母亲的举动，浸透了人间的大爱。1960年末，集体食堂解散。

1961—1977年，农村水、电扩容，机器化程度不断提高，推广科学种田、引进化肥。国家重视粮食产量的提高，台湖地区的粮食也是连年增产，老百姓的年均口粮定量逐步增加到年420斤，餐桌上主食棒子面、棒渣、白面所占的比例有所增加，同时也多位"新朋友"——大米饭。

1978—1999年，台湖与全国一样进入改革年代。农作物种植、动物养殖有了相当规模的发展，农业可耕地面几乎全部改为稻麦两茬，规模猪场、鸡场、渔场不断兴起，粮畜产品极大丰富，人均口粮不再受限制。这时，台湖老百姓的餐桌上白面、大米是"常驻大使"，蛋、鱼、肉是常客，棒子面（玉米面渣）扮演的是偶尔"露峥嵘"的角色。餐桌上的饭菜也不再是过去的自给自足，农贸市场、集市等，都为百姓提供日常饮食所需的米、面、肉、菜等食品。

2000—2020年，提倡绿色、环保的发展理念，台湖地区由"以粮为纲"发展成有森林公园、森林包围乡村的美丽演艺小镇。台湖各村百姓的餐桌有了极大的变化、升级。随着住房条件和生活条件的改善，农村家家都设有餐厅，餐桌也进入了餐厅，鸡鸭鱼肉是餐桌上的主角，米、面食品是配角，后期老百姓的餐桌上又添加了各种"山珍海味"。近几年受健康理念的影响，吃也讲究科学，返璞归真，把"老朋友"粗粮、棒子面、棒渣、野菜请回现代的餐桌餐厅。台湖农村人家的吃不再受自身种植条件的制约，随着市场经济的发展，天南地北的各种食材纷纷上了自家的餐桌。

台湖小吃

■ 张希臣

　　台湖镇地处通州区中部，东距漕运古镇张家湾 8 公里，其传统小吃与运河文化密不可分，又因其地处京畿，传统小吃同样也具有京城特色。其中饹炸饸是一种老北京特色小吃，起源于京杭大运河通航后。当时大批船工们从山东带回酥脆的煎饼，日久受潮，煎饼变的皮软，入口不爽。有心的人将煎饼卷成卷，切成段后下油炸，食之更香更脆，之久不变质。饹炸饸很快成为陪伴船工远航的美食，在通州大运河方圆数十里的京东一带民间传开。中华人民共和国成立后，域内经济逐步发展，至七八十年代，商业繁茂，特色小吃层出不断，其中具有代表性的有胡氏饹炸饸，脆香不腻；原次渠乡能源站制作的米线，醇香可口；台湖乡政府机关食堂制作的芝麻羊肉，外焦里嫩；董村聚庆斋福利食品厂生产的麻饼，香酥可口。这些花样繁多的台湖特色小吃，使人们的日常饮食更加丰富多彩。

　　胡氏饹炸饸　饹炸饸，是过去春节前人们必备的年货。每逢年过节，尤其是腊月二十以后，农村家家户户开始用石碾碾红豆，然后用簸箕把豆皮簸出去，经水泡好后，用石磨磨出浆，再用大柴锅摊出饹炸，后经人工手卷、切割，再放到锅中进行油炸，这时真正的饹炸饸算是可以吃了。

　　过去农村的饹炸饸一般用来祭神、祭先祖、作贡品，作为过年饭桌上的一道菜，招待亲友。一出正月，再想吃饹炸饸就只能等下一次过年了。也就是说过去人想吃饹炸饸，有时令限制。现在随着人们生活条件改善，随时都可以吃到饹炸饸这一小吃。

说到台湖地区的饹炸饸，就要提到"胡氏饹炸饸"。创始人叫胡建秋，西下营村人。20世纪80年代初，胡建秋做起饹炸饸这一行，给自己的产品注册了商标——"胡氏饹炸饸"。

胡家几代人都有制作饹炸饸的习俗，制作工艺和用料上与众不同。以绿豆为主要原料磨浆，再把浆摊成一张近似透明的极薄饹炸，饹炸趁热卷好，切小段，卷成一个个小卷圈。炸制时要掌握油温、火候，炸老了、糊了影响口味，炸嫩了里边不脆，达不到入口即化的效果。到了胡建秋这一代，制作饹炸饸已形成了规模，上千平方的厂房，按产品设计进行流水线生产，采取手工与机器相结合的工艺流程，厂家工作人员与产品执行严格的卫生标准。"胡氏饹炸饸"的用料都是胡建秋亲自去采购的，在河北某地有生产专用的绿豆、黑芝麻基地，专用有机肥种植，附属用料也有专供户。这都起源于胡建秋的经营理念——重信誉。

台湖地区的小吃"胡氏饹炸饸"的知名度越来越广，不仅是年节的必备食品，还成了访亲看友的时尚高档礼品，通州区甚至北京市都有"胡氏饹炸饸"的门店，北京城里星级宾馆的餐桌上也有它的一席之地。您要是吃过一次，嘴里

饹炸饸

总有一种回味悠长的感觉，脆、香、不腻，这是一大特点，"胡氏饹炸馅"已成为天然、绿色食品中的一道风景线。

米线 获首届通州美食小吃节二等奖，制作单位为原次渠乡能源站。

其制作流程是使用优质稻米用温水浸泡30分钟，捞出后控干水晾4小时后磨成米粉，然后将米粉加入适量水和成糊状，加工成条状米线，其外观与北方面条相似。米线食用方法主要有两种：一是"过桥米线"，这是一悠久的食用方法，制作时选用鲜嫩的鸡、鱼煮沸制成"原汤"，再将猪、羊肉切成细丝；将原汤煮沸，舀入大碗中，放入大油，以保水温；同时将米线在水中煮熟捞出，继而把细肉放入汤中像涮羊肉那样涮熟，加入米线即可食用。二是普通吃法，这种吃法基本上与北方面条吃法相似，将米线煮熟后，佐以各种调料即可。次渠乡能源站制作的米线米香浓郁、肉香扑鼻、香而不腻，深得民众喜爱。

芝麻羊肉 获首届通州美食小吃节二等奖，制作单位为原台湖乡政府机关食堂。

芝麻羊肉又有"三鲜芝麻卷"之称，原是通州小楼饭店的清真风味小吃，历史悠久，营养丰富。20世纪80年代末，台湖乡政府机关食堂学习并引入制作技术。其主要原料：鸡蛋、面粉、淀粉、海米、鲜竹笋、芝麻仁、羊肉、海参、酱油、料酒、味精、五香粉、葱、姜、油、盐等。制作方法先将鸡蛋磕入碗中，加入淀粉；然后把锅烧热、擦油、拉皮子；将羊肉、竹笋、海米切碎上火炒熟；再把炒好的馅卷入鸡蛋皮内，炸成金黄色捞出即可食用。特点：外焦里嫩，香酥可口，鲜咸适中。

乌麻饼 获首届通州美食小吃节三等奖，制作单位为通州区董村聚庆斋福利食品厂。

乌麻饼，具有独特风味的南味糕点，早在北京地区享有盛名，是深受京城居民欢迎的上乘面点之一。台湖董村聚庆斋福利食品厂制作的乌麻饼，在原有南味糕点的基础上进行改良，使其更加符合北方人的口味。其主要成分有：富强粉、白糖、黑芝麻、鲜蛋、食油、大油、桂花、青梅、玫瑰等。本食品用料精选，制作细腻，工艺考究，外形美观，因主要成分配有黑芝麻，故称"乌麻饼"。其食用特点集香、甜、酥、咸于一体，顺畅可口，且本品中的黑芝麻有辅助美容作用。

乌麻饼

民生琐记

残疾人事业扬帆起航

■ 李延芳

中华人民共和国成立以来，党和政府关注残疾人的生活，建立残疾人组织，开展生产自救，残疾人工作逐步提到议事日程上来。

1988 年 3 月，在中国残疾人福利基金会和中国盲人聋哑人协会的基础上，本着改革的精神，成立了融代表、服务、管理功能为一体的中国残疾人联合会。通州台湖乡、次渠乡也相继成立乡一级残疾人联合会，由民政部门管理。截至 2021 年，在台湖镇 15 万常住人口中，登记在册的各类残疾人有 3117 名，其中，重度残疾人 886 名。

扶残助残　帮助残疾人就业

为改善残疾人家庭生活条件，两乡残联从源头抓起，开办福利企业，最大限度地安排残疾人上岗。截至 2001 年，台湖镇、次渠镇合并为台湖镇，镇域内有福利企业 9 家，安排有劳动能力的"四残"人员 217 人。

在发展福利工厂的工作中，台湖镇残联把重点放到投资小、见效快、技术容易掌握的项目上，扶持福利企业，打造扶贫助残基地，将其作为残疾人脱贫致富的重要渠道。

2010 年，在桂家坟村原有育苗基地的基础上，通过自筹及镇、区两级投资 171.2 万元，建立残疾人观赏鱼养殖基地，占地面积 1 万平方米，共有孵化池 60 个，电教中心 1 个，办公室 4 间。该基地是以桂家坟村残

疾人协会为龙头，以观赏鱼养殖辐射带动全村 30 户残疾人。扶持方式采取以基地为龙头实行统一管理，残疾人分户养殖。基地统一购买优质种鱼、鱼料、药物等，统一供给、统一销售、统一防疫、统一技术培训。方便了残疾人家庭和特困家庭，解决资金周转和养殖中的各种问题、困难，带领残疾人脱贫致富，生活达到小康水平，受到广大残疾人养殖户的认可。

2010 年以后，随着城镇化进程的快速推进，台湖镇福利企业逐渐退出历史舞台，镇残联对辖域内残疾人的劳动能力进行评估和登记，向镇内外企业推荐符合要求的残疾人就业，并通过多种方式、多种渠道，帮助残疾人自主创业、灵活就业、居家就业，鼓励他们融入社会，用自己的辛勤劳动创造美好生活，持续增进残障群体的民生福祉。2018 年，台湖镇残联安置残疾人就业 18 人，2020 年，安置残疾人就业 11 人。

多措并举 为特殊群体打造幸福生活

2003 年 9 月，台湖镇残联正式挂牌办公，残疾人工作纳入镇政府工作职责。2005 年 5 月，全镇 46 个村全部建立残疾人协会，实现了残疾人有活动场所、有阵地，残疾人正式有了自己的"家"。

正式挂牌办公的 18 年来，镇残联一直把残疾人的民生福祉作为工作重点。期间，镇政府和部分村出资近 30 万元，为困难残疾人修缮住房 30 间，翻建房屋 40 间，新建房屋 35 间，使 30 户贫困残疾人家庭受益。2018 年开始，无障碍设施改造有序推进，覆盖面逐年扩大。依托北京市残疾人辅助器具综合服务平台，为辖区内的所有残疾人免费发放所需的辅助器具，2018—2021 年，共发放辅助器具 3120 个，满足了残疾人多层次、个性化的康复辅助器具配置需求。

在改善残疾人居住环境的同时，残疾人的健康和社会保障也越发受到关注，2019 年始，台湖镇残联组织医务人员开展为重度残疾人入户体检，残疾人入户康复活动，至 2020 年两年内，为残疾人服务达 800 余人次。为了实现残疾人"人人享有康复服务"的目标，由专兼职康复指导员为残疾人进行康复指导和康复训练服务，专业队伍逐渐壮大，服务能力日益提高。镇残联还组织动员社会力量，为 30 多名贫困残疾人免费实施了白内障复明手术，一部分视力残疾人得以重见光明。除此之外，2021 年全镇有 170 名残疾人享受"城低保"和"农低保"待遇；255 名重残人享受困难生活补助；农村残疾人全部参加新型农村合作医疗，"参合费"政府全额补贴。

接受教育是每个公民应有的权利。为解决残疾人教育问题，全镇经济条件比较好的村都建立了"奖学金""助学金"等鼓励制度，资助贫困残疾人及其子女完成大学学业。此外，政府每年向残疾人学生、在读生活困难的残疾人子女，包括就读于全日制公办和民办学校中的高中学生、大学生、研究生（含硕士研究生、博士研究生）及接受成人高等教育的学生发放助学补助，努力消除贫困残疾学生及其家庭的后顾之忧。

全社会关爱残疾人，这关爱不仅仅体现在物质生活上。台湖镇残联成立以来，每年的"助残日"，镇相关领导和志愿者都会来到残疾人家中，慰问残疾人。为了丰富残疾人的文化生活，让残疾人更好的融入到社会中，2018 年开始，台湖镇残联专门为残疾人组织开展文体活动，组织近 400 名残疾人参加趣味运动会，组织 37 名残疾人参加通州区第一届残疾人运动会。2019 年，在残疾人中开展了创意插花、参观游览北京野生动物园、迎中秋联欢会、"展才艺绽风采"残疾人联欢会及残疾人趣味运动会，参与残疾人近 1800

2021 年，台湖镇残联健步走活动

名。2020 年，在疫情防控不松懈的大背景下，分别开展了"克服疫情影响，关爱残疾人生活"及"盛夏送清凉"慰问活动，覆盖全镇持证残疾人 2983 名。2021 年，组织残疾人开展健步走活动，参与残疾人 450 名；组织残疾人观看专题文艺演出……

2021 年，台湖镇残疾人特殊专题文艺晚会

特殊群体的温馨家园

2011 年 12 月 30 日，北京市人民政府办公厅转发了市残联等部门《关于进一步加强残疾人温馨家园建设意见》，台湖镇残联随即在市、区两级残联的领导下，开展此项工作，温馨家园内有就业培训、医疗康复训练、信息咨询、文化体育活动等多项服务内容。依据经验和实际情况，于 2020 年，将台湖镇残疾人温馨家园交由专业服务机构负责托管运营。其间，每个工作日都有 20 名残疾职康学员在这里接受就业技能、文学、艺术、声乐、舞蹈等方面培训。

2021 年 3 月，温馨家园邀请春晓心理社工事务所、潞河医院康复医学科等单位，共同举办"志愿服务奉献爱，文明实践'益'起来"志愿服务系列活动，为残疾人提供理发、心理咨询、健康知识讲座等义务服务。是年 5 月 6 日，张继承委员工作室政协委员公益助残基地正式启动。2021 年 6 月，台湖镇残联在西下营温馨家园内，开办职业康复站，为中、重度残疾人提供职业康复，进行简单的手工制作，提高残疾人的自立、自理能力。

如今，台湖镇残疾人事业正扬帆起航，"奉献、友爱、互助、进步"的志愿者精神已渐成风尚。全镇现有"贴心人服务队""红领巾助残小组""青年志愿者服务队""三八服务队""志愿者联络站"等志愿者组织共80个，总人数260人。志愿者们通过一系列志愿服务活动，帮助残疾人重塑生活的信心；通过针对性的培训，帮助残疾人习得新的生活技能；通过关心关爱活动，让人们更加了解这个特殊群体，促进残疾人平等、充分参与社会生活，共享社会物质文化成果，共建和谐社会。

（李延芳，《挚友》杂志通讯员、通州区作家协会会员、辽宁散文学会会员）

北京火柴厂的前世今生

——迁址在高古庄的北京火柴厂

■ 李启国

北京火柴厂经历了三个时代，110 余年，先后两次迁址，在北京近代工业发展史上具有重要地位。

戊戌变法后，清政府设立了农工商部。当时在天津燕京大学读书的张新武，公费到日本留学，学习化学，1904 年毕业后回国，在农工商部任主事。

张新武在日本留学期间，亲眼看到大量的真金白银以惊人的速度流入日本，而其中很大一项是中国人购买日本的火柴。他深感自己国家落后，连小小的一盒火柴都从日本进口，大量的民间财富流入外国人的腰包。于是，他向农工商部建议，在北京招商办自己的火柴厂。当时，正好有一个叫温祖筠的北京商人承担了这项任务。温祖筠在给光绪皇帝的奏折中这样写到："窃自中外通商以来，火柴一项销数剧增……京师都会之地，拟集股金五万于京城，择京城一相宜住所，酌置三十亩地，设立工厂，起名为丹凤火柴厂有限公司……"

光绪帝批复的奏折，其要点有三：一、官商合办丹凤火柴厂公司；二、政府（朝廷）拨付五千两白银为官方股份；三、专办十年在北京城内或宛平大兴选址均可。最终，北京火柴厂选址在崇文门外，厂址为"后池一号"。占地 2 万平方米，厂区东至南水道子胡同，西至后池，北至后池东口（今水道子胡同 5 号往西一直延伸到后池的一条狭窄夹道），南至后池南口（今水道子胡同 17 号往西一线）。

光绪三十二年五月六日（1906 年 6 月 27 日），中国第一家火柴厂建成，正门上装饰着一幅铁制的红凤凰，"丹凤火柴公司"六个金光闪闪的大字，给古老的北京城增添了几分现代工业的气息。厂房建立起来后，这个北京商人从日本请来技师，购置原料。主要是洋硝、硫磺等，还有成套的机械设备，并在京畿附近招收工人，边学边干，不久正式投入生产。几个月后，生产出第一批产品——丹凤牌火柴，先在国内南北试销，很受百姓的欢迎，经过进一步改进提高，作为定型产品正式推向市场。

自光绪三十年（1904）到宣统三年（1911），温祖筠共上书73份奏折，其中叙述都较为详细。从选址、进料、办理护照，到货运线路，再到前门火车站如何报关安检；还有，关于火柴原料哪些是禁运的，应注意防火隐患等等，他均考虑得十分周全。

后来，为了增强企业的竞争力，促进生产发展，北京丹凤火柴厂与天津华昌两个公司合并成立"丹凤火柴厂股份有限公司"，总部设在北京。与此同时，又在辽宁丹东建立了东厂，是为了利用鸭绿江上游的森林资源，投资 5 万元开辟林场 80 亩，保证了生产火柴对木材的需求。

新中国成立

北京火柴厂沙子口厂址

后，市委、市政府从生产发展和市民生活等多方面考虑，决定将北京火柴厂搬迁到永定门外的沙子口，重建新厂。新厂占地 6.7 万平方米，每天需要木材 3000 立方米，木材要占用厂区面积的三分之一。这些千余株直径 50 厘米的原木，加工成只有牙签大小的木棒，需要大量的人工和机械设备。一根火柴从原料到成品共经过 32 道工序，而当时一盒火柴只卖 2 分钱。新建企业需要招收 1000 多名工人，而每年的生产规模约 40 万件，每件 100 包，每包 10 盒。

当时的火柴厂是全国重点企业，生产的火柴除满足国内需求外，还承担出口援外任务。通过不断的技术革新，大部分工序都由机械代替，但仍有离不开手工操作的工序。当时，仅糊盒、插盒这两道工序就动员了周边约 15 万人参与。

进入 20 世纪 90 年代，为了解决城市功能提升和企业发展的矛盾，北京市政府提出了"退二进三、优二兴三"产业结构调整发展战略，即三环路以内中心城区的工业退出，搬迁到三环路以外，向郊区扩散；同时，对城区的工业进行优化升级，大力兴办第三产业。当时在北京城市发展战略中，通县卫星城定位为京东工业基地，主要承接市区转产工业。最后，市政府决定北京火柴厂搬迁通县，最终选址通县次渠镇（今台湖镇）高古庄村。

北京火柴厂的这次搬迁与企业转制同时进行，即对原国营性质的治理机构，转换成国营与乡镇集体企业股份制的形式。根据法定程序，次渠工业公司（高古庄）为甲方，原北京火柴厂为乙方，合同规定：甲方提供厂房、仓库、土地、部分维修设备及水、电、气等；乙方提供生产设备、维修设备、生产技术流程。搬迁后厂名为"高古庄北京火柴厂"。双方投资额初步评估：甲方土地 41 亩，折价 689.9 万元，占 58% 的股份；乙方为机械设备作价 466 万元，占 42% 股份。日后双方追加投资须再次评估确认。1993 年 8 月 18 日，北京火柴厂搬迁暨企业转制协议签署仪式在通县艺海正艺园举行，市委、市政府、一轻局，通县县委、县政府、次渠镇及高古庄村的主要领导参加签字仪式。同年 12 月 28 日，北京市第一轻工业总公司以京一轻（93）规字第 662 号转发《关于撤销北京火柴厂建制的通知》：原北京火柴厂更名为"北京市通县次渠镇高古庄北

北京火柴厂旧
址（2014年 摄）

京火柴厂"。

北京火柴厂整体搬迁到高古庄，又给村里经济发展带来新的动力。村里对原印刷厂闲置厂房进行彻底改造，作为火柴厂的厂房，根据火柴生产的流程，分为四个车间，即铣木车间、蘸药车间、装盒打包车间和糊盒插盒车间。

根据搬迁转制协议，新建火柴厂厂长由高古庄村边文忠担任，北京火柴厂派来一名原厂长和十几名技术师傅。一年后完成管理和技术方面的交接，老厂长当上了顾问。车间主任大多由本村人担任，技术工人开始由火柴厂师傅带，掌握技术后就能独当一面，就连技术性很强的铣木刀，也由村里人磨了。到了1995年，火柴厂生产的普通火柴已供不应求，很少有库存。后来，为了满足市场需求，扩大生产，开发了高档火柴车间，专门供应宾馆、饭店和国家机关。高档火柴杆长、药足，外观美，订单接连不断，成为抢手的好产品。

1996年，是火柴厂发展的最红火的时期，当年总产值达到980多万元。火柴厂给高古庄带来最大的收益是扩大了村里劳动力的就业，很多原来在田里干活的农民，一转身当上了工人，全村有200多人在厂里上班，残疾人也在火柴厂得到了安置；家庭里的闲散的人也可以到厂里干些力所能及的工作，甚至周边不少村庄的人也到这里找到了工作。

北京火柴厂搬迁到高古庄，是北京市实行"退二

进三、优二兴三"的第一个项目，北京电视台为此做专题采访，制作专辑《北京火柴厂现在何方》，在电视新闻中播出，引起很大的反响，一时间引起轰动效应。在搬迁和落户的过程中，一直得到中央和市级领导的关怀和支持。从建厂开始，先后有时任国务院副总理李岚清，国家发改委主任李铁映，北京市副市长李润五等领导同志到厂调研、指导工作。据厂里负责人回忆，李润五副市长先后8次来到高古庄火柴厂，对火柴厂的发展和改革提出许多有益的建议，和干部职工建立了深厚的感情。

20世纪90年代末，随着打火机、液化气、天然气的普及，火柴这种民生必需品，逐渐被先进的科技含量高产品所替代。火柴的市场空间逐步变小，逐步失去了原有的市场和用户。到了2000年以后，火柴厂的经营范围越来越小，由于国家对高耗能、污染企业实行限制政策，火柴的盈利空间逐步缩小。2004年，火柴必需的原料氯化钾（高危险用料），必须由国防科学技术工业委员会备案，由13处批准，两证齐全才能供料。到2007年，进杆组装需外送，成本加大。2017年，受多方面因素限制，高古庄火柴厂进一步走向低谷，终于完成了它的使命，退出了历史舞台。

（李启国，原次渠中学教务主任、党支部副书记）

京郊独家镶嵌厂

■ 杨会礼　张瑞祥

　　台湖镇蒋辛庄村有一家镶嵌厂，属于中国传统的"景泰蓝"工艺。镶嵌产品以金、银、铜、铁、锡、铂等主要原材料制成胚胎，镶嵌珐琅质色釉烧制而成，以人们佩戴的各种首饰和各种动物造型为题材的精致工艺品为主，尤其是动物形体工艺品，主要适用于会议室、客厅、书房、宾馆的装饰，彰显雍容华贵。这种工艺品工序繁多，纯手工制作，十分精致，技术含量极高。在当时以农业生产为第一产业的农村地区，想要自行设计，自己生产是一件不可想象的事情。然而，蒋辛庄村人却做到了，而且做得很好。在1972—2004年的三十多年时间里，蒋辛庄的镶嵌厂成为京郊景泰蓝行业独家企业。

　　蒋辛庄村镶嵌产业的发展主要得益于苗月华和张瑞祥二人。1940年初，苗月华随亲属在北京一家首饰行当学徒，解放后公私合营转为北京首饰公司员工，由于技术精湛，特别是刻模技术高人一筹，苗月华被北京首饰公司评为高级工艺师。张瑞祥从小天资聪颖，头脑灵活，勤奋好学，是20世纪60年代初为数不多的初中毕业生。十几岁时就写得一手刚劲有力的毛笔字，时常帮村民写对联、春联、挽联，还擅长绘画，特别是古装画和动物画，有独到之处，刘备、关羽、张飞等画像形象逼真，惟妙惟肖。

花丝镶嵌——马

花丝镶嵌——麒麟

花丝镶嵌——象

1972 年，蒋辛庄村支部书记张贵和刘子成、马记、张瑞祥三人商议，到北京找苗月华，看能不能为村里联系点副业。刘子成、马记、张书孝三人便来到北京首饰公司找到苗月华并说明来意，苗月华和几名村干部一起，连续十几天找首饰公司领导商谈此事，北京首饰公司领导刘永明、徐贵最终同意把景泰蓝半成品的加工业务交给蒋辛庄村，同时安排苗月华回村一段时间做技术指导。

回到村里以后，村里安排张瑞祥具体负责此事，并用他家的四间土房做车间，添置必要工具，挑选张绍仪、杨玉风、郑国敏、张书环、姜作福等几人学习景泰蓝工艺品的制作技术。在苗月华老先生的精心指导下，经过几个月的努力，蒋辛庄村制作的项链、项坠、耳环、手镯等十几样工艺品达到了北京首饰公司的技术要求，并被专家认可。

1973 年，蒋辛庄村党支部书记刘子成在抓农业生产的同时，就想着把村里的景泰蓝产品做大。他找到张瑞祥说：带着这十几个人做加工，挣不了多少钱，也不是长久之计，不如利用他的绘画技能，自己刻模，自己生产。张瑞祥果断答应，先后到北京首饰公司学习雕刻技术，到朝阳区楼梓庄学习制作技术，到北京动物园观察动物的各种形态，到承德避暑山庄澹泊敬诚殿参观景泰蓝展品。经过几个月拜师求学和摸索实践，张瑞祥掌握了景泰蓝工艺品制作的全部要领，可以自行设计、绘图、刻模、制作。

1974 年，蒋辛庄村的景泰蓝工艺品产品逐步增多，经济效益逐步增长，职工人数也不断增加，党支部决定筹建占地约 7000 平方米，建筑面积 1500 平方米的厂房，并正式命名为"蒋辛庄镶嵌厂"。

蒋辛庄村镶嵌厂成立后，一年一年兴旺起来，自行设计、生产的工艺品有：骏马、碑林六骏马、长龙、团龙、扬鼻象、低鼻象、麒麟、子母龟、仙鹤、凤凰坠、孔雀坠、观世音、猫头鹰、鸳鸯、骆驼、斑马、十二生肖、各种锦盒、托盘等一百余种，其中动物造型的产品形态各异、大小不一，栩栩如生。

镶嵌产品工序繁多，要经过刻模、点焊、掐丝点蓝、烧活、打磨、抛光、镀金等反复二十几道工序方可完成。大件产品高三十厘米，直径二十厘米，

小件产品高十厘米，直径三至五厘米，在灯光的照射下，可谓精美绝伦。

随着镶嵌厂的发展，职工人数由最初建厂时的十几个人发展到几十个人，至 1985 年，职工人数增加到二百八十余人，下设四个大车间和十几个小车间，建起了六百多平方米的职工宿舍、职工食堂和一些附属设施。企业逐步走向正轨，陈志禄担任副厂长，张凤荣等担任车间主任，张少志为会计，并监督经营运行，张绍环、张秀玲为业务员，负责拓宽销售渠道。镶嵌厂采取以老带新的方式，以提高职工技术能力，以工资加奖金提高职工收入，以创新产品提高市场竞争力。

二十多年的时间，镶嵌厂每年与北京首饰公司、北京旅游公司、北京公园管理处、北京外贸公司签订销售合同。国内销往北京天坛昊明堂、颐和园秦风燕京书画社、北京印章厂、北京珐琅厂、北京饭店、友谊商店、承德避暑山庄、河南开封大佛寺、香港、澳门等地，并出口美国、英国、法国、日本、马来西亚、黎巴嫩、泰国等国家。

上个世纪九十年代镶嵌厂因管理模式陈旧，销售方式单一，销量逐步下滑。80 年代末期，因外贸销售严重受阻，产品积压过剩，资金周转不畅，更是给镶嵌厂的经营雪上加霜，至2004年，蒋辛庄镶嵌厂宣布倒闭。

蒋辛庄镶嵌厂兴旺二十余年，为国家创税收二百多万元，上交村委会三百多万元，解决了农业一线剩余劳动力的就业问题，同时也加快了蒋辛庄村农业的发展，可以说没有蒋辛庄镶嵌厂，就没有蒋辛庄村"京郊农业一枝花"的美誉。

东来宣纸加工厂

■ 口述：王东来 张宝增　整理：魏振东

　　2010 年，台湖镇次渠地区启动第二批拆迁工作，共计 15 个村从原来村庄平房迁居上楼。其中在原"次一"村注册落户的"东来宣纸加工厂"也因拆迁而解体，营业执照上交，传承百年的"民间工艺作坊"完成了其历史使命。

　　"东来宣纸加工厂"实为一家个体加工厂，即家庭手工作坊。据宣纸厂老板王东来讲"之所以坚守维持，赚不赚钱不是很重要，重要的是坚守老辈儿的这一份儿心血、信念，传承祖上这一门儿手艺、能耐，别断了匠人的念想、门道。"

　　提起"东来宣纸加工厂"，就不能不说北京琉璃厂街上的，有着百年历史的老字号"永增恒"宣纸加工店。当时王永修和王双继（绰号小老道）弟兄俩合股创立了宣纸加工作坊"永增恒"，门店坐落于北京天宁寺附近棉花街九条。是北京琉璃厂大街上的老字号"荣宝斋"的业务伙伴，专为其加工供应宣纸成品。因"永增恒"工艺精湛，弟兄俩为人为商诚信忠厚，名噪于市，声誉广传于琉璃厂大街商号和书画名家、文人骚客之间。故常有定制特需专用宣纸者光顾，其中包括著名国画大师齐白石先生。据老王掌柜讲，齐白石先生没有名人架子，和蔼可亲、渊博健谈、勤奋节俭，是"永增恒"的常客。店里不但时常为齐白石加工定制宣纸，还把加工时出现的残纸、次纸、纸边、纸条中可用部分积攒

起来，免费送于齐白石先生做练笔之用，但齐白石先生从不白用。如每年腊月二十三（小年）之前，都拿一两沓小张作品回送，以表谢意。

1956 年 1 月，全国出现了全行业公私合营的高潮。"永增恒"并入"荣宝斋"。老王掌柜成为一名工人，后退休回到家乡次一村，由儿子王勤顶替接班，在"荣宝斋"继续从事宣纸加工工作，把染纸、蒸纸技艺继承下来。

20 世纪 70 年代，贯彻"以粮为纲、全面发展"方针，村办企业蓬勃兴起，经王家父子牵线搭桥，将这一传统手工艺引进次一村，办起了"次一村宣纸加工厂"（后称东来宣纸加工厂），继续为"荣宝斋"供应宣纸。"荣宝斋"对宣纸质量要求严苛，为保质量，老王掌柜被邀请再度出山，担任蒸纸、染纸等重要技术环节师傅，兼任指导、顾问，老王掌柜长孙王东来入厂学习，成为染纸、蒸纸这一传统技艺的嫡系传人。"永增恒"这一特有的民族工艺传承下来，同时，也为次一村作出了突出贡献。使该村人均分配水平大幅提高，工分日值在次渠人民公社名列前茅，令相邻村庄羡慕不已。

如今老王掌柜已故去，第二代工匠班头，老工艺传承人在世者也已经屈指可数，但以王东来为代表的第三代传承人还健在，王氏蒸、染手工工艺没有断档，作为民族工艺瑰宝仍可熠熠放光。前辈工匠精神仍可传世，给后人留下这笔宝贵的精神和物质财富。

古代宣纸制作复原场景

台湖地区教育发展

■ 张希臣　张绍山　崔洪生

　　清朝道光年间，今镇域西南的蒋辛庄村，先后出了两位举人，是孙姓同一嫡系爷孙俩，人称孙家老举人（爷爷，名字不详），少举人孙宝光（孙子）。蒋辛庄村东北八百米，曾立有一石碑，是少举人孙宝光为老举人立的。村里老人和附近村里的老人都称这里为"碑楼"。

　　清末民初，蒋辛庄村出现了杨丙乙、陈卓生等较有知名度的先生，他们都被朝阳区的大鲁店、牛堡屯等地家境较好的人家请去办学馆、办私塾，讲学施教。

　　1940 年前，台湖地区没有官办教育机构（学校）。一般的村都是一家大户或几家联合请先生，办私塾（学馆、学堂），学生人数不等。所使用的教材先是《百家姓》《千字文》《六言杂字》，继而学习《论语》《中庸》等，计算方面主要是珠算，书写方面教写毛笔字，学制方面没有统一规定，有的常年学习，有的只学"冬仨月"。上学念书要先拜孔子，面向孔子像行鞠躬礼。教学方法就三个字"念、背、写"。"念"是先生先念，然后学生反复念；"背"主要是要求学生在念熟的基础上必须背下来；"写"指写毛笔字。农村的私塾要使学生达到什么标准，没有具体要求。农村教书先生的待遇是挣粮食，学生家长负责先生的日常吃住。阴历年的年终把粮食与先生送回家过年，来年再把先生请回，继续教学生。

　　1945 年末，台湖地区的台湖村、胡家垡村、水南村、次渠村、麦庄村、

口子村等较大的村庄先后建了学校。教师主要是由上边委派、村里聘请，还有经私塾转过来的几部分人员组成，学生则是本村或外村的都有。课程设置有语文、算术、珠算、大小字书写。

中华人民共和国成立以后，随着生活稳定，人口增长较快，学生人数也不断增加，原有的学校转为全民所有制的公立学校，服务于农村所有劳动者的子女。一些私塾、学馆纷纷关停，学生流入到学校。当时台湖及次渠地区有规模大小不一的小学 20 余所。通县政府对农村教育加强了领导，有专门督导、检查农村初等教育的人员，协助指导如何办好农村学校，统一调配农村学校教师队伍，改善提高农村教师待遇，实行工资制。

同时为扩大学校规模，改善办学条件贡献力量，各村的古庙成了学校的首选之地，学校大部分都充分利用古庙的房或又加盖了部分房屋。教师教学用的黑板有的是木板刷上墨，有的是用白灰抹后再刷墨。学生的课桌是一张长 1.2 米、宽 0.4 米的长条桌，所坐的是一条长 1.2 米、宽 0.2 米的板凳，再加上一些形状不一的桌椅。学校上下课信号不像现在有电铃或放音乐。有的用摇铃，铃有的是铜铃，有的是铁铃；有的是把报废的耕地用的犁铧片用一根绳吊起来，用铁棍击打；有的是用废弃钢磨扇，用绳吊起，用铁棍击打；有的用一段长 1 米左右的废弃铁轨，用铁丝吊起来，用铁锤击打；有用吹哨的。

当时学校的班级设置，有三种情况：完全小学，按年级划分，都是单式班级，一个年级一个班或一个年级几个班。初小由于各年级学生人数有差距，这样就出现了复式班。往往都是根据人数安排，一年级与三年级合为一个班在一个教室上课，由一名教师担任班主任；二年级与四年级学生合为一个班，在一个教室上课，由一名教师担任班主任；再有一、二、三、四年级学生数差距太大，这样就把四个年级都放在一个班里，当时称为大复式班。那么这样一个教师要教四个年级的课，这样的初小学校当时称为一人班学校，当时的北姚园小学、西下营小学便是这样的学校。

这一时期，为解决大多数农村人不识字的问题，河北省教育厅向全省农村发出"扫除文盲"的号召。当时通县专区积极响应，通县教育局为贯彻这一指示，要求各村都要成立夜校扫盲识字班。大都以青年家庭妇女为多。学员们白天下地干活，夜晚到夜校学习。教室是借用小学校的教室。那时没有电灯，村公所给买了两盏大汽灯，点着后如同白昼。没有课本，只是按照"速成识字法"的方式进行学习。"速成识字法"是部队的祁建华创造的。其实就是从一个字学起，比如：学认"木"字，双木念"林"，三木念"森"。木字旁加一个同志的"同"还念桐，是桐木的桐；旁边加上个"金"字，仍然念铜，就是金银铜铁的"铜"了，比如"铜盆"，"铜锁"了。然后再让学员们随意去想，实际上就练习组词，看谁想得最多，就这样，认识一个单字后，同时还认识许多同音字。学员们的学习热情非常高涨。经过一年，很多人都摘掉"文盲"的帽子，扫盲运动取得了显著的效果。

1958 年，台湖地区学校趋向于完全小学带初级小学。教师的教研活动集中到完全小学，学生过"六一"儿童节，初小学生由教师带领去完全小学统一搞庆祝活动。

同年，台湖中学、次渠中学建成，台湖中学选址在台湖村西北，占地约 2 万平方米，次渠中学选址在次渠村，占地 1 万多平方米。

1968 年，台湖地区教师队伍发生了变化。按照"贫下中农管理学校"的要求，全公社小学共有"进校"人员（贫下中农）近四十人，这部分人员到学校后有的任领导，有的任教师。小学各校都有由生产队划拨的几亩土地，作为学校的"五·七田"，学生由教师带着定期去劳动，所收获的农产品收益归生产队，也有的村把收益交给学校，作为办学经费补充。

1971 年，台湖中学设高中班，每届一个班，约 50 名学生，由学校初中部推荐入学。1976 年，次渠地区的麦庄中学及麦庄农业中学成立，但次渠地区学生读高中仍需去马驹桥。同年，台湖人民公社在周坡庄村创建"台湖农业大学"，有农业基地 500 亩，由各村推荐招生 50 人，学校采用半农半读的教学形式。1977 年，还开办了电机、毛线编织、赤脚医生、手扶拖拉机等七个专业班，共有学生 250 多人。同年年末，台湖地区取消"戴帽中学"，原"戴帽中学"附设的初中班全部转入中学，

初中班任教的教师分别调入台湖中学、次渠中学、麦庄中学任教。1978年初，台湖农业大学和麦庄农业中学两所学校学生毕业，学校也随即停办。

1978年，台湖地区的教育开始进入正轨。以各完小为单位，成立了年级教研组，每周定期开展教研活动。1979年6月下旬，北京市教育局对全市小学即将毕业的学生实行毕业升学统一考试，台湖地区的小学毕业生成绩居于县里前列，升中学率达到96%。1983年，台湖中学高中班停办，保留初中年级。1995年，麦庄中学并入次渠中学。

1996年，台湖乡中心小学、次渠乡中心小学分别成立，台湖小学为台湖乡中心小学，次渠小学为次渠乡中心小学。以中心小学为核心，学校内部实行校长负责制和行政干部、工作人员岗位责任制的管理体制。台湖中心小学下辖6所小学：蒋辛庄小学、胡家垡小学、尖垡小学、田府小学、前营小学、口子小学。次渠中心小学下辖9所小学：高古庄小学、水南小学、新河小学、麦庄小学、垛子小学、丁四庄小学、东石小学、北神树小学。1992年次渠镇投资20余万元，兴办一所集农、科、教三位一体的成人教育学校，开设农技、农经、财会、管理等学科的中专学历班，到1997年，已经有600多名学生毕业。1997年，次渠镇政府又投资250万元，将次渠镇中心小学进行彻底改造，新建一幢高标准的小学教学楼。整体工程当年6月底完工，9月新学期开学正式交付使用。2002年，次渠中心校与台湖中心校合并，统称"台湖中心校"，共辖15所小学。

2007年9月，北京市通州区台湖学校正式成立，由当时的通州区台湖中学、台湖镇中心小学、前营小学三所学校合并而成的九年一贯制学校。

台湖学校占地7万平方米，总建筑面积3.64万平方米。普通教室60个、专用教室37个，有400米标准塑胶运动场及观礼台、阳光体育馆，内设篮球、羽毛球场地，室内游泳馆。

台湖学校建成伊始，初中部教学班12个，学生356人，其中京籍254人，非京籍102人；小学教学班35个，学生1528人，其中京籍777人，非京籍751人，共计47个教学班，学生1884人，教职工156人；师生合计2040人。其中市级骨干教师3人，区级骨干教师14人，区级青年骨干教师 6 人。

台湖学校秉承"以人为本、注重体验、多元发展、文化立校"的办学理念在学校教育教学活动中，注重开展科技艺术教育活动，促进学生素质全面提高。成立了科技活动兴趣小组，有航空模型小组、航天探月小组、木梁承重小组、水质调查小组等科技小组；有二胡、书法、合唱、绘画、舞蹈等艺术小组。

本着立德树人，加强学生爱国主义教育宗旨，体现台湖学校教育特色，学校还建成了爱国主义教育基地，将台湖镇的发展沿革以照片形式加以展示，对学生及临近兄弟学校、家长等开放，让学生在体验中知家乡、爱家乡、建家乡。

台湖学校先后被中央文明办和教育部等四部门定为"乡村少年宫"；被北京市教委评为"学校文化示范学校""文明校园示范学校""艺术教育先进校""健康教育先进校"等荣誉称号。

随着时代的变迁，台湖学校在近十年又有了跨越式发展，学生生源逐年增加，截至 2021 年，学校初中部教学班 13 个班，学生近 500 人，小学部教学班 38 个班，学生 1700 余人。教职工总数 172 人。其中市级骨干 3 人，区级骨干教师 20 人，青年骨干教师 6 人。

（张绍山，原台湖中学教师）

北京市第一所民办希望小学

——付晓霞创办北神树月河学校

■ 口述：付晓霞　整理：崔洪生

北神树是台湖镇西部的一个大村，紧邻北京经济技术开发区，进京的一处要津。20世纪90年代，由于北京经济技术开发区向东扩展，当时的次渠乡落实北京市"退二进三""优二兴三"战略，先后有一批大中型市属企业入驻。随着产业的发展和市政建设规模的不断扩大，不仅带动了北神树村商业服务业的繁荣兴旺，而且流动人口大量增加。那些跟着父母的打工子弟陆续到上学年龄，进入公立小学受诸多条件的限制，这些孩子上学读书成了一个很现实的问题。

北神树村有一名叫付晓霞的民办教师，从1990年起，先后在次渠中心小学和次渠中学代课，她热爱教育事业，又十分喜爱孩子，她亲眼目睹这些身处他乡的学龄儿童不能上学，萌生了创办一所希望小学的想法。自从有了这个愿望，付晓霞一方面为办学而筹划，一方面也考虑到办学中可能遇到的问题，一时下不了决心。然而，最终使她坚定创办学校信心的，是在父亲家租房的一个叫郑晓峰的孩子。那个可爱的小男孩，一次一次央求他爸爸说："我要上学！"可父亲的苦衷他哪里知道。

付晓霞为此辞去了代课教师的工作，回到家乡办起了私立希望小学。

创办私立希望小学理想很丰满，但真正付诸实施，付晓霞才体会到创业的艰难。校舍问题、聘用教师问题、学校运行经费问题，以及是否能得到当地政府教育行政主管部门支持和认可，这一系列问题都摆在她面前。既然已经迈出这第一步，就没有退路了，无论怎样都要坚持走下去。望着那一张张稚嫩、天真的小脸，付晓霞义无反顾，将她的想法付诸实施。

没有校舍，她将自己家的住房进行改造，又把两个院子中间的院墙打通，所有的房子作了重新调整、组合，腾出来6个教室。没有操场，她借用家门口村里的场院做操场，一所的简易小学就这样初具规模了。2001年春节正月初六，一所民办希望小学开学了。

第一学期只招来46名学生，聘用了4名教师，有刚刚从次渠中学退休的崔老师，还有赵秀华，宋老师，这几位老师都是富有多年小学教学经验的老师。为了让他们得到好的休息，中午，学校为他们提供午饭。每一位教师都很敬业，认真备课，上课，批改作业,和孩子们交流互动,师生们相处得很融洽。美中不足的是校舍小一些，条件比较简陋，但是孩子们并没有嫌弃它，他们那萌萌的脸庞上流露出内心的喜悦。孩子们有学上了，家长们不再为孩子们上学的事分心了，也可以安心地工作了。

坐落在台湖镇次一村的北京市通州区月河学校（2006 年 摄）

北神树打工子弟希望小学虽然开学了，但是还没有取得办学许可证，也就是说还没有得到政府部门的认可，暂时先办起来，算是试运行，如果要

长期办下去，必须经过政府教育部门审查评估，办理一系列手续，正式批准办学。为了这个事，付晓霞多次找到通州区教育局，领导责成相关负责人先后几次来希望小学考察，经多方评估论证，认为开办北神树希望小学是很有必要。

北京市通州区月河学校办学许可证

付晓霞根据北京市教委关于民办小学的有关文件精神，在通州区教育局的指导下，准备所需的材料，正式上报次渠镇政府，得到了批准。再按照有关程序报请北京市教委，于 2001 年 5 月 8 日取得了北神树民办希望小学的经营许可证。这也是北京市批准的第一张打工子弟学校的办学许可证。

2001 年 9 月，新学年开学，消息一下子传开了。试办一个学期的草根小学，在北神树，在次渠地区产生了轰动效应，承载着众多来京务工家庭的期待，第一学期入学新生陡增至 240 名，6 间小教室挤得满满的。付晓霞和老师们心情无比激动，希望小学让他们充满了希望。学生们的家长来自祖国的四面八方，他们大多从事打工、种菜、卖菜、养猪、捡拾废品等行业，工作辛苦，收入微薄，生活比较拮据；有的是租住村民的房子，有的是自己建造的临时窝棚。孩子们就是在这样的环境下，依然乐观，因为他们可以和父母起生活在一起，在远离家乡的北京郊区

圆了他们上学的美梦。

北神树希望小学不仅得到政府部门的支持，同时也得到了社会的认可。先后接受了北京电视台《今日

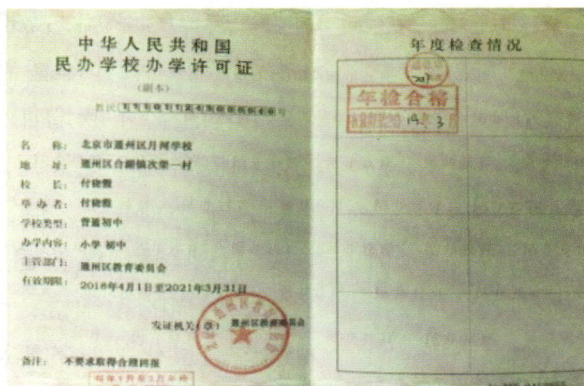

话题》栏目的采访以及通州区电视台的报道，学生们还得到了中国青少年基金会希望工程的资助。

由于生源不断增加，教学规模的扩大，原有的场地和校舍已不能满足学校发展的需要。经过一番筹划，于2004年2月，学校在次渠村选址扩建新学校。按照通州区教委规定的标准进行设计，建起了宽敞明亮的教学楼，装配多种体育设施的操场，为适应信息化教学的需要，专门建立电脑室，此外还有食堂、餐厅等生活设施，经教委等有关部门检查，完全符合高标准完全小学的要求。北神树希望小学的发展步入了一个新的阶段。孩子们高兴的给这个新的学校起名为"月河学校"，寓意学校像月光下的河水那样宁静，甜美，流淌和滋润着他们的心田……

到2021年，北神树希望小学已走过了整整20年奋斗历程，先后有数以千计的打工子弟在这里就读，迈出了人生的第一步。从这里走出来的学生，回到家乡读完初中、高中，考上大学，成为国家的有用人才；有的学生大学毕业后又来到北京，在这里创业发展；有的学生在自己的家乡，开辟了属于自己的一片天地。

北神树希望小学的学生来自全国各地，据统计，除了台湾和西藏外，每一个省份都有他们的生源。这些学生走南闯北，开阔了眼界。在

北京市通州区月河学校新学期开学典礼（2004年 摄）

北京，在北神树希望小学的求学经历改变了他们的人生，学业和事业的成功，改变了一个人、一个家庭的命运，更重要的是改变了他们乡村的面貌。正像很多毕业生所说的，北神树希望小学，通州区"月河学校"，给他们留下了美好的、终生难忘的童年回忆。

"敬业"十年办学路

■ 资料提供：张葆森　整理：杨继华

　　经市教育局批准的民办高中——通县民办敬业中学，1993 年 5 月 26 日开始招生。1993 年 6 月 2 日《北京日报》做专题报道"京郊第一家民办高中落户通县"，报道原文："这所民办高中，是本市京郊第一家。通县台胡乡台湖村党支部书记牛文祥根据江泽民总书记在十四大报告中指出'鼓励多渠道、多形式社会集资办学和民间办学'的精神，结合本村十几家村办企业外聘人才多，本村缺少人才的情况，决心办一所高中，让自己的孩子也能跨入大学校门。为了建校，台湖、蒋辛庄两个村共拿出 50 万元筹建校舍。……通县教育局对这所民办高中聘任的一级、高级中学教师严格把关并给予支持。通县人大常委会副主任赵荣鲁任名誉校长。"三个月后，《北京日报》又以《京郊首家民办高中迎新生》为标题进一步报道说："该校自 6 月底动工以来，仅用 49 天时间便建起教室、实验室、师生宿舍 67 间。为保证教学质量，县教育局及学校共同把关，从北京、河北、天津等地聘来 8 名高级教师和两名一级教师担任教学工作。目前，前来学校就读的 60 名初中毕业生已在崭新的教室里开始了住校学习生活。台湖乡没有高中班的历史从此结束了。"

一拍即合 联袂办学

　　1992 年 10 月初，张葆森的同事，也是同乡的周士德找到他说，想

办一所民办高中。

周士德跟台湖村的党支部书记牛文祥、蒋辛庄的书记杜贵林等人很熟悉，都十分重视村里的教育工作，平日共同的话题就是关于农村教育和农民子女的学习问题。有一次牛文祥跟他说："从解放到现在，

鸟瞰敬业中学全景（1993 年 摄）

台湖地区只有小学、初中，没有高中。改革开放到现在，许多有眼光的家长已经不满足只让孩子读完九年义务教育，还想让孩子上高中甚至上大学。可是，每年中考后，村里只有少数学生能考上城里的高中、中专或中技，总有不少孩子想上学却没地方上。现在有条件了，该让这些孩子多学点儿知识，多长点儿本事，长大点儿，再投身到工农业生产中去，肯定会发挥更大的作用，做出更大的贡献。这是改革开放后出现在农村干部、群众面前的新问题。我想：咱们初步富裕起来的农村、农民，也不能光向政府等、靠、要，咱也要替国家分点儿忧、出点儿力，替百姓干点儿实事儿、好事儿。基于这样的考虑，我们几个村的干部想由集体投资办一所高中。我身边的一些人认为这是大好事，举双手赞成；另一些人说，有那钱干点儿什么不好，干嘛非要办学校？您身边有人懂教育吗？没人懂愣要办，那不是把钱往那无底洞里扔吗？我没跟他们争，因为我心里有谱儿，我身边有现成的老师，就是你，你是什么意见？"

"太好了！这是有利于国家、有利于社会、有利于群众的大好事，何乐而不为呢？"周士德兴奋地拍着手说。周士德在西集中学时教生物课，还兼管学校"高复班"，对教育情有独钟，还在张辛庄小学办过"假期作业辅导班"。听了牛书记的话，俩人一拍即合，当即决定办学。随即周士德提议把蒋辛庄村的杜贵林书记也请进来和牛文祥一起联合办学。牛文祥说："我们的想法不谋而合，在跟你说之前，我们哥儿俩早已交流过了，也是一拍即合，决定由两村村委会联合投资，共同办学。你曾多年在学校工作，懂得的事也多，想麻烦你利用业余时间去操持这件事。"

周士德为这件事来找张葆森，把想法和情况说了一遍，张葆森说："要想建起一所学校，哪怕是规模较小、条件一般呢，那也是不容易的，那得一大片土地、一大笔资金、一大批设施、一大拨儿人，才有可能起步啊。起步后，还得有一批经验丰富，教育、教学水平高的干部、教师……"

周士德说："我对台湖村的家底心中有数，对两位书记干事儿的决心和魄力更清楚，您用不着过分地担心，冯德浩、杨希友、曹士彬等几位老师都非常支持……"听到这几个熟悉的名字，张葆森的信心也增大些了："光这几个人还不够啊，还缺英语、政治、体育老师和后勤人员呀。"

周士德半开玩笑、半认真地说："教师问题咱采取两条腿走路的办法解决：一是向县教育局借调，二是招聘想发挥余热的退休老教师——现在很多民办学校不是常在报纸上刊登招聘教师、招收学生的广告吗？听说，由于他们的待遇较高，很多有经验的退休老师主动登门去应聘呢。这就说明，只要咱把校舍建好、招来学生，教师不成问题；到时候，咱只要把好聘任关，把有真才实学、肯真抓实干的优秀教师聘进学校就行了。"

在送周士德出门的时候，张葆森又补了一句："说了归齐，还得看资金能不能及时到位、土地能不能及时划拨、校舍能不能按时建成、必要的设施能不能购齐啊。"

"这些都不成问题，"周士德再一次肯定地说，"这样吧，下礼拜再休息时，我带您去台湖村参观参观，重点看看他们村的织布厂，再带您去见见牛文祥，您心中的这些顾虑，肯定一扫而光！眼前变得一片光明！"

一周后，张葆森和周士德来到台湖村，参观了台湖织布厂，了解到厂子的发展史后，张葆森情不自禁地啧啧赞叹道："有牛文祥书记这样的胆识、魄力、精神和干劲，一所高中肯定能办成、办好！"

参观完纺织厂，来到了牛文祥的办公室，办公室只是一间普通的平房，里面只有一张办公桌、几把椅子，桌上摆着简单的办公用品，桌面已经磨得见白碴了。

张葆森问起牛文祥怎么想起要办一所高中的时候，牛文祥兴味十足地开口道："这都是改革开放带来的结果。现在，农村初步富裕起来，老一辈有了钱，存哪儿都不如存在儿女的脑袋里——想办法让子女多念点儿书，多学点儿本事，多长点儿能耐，长大后能做更多、更大的事儿，不是更好吗？——要想让孩子多念书、多学本事，就得办学校。现在台湖只有小学和初中，满足不了家长和孩子读高中、上大学的愿望，所以我才和杜贵林书记商量，要由两个村联合投资办一所高中。"

"牛书记您说得太好了，太深刻了！"张葆森拍着手赞叹道："不仅符合当前农村实际，而且蕴含着中华民族的传统理念啊！"

"这有什么？不都是尽人皆知的大道理吗？"牛书记心平气和地说，"为了满足农民的心愿，当前急需的就是在他们身边办一所高中，让更多的农民子女能够读高中、甚至读大学。不瞒你们说，为了这件事，我特意又查了一遍中央文件——支持和鼓励社会力量依法办学。"最后，牛书记总结似的说，"现在是：中央有政策、农民有要求、村里有条件、我也有这愿望，想在自己晚年，再为农民干件实事；现在，唯一缺乏的就是有能力办学的人啦，不知道张老师肯不肯放下城里的生活，再回农村参与我们这项活动？"

"您的想法太好了，太有意义了！"张葆森激动地说，"只要您一声令下，我一定全力以赴！——不过，我的能力有限，只会教语文，别的不会干呀。"

"其他科的老师我也联系好几个人了，多数是西集中学的老同事，他们也都愿意来；再有缺科的，咱们外聘，肯定有人愿意来。"周士德信心十足地说。

　　"今天真的没白来，收获太大了！"分别前，张葆森跟周士德说："既然人家看得起咱，愿意把办学的任务交给咱们，咱们就不能让人家的投资打水漂，相反，应该以人家织布厂为榜样，争取在办学路上也一步一个脚印地迈出几大步！"

自筹起步 双喜临门

　　当大家对办学的认识达成一致以后，成立了由牛文祥任组长、杜贵林任副组长的建校筹备小组，组员有周士德、冯德浩和张葆森，并于1992年11月26日召开了第一次筹备小组会，研究了筹备工作应从哪里起步，前几步应该如何走等问题。从这一天算起，到下一年暑假后开学，仅有九个月零五天！还有一系列办学问题一古脑地摆在大家面前。经过反复讨论，大家一致认为：尽管面临的问题数不清、理还乱，但都是前进中的问题，只要紧紧地依靠领导、密切地联系群众，一切困难都会迎刃而解的，目前第一件大事就是先向台湖乡党委、政府报批。于是，筹备小组讨论了关于办学的几点"大政方针"，并决定由周、冯二位同志分头儿负责起草报告的底稿，然后经过筹备小组讨论修改，打印成文，于同年12月10日，以台湖、蒋辛庄等村委会的名义，正式向台湖乡党委和政府呈送了《关于拟建一所民办高级中学的申请报告》，报告中重点阐述了办学宗旨、办学条件、办学经费、校址选择、组织领导、师生来源、课程设置、办学目标等问题，同时还汇报了有待解决的五个问题，请领导帮助解决。这段时间，由牛文祥本人或委托周士德、冯德浩二位同志代表"筹备小组"先后拜访县委卢松华书记、县政协阮国芳主席、县人大赵荣鲁副主任，以及县政协秘书长孙忠和文教卫体办公室有关领导，向各位领导详细地汇报了台湖和蒋辛庄等村要联合投资举办一所民办高中的设想和筹备情况，获得了各位领导的全力支持和具体指导。

　　台湖乡党委、政府在深入调查研究、广泛听取群众意见后，经过乡党委、乡政府有关领导认真研究讨论，完全同意并坚决支持两村村委会联合办学的申请。并于1993年1月8日，台湖乡人民政府正式向通县人民政府呈送《关于筹建通县民办第一中学（暂定名）的申请》。在通县

教育局具体帮助和指导下，台湖乡人民政府又于同年3月3日向通县人民政府呈送了《关于筹建通县民办第一中学的附件》，就办学资金、校舍建设、教学设备、校长聘任、教师借用、学生来源、学校特色及董事会组成人员等八个问题逐一作了汇报。通县教育局局长及时将请示报告的具体内容向北京市教育局领导作了汇报。3月20日北京市教育局教行处张源处长电话指示董事会：基本同意办学申请，并就"联合办学签订协议书"、"校舍用地有关手续"、"校长任职条件"、"应聘教师原在单位意见征询"、"尚需添置的设备"及"正式申报手续"等问题逐项做了详尽的指导。

1993年4月6日通县教育局正式呈文北京市教育局《关于建立"通县金湖（暂定名）民办高中的请示》。10日，通县政协教卫体委员会在政协秘书长孙忠、组长杜长河带领下，到台湖召开了"办学可行性论证会"，同时，提出了关于办学的必要条件和应充分考虑到的困难问题，要求筹备组要有充分的准备，并采取相应措施，逐项加以解决。

1993年4月17日，通县人大副主任赵荣鲁应邀到台湖与筹备组成员座谈，对办学指导思想、学校章程、管理制度、教师聘任条件、学生收费标准，充分利用教学设备资源和分期目标提出具体建议。他还建议校名以《礼记学记》中的"一年视离经辨志，三年视敬业乐群"之意，取名"敬业中学"。筹备组一致认为这个名字好，于是接受了建议，并于1993年4月24日，由台湖乡人民政府向通县人民政府提出更改校名的《申请》，并得到了批准。

1993年5月6日，北京市教育局向通县教育局发出京教行字（1993）27号文件《关于对通县台湖乡"通县民办敬业中学"问题的批复》，正式批准台湖村、蒋辛庄村联合举办普通高中，明确其为"社会基层自治组织举办的普通高中，其经费自筹、教师自聘，招生、学籍管理、会考等项工作均按市、县有关政策规定办理。希望你局按照北京市政府文教办公室印发的《关于鼓励和促进社会力量举办普通中小学的试行意见》等有关文件对该校进行管理，并督促其按照《关于颁发＜北京市中（小）学办学条件标准＞（试行）的通知》中的有关规定，尽快达到基本办学条件标准。"

敬业中学自筹备阶段起，就得到了通县县委、县政府、县人大、县政协和县属各委、办、局各级领导的大力支持和帮助。此后，随着筹备工作的迅速进展，各级领导的支持和帮助也更加具体和深化。例如：县人大、县政府、县文教办、县教育局领导和台湖乡党、政领导先后三次联合办公、现场解决办学中的各种问题。本文仅以其中一次联合办公的情况及解决的问题简介于下：

1993 年 5 月 21 日，通县人民政府主管教育工作的沈德海副县长、通县教育局沈友实局长、分管财务的沈宝良副局长、中教科长赵永寿、基建科长郝增、中招办主任侯存哲等领导为具体解决敬业中学建校事宜到台湖乡现场办公，台湖乡党委书记姜兴华参加了这次联合办公。敬业中学筹备组牛文祥、周士德和曹士彬汇报了筹备情况，并提出了急需领导帮助解决的具体问题。沈副县长和沈局长明确表示：全力支持敬业中学办学。并当场拍板解决了眼前急需解决的四大问题：一是满足敬业中学提出的向县局借用 6 位教师的请求，并决定对他们实行停薪留职，其退休、职评、调级都保留原待遇。二是敬业中学招生工作纳入全市统一招生范围，中招办负责协调、指导。三是敬业中学校舍建设和仪器、设备的购置由基建科提供图纸，本着少花钱、多办事，急事急办，分步到位的原则，给予优惠。四是教育局指导并协助敬业中学就用地、基建、财务等问题向县计委、规划局、统计局等部门申办有关手续。同时，要求敬业中学首拨资金要迅速到位，校园不小于 2.6 万平方米，教室、宿舍、办公用房的取暖设备要达到国家标准，施工要保证进度和质量，确保 9 月 1 日开学使用。

1993 年 5 月 25 日，敬业中学从教育局借用的几位专职教师杨希友、张元利、曹士斌、刘小刚、王福善等人迅速到岗，并立即投入到紧张的筹备工作之中。

经过台湖、蒋辛庄两村领导协商并得到上级批准，确定在台湖村北、通湖路东侧，划出 70 亩土地作为校园。同时两村投入的办学资金及时到位，组成由在西集中学从事后勤工作的王福善老师和村里委派的一名有

丰富建筑经验的师傅负责的基建小组，具体负责校舍的建筑工作。开始绘图、备料等基建的一些准备工作。6月28日，台湖基建队开始用大型拖拉机在选定的校园范围内平整地面。7月初，开始在第一排教室的地基上挖槽、打夯，建筑校舍工作正式起步。到8月中旬，仅用45天时间，总共1100平方米、67间具有仿古风格的红砖灰瓦、红柱绿窗的教室、实验室、带走廊的办公室、师生宿舍和院墙，就矗立在碧绿的稻田中间，准备迎接新同学、新老师的到来了。

筹备期间，筹备组深入全县各乡村，自主招生。曹士斌、杨希友、张元利等几位老师，用铁笔、蜡纸，刻版油印《敬业中学招生简章》，利用全县各乡镇逢集的日子，开着从村里借来的旧的121小汽车，带着扩音器材和自己印刷的《招生简章》，深入到广大群众之中，宣传招生。就这样，每天从早到晚、从东到西、从集市到乡村、从初中校到认识的人家里，凡有人群的地方，他们都一遍又一遍地跑、一次又一次地宣传。经过他们几十天在烈日酷暑下的紧张宣传，真的招到几十名中考落榜生，再加上"中招办"安排的十几名服从分配的学生，总共58人，于9月1日走进了敬业中学的大门，成了该校第一届新生（后来又相继从其他学校转入几名学生，到毕业时，第一届共有67名学生）。

同时，通过多种途径招聘教师。当招到了几十名新生后，就进一步按照高一应开设的课程开始了招聘教师的工作。由于是一所新办校，退休老教师少有所闻，所以很少有登门应聘者。筹备组通过熟人互相介绍的办法，招聘教师。老家住在通县、刚刚从燕郊高中物理教学岗位上退休的刘丽老师，经人介绍，来到学校。接着又从香河聘来一位化学老师幺志远，从燕郊聘来一位英语教师，从天津聘来一位政治教师。这样，高一的各科教师已经配备齐全。

在校舍建筑、内外装修完成、招生、招聘工作大体有了眉目以后，开始根据教室、实验室、宿舍、办公室等处的需要，集中采购课桌椅、讲桌、实验设施、双层床、办公桌、伙房用具等。同时，敬业中学董事会正式组成，由牛文祥任董事长（法人代表）、杜贵林任副董事长、周士德、赵荣鲁和笔者本人任董事，周士德兼秘书并负责董事会与校行政间的联系工作，

1993 年 8 月，敬业中学董事会议

董事会聘请赵荣鲁为名誉校长，笔者任校长、周士德任副校长、张元利任教导主任、杨希友任总务主任。——敬业中学从此正式步入了起步阶段。

砥砺十年　桃李天下

1993 年 8 月 29 日，正当敬业中学的专职教师和外聘教师都已正式到岗，并各自忙碌着开学前的各项准备工作，通县教育局局长沈友实、副局长宋京璋、沈宝良三位局领导，从县城驱车十多里地，来到敬业中学了解开学前的准备工作情况。

8 月 31 日清晨，敬业中学崭新的校园内，就热闹了起来：校门口高高地悬挂着"热烈欢迎新同学"的红底、白字横幅，三五成群的新生有的提着书包，有的背着被卷，有的推着自行车，在家长的陪同下，说说笑笑走进校园。由于来送学生的家长很多，所以在安排好学生的班级、宿舍以后，学校董事会决定召开一次家长会，向家长讲敬业中学的办学目的、老师的决心、对家长的希望和对学生的要求，并请家长随时对学校和老师的工作提出意见和建议——经过这样面对面的接触和交流，增进了学校和家长之间的相互了解，密切了双方的关系，促进了学校和家长在教育学生方面，心往一处想，劲往一处使。在家长和老师的鼓励和支持下，第二天，第一届新同学就正式上课了。

9 月 6 日下午，按照董事会的安排，学校举行首

届新生开学典礼。尽管学校没有高大宏伟的礼堂，只是在新盖的教室和宿舍间的空地上召开，尽管只有 58 名学生、10 位教师，然而，来参加会议的有县、乡、村各级党、政领导，也有特约嘉宾，还有一位专程从北京赶来的报社记者，多达 20 几位，几近全校学生总人数的二分之一，县、局领导有：张世光、朱学民、赵荣鲁、罗敬义等，这几位领导，不但在大会上对全校师生发表了热情洋溢的讲话，而且会后还亲笔为学校题词，鼓励董事会努力办学，激励师生努力教、学。

随后张葆森、周士德等筹备组成员向董事会建议，举办高考复习班。一方面可以检验教师的教学水平，一方面可以让社会、学生和家长更快地了解学校教育、教学情况，尽快扩大学校影响力，以利于下一届招生工作。董事会同意后，向通县成人教育局提出申请并得到批准后，又利用课余时间招收"高复班"学生。起步不久，一个又一个新问题出现在我们面前，一个又一个问题需要我们去解决。

"高复班"虽经广泛宣传，却只招到 11 个人。办吧，明显的要赔钱；不办吧，怎么跟已报名的学生交代？——没办法，只能去向董事长汇报，请董事长拿主意。没想到，牛文祥回答得非常痛快："既然人家看得起咱们，就是搭点儿钱也办！"就这样，我们这 11 人的"高复班"照办不误，并且配备本校各科最高水平的老师。——这些学生也真争气：94 年高考，11 人中，考上 8 名，对第二届招生工作起到了很好的宣传作用。记得开学不久，学校召开过一次家长会，当我讲完话，布置完各项工作后，宣布散会，我刚走到办公室门口，一位心直口快的女家长追到我身边，边喘气边不好意思地说："校长，刚才在会场有个家长小声问我：'这个学校要是办不下去了，负责给这些学生转学不？'我回答说：'我哪知道，我问问校长去。'于是，我就找您来了，嘻嘻，真不好意思……"听了家长的问题，我十分肯定地说："您心里踏踏实实的，这学校只能越办越好，不会半路砸锅。"这位家长高兴地走了。我这样回答，既不是吹牛，更不是安慰家长，而是我心里有底：一是有坚强有力的董事会做后盾。二是有县、乡、村各级领导做靠山：开学到现在才几天啊，9 月 9 日台湖乡乡长程庆林就带领着管教育的副乡长和乡教委主任亲自到学校来慰问教师；9月24日，北京市督学室主任，在沈德海副县长、沈友实局长、王海京主任、罗敬义书记陪同下来校了解情况；10月16日，县政协教卫体委员会在秘书长孙忠先生带领下，再次来校视察，听取工作汇报、检查学生教室、宿舍；10月23日，国家教委一位领导，在罗敬义书记和成教局田有祥副局长陪同下，来校检查工作，并详细了解学生学习和生活情况。——如此受到各级领导重视的民办学校，能够说垮就垮吗？由于学校为了让有志成才的农民子女读得起高中，实行低收费，每个学生每学期只收400元学杂费，学校经费明显的入不敷出，怕拖欠薪酬。牛书记听到这个反应后，在一次教师会上，亲口对大家说："各位老师请放心，只要台湖村老百姓有饭吃，就不会拖欠各位的工资！"——董事长的一句话，彻底打消了老师的顾虑，极大地激发起大家的工作热情和积极性。

"高复班"几十名学生，在高一第二学期期末举行的全市统一进行的历史、地理两科"会考"中，敬业中学参考学生的及格率均达到95%以上，取得了建校以来第一个"开门红"；在同年举行的"高考"中，本校"高复班"参考的11名考生中有8人被大专、中专录取（当时，中专校也参与"高招"录取，学生入学后可以转为商品粮户口，两年后中专毕业，学校负责分配工作，所以农村学生也很爱上），完全可以说：学校开办一年后，获得了"双喜临门"。正是这样的高考、会考成绩，学生和家长的口碑不错，再加上，学校94年的《招生简章》也印进了北京市统一印制、"中考"考生人手一册的《招生简章》之中，所以94年的新生招到85人，95年招到97名新生，96年依然招到两个班，这样，学校在稳步前进中度过了起步阶段。

1997年后，在各级领导和广大群众热情支持下，在董事会、校委会领导下，经过全校师生四年时间的共同努力，越办越红火，越办越兴旺。新生人数每年以一个班的数量猛增：招生范围也扩展北京城区和远郊区，以及河北省、山东省、山西省、安徽省等外省市，一些来京打工人员的子女来这里借读。

从1997年到1999年，到"敬业"读书的学生越来越多。1998年，在原校舍东、西两侧各开辟一条南北走向的校内甬路，甬路两边各新建

1996 年 6 月，敬业中学首届高中毕业班师生合影

几排平房，东面的几十间平房为男生宿舍和"学管"人员宿舍，西面的几十间新房，分别为教室、办公室、会议室、图书室和教师伙房、餐厅。1999 年在男生宿舍最北面，新建一座高大宽敞、可容纳几百人开会或就餐的礼堂兼学生饭厅。最令人难以忘怀的是：这座礼堂兼饭厅，全面完成内外装修时，恰恰到了 1999 年底，正是全校师生和全国人民一道喜迎新世纪到来的日子，所以，这里举行的第一次大型活动，就是全校师生送别 20 世纪、迎接 21 世纪到来的大型联欢晚会。记得在装潢一新的舞台台口，挂着红底白字的"送旧迎新"的横幅，台口两侧悬挂着一副大字对联，上联是：庆元旦忆六载敬业展宏图；下联是：迎新春跨世纪兴教创辉煌。这是建校以来规模最大、参加人数最多、气氛最为热烈的联欢晚会。进入新世纪后，董事会相继决定：为了进一步改善办学条件，新建教学楼和教师宿舍楼。这两座楼房先后建成后，多数班级搬进了教学楼，部分教师、家属搬上了宿舍楼。

随着新世纪的到来，敬业中学在自己的办学路上，也跨跃出了第三大步。学校经过董事长的放水养鱼——自筹资金滚动式发展，校舍面积从起步时期的 1100 平方米，扩展到了 6500 平方米。理、化、生试验仪器、电子计算机、体育器材、图书资料也都从无到有、从少到多得到了添置和充实。教师队伍也在悄悄地发生变化：开始时，多为附近退休教师，年龄偏大，现在，随着学校规模的不断扩大，班数、人数不断增加、学校知名度不断提高，来自外省市的中青年教师不断补充进来，教育、教学质量在原有基础上进一步提高，具体表现之一就是高考升学率进一步提升，2001年，高考录取率达到59%，2002年，上升至74%。2003年4月15日，董事会决定再建一座教学楼，10月23日，新教学楼交付使用，高三和高二两个年级学生正式搬入上课。

截至2003年暑假前，敬业中学共培育出合格的高中毕业生1080名，其中，除了向各行各业输送了一批有生力量外，在历年高等学校统一招生考试中，共向高一级学校输送了686名新生，其中本科生近100人。敬业中学前十年的办学成绩，得到了上级领导、宣传部门、各种媒体和广大群众的肯定和赞扬。

1999年，中国共产党北京市委组织部电教中心曾以《田野上的希望——牛文祥和敬业中学》为题，把敬业中学的办学事迹制成"电教片"，在全市党的基层组织活动中广泛播放。同年6月4日，国家教育部机关党校第十三期"干部理论进修班"赴北京考察组成员在县教育局局长陪同下，来校考察。2001年3月28日，北京市政府教育督导室一行8人来到敬业中学考察，对这所农民投资办学8年来取得的成绩给予高度的评价和肯定。2003年，中国教育台、北京电视台、北京人民广播电台分别播放了本校办学情况及业绩，在更大范围内、让更多的群众对敬业中学有了更全面、更深入地了解。同年9月1日，《人民日报》第12版的通栏标题为"庆祝民办教育促进法实施"，同贺单位共200余家，其中包括北京市民办学校15家，这15家多为民办大、专院校，其中民办中等学校只有4家，敬业中学就名列其中。

一所民办高中，尽管起步阶段规模较小、人数较少，但迅速发展到中等规模，十年共送走8届毕业生，总人数逾千人；同时在校学习的高一、高二学生尚有数百；十年内全校教职员工也有近200人。2010年，敬业中学为适应社会发展，调整教学方向，改名为台湖新城职业学校，由一所普通高中转向职业教育。开设了学前教育、数字媒体技术应用（影视后期制作）、电子商务、计算机应用技术、旅游服务与管理、汽车运用与维修、娱乐设施运营与维护、中餐烹饪与营养膳食、西餐烹饪等课程，继续为社会提供实用人才。

台湖学校知新文学社

■ 朱 勇

　　文学是语言文字的艺术，文学作品是写作者通过文字表现其独特心灵世界，并向更多的人传递和分享其内心的快乐、幸福、悲伤等心情的一个载体。一个杰出的文学家就是一个民族心灵世界的英雄。文学代表一个民族的艺术和智慧，是文化的传承，是交流的工具。

　　在如今高效率、快节奏的生活中，手机和网络已不可或缺，读书和写作似乎已越来越远，而在台湖学校便有这样一个小小的社团，虽然人数不多，可他们喜爱阅读、喜爱写作，喜爱在这钢筋水泥的丛林里，寻找文字带给自己的那一份安宁和惬意。这便是台湖学校知新文学社，他们的文章看起来还稍微有些稚嫩，但是字里行间无不洋溢着学生时代的那份纯真。

　　说起文学社的成立，首先了解一下文学社的发起人东俊伶老师，她出生在天津市静海区，2017 年，河北师范大学毕业后在台湖中学担任初中语文老师。2019 年初，受其读高中时加入学校文学社的影响，产生了创办文学社的想法，这一想法得到了校长张士东的大力支持。

　　2019 年 4 月，由东俊伶老师负责，张丽娟、张国纺、张蕾、沈树旗老师担任辅导老师，共同组织创建了台湖学校知新文学社。"知新"二字源于《论语》中的"温故而知新，可以为师矣"。其次，取"知心"的谐音，希望这里不仅仅是一个可以让笔墨飞扬的地方，更

2019 年，台湖学校知新文学社启动仪式（左一东俊伶 左五张士东）

是一个能交到知心朋友的地方。

社团刚成立，便有 26 名学生加入，均为初一、初二年级的学生，考虑到初三年级学业任务重，社团学生在升入初三年级后便会自动退出社团，没有加入社团的爱好写作的学生也可给辅导老师投稿。成立之初每天中午利用课外一小时及每周一下午老师例会时间为学生辅导写作，开展活动。至今社团学生始终保持在 20 ~ 30 名，并且由学生自己担任社长、副社长、秘书长等社团职务。

2019 年，社团特聘请玉甫上营原党支部书记、朗诵爱好者陈洪志老师，为学生辅导朗读，并于 2019 年 6 月和 12 月先后举办了"端午节诗词赏析""毛泽东诗词朗诵"活动。2019 年 7 月中旬，文学社出版了第一期校园文学杂志《知新》，其中的作品均出自社团学生和辅导老师，杂志的文字编辑、美术编辑也都由学生们自己担任，由于学生们都是第一次接触到这些工作，难免处理的不完善，辅导老师便带领学生，利用午休的时间对文刊进行一次又一次的校对，对美工、插图等进行完善。在第一期《知新》杂志中，收录了辅导教师作品 4 篇，学生作品 24 篇。

新冠肺炎疫情期间，受疫情影响，文学社活动暂停。社团学生仍坚持写作，积极给辅导老师投稿。

2020 年疫情过后，知心文学社聘请退休老教师阮宏亮辅导学生写作。活动时间也由原来的课外一小时固定为每周三、周四下午。

作为知新文学社的发起者、组织者们，深深懂得语言文字对教育的重要性，也深知文学的魅力无穷。辅导老师经常带领学生一起，研读中外名著。《骆驼祥子》《呐喊》《边城》《家》……这些中国近代的文学作品，曾经唤醒了中华民族沉睡的灵魂，学生通过学习这些作品，坚定了爱国信念，自强不息，发愤图强。通过雨果的小说，泰戈尔的诗，安徒生的童话……这些来自世界各地的作品，学生了解到世界各地的风情文化，开阔视野增长见识。不同的写作风格、写作手法更是为学生打开新的文学世界的大门，走进一片充满了惊喜与快乐的天地。

学生们通过加入社团，在老师的辅导下，学习中国古代汉语知识，学习中西方名著、学习写作的方法，通过书本打开通往世界的窗户，开阔眼界，了解世界。不仅提高了自身的写作能力，还结识到了新的朋友，培养和锻炼自身的社会交往能力。2020 年，由于受疫情影响，《知新》杂志第二期未能如期出版，2021 年，第二期《知新》在辅导老师和社团学生的共同努力下即将面世。

萧太后河畔上一颗璀灿璨明珠

——玉甫上营村

■ 陈文兴

农业副业 双管齐下

20 世纪 70 年代初，台湖镇玉甫上营还是出了名的穷村。流传的顺口溜是："想受苦，上玉甫；要受穷，奔上营。"那时全村共有 240 户人家，804 口人，耕地面积 1680 亩。集体欠国家贷款 24 万多元。社员欠集体的超借支 6 万多元，每人平均欠债 375 元，大队连办公纸都买不起。

1977 年，玉甫上营村由三个单独核算单位合并为一个核算单位。在党支部的带领下，玉甫上营的党员带领群众学大寨，平整土地，变旱田为水浇田，想方设法扩大粮田面积。党支部书记陈洪志还多次带领农业技术人员去垛子村、小海子村学习水稻种植经验，粮食产量虽然有所提高，但还是没有摆脱"穷"。陈洪志和其他党支部成员知道，农村不搞副业，就富不起来。但是当时没有好政策，只能在致富的道路上一边探索、一边实践，一年下来收入增加了些，但很不理想。

70 年代末 80 年代初，国家开始改革开放，在有关部门的支持下，村里大搞工副业，开办了养鸡设备厂和金属铸造厂。当年就收入纯利润三十多万，收到了可喜的成果。随着村办工业的发展，新的矛盾又出现了。仅这两个厂就占用 100 多个劳力，农业劳动量加大，产生了农工两业争劳力的矛盾。于是，村里拿出工业税后利润的 50%，用于农机投资，在

县农机局大力帮助下，先后购置了农用汽车 3 部，大中型拖拉机、大型联合稻麦收割机、工厂育秧、插秧机等各种大型农机具 20 多台件，总投资 65 多万元。到 1984 年，二十多人就能完成全村粮食生产的劳动量。农民的劳动强度减轻了，而且粮食产量不但没有萎缩，反而还提高了，农业内部的经济和产业结构也得到了调整。

先进的生产工具的使用节约了大批劳动力，村里就把节余下来的劳动力分配到其它行业上去，多种经营齐发展。继养鸡设备厂之后，又办起了铸造厂、料器厂、五金加工厂、节能炉瓦厂、恒温仪表厂、拔丝厂，同时还建成一个年产值可达 300 多万元的骨干企业商标装潢印刷厂。

在发展多种经营，努力增加收入时，玉甫上营村始终坚持"服务首都、富裕农民"的原则。根据玉甫上营村是当地南来北往、去东到西的交通枢纽，过往人多的特点，村里又搞起了百货店、冷饮店、幽新春酒家，发展商业、餐饮业，为过往行人提供方便。随后，又在通县西大街开办了通县第一家烤鸭店，在村中建了万只养鸡场，养鸡一万三千多只，年产鲜蛋达 30 多万斤。还建了半亩高密度、机械化鱼场，年产鲜鱼一万六千斤，100 亩坑塘鱼池，年产鲜鱼十多万斤，建立了花卉大棚、冬季蔬菜温室和 50 亩果园。

经过十年的努力，特别是经过党的十一届三中全会后近七年的奋斗，玉甫上营村变样了，初步摆脱了贫困，开始走上了富裕之路。从 1978 年到 1980 年一年翻一番，从 1981 年到 1984 年四年翻三番，实现了收入翻番，纯利润同步增长。但是玉甫上营村没有追求高分配，而是在保证村民收入逐年有所增加的情况下，逐年扩大集体积累，集体财富越积越多，家底越来越厚，以保证有足够的后劲扩大再生产和兴办集体福利事业，改善村民的住条件和生活条件，加强和促进精神文明建设。从 1982 年起村里就对年满 60 周岁的男劳力和满 55 周岁的女劳力实行退休金制度，每年五月还专门组织村中老人去北京游览参观，在天安门、故宫等古迹前合影留念，为他们安度晚年增添幸福感。

科技兴农 教育为本

为了适应农村社会主义现代化建设的需要，提高农民的文化水平、知识水平、技术水平，从 1983 年起，玉甫上营村举办了农民科技学校，开设了农学、畜牧、机电、干训四个班，聘请了八名教师和技术人员讲课。全村有 140 多名干部和村民坚持参加学习。和中央广播农校、县成人教育局联合举办了企业管理专业玉甫上营分校，学制三年，十一门课程，经考试合格，取得中专学历。村委会规定，凡取得学历者，奖励人民币 500 元，每月工资提一级 10 元。

成人教育要抓，从长远观点看，青少年和幼儿教育也要抓。几年来，玉甫上营村共投资 35 万多元，建了一座幼儿园，一座设备完整的小学教学楼，有 250 名学生在校学习。村幼儿园设小、中、大三个班，共有儿童 80 多名。中午用饭、休息、日托、每人三套衣服（其中一套礼服）等费用全部免收。为搞好教育、教学，村里还给幼儿园添置了钢琴、电子琴、彩色电视机、收录机、幻灯机等。

为活跃青年人的业余文化生活，玉甫上营成立了青年之家，配备了彩色电视机、乒乓球、羽毛球、各种棋类，修建了灯光球场、图书阅览室，订购各种期刊杂志 120 多种，图书 3600 多册，供青年们娱乐、学习。

新农村　新气象

1982 年，时任村党支部书记的陈洪志，参加北京市委在昌平召开的"新农村建设试点现场会"，回村后便召开了党支部会议，传达市委会议精神、讲述参观学习体会。会上玉甫上营村党总支一班人统一思想后认为：建设新农村，彻底改善全体村民的居住环境势在必行，一定要为村民建二层小楼为住宅楼。可是村里有人认为，近几年村里虽然富裕了，但集体经济的家底并不厚，还应把主要精力放到抓好工副业生产上，至于建楼房一事以后再说。党总支及时召开支委会，认为要想把新农村建设好，必须从广大干部群众的思想教育入手，把思想统一起来。于是，多次深入到个别人家中耐心地做思想工作，听取不同意见，组织党员、团员、干部及群众代表走出去，到先进单位参观学习。

面对新的时代和任务，本着节约土地，合理布局，有利于生产，方便生活的原则，对全村住宅、道路、公共设施、林牧副渔各业进行全面

规划。党总支提出了两个"四化"，即"集体四化"，包括村庄园林化、生产机械化、管理企业化、村民知识化；"家庭四化"，包括居住楼房化、家用电器化、烧饭沼气化、庭院花园化。两个"四化"，在当时那个年代，既超前，又在全县范围内独一无二。

1982年底，北京市委乡村建设集团公司、通县规划局、通县建委，三部门联合来到玉甫上营村，为村里统一测量、规划。1984年，玉甫上营完成了十项建筑工程。一是建成了32栋农村住宅二层小楼，楼内配有沼气、太阳能浴室及庭院设施等；二是建成了村中街路，全长400余米，宽16米，路中央安装上与北京市东西长安街一模一样的高压钠灯；三是建成了300平方米的商业楼一座，楼下经营副食百货，楼上为"幽新春"酒家；四是建立儿童乐园，全村三岁以上未上小学的儿童全部免费入园；五是建成半亩水面机械化养鱼场，年内出鲜鱼万斤以上；六是建成半机械化封闭式养鸡场，共饲养雏鸡一万只；七是建成农业机械服务站，占地面积1200平方米，村内农用机械和各种机动车辆由服务站统一调配与管理；八是建成第一家村办企业——商标装潢印刷厂，年内已调试生产；九是建成具有现代化先进水平的粮食烘干塔，采取气流输送机传送粮食入仓的科学办法，节省了大量劳动力；十是建成科学化水稻育秧工厂，该厂育出的秧苗便于机械化插秧的操作，同时，也使水稻育秧面积从原来的总面积中减少了100余亩。

党总支立足于"自力更生，全面发展"的理念，并采取一手抓经济建设，夯实经济基础，一手抓新农村建设的办法。在经济领域内大胆改革与创新，先后成立了宏大农工商联合总公司，下设工业、农业、商业、畜牧业、农机服务、蔬菜花卉、建筑、电力设备及林业十个分公司，并逐一与总公司签订了承包合同，自负盈亏。当年全村经济收入由原来的纯农业收入变成由工副业收入占总收入的93%以上，收入增加了，不仅扩大了集体积累资金，而且对新农村建设投资力度大幅度增加。

1984年，在京郊大地上，古老的萧太后河畔，玉甫上营村一栋栋二层民宅小楼拔地而起，干净整齐的中心街道铺设其间，配套的公共设施，儿童乐园及村民健身休闲场所等一应俱全，被市政府命名为"新农村试点典型单位"。到 1985 年玉甫上营村已建成 80 多栋样式新颖的农民住宅楼，配有太阳能浴室，沼气室，能养百只鸡、6 头猪的小饲养室，院内还可种菜、养鱼、种果树。原来村里街道不整，一条穿心沟由东到西贯穿全村，改造后成为一条长 400 多米，宽 20 米的柏油马路，路中隔离带和路两旁种了黄杨、花卉和松树，电杆上装了高压钠灯，楼房之间还修了 2000 多米长的小甬路。为了解决工副业及村民用水，新修了水塔，安装了自来水。建了农机服务楼、万只养鸡场、高密度机械化养鱼场、大型粮食烘干塔、机械化育稻工厂等。总之村里的一切建筑，都是按照生活区、生产区、工业区、商业区、农机区、畜养区及公共设施的规划建设的，大体符合未来农村建设布局的需要，既有社会主义现代化新农村的美好前景，又具有乡间田园特色。

1986 年，中央政治局委员习仲勋、乔石、吴学谦等中央领导来该村慰问广大干部群众。参观学习后，习仲勋赞扬说："这个村是一个社会主义小乐园。"市、县领导及有关部门也多次来村参观考察，兄弟县、乡镇的参观学习代表团纷纷前来学习取经。1985 年春节期间，市委市政府安排了 23 个国家大使和夫人来该村与广大村民欢度中国传统佳节——春节，村民们纷纷做了水饺及丰盛的年夜饭招待国际友人，使其进一步了解了中国的风土民情。

玉甫上营村（2021 年 摄）

（陈文兴，原台湖乡党委委员、组织部部长）

台湖 "第五生产队"

■ 资料提供：于学荣　整理：陈文兴

　　1961 年 7 月，台湖人民公社正式成立，当时台湖大队下辖四个生产队，1983 年，撤销人民公社建置，成立台湖乡。自此，台湖大队四个生产队成为历史。

　　2000 年，时任台湖村党支部书记的牛铁英与村党支部成员一致认为：要提高人民的生活水平，就要改变本村现有的农村产业结构，对台湖村现有的种植模式进行调整。村党支部多次组织村民、党团员召开会议讨论，最终决定在台湖村发展生态旅游及绿色观光农业，成立"农村生活实践园"。有人提议，在人民公社时期，台湖大队有四个生产队，为了纪念那一段历史，将农村生活实践园命名为"第五生产队"，这个提议得到了大家一致赞同。

　　有了计划，台湖村立刻投入到紧张的筹备工作中。既然要发展绿色观光农业，就要让游客能体验到不同的农业生产生活，为此台湖村在村南部调整出 300 亩土地，用于种植苹果、樱桃、梨等林果以及传统的小麦和水稻。为了丰富林果的种类，村党支部还派人前往张家湾镇葡萄种植专业户家中参观和学习葡萄种植，并邀请其来台湖村进行现场教学指导，成功引进"京亚""玫瑰香"等葡萄品种十余个。在此基础上，为了能够吸引游客，让游客能真正体验到农村民俗生活，台湖村又先后组建"毛驴车队""秧歌队""鼓乐队"等民俗文艺演出队以及制作民间小吃的手工作坊。

2001 年 7 月 18 日，"第五生产队农村生活实践园"正式成立开园。园区占地近 50 万平方米，投资一千余万元。可以为游客提供葡萄、樱桃、草莓、苹果、桃等果品采摘。同时种植的小麦、水稻等农作物及稻田蟹养殖，还能让游客体验麦收、插秧等传统农耕生产活动，很多以前从事过农业生产的游客从中又找回了往日的回忆。

农村生活不仅仅是生产劳动，为了让游客可以更深入地体验农家生活，台湖村又选出 20 户村民家庭，开办农家乐，为游客提供当地特色菜品和住宿，由村里统一价格，统一管理菜品质量，让来到农家乐的每一位游客能玩得尽兴、吃得满意、住得舒心，能感受到家的温暖。前来观光体验的游客，在一天的劳作之余，回到农家小院，一家人坐在炕头，品尝着美味的农家饭，与亲朋好友举杯小酌，仿佛时光又回到了过去那简单、淳朴的农村生活。

"第五生产队农村生活实践园"第一年开园便取得了成功，为本村及邻近的村庄提供了二百多个就业岗位，这让台湖村党支部和村民坚定了开发绿色生态旅游的信心。2002 年，台湖村在"第五生产队"西侧又开发 13 万平方米土地，建立"星湖园"，为"第五生产队"的游客提供住宿、餐饮、娱乐等服务，形成了一系列完善的配套服务，成为通州区一家具有规模的村办"农村生活体验园"，吸引了众多周边区县的游客前来观光旅游。在这里，人们可以远离城市的喧嚣，可以呼吸新鲜的空气，可以赤足走在田埂上逮鱼捉蟹，可以倾听虫鸟低鸣，尽情欣赏美丽的田园风光。2002 年 9 月 12 日的《通州时讯》以"第五生产队重现台湖"为题做了专题报导。

为了让游客在体验劳动的同时能更好的了解当地文化和民俗，园区每天上午九点至十点，下午三点至四点组织秧歌、腰鼓、民乐、大合唱等文艺节目，供游客欣赏，并有花轿队伍、秧歌队伍在园区内巡游，有兴趣的游客还可以亲自体验坐花轿的乐趣，其中不乏已结婚生子多年的女游客，乘坐着大红的花轿，在热烈喜庆的鼓乐声中，再次体验到新婚出嫁时的感觉，弥补了当年结婚时没有乘坐过花轿的遗憾。

2002 年 9 月 12 日，《通州时讯》报导"第五生产队"

随着"第五生产队农村生活实践园"的采摘、休闲、娱乐项目越来越丰富，不仅吸引来城里的大批游客，每年的麦收和暑假，都有老师带领学生前来体验生活，学生们在园区工作人员和老师的带领下，学习收麦子，学习插秧，捕捉稻田蟹、采摘水果，在娱乐的同时，也深刻的体会到"谁知盘中餐，粒粒皆辛苦"这句耳熟能详的诗句里真正的意义，真正做到了寓教于乐。

2005 年开始，为了进一步扩大"第五生产队"的知名度，园区先后举办"葡萄采摘节""十一风俗周""金秋捉蟹节"等活动，并邀请佟铁鑫、谷文月、王洁实、付笛生、任静等多位国内知名演员来园

第五生产队民乐表演

第五生产队花轿巡游

区表演。此时的"第五生产队"日接待游客千余人,仅采摘这一个活动项目,日均收入可达五千余元。园区各项配套服务设施完善,不仅有采摘、农耕体验,还在"星湖园"建设有水上乐园、冲浪等水上娱乐项目。

台湖村"第五生产队"的创立,不仅是台湖村农业结构改革的一次创举,探索出"绿色农业、观光农业"的生产模式。同时也富裕了村民,提高了人民的生活水平,为台湖村及周边村庄的农村剩余劳动力创造了就业机会。2014年,台湖镇进行平原造林建设,并投资建设了台湖公园。"第五生产队农村生活实践园"除"星湖园"外,全部纳入规划范围,自此结束了它的历史使命。"第五生产队"的原址为现在台湖公园西门的位置,很多知道"第五生产队"的人,在经过台湖公园西门时,不由得还会想起以前"第五生产队农村生活实践园"热闹的场景。

终生难忘的一段经历

■ 王　琪

　　1955 年，《人民日报》发表了毛泽东主席的号召，"一切可以到农村去工作的这样的知识分子，应当高兴地到那里去，农村是一广阔天地，在那里是大有作为的。"当时，城市里很多知识青年响应毛主席的号召，到农村插队落户。邢燕子、侯隽她们都是 50 年代到农村插队落户的先进典型。我作为曾到农村插队的知识青年，在农村经受了 6 年的锻炼。这 6 年的经历我至今记忆犹新，终生难忘。

落户周坡庄

　　1965 年 8 月 22 日，通州城的 158 名知识青年，响应党和毛主席的号召，集体去农村插队落户。记得那天，我们高举红旗，胸前戴着大红花，高唱着革命歌曲："我们年轻人，有颗火热心，革命时代当尖兵，哪里有困难，哪里有我们，赤胆忠心为人民……"我们背起了行装，离开了老师，离开了父母，告别了城市，在通州人民欢送的锣鼓声中，奔向广阔天地——农村。

　　我们 23 名同学被分配到通州城南 10 多公里的台湖公社周坡庄集体插队落户，受到领导和社员热烈欢迎。我们进村后，就三五个人一组，分别住在老乡家中。

　　周坡庄，位于萧太后河南岸。当时全村 36 户，166 口人，有耕地

500多亩。该村地势低洼，盐碱沥涝，每到春天三、四月份，地表浮上一层白花花的盐碱。该村农作物以玉米、小麦、水稻为主，也种些杂粮，如高粱、谷子、黄豆、绿豆、红薯等，但产量都不高。社员生活条件不算好，在吃的方面，粗粮多，细粮少，窝头贴饼子，面粥老咸菜是家常便饭，活忙累或过年过节时才舍得吃细粮，烙饼、馒头、面条、大米饭等。我们刚到农村时是国家按定量比例配发粮油，比社员吃的要好些。社员们穿着很朴素，颜色单一，黑白蓝老三色，大多数人穿的衣服都是补丁摞补丁。那时谁家的青年人要穿上一件崭新的中山服或有件国防绿的衣服，那就是最时髦了。社员多数住的是砖坯混砌的房子，房顶上抹泥，瓦房极少数。睡的是用土坯搭的火炕，炕连着做饭的灶台，冬天取暖就是把火炕烧热，俗话说"炕热屋子暖"，能生个炉子取暖那是极个别的家庭了。那时农村没有电，家中照明全靠一盏煤油灯。吃的粮食是靠古老人工方法，人推碾子，驴拉磨，碾磨而成。全村只有一口井，吃水都要到那口井去担。

秋收抢种

进村后不久，生产队发给我们每人一套劳动工具，有锄头、铁锹、镰刀、背筐、草帽等。我们这些城市里长大的学生，肩不能挑，背不能驮，没干过体力活，虽说在分配劳动任务时队长很照顾，但是劳动一天回来还是累得腰酸腿疼头发昏，有时就连上炕睡觉都很费力。最累的时候是秋收抢种了，我们刚到农村时间不长，就赶上秋收，收玉米（掰棒子）。我们和社员一样，身背着筐钻进没人高的玉米地里，虽说是秋天了，但地里四面不透风，闷得喘不过气来，浑身大汗淋淋，整个人象水捞一样。脸、脖子、胳膊被玉米叶子拉得一道道红印，火辣辣地疼。再加蚊子叮、牛虻咬，各种虫子蛾子往衣袖裤腿里钻，此时此景对我这一个城市里长大的姑娘来说，真是恐怖极了。"谁知盘中餐，粒粒皆辛苦"，我深深地体会到，做一个农民可真不容易呀！

大田作物收割完了，紧接着耕地、送肥、种麦。农村有句谚语"白露早，寒露迟，秋分种麦正当时。"为了种上秋分麦，不误农时，社

员们起早加晚，不分昼夜苦干。那个年代往地里送肥料，没有拖拉机，更没有汽车，全靠牛车、马车、人力小推车。开始，我们推小车走不了几步就翻车，不会推。社员们就手把手教我们推小车的方法和要领，编出顺口溜"推小车，不用学，全靠屁股摇。"我们按照推车的要领，端平车把，掌握重心，眼望前方顺着车的摆动摇晃着屁股，很快就学会了，加入社员送肥的行列。在种麦中，我们有送肥的，有拉墒的，有砘地的。由于我们在秋收抢种中不怕苦和累，表现突出，队里和社员很满意，台湖公社的广播里还表扬了我们。

学科学种田

周坡庄一直延续着传统耕作方式。当时上级提倡科学种田，并办班培训科学种田技术人员，周坡庄科学种田重任落到我们知青身上。队里十分支持搞科学种田试验，为我们提供场地，买来各种所需的试验器材。我们首先进行了小麦和棉花籽育种发芽试验。然后研究对田间病虫害防治，实地观察总结经验，对不同时期容易发生哪种病虫害提前向生产队提出建议，及时喷洒药物，减少棉蛉虫、粘虫、蚜虫、玉米钻心虫等病虫害的发生。在劳动实践中，我们学会了农作物田间管理，掌握了播种、育苗、施肥、浇水、整枝、打杈、锄草等各种劳动技能。

冬闲季节，生产队就大搞农田水利基本建设，全体社员都要参加挖沟、修渠、平整土地，为来年粮食丰收打基础。生产队长对我很信任，让我参加文量土地组，丈量全村的土地，我练习绘图，上北下南、左西右东，用比例尺定位，在他们的帮助下，学会了丈量土地的方法。后来又学会了打方收肥。

抗旱排涝

那时周坡庄水利设施条件很差，社员种地大多是靠天吃饭。赶上风调雨顺的年景，粮食就能丰收，赶上雨水少的年头，就要抗旱，就得挑水点种或保苗。有一年旱情严重，周坡庄北岗子的玉米枯萎了。

为了保苗，全队人都要挑水去浇地。水源离地很远，队长照顾我们让挑半桶。我们这些学生没挑过水，突然肩膀上压了几十斤重的担子，一天要往返数十里路，"路远无轻载"，真是受不了。肩膀压肿了，磨破了，血和衣服沾在一块疼痛难忍。可是，看到严重的旱情，看到社员挑着桶来往奔走不怕苦和累的抗旱热情，激励了战胜困难的决心。我横下一条心，咬着牙坚持挺过了抗旱这一关。

1969 年夏，瓢泼大雨下了三天三夜，在那个电闪雷鸣的雨夜里，队里的钟声响了，阵阵的钟声把我们从睡梦中惊醒。我们和社员一起扛上铁锹推起小车，跑到四支渠边，人们一看傻眼了，好家伙！沟满壕平，四支渠被冲开一个大缺口，水哗哗地往外流，冲进附近的庄稼地。队长一声令下："跟我来！"他第一个跳入水中，紧接着村里的几个年轻力壮的小伙子也跳了进去，在齐腰深的水中排成一道人墙。其他社员立即将装满土的草袋扔进缺口处，经过两个多小时紧张激烈的抢险战斗，缺口堵住了，减少了农田的损失。

热心胡大妈

我们女生住在胡大妈和妇女队长孙凤云的家里。孙大姐 1962 年潞河中学毕业后回乡劳动。我们有共同语言，白天在一起劳动，晚上她给讲周坡庄的村史，对我们进行忆苦思甜教育。胡大妈经常帮助我们洗衣服，还手把手教我们做针线活。我们在胡大妈的辅导下学会了做被褥，衣服破了自己补，鞋子坏了自己修。

1965 年国庆节前，因秋收任务急，全村的劳动力都到大田里劳动，每天要干十几小时的活。因我刚到农村不久，对这么紧张的劳动吃不消，连累带病躺倒了，发烧 39 度多，烧得我头昏脑胀浑身疼，难受极了。同屋的人都下地干活了，痛苦孤独寂寞凄凉的感觉向我袭来，想起了家，想起了妈妈。这时，房东胡大妈端来一碗热气腾腾的面条，上面还有两个荷包蛋，浓浓的香味沁润肺腑。胡大妈说："孩子，趁热吃吧，吃好就不用打针了！"我接过这碗面条时眼泪夺眶而出，心想，这不是一碗普通的面条，这是贫下中农对知识青年的一颗爱心哪。胡大妈

您就是我的亲妈呀！

春节联欢

插队后的第一年春节，我们是在周坡庄过的。临近春节，生产队的活也不忙了。家家户户都在为过春节准备年货。我们这些插队青年每天晚上都集中到一块，搞些娱乐活动，有吹口琴的，有吹笛子的，有拉手风琴和胡琴的，还有唱歌跳舞的。我们忘了一天的劳累，沉浸在欢歌笑语之中。"我们年轻人，有颗火热心，革命时代当尖兵，哪里有困难，哪里有我们，赤胆忠心为革命"，"革命人永远是年轻，他好比大松树冬夏常青，他不怕风吹雨打，他不怕天寒地冻，他不摇也不动，永远挺立在山岭"，这欢快悠扬的乐曲和雄壮的歌声引来了村里的青年人，他们加入了我们的行列。队里领导看到后，非常高兴地说："你们组织好乐队，准备点儿小节目，过年全村开联欢会，我明天就派人搭台，咱们欢欢乐乐过大年。"我们已编排了许多小节目，有诗朗诵、快板书、相声、三句半、绕口令、口琴、手风琴、笛子独奏和歌舞表演等。村里青年准备了京剧、评剧、河北邦子选段。春节到了，我们买来了大红灯笼，又买来大红纸动手写春联，挨家挨户送春联。生产队还挂了彩旗，整个村子张灯结彩，村民们沉浸在欢乐祥和的节日气氛之中。大年初一，人们吃完饺子，就扶老携幼成群结队来到戏台前看节目。在那个年代，村里能办这么一台小节目就很了不起了，它增添节日气氛，给老百姓带来了欢欣和快乐。虽说我们这些插队学生第一次离开家，离开亲人，在农村过的年，但我们觉得很快乐。

茁壮成长

在农村接受贫下中农再教育中，我学到了很多知识和本领，磨炼了意志，增强了毅力，增长了才干。由于我的工作表现较为突出，得到了队干部和全村社员的较好评价和认可。1969年国庆，我被选为上山下乡知识青年代表（当时仅20岁），参加国庆招待会和国庆观礼，见到了伟大领袖毛主席，激动的心情久久不能平静。

　　经过 6 年的锻炼，我们这批知识青年在农村这个广阔天地里，苗壮成长起来了。我们 23 名插队青年中，有的担任广播员，有的被聘为民办教师，有的参加了中国人民解放军，有的被选送上了大学，多数回城当了工人。1970 年 5 月，我光荣地加入了中国共产党。后来被选为县委委员、团县委常委、县妇联常委。1973 年 9 月，我迈进了北京师范大学高等学府的校门，成为一名大学生。大学毕业后，当了人民教师。1979 年，我调入中国科学院印刷厂工作。

　　6 年的插队生活，在人的一生来说是短暂的。回首往事，我感到很欣慰。最后，我想用保尔曾说过的那段著名的话结束我的这篇回忆录，"人，最宝贵的东西是生命，生命对每个人来说只有一次。人的一生应这样度过，当你回首往事的时候，不因虚度年华而悔恨，不因碌碌无为而羞愧，在生命结束的时候，可以无愧地说，我整个的生命已经贡献给人类最壮丽的事业——共产主义事业！"

　　（摘自《文史选刊》）

　　（王琪，中国科学院印刷厂计生委副主任）

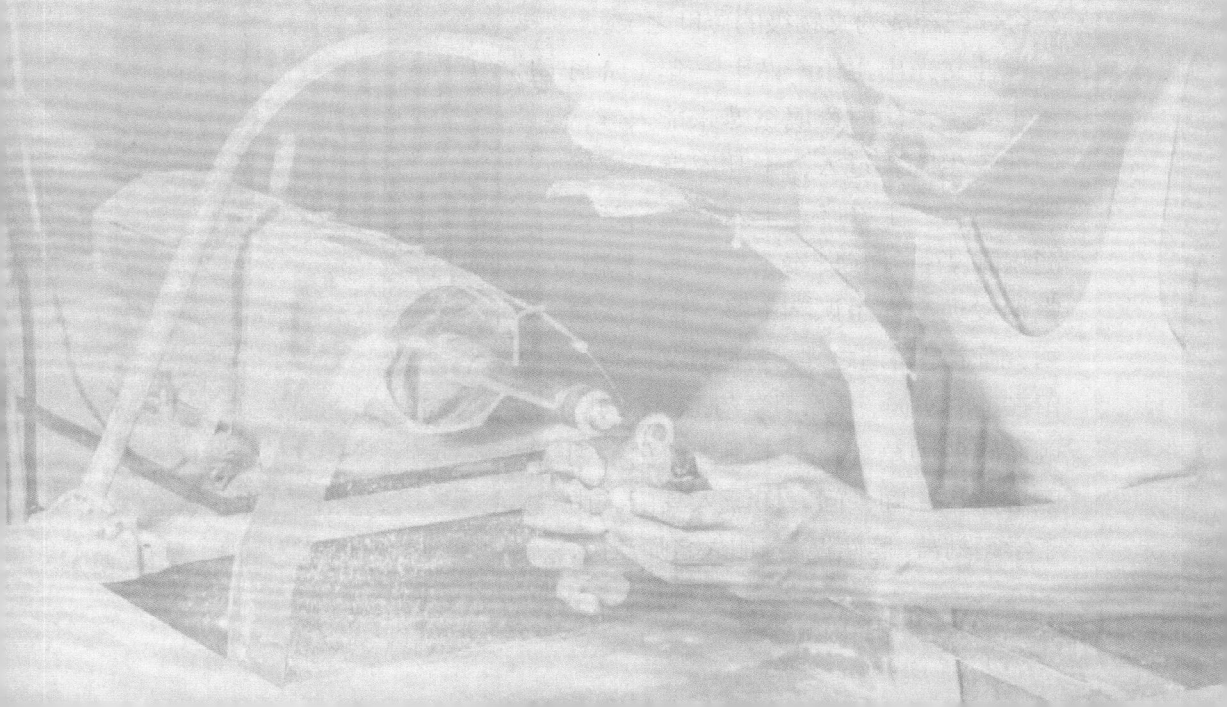

人物春秋

京东名医韩文光

■ 汤德生　吴思民

　　清光绪二十二年（1897），台湖地区外郎营村，一家名为"益庆堂"的药店开业。年方二十六岁的韩文光在通州"泰来堂"大药店学徒十年，以优异成绩出师返乡，开始挂牌行医，从此走上行医积善之路，直至暮年。他亲自书写并雕刻的"益庆堂药铺"牌匾保留至今，已经成为文物级的传世之宝。

　　韩文光出生于一八七一年（清同治十年），幼时家境贫寒未能入学，但他天生聪颖过人，十几岁就喜文输墨，写得一手好字。十六岁随父亲去通州城谋生，偶遇"泰来堂药铺"掌柜，掌柜发现文光虽识字不多，但墨法隽秀，确定是可造之才。争得其父同意，留在铺内学徒。开始习学药工：切、轧、砸、碾各种草药。三年后到前堂学习医道：望、闻、问、切渐入其门。由于学习刻苦、悟性极高、加之名师点拨，

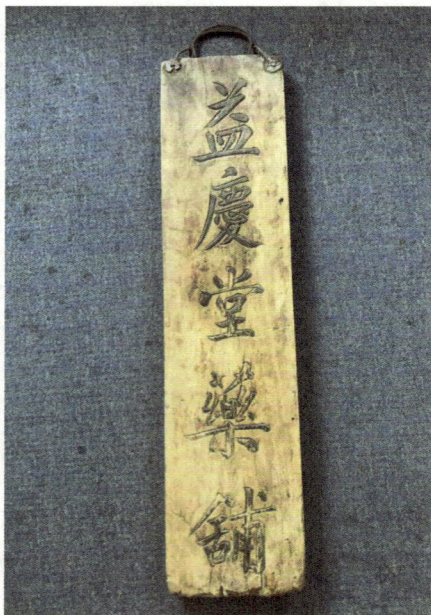

"益庆堂药铺"牌匾

几年后，文光先生在"泰来堂"名声大噪，同仁及师兄弟对他敬重有加。"泰来堂"掌柜也是一方名医、义士。他看着几个徒弟均亦成人，可以独自诊病，决定几人同时出学。走时于堂上众训说："身为大夫首重在医德，次在医术；但愿人无病，宁可药生尘。"

文光先生回乡后创建药铺，坐堂行医。药铺取号"益庆堂"，并亲自书写雕刻。

在弱冠之年开始了他悬壶济世的生涯。他谨遵恩师之教诲，首重医德、深探医术，数年后便享誉乡里。北京同仁堂头柜药师都知晓韩文光之盛名。一次，其师兄有病求文光诊治，他将一剂汤药中下了十七种反药，同仁堂药师为之瞠目，称："若不是韩文光先生之方，我绝不卖此药。"后其师兄康愈。可见先生三指弹功之神，岐黄术之精，已达医界高层之位。

文光先生为自己定标：穷人有病不用贵药，一剂能愈不开二剂；钱不够的，药也拿走；没有钱的，就白送。这样的例子举不胜举，十里八村无人不晓。富人有病手法宜徐之。总体谓之曰：穷人吃药，富人出钱。

文光先生精通医道，对识别中草药有独到之处，药到手中即能看出此药在全株之中属根、茎、叶的上、中、下哪一部分。他治愈难杂之病远近闻名。附近有一个垛子村，村里有个财主叫"张八"。他是个大财主，周围数个村都有他的地，是远近闻名的大财主。这年，他娇妻患杂症，多处求医无果，病情逐日恶化。有人推荐了年轻大夫韩文光。张八开始不相信这个年轻大夫，本着试试看。没想到三服汤药转危为安，六服汤药，久病根除。张八极为高兴，亲自去"益庆堂"面谢。当他看到韩文光的药铺只是个小矮草房时，当时应允给韩大夫白盖一个三合院。文光先生当面谢绝。张八为表达救命之恩的诚意，后来三次派人前来说和，韩大夫说：不该得的财绝对不要。此事在当地传为佳话。可是其取财有道，淡泊致远。

韩文光酷爱书法。柳体、行书最见功底。通州"泰来堂"掌柜亲选弟子韩文光书写"泰来堂"三个字上匾。后来"泰来堂"匾额被毁。先生写字只为陶冶情操。至今只留下自写自刻"益庆堂药铺"五个字。所写药方无一留存，实为憾事。

先生喜欢运动，年轻时喜与人角力。常去通州"十八半截"回民区学习摔跤，当时也很有名气。

先生一生经历清同治、光绪、宣统、民国和中华人民共和国。

公元一九五一年结识了名医陈百英，二人一起探讨医术，研究中西医的所长所短，不断接受新鲜事物，提高医治水平。时至 1960 年，三年自然灾害之时，因年迈体虚、安然辞世，享年八十九岁。

文光先生之后裔子孙无一人涉足医界。且终生未收一徒。此事与先生性格有关。他一生行医未出一次事故。他曾察看子孙辈的情况，认为无一人具备行医天赋。故他不想负强传艺，忧后辈将其一生名望败扫，更忧对病患之人造成遗害。此事终为憾事。

先生谢世。未留何物。仅"益庆堂药铺"牌匾一块。愿今日之医林多出悬壶济世者、多有桶井泉香之辈。百姓幸甚、社会幸甚、先生在天之灵幸甚！

龚祥林——身残志坚的共产党人

■ 崔　永

　　龚祥林，台湖镇麦庄村人。1927 年生，1948 年 1 月参军。战争夺去了右手、右脚踝骨及足跟；头、颈部、躯干部多处留有伤疤。负伤前系中国人民解放军第四野战军炮兵第 8 师 31 团 3 营 7 连一战斗小组组长。

　　1948 年 11 月辽沈战役胜利结束、淮海战役鏖（á o）战正酣。中国人民解放军东北和华北野战军根据党中央的指示，发动了平津战役。当时的天津是华北最大的工商业城市，解放天津是促使北平和平解放和解放全华北的关键战役。天津市内地形复杂，地势低洼，水网密集，易守难攻。敌人企图凭借复杂地形、坚固工事和 13 万兵力，负隅顽抗。

　　11 月 23 日，龚祥林所在部队由东北战场转战华北。12 月初，部队奉命向玉田、蓟县方向急进，准备参加平津战役中的解放天津之战，急行军 240 华里，每人随身装备不得超过 4 公斤。到达指定地点，已是深夜，疲惫的战士口渴得嗓子冒烟。他们见到水坑里有水，奔过去用手捧起水便喝。那里是盐碱滩，水极其苦涩，天亮时才发现，夜间舀起"盐碱汤"的地方，是个坟坑，棺材就突兀立在眼前！

　　因为出发时辎重全部扔掉，造成炊具奇缺。早饭时，盛菜的盆不够用，他们在老乡家门口拾起一个破盆便当作了菜盆，可是不等吃完，那老乡就急赤白脸地往回要。战士恳求，就剩这一点菜，让我们吃下就还给您。老乡说，那是他们起夜的尿盆子。

1949 年 1 月 14 日上午 10 时，我军集中 5 个军、22 个师约 34 万人的兵力，组成东西两个突击集团，对天津守敌发起总攻。我军炮火仅用 40 多分钟即摧毁了敌人城防工事。根据解放军前线指挥部制定的"东西对进，拦腰斩断，先南后北、各个击破"的作战方针，组建东西两个突击集团，同时向金汤桥挺进。金汤桥就是"拦腰斩断"中的"腰"。当时龚祥林所在连队的八一迫击炮阵地正在金刚桥（位于东北角大胡同处，南开、红桥、河北三区交界地）压制敌人火力。接到命令，战斗转移！连队集合，独缺龚祥林，等到连队即将出发，龚祥林满头大汗，抱着六发迫击炮弹，步履蹒跚地赶上来。六发炮弹，四五十斤重，没有炮弹箱，一般人没法徒手抱。炮弹，在硝烟弥漫的战场，被一个弹片击中都可能发生爆炸，一旦爆炸，抱着他的人，立即就要血肉横飞，后果不堪设想。可是龚祥林为了消灭更多的敌人，为了胜利，毅然死死抱定了"死神"。全连人为其感动，指导员见此情景，当即宣布："我代表连队党支部批准你火线入党，从今天起，你就是中国共产党党员！"

平津战役后，龚祥林随部队南下。1950 年驻扎武汉，准备解放海南岛。就在这时，朝鲜战争爆发，龚祥林随部队赴朝作战。

10 月 19 日晚，龚祥林所在部队到达朝鲜战场。当时朝鲜战场已经入冬，气候寒冷。冬装还未补给，志愿军战士只能穿着单衣上了前线！随着天气日渐寒冷，敌人把运输桥梁炸断，棉衣无法送达前线，坚守阵地的战士有的被冻僵，牺牲在覆盖冰雪的阵地上。夜晚行军，没有水喝，就在行军途中抓雪吃，天亮一看，手上全是泥。由于美军封锁，补给运不上去，一公斤炒面要坚持十天，每天只有 2 两，每次只能用舌头舔一点，渴了就喝稻田的水。事后才知道，那批补给全用于优待了俘虏。在战场，没有营盘，没有帐篷。连续五十多天的阴雨，有时吃饭就淋在大雨中，吃进的有一半是雨水。送来的粮食是玉米加工的大棒渣，阴雨潮湿的天气，没有干柴，大棒渣煮不熟，再和着雨水吃下去，很多人都闹肚子，腹痛难忍，没有茅厕，一下回到蛮荒时代。惨烈的战争，生存环境极度恶劣。由于缺乏营养，很多战士患上了"夜

盲症"，一到晚上，眼睛看不见物体，因碰撞踩踏受伤时有发生。没有药物治疗，更没有医生。部队首长杀掉战马，用清水煮马肝（马的肝脏，不加一点食盐），每人分一块，以缓解症状。没有任何调味的马肝，又干又腥，难以下咽。

白天，敌人把阵地炸翻，燃烧弹密集地扔满阵地，到处是火焰。夜晚，照明弹亮如白昼。战斗频繁，谁也记不清那些天打了多少次仗。战斗间隙，躲进潮湿狭小的坑道，不许有亮光。在朝鲜战场，龚祥林没有穿过一天干松的衣服。

1951 年 4 月初，"联合国军"再次越过三八线，并计划从中朝军队的侧后登陆，配合正面进攻，将战线北推至平壤、元山一线。4 月中旬，李奇微决定以一部兵力继续在铁原、金化、金城地区保持进攻。4 月 22 日黄昏，中朝军队开始全线发起反击。西线 3 个兵团分三个方向实施突击，分割围歼当面敌人。

龚祥林回忆，为压制住敌人火力，他们的八一迫击炮一分钟要打三发炮弹，三分钟打十发炮弹。即每一发炮弹的装弹、发射过程，必须在 20 秒钟之内完成。战士们总结："咳嗽一声的功夫，就要打出一发炮弹去。"龚祥林说："我最高兴往炮里灌炮弹，轰隆隆响，一颗颗炮弹炸响敌人阵地"。那次战斗中，他们打退了敌军三个营的多次进攻。

经过五次战役的较量后，战争双方整体作战力量趋于均衡，在朝鲜"三八线"南北地区形成相持局面。1951 年 7 月 10 日，开始举行朝鲜停战谈判。7 月下旬，停战谈判进入军事分界线问题的讨论，"联合国军"方面拒绝朝中方面提出的以"三八线"为军事分界线的合理建议，以"补偿"其海空军优势为由，提出将军事分界线划在志愿军和人民军阵地后方，企图不战而取得 1.2 万平方千米的土地。当这一无理要求遭到拒绝后，其代表竟扬言"让炸弹、大炮和机关枪去辩论吧"。8 月 18 日，"联合国军"乘朝鲜北方发生特大洪水灾害、志愿军和人民军供应困难之机，以其空中力量对朝鲜北方以铁路为主要目标实施空中封锁战役（即"绞杀战"）的同时，以地面部队发起夏季攻势。

那次战斗间隙，战士躲进坑道。但龚祥林身为共产党员、战斗组长，要检查、调整炮位，为即将开始的新一轮炮击做准备。就在这时敌人炮弹炸响，三名没来得及进入掩体的战士光荣负伤。龚祥林整只右手被炸飞，头、颈部、躯干部多处被弹片击伤，陷入重度昏迷。志愿军战士随身都携带一个布口袋，叫做"背棺材"，口袋中记有个人名姓籍贯。前面人死了，后面收容人员过来，依口袋信息登记入册后，就地掩埋。那次重度昏迷，龚祥林被当成死尸放在了山坡上。幸好在收容人员过来时，他哼出了声，才没有被掩埋。

晕厥中醒来他发现，右腿，都勒着布带子止血。在进行简单战地处理后，重伤员被转运到后方医院，汽车昼夜颠簸，历时月余，龚祥林置身于阎王殿门前台阶上。其间敌人空中封锁，见车就炸，根本无视国际红十字会标志。路上时而暴雨滂沱，时而酷暑难耐。龚祥林伤口全部溃烂化脓，爬满蛆虫，多次昏厥。

到达后方收容所，里里外外布满伤员。那天首长带医护人员来此，龚祥林头枕门槛，隐约中听人说："这个估计不成了"。护士问他想吃什么，他摇摇头，在护士的一再询问下，他断断续续地说："给我……煮……俩鸡蛋"。鸡蛋煮来，他强咽下半个，便没有力气吃了。伤口剧烈地疼痛，使他原本虚弱的身体更加虚弱，接连多次昏迷。由于伤

抗美援朝 70 周年纪念章

抗美援朝纪念章

势过重，经过一个多月地辗转，龚祥林被送到黑龙江佳木斯医院治疗，当医护人员把包扎伤口的纱布一层层剥开，最后看见伤口上有两条白色的大蛆在蠕动。手术中的疼痛使得他再度昏迷，醒来发现右臂被截肢，右脚和踝关节也做了手术，龚祥林成为了一名伤残军人。

1953 年 9 月，龚祥林复员回到阔别已久的故乡——麦庄。刚休息两天，就接到通知让他到通县城里民政局工作。他年迈的父母舍不得儿子再离开，对儿子说："我们年纪大了，需要你在身边照顾啊！"龚祥林想到多年没在父母身边，是该尽赡养父母的义务了。龚祥林留在了父母身边，但村里的重担又担在肩上。他虽然是身残的复员军人，但入党誓词时刻牢记在心里，时刻牢记自己是一名共产党员，时刻牢记党的事业高于一切。

20 世纪 50 年代中期，他带头响应党的号召走互助组合作化道路。他当生产队长，既要考虑各块农田的种植安排，又考虑劳动力的调配；既安排后勤各摊人选，又考虑全队社员的柴米油盐。他拖着伤残的身体深入田间地头掌握生产的第一手情况，到生产第一线跟班劳动，深入农户，了解社员的困难和疾苦，把党的温暖送到每户社员家中。

50 年代末 60 年代初三年困难时期，他任村党支部副书记。当时粮食紧缺，他亲自到马驹桥粮站拉粮食，以缓解父老乡亲的饥饿。

为了村集体经济的发展，他曾担任镀锌厂厂长、料活厂厂长、地毯厂厂长、猪场场长、鸡场场长、拖拉机站站长……为村集体筹办的每一摊副业，都要呕心沥血。他的老友王永忠、他本家兄弟龚祥启见他如此操劳，前来相劝："你战争时期那么大功劳，现在该歇息了。"龚祥林却说："功劳只能说明过去，不能说明现在和将来。"他把战争中的荣誉当作继续前进的动力。

次渠公社党委要调龚祥林到公社工业公司工作，但龚祥林舍小家顾大家，拒绝了这个好机会，坚持在村里工作。在拖拉机站当站长期间，外单位给农机站送来柴油，他都自费招待。他把香烟和叶子烟分别放在两个衣袋里，香烟让给客人，自己抽叶子烟。龚祥林说："损失一些个人利益不算什么，我的许多战友把生命都贡献了，和他们相比，我还有什么个人利益不能牺牲呢？"

70 年代，麦庄砖窑场所创的收益，为村集体经济帮了大忙。他当场长身体力行，规章制度要求别人做到的，他首先做到。虽然失去右手，右腿也残废，但他总在第一线跟班劳动，他一只手也能顶一个人去码坯、码砖。无论春夏秋冬，无论雨雪风霜，他总是在劳动现场身先士卒。

龚祥林还有一个名字，叫"好手"。"好手"是麦庄父老乡亲给他起的名。这名代表着乡亲们盼他伤残的手和常人的手一样。龚祥林不负众望，虽然失去了右手，但凭着坚强的意志，把仅有的这只左手磨炼得和常人一样：一只左手能从井里打上水来；能骑自行车把 200 斤的重物从 8 公里外的牛堡屯带回家；能用小车推粪……

他认为最重要的事是到学校给学生讲战争年代的故事，给学生上思想政治课，教育后代永远跟着共产党，牢牢保住社会主义红色铁打江山。这才是他不忘初心，牢记使命的重要工作。

2019 年 6 月 29 日，92 岁高龄的龚老重返天津解放桥。当年在此地激烈战斗的平津战役场面又浮现脑际，他感慨万千："变了，变化太大了！坚持在党的领导下走社会主义道路，祖国才有如此翻天覆地变化。我们的子孙后代要永远牢记：安定幸福的生活来之不易！这弹迹累累的解放桥应是教育后代的现场。"

2019 年 6 月 29 日，龚祥林重返天津解放桥

百岁革命老人陈殿芳

■ 崔福军

陈殿芳，男，1921年5月14日生于胡家垡村，自幼家境贫寒，读不起书，过早的扛起了生活的重担。因当时正直战乱年代，抱有爱国之心的陈殿芳在1946年毅然投身革命，参加了中国解放军，参军之后，在革命胜地西柏坡做后勤保障工作。

1946年10月至1949年5月为晋察冀军区政工部战士，并于

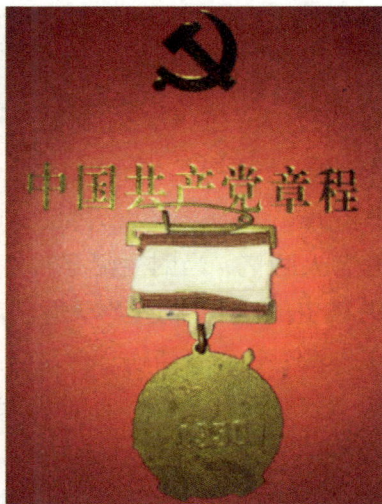

1950年，陈殿芳获得华北解放纪念章

1949 年光荣入党。后随部队进京，为二十兵团司令部教导队下士，任炊事兵（编号 159），职务是军需供给员。获华北解放纪念章一枚。

在 1950 年朝鲜战争爆发，陈殿芳响应党的号召，加入中国人民志愿军，1951 年随部队入朝作战，再次踏上战场，为二十兵团司令部电话连上士。职务为军需供给员。期间获得中国人民政治协商会议全国委员会 1951 年颁发的抗美援朝纪念章一枚。

1951 年，陈殿芳获得抗美援朝纪念章

在朝鲜战场上，先后救过两名战友，一名为首长，被救后，首长给陈殿芳写过一张纸条，让其日后联系；另一位被他救过的伤员，复原后再朝阳区邮局工作，此人经过多方打听，找到陈殿芳，见面后共述战争岁月的战友之情，并结为一生挚友，此事也被传为佳话。

据老人回忆，当时生活条件艰苦，每天能吃一顿饱饭都十分困难，在运送物资的过程中还经常遭遇敌人伏击，眼看着子弹擦身而过，也经常旧伤没好，又填新伤。有众多战士在一线等着物资救命，再苦再难，拼着命也要克服，共产党精神植根心中，也就是这种信念支持着陈老，一直到今天，老人还保持着当年在革命时期勤俭节约，艰苦奋斗的生活作风。并用这种精神，影响着周围的人。

1959 年 5 月 25 日，陈殿芳复原回家家乡，担任村大队长，半年后被通县炮六师调走工作，后被转调至朝阳区管庄工作，最后被调入总后研究所，直至退休。

多年后，村支部书记刘文革带队到西柏坡参观学习，陈殿芳老人再次踏上西柏坡这片热土，眼前景象早已不似当年。他向同行人员讲述当年战斗和生活的场景，再看到眼前这一片祥和的景象，不由感慨万千。

现在，陈殿芳年事已高，但身体健康。2018 年 5 月，98 岁高龄的陈殿芳老人，骑着孩子为他专门买的电动车去台湖村赶集，台湖村距胡家垡村有一段距离，在骑车经过新华联路口时，因前方发生交通事故，聚集了很多行人和车辆，交警正在处理交通事故。老人行动不便，怕被车碰到，便顺着路口绕行，结果迷失方向，自己也不知道自己走到了哪里，而且老人也没有电话之类的通信工具，无法及时跟家人联系。等到老人的女儿陈秀清发现陈殿芳出去一直没有回来，就去集市上寻找，找遍了整个集市，也没有发现老人的身影，即刻联系了当时的书记刘文革。刘书记知道老人走失后非常着急，立刻发动全村村民寻找，村民有的用手机联系附近村庄的熟人帮忙寻找，有的直接开车沿途逐村进行寻找，逢人便问，还通过"雪亮工程"查找老人的足迹。最终由村民在原蒋辛庄通往 4578 部队的路上，将老人找到，并送回家中，

陈殿芳老人获得"抗美援朝出国作战 70 周年"纪念章（2020 年摄）

使家人心中的一块石头落了地。此后，老人无论去哪，他的女儿陈秀清都不离左右，以保障他的安全。

　　陈殿芳老人德高望重，深受敬仰，现任村书记张守德也经常前去探望，为老人家排忧解难，老人的晚年生活在党的关怀及新老书记的照顾，生活的非常安逸、幸福。

救出被大水围困的老百姓

■ 曹正印　焦　义

　　1955 年夏季，暴雨成灾，通县境内的凉水河河水泛滥。六区的西下营乡、尖垡乡、施园乡灾情严重。有八九十户的唐大庄村，除村西南一户住在沙坨上，没有被水淹外，家家户户院内、屋内都进了水，有的户水深一二尺。在全村被淹之前，大部分群众看到水势凶猛上涨，纷纷逃往凉水河堤南的村庄，投亲靠友避难。一部分老弱病残户因行动迟缓，被洪水围困在村。他们只得跑到村西南的沙坨上。

　　被大水围困一天一夜了。通县县委及时向通县地委做了洪涝灾情汇报，地委立即派干部老王同志来通县慰问灾区。县委书记何青峰同志派我和老王马上到灾区同副县长曹正印同志三人组成灾区慰问组，代表地委、县委到重灾区慰问，并同当地乡村干部抢救灾民。

　　我们到了张家湾镇，出村西口上凉水河大堤，向西一看，一片汪洋。有的高粱地里仅露着少数高粱穗，正在摇摇晃晃。凉水河"大水平槽"，波浪滚滚，急速东流。我们三人在河堤上急速向西行进中，遇上了尖垡乡党支部书记李国瑞同志，他立即向我们汇报了唐大庄村还有三十多口人，被大水围困在村，已经一天一夜了。他心情十分沉重地说："这些人是死是活还不知道呢。"我说："我马上进村，把老百姓救出来！"通县地委老王同志也说："我会游泳，和焦义同志一起进唐大庄村救人。曹正印同志不会水，和李国瑞同志负责被救出来的群众安置工作。"

李国瑞同志很快从北姚园村扛出来两根木杆和几条绳子。我下水将两根木杆捆在一起，和老王扶着木杆游向唐大庄村。

快接近唐大庄村了，聚集在小沙坨上避难一天一夜的三十多口人，激动地大喊："救命的干部来了！救命的干部来了！"我们俩游到了小沙坨，向他们慰问。立即组织身体好点的百姓蹚水到村里找来十几根檩条，三十块大门板，几十条绳子，绑成一个大木筏子，我们俩扶老携幼帮助三十多口人上了木筏。又安排身体好一些的四个人，前边两人，后边两人，一人一根木杆撑着大木筏，我们俩在后边推着筏，就这样慢慢前进。到凉水河堤岸时，天已黄昏。在堤上等待的曹正印和李国瑞同志与其他干部立即上前搀扶老人，抱小孩，下了木筏子后，又认真细致地将三十多个被救出的百姓，安排在凉水河堤南南姚园村吃住。我和老王从上午十一点下水，坚持干了八九个小时，被大水围困的百姓得救了，我们感到特别的欣慰。

曹正印：男，1921 年 2 月出生，原任通县人大副主任，离休干部。
焦义：男 1922 年 7 月出生，原任通县工商局党组书记，离休干部。

摘自《闪光的一页》第三集

农村基层干部的榜样——牛文祥

■ 孙连庆

1931 年，牛文祥出生在通州区台湖镇台湖村的一个普通农民家庭，幼年的文祥经历了那个时代农村的困苦，看到了那个时代太多的人间的悲剧。家里尽其所能，才使他读到小学。少年的他，就开始分担家人的负担，为家事操心，同时也深深地同情左邻右舍的贫苦遭际。

解放后，在共产党的领导下，台湖村里的景况在一天天的变好，共产党的新主张，区村干部的新作风感染着他，他梦想着有一天，能够为村里的乡亲们做些好事。他积极地响应村公所的号召，参加村里组织的各项活动。他 18 岁时，就成为了村公所的文书，凡是一些抄抄写写的活，总是热心地去做。他积极好学，通过阅读报纸和通俗读物，也增长了不少的见识，懂得了一些革命道理，对中国共产党和中国的建设有了进一步的认识，对于村里的公事更加积极。当时，他的家里有奶奶、父母、他的大妈、三个妹和他的不到两岁的女儿。十来口人，生活来源全靠耕种十多亩土地的收获。他是家里主要劳动力之一，在这样的情况下，他能够牺牲个人利益，一心参加村里的政权建设，十分的不易。由于他的出色表现，1952 年 12 月 24 日，牛文祥光荣地加入了中国新民主主义青年团。他向组织表示：坚决拥护中国共产党的主张，努力学习毛泽东思想，全心全意为人民服务，在革命工作中起模范带头作用，为新中国的建设，为全人类的解放奋斗到底。

　　1953 年，国家实行对粮食的统购统销政策。在当时的农村，一部分群众对新政策不理解，组织上要求党员干部带头贯彻落实。牛文祥动员家里，率先把家里的余粮卖给了国家，在村里带了一个好头。牛文祥是个有主见的人，他不会夸夸其谈，但是行事钉是钉，铆是铆。几年间一桩桩，一件件事情，村里的老少爷们看得真切：这个年轻人是好样的，站得直，行得稳，靠得住。1954 年 4 月牛文祥加入中国共产党，不久，调入台湖乡政府任秘书。当时的乡政府 4 个人，除去 3 位领导，牛文祥是唯一的工作人员。那时候，乡里与周边十几个村之间还没有电话，发个通知，要个情况，布置工作，常常要靠牛文祥的两条腿。他还要常常往返于六区区委驻地张家湾和乡政府之间，带去本乡的情况，带回上级的指示。他安排好每一天的工作，把秘书工作做得井井有条，多次受到领导的表扬。1955 年 5 月，23 岁的牛文祥被提拔为台湖乡党总支副书记。此时的牛文祥，已经是每月领取 30 块钱工资的国家干部了。

　　就在这一年，农业合作化运动在通县广大农村兴起，二区西集乡前东仪村吕忠，办起了金麦穗农业生产合作社。不久，六区土桥乡高楼金村的田春华，办起了青春农业生产合作社，在全县产生了很大的反响，各区各村纷纷响应，农业生产合作化的高潮到来了。台湖村是个有着 400 多户 2000 多口人的大村，人多主意多，一盘散沙没有准注意，拖了全乡的后腿。牛文祥做通了全家人的工作，在全村带头入了社。到年底，全村建起了五个初级农业社。1956 年全县掀起了兴办高级社的热潮，台湖村的五个社合并为两个高级社。牛文祥家所在的"东方农业生产合作社"，社员代表用"投豆"的办法，一致选举牛文祥为他们的社长。代表们风风火火跑到乡里来要社长，这让乡党总支书记既高兴又犯难，答应说，等牛文祥从区里回来，跟他商量以后再作决定。东方社的代表还没打发走，台湖村另外三个社合并起来的前进社代表又来到乡里要牛文祥，要他到前进社去当社长。总支书记征求牛文祥的意见，他说："父老乡亲的信任，比什么都金贵。我心里高兴啊！"一个星期后，经台湖乡党总支研究决定，台湖村两个社合并

为台湖高级农业生产合作社。同意牛文祥回村担任党支部书记兼高级社社长，并报六区区委审批。就这样，牛文祥为了一个共产党员的光荣使命，丢掉了"铁饭碗"，成为台湖村"土里刨食"村民的带头人。

台湖村的土地，多为十年九不收的低洼地。地里的几棵高粱，常常要等到大地封冻后才能收割。群众生活困难，有的农户靠就着煤油灯吹料活补贴家用，没有其他门路的农户，有的已经揭不开锅了。为了解决群众的燃眉之急，牛文祥找到乡信用社，请求信用社发放无息贷款。信用社当时也没有这笔钱，牛文祥建议信用社到解放军炮六师募集存款，然后再贷给村里一百多贫困户，这样才暂时解决了社员群众的春荒难题。

一个"穷"字，压倒了多少农村的汉子，压垮了多少个农村的家庭。刚刚成立的农业社也面临着这个难以撼动的"穷"字。为解决农业社的经济困难，牛文祥带领社员办起了料器厂，经过努力，第一年赢利 2 万元，社员的心稳定了，农业社站稳了脚跟。兴办料器厂的成功，让牛文祥摸索出了"以副养农"的一条新路子，然而，他始终没有忘记"民以食为天"这个道理。是年冬季开始，连续几年，牛文祥组织社员平整土地，扩大耕种面积，经过努力，高级社粮食产量连年增产。社员的收入和集体积累都有了明显的增加，初步实现了温饱。人民公社化后的台湖生产大队依靠集体积累，先后添置了十多挂大车、二十多头骡马。1959 年，在全县第一个办起了村级敬老院，开始尝试着解决老有所养的问题。

在 1959—1961 年三年困难时期，农业歉收，粮食紧缺。台湖村的社员群众吃不饱，大家捋草籽、捞苲草、逮蛤蟆、捕鱼捉虾充饥，艰难度日。青壮年还能扛一阵子，老年人、孩子怎么办呐！牛文祥看在眼里，急在心头，他和队干部勒紧腰带走家串户，嘘寒问暖。经党支部研究决定，动用集体历年积蓄，买来高价米、面、油、糖和挂面、黄豆等，接济村里的五保户、烈军属、病重的老人和孩子。而牛文祥家老少 14 口人，四位老人，还有几个年幼的孩子，却没有要一点这样的待遇。为积极应对灾荒，牛文祥带领社员办起了粉坊、油坊、豆腐坊，很多困难户因此得到了接济。为此，他把家里的大缸小盆拿到了队里，还伐走了家里的三棵树。在自然灾害期间，农村大队有三多：一是得浮肿病的多，二是披麻戴孝的多，三是地里坟头多，但在台湖村，没有一个人得浮肿病，没有一户挨饿，更没有饿死一个人，农业生产依然搞得红红火火。1962年台湖生产大队被评为北京市农业社会主义建设先进单位。1963年国民经济有了好转，牛文祥组建了台湖生产大队大车队，到城里搞运输，支援国家的各项建设。这一年，大车队纯收入达到20多万元，集体积累和社员收入都有可观的增加，生产积极性空前高涨。

1963年根据中共中央指示，通县地区开展"四清"运动，次年11月，在通县地区开展了"四清"大会战。运动的内容是进行所谓"清政治、清经济、清组织、清思想"。当时，中央认为"当前中国社会出现了严重的、尖锐的阶级斗争情况"（后十条）；"全国基层三分之一的领导权不在我们手里"，"中国已经出现了修正主义"；认为"这次社会主义教育运动，确实是一次比土地改革运动更为广泛、更为复杂、更为深刻的大规模的群众运动"，错误地提出此次运动"以阶级斗争为纲"，并规定"整个运动都由工作队领导"。

"四清"工作队进驻台湖大队以后，开展工作。台湖大队党支部对工作队在处理敬老院问题上及工作作风方面有意见，经支委会三次研究，决定写信向通县县委反映。为此，台湖大队党支部被"四清"总团打成"反革命集团"，牛文祥被打成"反革命分子"，被错误地开除出党，清出干部队伍。牛文祥表示："开除了党籍，我也按共产党员的标准去做。"一时间，牛家被抄家，牛文祥成了挨整的主要对象，三九天，一天批斗五六个小时。而在大多数社员群众心里，牛文祥是怎样的人都很清楚，对于牛文祥多年的付出他们是看在眼里，记在心头的，因此对于眼下牛文祥的遭遇，在内心里有着深深地同情。于是，在牛文祥家的柴禾垛里，常常会出现鸡蛋、白糖、挂面、白面等物品，乡亲们用这种方式，暗地里对牛文祥表示支持。

牛文祥被"罢官"以后，当上了生产队的车把式。他时刻以共产

党员的标准严格要求自己，处处体现着一名共产党员的模范作用。他在家里准备了一个小罐子，每个月按时把党费放到罐子里，准备在恢复党籍后，一并交给组织。春天往地里送粪，他多拉快跑，惹得跟车的小青年直发牢骚。1967年11月，台湖村的大车队去怀柔县拉石料，途中一辆重车卧在了结满冰碴的小河中间，动弹不得。赶车的杨把式费尽周折，大车还是纹丝不动。杨把式无奈正要跳到冰河里，牛文祥大声喊道："永福！你不能下水，你有关节炎！"说着，挽起裤腿跳下水，趟着冰冷刺骨的河水，帮助把大车赶了出来。牛文祥的棉裤直往下嘀嗒水，大伙儿看着心疼，杨永福感动的眼眶发红，眼泪都快流下来了。

1968年隆冬一个风雪交加的夜晚，大车队从顺义返回途中遭遇暴风雪，路过大稿村，突然，牛文祥发现路旁一个青年人倒在雪地里动弹不得，原来，前面大车的小驹子踢伤了那个人的腿，并且伤得不轻。如果没有人帮助，这个年轻人就很难熬过那个风雪夜。牛文祥见状，把自己的大车交给后面的把式，把年轻人扶上他的自行车，迎着凛冽的北风，把年轻人推到了通县医院。处置完了伤腿，牛文祥又推着年轻人送到县城南部大马庄他的家里。等牛文祥回到自己家，已经是深夜11点多钟了。大车队外出时，常常有村里人请求捎带买东西。每逢这个时候，牛文祥总是有求必应，并且把事情办的很好。他乐意帮助每一个人。牛文祥赶车八年，多次被评为五好社员。

1970年通县县委决定上马温榆河疏挖筑堤工程。台湖公社启用牛文祥为台湖工地副总指挥，他组织起青年突击队，身先士卒，用20多天啃下了最艰难的地段，带动了整个工地。两个月的任务，50多天胜利完成，受到乡里县里的表扬。

1971年台湖大队党支部决定任命牛文祥为第四队队长，当时的第四队人心涣散，生产落后，是个后进队。牛文祥到任后，发动全队社员苦干一冬春，把所有的耕地铺上了一层河泥。当年六月，四队的麦田齐刷刷地一片金黄，社员们都说："四队从来没见过这样好的麦子！"到了年底，四队粮食单产增加500多斤，劳动日值从三毛八分一下子上升至六毛四分，一跃成为先进队。全村人更加信服牛文祥。

　　1972 年 5 月，牛文祥被平反恢复党籍并被乡党委任命为台湖大队党支部书记。当时集体经济中的"大锅饭"问题，还是基层干部所面临的"老大难"。为了解决出工不出力的问题，提高农田管理水平，牛文祥创造性地推行"工分包干责任制"，大队向生产队下达产粮指标，每个生产队在队长下面设若干"田长"。生产队对各田长实行工分包干责任制，田长根据社员的劳动表现记工分。这个办法调动了干部和社员的生产积极性，仅 8 天时间，所有稻田里的杂草清理得一干二净，当年水稻亩产达到 350 公斤，创造了台湖村的最高记录。第二年，台湖大队大搞农田基本建设，经过冬春苦战，平整土地 1100 亩，造田 40 亩，形成"田成方，地连片，沟路林渠四条线；旱可浇，涝可排，旱涝保收的高产田。"是年秋，杂交高粱平均亩产 425 公斤，比平整土地前翻了一番。台湖大队由此闻名。第三年，创造了稻麦两茬平均亩产 850 公斤的新记录。县委组织各公社生产队长以上的干部前来参观学习，台湖大队成为全县农业生产的一面旗帜，台湖经验在北京郊区县推广。

　　农业生产搞上去了，并不代表农民的生活都好起来了。农村经济的发展有它特定的规律，路，只能一步一步的走；饭，只能一口一口的吃。历史上遗留下来的穷困面貌，也只能逐步的解决。在一个电闪雷鸣、风雨即将来临的夜晚，牛文祥带领大队一班人深一脚浅一脚地走东家，串西家，挨门挨户地查看社员的危旧房，生怕出现危险。当牛文祥查看到一户社员院子时，发现三间破土房泡在雨水里，正摇摇欲坠。牛文祥见状大声呼喊："子忠快出来，你这房子有危险！"刘子忠飞快地从窗子跳了出来，牛文祥又帮助把他的老母亲背了出来，三人刚刚落定，"轰隆"一声，三间旧房子倒塌一片。那个险，真是让人捏了一把汗！凌晨四点，风雨停了。牛文祥拖着疲惫的身躯回到家里，进屋一看，一家人也没有睡觉，只见炕上、地上、里屋、外屋摆满了接雨水的盆盆罐罐，房顶的雨水还在不停地嘀嗒……

　　在"宁要社会主义的草，不要资本主义的苗"的时代，台湖大队

粮食的高产并没有改变台湖大队经济方面的困难。为此，牛文祥在一次支委会上提出"要想富，搞工副"的意见。在"割资本主义尾巴"年代，牛文祥所面临的压力是巨大的。经过反复讨论，党支部还是决定宁可承担一些政治上的风险，也要走"以副养农"的路子。共产党就是要为人民群众谋福利，不能让乡亲们再继续穷困下去了。接着相继办起了料器厂、珐琅厂和大车运输队，当年副业创收近10万元，集体和社员的收入增加了。

北京市优秀共产党员，北京市劳动模范牛文祥（1931—2004）

1979年牛文祥费尽周折贷款70万元，又办起了织布厂。在他看来，织布厂是一只能够下"金蛋"的老母鸡，他决心把这只"母鸡"侍弄好。农民历来是组织性比较松散的群体，而工业生产要求要有严格的劳动纪律，织布车间24小时不能停产，三班倒的工人必须准时上下班。这对闲散惯了农民来说，改变是很困难的，但是，工人必须适应工业生产的需要。为此，牛文祥提出织布车必须要"严格制度，注重质量，讲求实效"。为此，从建厂开始，他每天吃住在厂值班室，为工厂的发展操心。一天，有人在厂区附近坑塘里撒网捕鱼，几十个工人出去看热闹，正好被牛文祥碰到，他对工人泛泛地进行了批评，唯独严厉处罚了他的儿媳妇："扣她 5 元工资，张榜公布！"当时工人一个月的工资才 15 元，儿媳不理解，牛文祥说："谁让你是我牛文祥的儿媳妇呢，我只能拿你开刀！"他站得直，立得正，对人宽，对己严，一下子正了厂风，立了规矩，使各项制度立竿见影，促进了生产。牛文祥明白：工厂必须以质量求生存，以信誉求发展，否则前期的一切努力都白搭了。为此，他几乎每天都要到车间查看，把问题消灭在萌芽状态。功夫不负有心人！在牛文祥和全厂干部职工的努力下，第一年织布 54 万米，创利 9 万元。1985 年还清贷款。1987 年该厂固定资产由不足百万增加至 186 万，职工由 64 人增加至 378 人，产量增加至 660 万米，产值由 29 万元递增至 279 万元。产品正品率一直保持在 98% 以上，1985 年获国家免检，产品远销美国、西欧、日本及我国香港等地区，每年创汇 200 多万美元。1981 年牛文祥被评为北京市农林系统优秀共产党员，1987 年被县委县政府命名为"农民企业家"。

牛文祥说："人才就是本钱，知识就是力量"。 他采取请进来，走出去的办法，为织布厂培养了近百名技术骨干。1982 年扩建织布厂，新装织机 480 台。1984 年办起了北京蓝空印刷厂，当年实现产值 816.2 万元，实现利润 112.3 万元。

把大多数劳动力从繁重的体力劳动中解放出来，是发展农村经济的大方向，大前提。1975 年台湖大队购置了第一台拖拉机，此后，陆续添置农机具，1984 年实现了大田作物种、管、收全程机械化。1986 年建立以农机队、科技组为主的农机农艺服务中心，提高了农业生产的科技含量。此后又先后购置 11 台重型运输车、4 台挖掘机、4 台推土机，组建运输队，先后参加市内外多项重大工程施工，年创产值 500 万，利润 100 余万元。台湖大队经济实力日渐雄厚。1992 年粮食总产 645 万公斤，公共积累 149.3 万元，集体固定资产 1142 万元。1999 年总收入 2576 万元，纯收入 243 万元，人均分配 4962 元。

收入增加了，村民生活条件也得到改善。1975 年台湖大队安装自来水，1980 年起，全村 90% 农户翻盖新房。1982 年建立幼儿园、燃

气站，先后建起联营饭店、综合商场、加油站、市政工程队、装饰公司。村里建立合作医疗制度，每年拨款 10 万元用于村民医疗费用，村民每年只交 3.5 元。有个头疼脑热、伤风感冒，不用出村就可以解决。从 1985 年起，村民女满 55 周岁、男满 60 周岁开始享受退休金，村里为所有村民上了保险。

对于特殊困难的村民，牛文祥也倾注了大量的心血。1993 年 6 月，村民高凤银患股骨头坏死症，急需住院治疗，否则就有截肢的危险。当晚牛文祥主持召开支委会，专题研究解决办法。考虑到高凤银劳动表现一贯突出，牛文祥说："高凤银是这个家里的顶梁柱，他要是真的趴下了，这个家就完了。在这个节骨眼，咱共产党不管，谁管！"决定由村里负责一切治疗费用，去北京医院治疗。村里用吉普车把高凤银送进了医院，不算人工车辆费用，5 年间仅医疗费一项，共为他了花费 5 万多元。他的病，治好了。

对待人民群众，牛文祥像一团火，时刻给人以温暖，给人以力量，可对待家人，对待家事，对待子女，却是公私分明。在 20 世纪 70 年代，农村青年的出路只有三条：当兵，招工，或务农。因此，每年征兵或每当招工指标下来，都会成为全村群众关注的热点事件。1972 年 12 月，台湖大队分到 2 个招工指标，党支部副书记跟支委们说："这次招工，应该让牛书记的二儿子铁英去。去年征兵铁英都验上了，牛书记硬是左拦右挡把指标给了别人！他家 5 个孩子，老的老，小的小，多困难呀！"他们的意见最终还是被牛文祥一票否决，把指标给了村里的一个困难户。他没日没夜地忙集体的事，顾不上照顾家。他家的旧房子，还是他爱人想方设法才得以翻修。翻修完工了，驻在织布厂的牛书记还不知道呢！

对于下一代的教育，牛文祥一直挂在心上。1985 年台湖村为台湖中心小学投资 7 万余元翻修校舍，添置了教学设备，还拿出一部分资金奖励优秀教师，组建了全县闻名的少年乒乓球队。1992 年，又花费重金，从京城聘请一位英语教师，开设了小学生英语课。20 世纪 90年代初，全县初中毕业生数量递减，高中校因生源不足缩减规模。台湖村的一些孩子因不能读高中而回家务农。十几岁的孩子正是求学的年纪，为了孩子们的前程，经牛文祥提议，台湖村党支部决定与邻村联合，共同投资70万元合办起了高中校。1993年6月22日《北京日报》刊发消息："京郊第一家全日制、寄宿制民办高中——通县民办敬业中学落户台湖"。学校的生源来自于市内各区和通州、密云、怀柔、平谷、延庆等区县，至2005年，该校已发展到21个班级1146名学生。历年共毕业高中生1100人，其中861人考入高等院校、近百人考入中等专业学校。

到2000年，牛文祥在台湖村党支部书记的岗位上工作34年，其间他两袖清风、无私奉献、呕心沥血、任劳任怨，为集体经济和各项事业的发展竭尽心力。1989年各队队长年平均分配4000元，牛文祥只要3500元；1990年各队队长年平均分配4800元，牛文祥只要4000元；1991年各队队长年平均分配标准增加10%，而牛文祥主动下降10%。1997年，牛文祥将上级奖给他的一套两居室楼房主动上交村党支部，1986—2000年，主动上交各项奖金累计9.3万元。他的高尚品行感染着所有的人，受到全村村民的高度信任，多次被乡、县、市评为优秀共产党员、优秀党支部书记、农民企业家、农村优秀经营者；1989年、1995年两次被评为北京市劳动模范。台湖村多次被评为首都文明村、先进村委会。

牛文祥是一个农民，但他的高尚品格所展现的形象，却是一座高山，一座丰碑。他用行动，为中国共产党"为人民服务"的宗旨，为基层干部的行为规范，作出了完美的诠释。2000年1月，牛文祥从党支部书记岗位退休，2004年1月28日，牛文祥因病去逝，享年73岁。该村群众和社会各界近万人为牛文祥送行。牛文祥去世后，中共台湖镇党委、中共通州区委相继作出广泛开展向牛文祥学习的决定，牛文祥的精神正在深刻地感染着、激励着前进中的通州人民。

一心为民的实干家

——记通县第六届政协副主席韩庆颐

■吴思民　汤德生

韩庆颐（1930—1994），是台湖镇外郎营村一名普通的电工，一名普普通通的农民，不是党员，也不是村干部。曾任通县第六届政协的副主席兼通县个体劳动者协会副会长。他一生没有离开外郎营这个小村庄和他的电工岗位，但他却多次参加、出席国家、市、县级的会议。

1986年12月3日，参加全国个体劳动者第一次代表大会暨全国先进个体劳动者表彰大会。受到赵紫阳、胡启立、田纪云、杨静仁、薄一波、彭冲等党和国家领导人的接见并合影。

1991年6月16日，参加全国个体劳动者第二次代表大会暨全国先进个体劳动者表彰大会。受到李鹏总理、田纪云、王炳乾、李贵鲜等党和国家领导人的接见并合影。

1991年1月19日，参加北京市政治协商会议北京市通县第七届委员会会议。

1987—1992年之间，多次参加北京市和通县个体劳动者大会。

一、改革开放做贡献

1978年底，党的十一届三中全会召开。村里当电工的韩庆颐认真收听阅读了党的十一届三中全会公报。他是个喜欢看书、读报的人，他看的书多是电工知识类；他读的报是对国家政策和形势的关心，习惯了解这方面内容。他从公报中了解到国家要从计划经济转向市场经济。当时，对于"改革"这一词基层还不甚了解。韩庆颐有政治上敏感，很有超前意识。他很快在村里办起了一个"电机修理部"，专门修理农机具的电机、深井泵的电机、各类微电机、排风扇、电扇等电气设备。台湖地区第一个"个体户"在外郎营诞生了。

由于文化大革命刚刚结束，人们对发展个体经济还心有余悸，多数人都在观望、思考、彷徨。韩庆颐的非凡之处就在于坚信党的政策，看清了，看懂了，看明白了形势，毫不犹豫，行动果断。成了台湖地区发展个体经济的带头人，成了台湖地区小有名气的人物。由于他的影响，台湖地区个体经济发展迅速，成为当时各乡镇发展"个体户"最早、最多的典型。

韩庆颐能获得这那么多殊荣，不单单因为他是第一个"个体户"，更主要的是他的经营之道和为人做事，人性人品。他凭着修理技术的精湛、交货快速、收费合理、送货上门、免费安装、服务到家等优势，很快名扬乡里，业务很快扩展到周边村庄及朝阳地区的一些厂矿企业。业务逐年增长，"活儿好"、"诚信"，是客户公认的。有几次是吃水井的水泵坏了，这是特别急的活儿，他每次都是日夜连轴转，缠好线圈以后，要用几百瓦的电灯泡烤，人不能离开，几个小时才能烤干；他弄得大汗淋漓，皮肤烤的红黑，客户被他的精神感动。他用行动换来极佳的口碑。

"电机修理部"有了经营收入，挣了钱，除了维持家庭生活所需和修理部的开销，其余，他全部支持了教育事业、慈善事业、扶贫帮困。

他每年都要为台湖敬老院捐助物品、食品，如凉席被褥、肉类、食品、生活用品等；本村小学危房改建，他捐献所需的全部砖、瓦、灰、砂；过节过年为本村贫困人家送去肉、菜等过节食品；村里孤寡老人米文奎屋顶漏雨，他买了油毡，帮助将房顶修好；到了麦收、秋收农业大忙季节，他发现好多人家人手不够，家庭妇女因孩子缠身而着急，

他出资买下村里集体几间旧屋，办起台湖地区第一个幼儿园。房子进行改造、粉刷、买来儿童桌椅、儿童图书、画册，请了两名稍有文化的家庭妇女当幼师。入园的孩子不收分文，两位老师的工资由他给。消息传出，马上有几十个孩子入园，甚至旁边周坡庄村也有孩子入园。解放了村里一批劳动力，此举深受村民赞扬。

韩庆颐

　　韩庆颐，一心想为村里和村民干点事，做点贡献。把金钱看的很淡。他于 1994 年 8 月 15 日因病离世，享年 65 岁。离别亲人时，他身上仅有 4000 多元人民币，这就是他热火朝天经营多年之后，留给子孙的唯一一笔资金。

二、做对社会有用的人

　　韩庆颐能在成千上万个"个体劳动者"中脱颖而出，成为通州"名人"。做了那么多、那么好的善举，获得那么多、那么高的荣誉，是有根源的。根源就是他做人的一句格言：做一个对社会有用的人。这句话是他爷爷和父亲两辈人传下来的。爷爷韩文光是当时有名中医，开有"益庆堂药铺"；父亲韩增奎（字子奇）师范学校毕业，曾经教书育人。"做一个对社会有用的人"也成了韩庆颐做人做事指南。如今传承给他的子孙，也成了韩氏家族的家训。

1949年，韩庆颐只有19岁，当年在北京城里干"打鞭"的行当。"打鞭"就是给人家赶大车，当车把式兼装卸工。老板家里有多辆牲口车，能招揽很多业务，如城里拉垃圾、私人工厂产品送货乃至死尸拉运等等。当时的车辖辘都是铁瓦抱木轮，一寸多厚的弧度铁瓦，镶钉在木车轮外圈，车行驶时，铁瓦与地面接触。北京解放后，城里禁止铁瓦轧路面。韩庆颐帮助老板改造车辖辘为"胶皮反瓦"。即在铁瓦外镶包一层胶皮。"胶皮反瓦"当时也算是一种技术发明。

1955年，北韩庆颐回到台湖外郎营老家。经人介绍，到乡办面粉加工厂工作。

当时的面粉厂就是最早的乡办企业。面粉厂相当简陋，几间普通平房，靠牲口拉石磨，工作效率极低，工人劳动强度大。喜欢动脑子的韩庆颐向领导建议：把石磨改造成半机械化，不再用牲口拉磨，用电来拉磨。领导正愁速度上不去，大力支持他搞试验。经过近一个多月的时间，他用电机带动盘式齿轮上的立轴和曲轴；通过电力转换成功，制造出第一台电动石磨，工效提高数十倍；接着又改装了几台，面粉厂业务量随之大增。

1958年外郎营村党支部书记汤永增，想让村里老百姓过上好日子，想干一番事业。他想给各家各户安上电灯，解决多年靠油灯照明的问题；他想给村里装个高音喇叭，解决靠每天上班敲钢管的问题……他想干很多事，但苦于没有能人，他想到在面粉厂工作的韩庆颐。可他又有顾虑，人家是挣工资的，月月发薪，要比村里挣工分，一年一结账，强很多。人家肯回来吗？

为了全村人能过上好日子，汤永增还是来到了面粉厂找到韩庆颐。说明来意后，没想到韩庆颐二话没说一口答应下来。他交代完厂里手头工作，七天后，韩庆颐回到村里，工资不挣了，甘愿回村挣工分。家人非常不理解，但对他又无可奈何，村民也都不理解，但却增加一份敬仰之意。

回村后，安排他负责修理各种农机具兼管电工一职。上岗后，他自定目标：一、当年为全村各户安装上电灯。二、集体安装上钢磨，

解决粮食加工难的问题。

要干成这两件事，看似简单，实际困难重重。当时村里可以说是"一穷二白"，要干，就要靠白手起家，自力更生。

北京有个白桥旧货市场，韩庆颐低价把铁线、横担、瓷瓶、磁珠、电闸、电表等物品买回来；还到一些有认识人的工厂去化缘，捡拾厂子废弃的物件。在全村乡亲们共同努力下，1959年中秋节前，外郎营成为台湖公社第一个街道上有路灯，户户有电灯的村庄。电灯安装上了，他还得制定管理办法。比如，每户允许安几个灯头、瓦数要多大、如何收费等等。这一年年底，全台湖公社第一台电磨在外朗营村运转。

一年的工作计划实现了，村民受益了，村民笑了，韩庆颐更累了，电磨没人会操作。他责无旁贷，加班加点、废寝忘食，有时一干就是一昼夜。一年里不知搭进多少个夜晚，从来没有要过加班费，没要过任何报酬，也没有任何怨言。

为提高技术水平，他边干边学，自学电气焊、钳工、钣金工、自行车手推车修理、补胎、胶轮大车修理等等。最难的是自学修理电机。为此，他向北京十二局来村里支农的师傅求教，学会了缠电机和低压线路的星形接法和角形接法。在此基础上，他还研究出了"线圈机"。有了这些技术的积累，为他更好在村里服务和后来的大有作为打下坚实基础。

台湖地区开始种植水稻，他立刻想到脱粒问题。自己设计图纸，自采材料，从北京木材厂买来木板，从旧货市场买来铁线、铁轴、轴承、皮带轮等，制出台湖地区第一台稻谷脱粒机。由于机器开动后震动太大，他到通县农机局去请教，在县技术人员的指导下，机器运行平稳，大功告成。接着又为村里制造几台。

有一次，他路过朝阳区一个场院，看到有一台闲置的脱粒机，他立即产生制造一台"锥形脱粒机"的想法。他掏出盒尺，记下结构尺寸。回村后，反复琢磨，仔细设计，大胆试验，仅用两个月时间，一台"锥形脱粒机"诞生了。比打稻机的功效提高了数倍。当时台湖公社也建起了农机修理厂，也要批量生产脱粒机。厂领导和技术人员都来外郎营参观学习。韩庆颐耐心细致介绍机器的结构，转动情况，并指出什么地方容易出现什么问题，毫无保留的把经验、教训讲给客人，深受大家称赞。

三、精神传承

通过韩庆颐在改革开放前后的众多生活片段，可以清楚地看到一种闪光的精神，那就是"工匠精神"，看到一种鼓舞人心，激发斗志的力量，那就是"正能量"。

小小的外郎营出了个"人物"。当地人们都这样说，可见他的影响之大、之广、之深。

事实也得到证实。首先，他影响了整个村子。他的所作所为，成了村民学习和教育下一代的楷模；也成了后来历届村班子、村干部，宣传、弘扬的典型。可以说，这就形成了该村的村风。这村风是一股强大的暖流，温暖、激励着村干部及村民走正路、干正事、当好人。

近些年该村党支部、村委会获得的市、区、镇三级奖状、奖杯，即可领略村风之正，村庄之美。

韩庆颐育有二子二女。当儿女都已长大成人，他没有利用自己的关系为儿女谋职，几个孩子的工作都是自己打拼。他的态度是谁能干什么就去干什么，顺其自然，绝不为子女及其它私事求人。

他在村里的工作又忙又累，除去养家给钱，别的基本顾不过来。他常说的话至今儿女们都没忘记"在外不许和别人打架，不许偷东西，小时候偷，长大了抢。不学好，易犯国法"。"好好念书，多长本事，长大了做一个对社会有用的人。"

韩庆颐对四个子女，从小到大没骂过一句，没打过一下，就靠自己言传身教影响着他们。

他的长子韩松秀，十几岁自己找工作，在乡办企业学木工。父亲对自己干什么工作都不阻拦，都予以支持。他对儿子说："踏踏实实学木工，是一门手艺，有了手艺一辈子都是饭碗。"韩松秀不忘父训：埋头工作，任劳任怨。1980 年被台湖乡党委任命为台湖木器厂厂长。

木器厂在他的领导下，业务迅速扩展，质量大幅提高，厂里生产的办公家具曾服务于国务院机关、人民大会堂、中央党校、国家计委、国家科委等委办、北京市委、市政府、北京大学、清华大学等部门及院校。工厂规模逐年扩大，职工收入逐年增加。十几年时间，工厂没有一分钱贷款，全靠自身资金滚动，每年还要上缴乡机关数拾万元。1990年又与香港合资成立北京燕港高级家私有限公司，成了台湖地区第一个外商合资企业。受到市、区、乡三级的肯定，1992年被区委组织部任命为副处级领导干部。韩庆颐的大女儿韩松琴，自己找工作在公社电管站工作，数年后建立了自己的公司。她从乡电管站的一名普通员工，成为懂经营、善管理、技术精湛的女企业家。在通州区城市副中心的建设中，承揽了多项电力方面工程，为城市副中心建设做了很大贡献。韩庆颐子、女事业的成功，无不看到父辈的影子，也离不开父辈的影响。

大地的孝子

■ 浩　然

　　过去的玉甫上营是个有名的穷村，最穷的年头，劳动日分值低到两毛钱。有一个独身的壮汉子，专门给集体饲养大牲口，繁殖小驹子，终年一天不闲，每日还有二分补助，等到秋后结算，扣除了口粮和柴草开支，不仅分文没得，还欠下集体二十多块钱。

　　陈洪志就出生在这样一个穷村子里。他家是贫农，三个哥哥全是共产党员。他家经济上宽绰，三个哥哥都在城里安了家，老妈虽老，身子骨挺好。陈洪志 1967 年中学毕业，正是青春年少十七八，精明能干，性子好强；派他养猪，很快就变为行家，让他开手扶拖拉机，不久便成了能手。加入共青团之后，又担任团支书。城里的工厂来招工，队领导要推荐陈洪志去当住城里、挣薪金的工人，陈洪志本人却一口拒绝。他说："我不去，把名额让给别人吧"。没过半年，工厂的招工指标又落在陈洪志的头上。令人惊异的是，他再一次让给了别人。此后三年间又有一次工人和一次当兵的"方便之门"朝陈洪志打开，他都避而不走，坚定不移地要求留在玉甫上营。人们对此大惑不解：嘿，闹半天他是个头号大傻瓜呀！

　　陈洪志并非傻瓜，他是个有感情的人。陈洪志对玉甫上营这块土地的深情，使他不忍心弃之而去。他四岁死了父亲，母亲给在北京工作的哥哥看孩子，把他托给乡亲刘家五婶子照料。要说五婶子对陈洪志，那

可比亲儿子还亲：把掺了糠菜的饭给自己的儿女们吃，把净面的贴饼子和窝窝头给他吃，陈洪志管五婶子叫"妈"，经常说等长大了，挣了钱先孝敬孝敬"妈"。五婶子每当听到这句话，就动情地叮嘱道："乖孩子，等你们这一辈人长大，别让咱玉甫上营再冒穷烟就好了……"陈洪志长大成人，经常回想这句话。并把这句话当作生他养他的这块大地对自己的召唤。他说："我从穿屁股帘那会儿起，就吃乡亲们用汗水种出来的粮食，如今有了点知识，只管自己，不顾乡亲，那叫忘恩负义。孩不嫌母丑，狗不嫌家贫，玉甫上营这块土地培育了我，乡亲们把我教育成人，我就得为改变这块土地的面貌出力气。我要跟乡亲们一起拔穷根、找富路。这就是我的志向！"

1975 年，二十四岁的陈洪志接任了党支部书记的职务，成了玉甫上营的"一把手"。陈洪志是这个村历史上的第十三任党支部书记。以往的支书，平均计算每任只有两年，小小的陈洪志能干多久？

有人用看透了一切的口气说："兔子的尾巴长不了。不是犯个错误、跌个跟头下台，就是镀镀金，捞点资本上调。"

陈洪志就算有志气在支书的位子上长久干下去、干一番事业，那也是"难如登天"。因为前边的领导者们留给他的是一个穷家当、烂摊子，二百四十户人家的村子，集体欠国家贷款二十四万多元，一年光付利息，就得掏出一万多元。社员欠集体的超借支六万多元；玉甫上营摸着脑袋算个人，每个人都背着三百七十五元的"饥荒"包袱。大队的固定资产不足八万，穷得连办公纸都买不起。邻村有人断言："就是皇上二大爷当支书，也救不了玉甫上营的穷命一条！"

陈洪志上任之后，还没有把要抓的工作捋出头绪，就赶上市里发起"狠刹超支借支风"的运动。在电话会议上，市委一位领导讲话的时候，点了两个"超借支"风刮得严重的村子，其中之一就是玉甫上营。

坐在会议室的陈洪志，听到点名，脑袋嗡地一声响，有几分钟处于痴呆状态。市委号召"党员干部"带头"变产还钱"。玉甫上营的党支部九名支委，除了陈洪志和另一名之外，其余的都有超借支的问题。有的竟欠着一千四百元的重债！而他们一个个都穷得叮当响，住着旧的房子，骑着破车子，就是逼死他们，也没什么"产"可"变卖"，哪有还债的钱呢？

这件事给新任支书陈洪志一个沉重地打击，同时也使他对发展农村经济的认识得到一次根本性地提高。他醒悟到：要拔穷根，光靠种地、光抓粮食不行，必须搞多种经营，在种地的同时搞起工副业生产，才算找到真正的富路。他一面带头参加农田劳动，一面亲自跑门路，从京棉三厂搞到下脚料，又跟服装公司搭钩找到加工成品的销路，办起个加工无纺布的小工厂。接着又搞起点焊厂、铸铜厂。新路子一起步就收到实效，光是加工无纺布这一项生产，一年多的时间就净挣两万多元，社员收入增加了，也偿还了部分贷款。

1998 年，纺织厂开工典礼

玉甫上营的群众在陈洪志带领的党支部领导下，一面平整土地，变旱田为水浇田，想方设法多生产粮食，一面广开门路，发展工副业生产，增加经济收入。三年后，他们终于还清了拖欠国家的全部贷款，填平了多年挖下的债窟，从身上卸下了"饥荒"负担。实践的结果和党的农村经济体制改革政策都证明，陈洪志那个"冒着风险干下去"的决心下对了。

陈洪志变成一个"吃香"的干部，上级要把他上调重用。陈洪志却一次又一次地要求继续留在村里工作。他说："眼下，玉甫上营不穷了，

可也不富。我要跟乡亲们一块儿，创造出一个富起来的玉甫上营。"

对一个创业带头人来说，失败是严重的考验，胜利则是更严重的考验。玉甫上营在开拓致富的道路上，现实生活不断地给陈洪志提出新问题，他用自己的行动作回答：即处处事事从"公"字出发，迈开正直的脚步。

村里的工副业发展了，要从从事农业的劳动力里抽调人。在农田里干活起早贪黑，风吹日晒，又脏又累，哪如到工副业干活舒服，轻松，又能多得报酬呢？陈洪志的妻子也想离开农业到工副业去，她年轻手巧，尤其是党支部书记的家属，她想去就能去成，可陈洪志做她的工作说："凡是大伙儿认为是有便宜的事儿，咱们家的人都得往后靠，别伸手。这样，我说话才硬气，才能让群众信服。"他的妻子被他说通了思想，一直坚持在农田里劳动，有些不安心农业的人，见支书的媳妇不动窝地干农业，也不好挑肥拣瘦地找干部的麻烦了。

社会上一切"向钱看"的风气也吹到了玉甫上营。陈洪志跟干部们会上会下谈心，让大家都提高警惕，抵制那股不正之风。他旗帜鲜明地说："咱们玉甫上营的党员干部都得一心一意为人民服务，不准许为人民币服务。谁要只想为自己捞钱、不想革命，请退党，请辞职！"他不光这样说，而且带头这样做。他为了给玉甫上营办工副业找门路，抓原料，搞销路，经常外出进城上京，四处奔走。他从不领取额外补助，请人吃饭，买烟都是自己掏钱不报销。有人估计，这十年来，光这一笔花费就有四千元以上。按照上边规定，村干部的报酬可以为本村人均分配水平乘以三的标准，陈洪志却说服村上的干部不在"挣钱"方面跟群众拉大距离，只拿本村人均分配水平再加百分之十的标准。而他拿村里人均分配水平的标准，不取分文奖金，乡政府实行对村级主要干部工资补贴，陈洪志领到钱以后，全都分送给收入低的干部和五保户。

集体事业在发展，各种摊子在扩大，五花八门的事情在增多，陈洪志肩上的担子也加重了，年轻的支部书记时刻保持着清醒的头脑：不论环境怎么变，艰苦奋斗的精神不能变。有一年冬天没落雪，春天没下雨，干渠的水供不应求，一千四百多亩的小麦返青水浇不上。这是小麦管理的关键一水，必须千方百计地闯过这一关。陈洪志亲自指挥这一场"战斗"。他白天在地里转，夜间仍然在地里转；哪儿出了困难，他便就地帮助解决。春夜风寒，实在受不住，而又没有遇到麻烦事情的时候，他就到场房屋烤烤火；实在困了，就跟看场的老头挤在小土炕上打个盹儿。从春到夏，整整两个季节，他没有回到家里舒舒服服地睡过一宵觉。好不容易夺来了小麦的丰收，缺水的问题依旧很严重。

地腾出来了，晚稻却不能及时插秧。陈洪志带着人一趟一趟奔大闸去找水，找到一点水，插上一点稻秧。就在这个紧急关头，他那个上村办幼儿园的儿子因从院里跑到街上，被骑自行车的撞倒，左腿粉碎性骨折。媳妇哭哭啼啼地找到陈洪志，让他快想办法。陈洪志一听这不幸的消息又痛又急，可是他说："渠里的水又断了，上百劳力等着干活，我得马上去找水呀！"媳妇哭得更厉害了，骂他狠心。跟着跑来他的老母亲，也抱怨他不关心自己的骨肉。陈洪志心里明白，孩子的腿不赶紧抢救会落下终生残废，一千一百亩晚稻如果不能及时插上秧，就会使全村的粮食减产。他对媳妇和母亲说："我不是医生，我去了也得医生来救孩子。可是这水，需要我去找门路、打通关系才能搞来。你们还是求邻居帮帮忙，把孩子送医院吧，我实在不能脱身。"

当时天已黄昏，陈洪志顾不上跟家人多讲理，便带上人匆忙地出发了。他步行三十里，终于找到水，随后又把水闸一道一道地提开，还得不断地检查和看守，他整整熬了一夜，把该播晚稻的田里灌足了水，才回到村，他顾不上跟谁打句招呼，飞一般跑回家，当他看到受伤的儿子经医院抢救，已平安地熟睡在炕上的时候，心头不由得一酸，不禁地低声自语："爸爸对不住你……可是，晚稻田都能插上秧了……"

这一年，玉甫上营的小麦和稻子都大丰收，人们说，这是陈洪志用心血换来的成果。

玉甫上营转个大弯子，从穷途跨到富路上。这跟党支部书记陈洪志的坚定不移的志气、公而忘私的精神、带头拼搏的作风分不开。因此，玉甫上营的人开始直起腰来，扬眉吐气，陈洪志也跟着名声远扬、地位提高。

1982年，陈洪志（右二）在稻田里工作

　　有人私下里议论："现在共产党允许少数人先富起来，陈洪志要是利用他的优越条件和关系门路，比谁都富得早富得快，准能成个百万富翁了。"这话传到陈洪志的耳朵里。他不屑地说："那种钻一时的空子、不择手段光顾自己发财的人，是我最瞧不起的。能够带领大家富起来的人，才算有真本事，才活得有价值、有意义。我敬佩的是这样的人，也向这样的好汉子学习！"

　　农业经济体制改革的消息传到玉甫上营，有不少人担心会像别的村那样，风一吹就散了摊子，甚至把集体的一切财产都大卸八块地分掉，尔后自顾自地奔日子。陈洪志开始也感到有些压力，他立即组织党支部的同志学习中央一号文件和有关建立生产责任制的文章。他对人们谈自己的体会说："改革，是为了发展生产力，怎么做对发展生产力有利，我们就怎么带着群众做，准没错儿！"

　　他主持召开了各种座谈会，广泛听取群众的意见。他的认识越来越清楚，方向越来越明确，下定决心要坚持实事求是的原则，决不盲目瞎干。他在北京市委主办的北京先进人物汇报团报告会上作了一个题为《依靠党的政策，立志带领家乡人民共同致富》的报告，其中有一段分析玉甫上营实际情况的话："第一，经过几年的农田基本建设，削了坡，填了坑，平了沟，连了片，为实现机械化耕作打下了基础。第二，从农具上说已经初具规模，有其用武之地。第三，从村办工业上说，有了一定的基础，具备了一些养农的资金条件。第四，从积累上说，是逐年增加的趋势，可以搞一些福利设施。第五，就村民们的思想倾向看，绝大数人希望走集体富裕的道路……"

陈洪志就这样有胆有识地根据玉甫上营实际情况，按照群众的意愿，跟领导班子的同志一起，制定了改革的具体措施，建立起以农、工、商、种、养各业为基础的专业承包、联产计酬的岗位责任制。

经过十年的艰苦奋斗，玉甫上营不仅摆脱了贫困，而且开始走上富裕的道路。全村的总收入从 1980 年到 1984 年就翻了三番。1985 年总收入达 756 万元，人均收入 1546 元。而 1978 年总收入只有 13 万元，人均分配只有 104 元……这些数字是枯燥的，但是这些数字在陈洪志心里却是一首诗。是一个土生土长的农家子弟，一个吃社会主义饭长大的农村青年，献给祖国——母亲大地的一首尽忠尽孝的诗！

勇于开拓创新的农民企业家
——记次渠乡印刷厂厂长郝玉臣

■ 崔洪生

经济改革使乡镇企业焕发了青春，然而要使一个小企业在竞争中站稳脚跟却非易事。1987年，次渠乡印刷厂成为北京市重点乡镇企业，郝玉臣本人也被县委、县政府命名为"农民企业家"。他经营的印刷厂已经创了1550万元产值，获330万元利润，向国家缴纳税金180万元，同时上交乡财政120万元。

开拓思路 多种经营

1979年秋天，原次渠公社的一个社办综合厂一分为二，变成玉器厂和综合加工厂。郝玉臣和三十几名工人被分到了综合加工厂，从此走上了一条艰难的创业之路。

当时的综合加工厂，说是个工厂，实际上就是一个破烂摊子。除面粉车间还能维持每月几百元的收入，其他各车间都已岌岌可危。小磷肥生产亏损太多，已被迫下马；修理业收人无几，朝不保夕。整个综合加工厂别说生产资金，就连每月发工资都无法保证。有人嫌这里无钱可挣，索性回家了。面对这种情景，作为厂长的郝玉臣，心都要碎了。是啊，企业要生存，工人要吃饭，没活儿什么也办不到，可是又怎能看着几十个工人兄弟都失望地离去，一个厂长的责任感激发了他拯救企业的愿望，一个共产党员的高度觉悟又坚定了他正视困难、战胜困难的信心。多少天，多少个月，他拉着一名业务员，骑着自行车到处找"米"下"锅"，也说不清进了多少门，求了多少人，想了多少辙，总算找出了一点出路。

当时，手扶拖拉机多起来了，郝玉臣决定开展翻修轮胎的业务。虽是一个小小的修理活儿，但干起来也真伤脑筋。厂里一无技术、二无工具、三无材料，连派人外出学习所需要的粮票都得从别的单位借。郝玉臣和伙伴们奔跑了一个月，总算支起来了摊子。活儿是不少，但材料来源始终没有保证。辛辛苦苦办起来的轮胎修理厂被迫停业，最后一算账，不但没赚钱，反而赔了四百元。企业一时又没了出路。

这一次失败，使郝玉臣尝到了苦头，但他没有灰心，又马不停蹄地开始找门路。不久，厂里承接了为青岛市公安局制造一批铁皮柜的业务，答应两个月交活儿。

回到厂里，又是一堆难题，制作铁皮柜需要工具、设备、铁板，更需要资金，这些条件综合厂都不具备。一些人也开始埋怨起郝玉臣了，他不顾这些，当务之急是要先干起来，应下的活儿不能失信。他到处托人借钱买料，借工具。他找到纺织配件厂支农队借来了剪板机和折边机，又亲自跑到牛堡屯借来了一台点焊机。东拼西凑，总算把工具和材料备齐了。随后又是夜以继日地四处求教，边设计、边生产、赶进度、把质量，硬是在两个月内拼出了这批铁柜。青岛公安局来验收的人都不敢相信：在如此简陋的厂房里，用这样陈旧的设备会生产出如此高质量的产品。这批活使综合厂获得收入3万元，加上面粉加工，当年的收入有4万多元。

首次成功给这个小厂带来了希望，也使郝玉臣对干更大的事业鼓足了勇气。

1980年经过多方联系，郝玉臣从北京成文厚账簿商店接过了一批印刷业务。这是他们创办印刷厂的起点。上半年，他们在原来磷肥车间的废墟上建起了第一个印刷车间，下半年开始投产，当年创产值43万元，利润12万元，这是综合加工厂有史以来效益最好的一年。工人

们干劲十足，郝玉臣更是倍受鼓舞，在印刷厂已具雏形的基础上，一个扩大生产规模，争取长久受益的长远计划已在他的头脑中形成。于是他集中精力和资金，增加了印刷品种、引进了胶印。自 1982 年以来，他们除了印刷各种财会用品外，还承印了荣宝斋画谱和人民大会堂藏画的挂历。目前，他们承印的产品有 150 多种，占成文厚账簿商店总销售量的 60% 左右。这是他们在建厂时意想不到的，然而依靠守质量讲信誉的严谨的工作态度取得这样的成果又是必然的。

印刷厂的成功，走的是一条白手起家、艰苦创业的路。建厂之初，厂里只有 6000 元借款，完全依靠自己的苦干和实干，用滚雪球的办法，积累起了价值 150 万元的固定资产。一个濒于倒闭的小综合厂，得益于郝玉臣的经营有方，也得益于全厂职工的同心协力，才能够发展成为众多社办企业中的佼佼者。

勤俭节约 开源节流

郝玉臣会计出身，也许是职业习惯，他办事从来都讲认真，爱算计。经营企业，他想的是怎么样才能少花钱，多挣钱。厂里凡是花钱的事，他都要问个一清二楚，花多少，花在什么地方，花得值不值，这些问题他总是要反复考虑，再作决定。这种勤俭节约的作风，也成为了印刷厂的企业精神。

在刚刚谈妥印刷业务的时候，计划要建厂房。当时面临着两种选择，一是拆掉旧的盖新房，二是改造旧房。郝玉臣根据厂里现有的经济条件，本着少花钱多办事、早投产早受益的原则，决定改旧房。修房时只请了两位瓦工，其它全由厂里工人义务劳动，几乎是没花什么钱就建起了印刷厂的第一批厂房。

购买机器设备，他也是能省一点儿是一点儿。1984 年厂里扩建，他又亲自跑到上海，只花 5.5 万元买回来两台旧胶印机，经修理更换了一些零部件，总共花掉 6 万元，比买两台新机器节省 15 万元。现在这两台机器仍然运转良好。

对生产性开支,他管得严,对非生产性开支,他管得更严。厂里规定,从领导干部做起,不许乱花一分钱。厂里业务往来很多,但来厂人员的吃喝招待一律在食堂，标准统一，谁来都一样。业务员外出办事，每天只按规定补助 1.2 元，超出部分自付。

从 1980 年到 1984 年，郝玉臣在厂内接人待客用的烟茶都是自己掏腰包，而从未以此为理由领取过任何补助。在他的影响下，其他厂级干部也严格遵守着这一"规章制度"。

优化管理 奖罚分明

一个企业要想发展起来，就要有一套行之有效的管理方法。随着次渠乡印刷厂生产形势一年比一年好，产值利润同步上升，不仅在全乡名列前茅，而且在全县印刷行业中也是效益最好的企业之一。有不少人问郝玉臣，你的管理经验是什么？他的回答相当简洁："我就是抓住一个'严'字。"

确实，郝玉臣的从严治厂，在次渠乡是人所共知的。几年来，在创办经营印刷厂的过程中，他适应新形势，认真学习企业管理的有关知识，善于总结自己的管理实践，逐渐形成了自己独特的管理之道，并将此贯彻到企业管理制度中去。

印刷厂建成投产后不久，郝玉臣经过一段时间的摸索，找出了各工种完成定额的标准，并制定了"百分制评奖法"，按规定进行奖罚。这个规定实行了两年多，郝玉臣发现这种办法存在着弊病。工人请假歇工的现象时有发生，出勤率没有保证，一道工序如果一个人不在，就影响整个生产。针对这种情况，郝玉臣和领导干部们研究，决定改进管理办法，关键是要调动人的生产积极性，管好人才能管好生产。他深入车间亲自调查，集思广议，制定出了新的管理办法。在分配上实行基本工资加奖励，而其中奖金部分高于工资，奖励条件分为出勤、加班和超产三项。拿出勤奖来说，规定每人每月工作 28 天，如果多休一天，得出勤奖的 80%，多休两天，得 50%，三天以上就要扣除全部的出勤奖。这样一来果然奏效，全厂 98% 的人都能够出满勤、干满点。1987 年平均每天的产值都在 1.2 万元以上。这也说明了，企业效益的提高有赖于严格的科学管理，不善于总结管理经验的企业经营者就不是一个合格的经营者。

二次创业　科技兴企

凭着乡镇企业草创时期那股白手起家、吃苦耐劳的实干精神，在郝玉臣和全厂干部职工的共同努力下，次渠印刷厂从众多乡镇企业中脱颖而出，在经营管理和经济效益上取得优异成绩。次渠印刷厂成为当时次渠镇重点支柱企业，郝玉臣本人被县委、县政府评为通县首批"农民企业家"。

90年代末21世纪初，通州区提出乡镇企业"二次创业"发展战略，对乡镇企业实行机构调整，引导乡镇企业从扩大规模、注重总量发展向主导产业和高科技企业发展，并制定一系列鼓励乡镇企业升级换代和引进高端技术的扶持政策。

当时的次渠印刷厂，被区、乡镇确定重点实施升级改造的企业之一，这是印刷厂向更高水平发展的良好机遇。郝玉臣和厂领导班子认真分析印刷厂的现状，主要存在三个方面的问题：一是产品结构单一，主打产品是财会账簿等；二是装备落后，基本是传统的对开印刷机和半机械、半手工的工具设备；三是市场空间狭小，发展动力不足。通过参观学习，在国营大企业和先进乡镇企业，他们看到国际国内先进水平的机械设备和规范化、科学化的企业管理，郝玉臣的思想观念进一步解放。以前，他们也想购进先进印刷设备，承揽中高档印刷制品，有些找上门来的业务，人家一看厂里的印刷设备，不愿把活儿交给他们。乡镇企业管理部门也曾多次动员他们增加投资，购进大型先进设备，提高企业的科技水平，实行现代企业管理。印刷厂是在社队工副业基础上发展起来的，限于当时的思想观念和资金来源有限，一直恪守不贷款不负债的经营理念。

不久，郝玉臣参加了市乡镇企业局举办的现代企业管理干部培训班，为期两个月，而且基本上是脱产学习，由企业管理专家、学者讲课。在培训班上，郝玉臣比较系统地学习了当代企业管理的理论知识。他克服自己文化水平低，工作忙和时间少等方面的困难，完成学业，成为一名具备现代企业管理理论和务实操作知识，又有丰富的实践经验的乡镇企业管理者。

按照现代企业管理的规范和当前市场经济的发展特点，在郝玉臣的亲自主持下，次渠印刷厂对原有的管理规章制度实行大胆改进、创新，制定了一套新的企业管理规章制度，将他学到的理论知识贯彻到实际工作中。为开发新产品新业务，厂里决定投资 2000 余万元，引进德国海德堡系列印刷设备，这笔巨额投资，充分利用国家增值税改革和通州区关于二次创业的有关扶持政策。了解郝玉臣的人都称赞，这回老郝是真的开了窍了。为此，应海德堡公司邀请，郝玉臣专程赴德，到海德堡印刷机制造厂观摩考察，受到现代化企业经营管理和高新科学技术在印刷领域应用的启示。

进入新世纪，次渠印刷厂已成为拥有胶印、铅印、证件、精装、平装、照排等生产流水线，获得国家二级计量单位，成为北京市重点乡镇企业，获农业部全国优秀企业称号。面对市场经济的新形势，次渠印刷厂不断实施设备更新改造，占领科技制高点，已拥有国际上最先进的德国海德堡对开四色 CD102－4 型胶印机；采用激光照排系统、电脑程控刀、四色胶印、晒版、冲版、精装等先进印刷设备。在企业发展最红火的时候，次渠印刷厂的产品远销长江以北十几个省市，主要生产销售全套的财会用品、各种凭证、文化用品及书刊、杂志、画册、包装等产品系列。郝玉臣，这位从乡间、从泥土中走出来的农民企业家，面对改革开放和现代市场经济的发展趋势，既保持了早期乡镇企业创业时期的优秀品格，又能够不断学习，与时俱进。他能够站在时代的高度，大胆解放思想，坚持改革创新，拓宽发展思路，将一家名不见经传乡镇企业小厂发展成为北京市的先进印刷企业。

次渠印刷包装有限公司（原次渠印刷厂）

金玉天成，玉品见性
——记玉雕大师张玉成

■ 徐　畅

　　玉之在山，以见珍而终破；兰之生谷，非无人而不芳。他生于琢玉之家，玉缘天成。学自名师门下，修成高徒，创中华民族艺术珍品，享珠宝玉雕大师美誉。以聪颖悟性，更兼工匠精神，创精品佳艺多如过江之鲫。犹以巨型玉雕"九龙大玉海"，其恢弘与精致，磅礴大气与古典毓秀，震惊中外，遂为世所瞩目。金玉天成，玉品见性，兰之幽谷，艺高德馨。

——题记

　　自称"玉匠"的张玉成，1956年生，祖籍山东省宁津县人，父姓杨，其随母姓张，名玉成。是中国玉石雕刻艺术家、当代民间艺术家。张玉成是一位有个性、有成就的玉雕艺术家。他曾习艺于多位著名艺术家，广采中国各大玉雕门派之长，致力于玉雕技艺的传承发展。他曾发掘和抢救了濒临失传的千年的玉雕"镶刻"制作工艺，一块块大自然恩赐的璞石，在玉雕大家张玉成的手中被赋予了新的生命。爱玉、琢玉，他笑称自己掉进玉的泥潭里不能自拔。他擅长"俏色巧雕"，独钟于雕马。2009年9月，张玉成获得由北京市通州区文化委员会颁发的通州区区级非物质文化遗产保护项目"通州玉器制作技艺传承人"称号。2012年12月，北京玉成轩玉器加工厂被北京市通州区文化委员会授予通州区非物质文化遗产传承基地。

出身玉雕世家　玉成继承祖业

张玉成的爷爷杨凤琪12岁就从山东来到北京通县果村，从事磨玉工作长达半个世纪；他舅爷朱毅也是北京玉器厂的老师傅，干了一辈子磨玉的工作；他的大伯杨殿臣子承父业，也在前门廊坊头条玉铺里学徒，后做屏风上的深、浅浮雕。可以说，他们家是琢玉世家。张玉成经常到大伯家里看他琢玉，学习观摩磨玉技艺。

张玉成是听着大伯讲"玉"的故事长大的，给他印象最深的是大伯讲过的：别看磨玉的活儿又苦又累，可它是个受人尊敬的行当。在过去，大臣、百姓见了皇帝要磕头，可磨玉人不用磕头。皇帝来了，你照样可以坐着磨，皇帝站着看，说明皇帝也尊重你。你活做的好，受到夸奖，得到奖赏。你活做坏了，轻的砸了饭碗没饭吃，重的掉脑袋也不是没有的事。那时侯，玩玉的都是皇亲国戚、达官贵人。王字加一点成了玉，那是王爷们手里的玩物，一般老百姓是玩不起的。北宋哲人张载在《西铭》中写到："贫贱忧戚，庸玉汝于成也"。父母为其取名"玉成"，从玉，就能成。

1974年4月26号，张玉成进入通州大杜社特艺厂当学徒，学习磨玉。进厂后被分配到大象组，和刘连福师傅学徒做大象。因此他对大象的雕刻情有独钟，受到很多人的称赞。由于对玉的喜爱，刻苦钻研，虚心请教，很快他就掌握了做大象的玉雕技术。迄今为止，张玉成亲手制作出的大、小象已经几百对了。其中，最小的是十几厘米的小象，最大的是重达13吨，2.5米长、1.5米高、1米宽的大象。每年，张玉成都要亲手送出去数对"大象"，有人说：他这里都快成了动物园了。

张玉成听说北京玉雕厂的"小艺人"（朱德命名）商文仲有绝活，他就骑车几十公里，从通州到崇文门东花市商师傅家求教。商师傅看他聪明好学，收他为徒，把玉器雕刻技法及巧用原料的经验传授给他，

这为他以后从事玉雕工作打下了扎实的基础。特艺厂领导看张玉成勤奋好学，重点培养他，于1976年7月推荐他到北京市工艺美术学校雕塑专业学习深造（七二一工人大学），在76-01动物班主修动物雕刻。这期间，又进一步丰富了他的理论基础知识和绘画技艺。以后，他又抽出时间，先后到朝阳清河营、长店和北京玉器厂等地参观学习，了解不同地方的设计制作技艺和特色。1978年12月份毕业回厂担任设计，全厂156人，只有张玉成一人可自画自作。

1979年，张玉成当上了鸟组车间主任。1980年，当上了副厂长，主管生产。厂子在他的领导下，生产搞得有声有色，红红火火，出口产品不断增加。效益好了，不但增加了公社里的收入，还解决了100多人的就业问题。这以后，上级领导为了进一步培养他，1986年又送他到通州区成人教育学校学习企业管理专业。在学校里，他学习了企业管理、经济法，懂得了如何经营管理企业、提高企业效益、降低管理成本，如何带领团队、使用人才等知识。经过几年的理论知识学习结合实践，张玉成逐步成为了一个既懂玉雕专业技术又会组织管理的领导人才。1988年毕业后先后管理过织布厂、造纸厂、纸箱厂，这为他后期管理企业奠定了扎实的基础。作为玉器雕刻科班出身的他想：只要玉雕行业存在一天，就有我张玉成的一口饭吃。始终不忘初心，专注于玉雕艺术。1989年12月受聘到河南镇平、福建莆田从事玉雕设计制作。

张玉成不仅能将小件与大件相结合，还能将人物和动物相结合（如牧童）来进行创作。通过在美校学习技艺，张玉成还能够将黑色料进行加工制作，行话叫"挖脏去绺"，他尤为擅长脏色奇用，化瑕为瑜，变废为宝，使加工后的玉料成为可塑雕之材。从此，他立下了每个月要创作一件新产品的目标。他说：作为一个企业带头人，必须以身作则。他创作出了自己满意的第一件作品——《牧童》。这件摆件的原料上有一块黑，为了充分利用它，使颜色产生出效果，他打破了过去产品单一的旧传统——做动物的只能做动物的惯例，而是利用原料的使用，在人与动物上实行了有机地结合，他利用黑点做了一头小牛，绿色部分做牧童，色彩反差明显，活灵活现，开创了玉雕作品中人与动物相结合的先例。从此，他的创作热情空前高涨。之后，他又制作了 40 多公分高的"牛郎织女"，用黑色料做了一头水牛和云中飞舞的喜鹊桥，用绿色料做成"织女"和"金童玉女"，非常精致，受到外贸公司一致好评。还有一件就是岫玉摆件"花木兰丛军"，花木兰头带红缨帽，左手握剑，右手拉缰绳，前腿登出，头部高昂，战马嘶鸣。马的头部到木兰手中间的距离只有 10 多公分长的缰绳，像火柴棍一样细，这用当时的工具是很难做成的，他常在夜深人静时，用自制的"麻锅铁"（相当薄的铁片）工具精心雕琢，夜以继日地完成。

刻苦勤奋学习 不断磨砺成才

1994 年 11 月，在中科院地理研究所珠宝厂当师傅的张玉成，与梨园车里坟大队书记一次偶然谈话中，谈起办厂。随后，车里坟大队投资 12 万元成立汇宝通工艺品厂，张玉成任厂长。该厂占地面积 900 平方米，建筑面积 160 平方米。

初创时期，张玉成不仅要跑原料，做加工，还要跑市场。他一手抓生产，一手抓工艺，将工厂玉器生产业务搞得有声有色。局面慢慢打开后，他又要抓职工的生活，全面管理生产，忙前忙后。琢玉行的老话说："宁领千军万马，不带一个作坊"。意思是，手艺人不好管理，用张玉成的话说，那就是"等着电机转，甭管干不干，全在那儿坐着呢，但活好活坏你要不懂，你看不出来。"老人说，一个手艺人，从学徒到出师三年零一节（一个节气），能学好技术的十个里出一个就不错。张玉成是技术熟练的雕磨玉人，又是一个玉器厂的厂长，他太懂得这行的深浅了。他说：男怕选错行，女怕嫁错郎。既然选择了这行，就一定要想做好这一行，不想当将军的士兵不是好兵。是将才，是帅才，你必须先干起来再说。他把在职工大学学的企业管理知识用到了企业实践中。他说，企业的好坏，关键在于是否有团队精神。团队精神从哪里来？关键是要把老板和员工的命运紧密联系在一起，让他们每个人都认清自己的位置，充分发挥主人翁精神，树立"企兴我荣、企衰

我耻"的意识。张玉成是一个"磨"出来的，有"能"有"耐"的人，靠着"能耐"二字，在市场经济的风浪中，他不仅磨练摔打了自己，而且磨练摔打出了团结互助的团队，在市场经济的大潮中奋勇向前。

为了进一步总结经验教训，适应新形势发展和满足市场的需要，张玉成开始转变策略，调整战略部署。1996年，开始做大件活。当时创作了一只九龙同聚玉海，直径1.68米，高1.08米，经香港一家外贸公司出口到美国，被一个墨西哥庄园主买去，后来这个庄园主想凑成一对玉海，外贸商让张玉成再做一件，张玉成接下了这单生意。随后开始到东北玉石厂找料，在那边住了一两个月，半年以后，另一部大件作品制作完成，赚取了第一桶金，有几万元人民币。张玉成尝到了做大件的甜头，从此一发不可收拾。与此同时，张玉成提出了"你无我有，你有我优，你优我廉，你廉我转"的十六字方针，并针对自己的特点，提出"四大"原则：大罐、大屏风、大瓶、大洗子，走出自己玉雕的四大特色。他在传统的玉雕行业基础上不断创新，改变过去小件磨玉剥料找机器，变成大件手提机器找料做活的方法。他用这种方法，制作出"四大型精美产品"。当时，玉雕市场上玉都以小件为主，他按"四大"原则，大胆创新，一下子打开了市场。此后，他制作了高1.78米的蛇纹石橄榄玉大罐；长3.86米、高3.62米的蛇纹石橄榄玉"鹤鹿同春"屏风；高2.5米、宽1.2米、厚0.42米的蛇纹石橄榄玉"太平有象"大瓶。

1999年，张玉成应云南昆明一家企业邀请设计一个代表企业形象的标志性产品"航空母舰"，设计图样画出来了，整个作品长4.5米、高3.9米、宽1.2米，重达数吨，而"航空母舰"的甲板上要放上企业28层高的办公楼形象，要放上"埃菲尔铁塔""悉尼歌剧院""东方明珠"等缩微景观，还要表现出企业在大海里乘风破浪、勇往直前的精神和形象。整个作品放在企业大楼的大厅，它的规模在玉雕行业中前所未见。为了选好料，张玉成不辞辛苦跑去东北三四次，找了五六个卖家，最终选定一块重达数吨的巨料，他坐了两天两夜的大卡车，把它拉了回来。张玉成接过这项任务之后，在昆明那家企业住了一个

位于云南省昆明市邦克大厦内的玉航母

多星期，整天琢磨构思，他站在企业的 38 层楼前，从上到下，从左到右，从前到后，反反复复转了个遍，看了个透，窗户多少，开门多少，前后结构，比例大小，光照片就拍了 100 多张。之后，他更是起早贪黑，呕心沥血，吃住在车间，有时一干就是半夜。经过两年多的精雕细磨，叹为观止的"乘风破浪，勇往直前"的巨型"航母"终于问世。作品精美绝伦，层次分明，气势磅礴，堪称玉雕中的精品之作，此作品开创了玉雕行业的先河。

绝世精品问世 创九龙大玉海

2000 年 4 月，汇宝通工艺品厂搬至台湖。该厂占地 1060 平方米，一共 28 间房，职工 30 多个人，主要为外贸公司做玉器加工，加工的原材料主要有碧玉、青白玉、秀玉、墨玉等几种玉石。2003 年后，玉成轩工艺品厂成立，主做中、大件的定制加工。大件玉器的制作，是玉成轩工艺品厂"绝活"。行业内的人都知道，做大件玉器难，因为无论是开凿、运输、切割等都需要付出大量的精力。中件玉器工期 1 年，大件玉器工期要 1—2 年。但张玉成就是结合自己独特领先的工艺水平，拿大件开刀。

2005 年 9 月 29 日，继巨雕航母之后，张玉成与"玉雕小艺人"商文仲共同雕刻了一件旷世玉雕"九龙大玉海"。当时新华社、中央电视台、北京电视台、北京日报等各大新闻媒体都相继发表了一

条引人瞩目的消息：巨型玉雕"九龙玉海"在北京问世。中华宝石玉文化研究会副会长齐石成说：此前，我国现存时代最早、形体最大的玉器制品就是存放于北海公园团城内的国宝"渎山大玉海"，其直径 1.35

玉成轩工艺品厂

米，730 年无人破其记录，这件作品是 1265 年元代忽必烈大宴群臣时盛酒用的大型器皿，可容酒一千多公斤，其最大周长为 4.93 米。而张玉成制作的"九龙大玉海"比"渎山大玉海"（周长）还要长出 1.07 米，它已经跻身于当代罕见的玉雕珍品之列，是当时世界上可知的形体最大的玉器作品，足足占据了整整一间房的空间，为了能够放进去，房门都是特别设计的可以上下活动的门。亚洲珠宝联合会主席李劲松以及专家评估委员会栾秉璈教授，北京大学宝石鉴定中心副主任崔文元说："九龙大玉海"属于东北蛇纹石橄榄玉，质地纯正，没有裂纹，雕工精湛，堪称一绝。崔文元等几位专家研究后，预估时价达 360 万元人民币。

"九龙大玉海"通体为浅绿色，长 2.2 米、宽 1.7 米、总高 1.36 米、周长 6 米，重达 2.5 吨，原料 13 吨，能装 2000 多斤墨。作品为椭圆形，以九龙为雕刻题材，在制作工艺上运用了深浮雕、浅浮雕、透雕、镂空雕、线雕等多种传统雕刻手法。口部采用了玉珠与莲花相结合，自古至今还没有先例，玉珠 221 颗，莲花瓣 70 片，形成了平、密、疏的鲜明对比，

九龙大玉海

使人触之灵感。外壁用深、浅浮雕方法雕成"二龙戏珠"，喷水、喷火，神态各异，蹬、抓、挠、踹的八条栩栩如生的巨龙，腾云驾雾，时隐时现围绕在玉海上。内堂底部雕琢了一条翻江倒海的苍龙，四周都是大小不同的浪花和水纹图案，水又是财，可称财源滚滚之意，同时苍龙喷出水托着一块方牌，留予收藏者之用。"九"是数无尽的代词，又寓"九九归一"之意，"龙"是中华民族的象征，"同聚"即寓意团圆，充分体现了中国人民为香港回归热烈祝福，实现海峡两岸同胞早日团聚的强烈愿望。该作品可代表通州玉器的典型工艺特征，成为通州玉器立足北京、影响全国的经典佳作，至今仍对当代玉器制作技艺的进步和发展有相当的影响力。此作品寓意深刻，工艺精湛，体态端庄典雅、质朴、大气，在玉雕史上绝无仅有，是非常难得的玉雕珍品。

千年文脉玉艺 传承玉雕精华

在张玉成的办公室里，一副巨大的长方匾额悬挂在墙壁中央，上面书写着四个楷书大字"玉成志艺"，这是我国著名琢玉大师潘秉衡之子潘继矕（tāo）所撰写。"志艺"，立志技艺，意在激励张玉成站得更高，看得更远，永远攀登玉雕艺术的高峰。张玉成40余年"以玉为缘，如琢如磨"，岁月的坎坷把他打磨成一块印有历史记忆的"宝

玉"，他把毕生心血融进了玉器创作，半世翡翠缘，一生玉雕情。他精心雕琢的"碧玉对垒""玛瑙葫芦莲子瓶""碧玉对花斛""骨玉太平有象大瓶""玛瑙虾盘""凤凰鸟""碧玉莲花福寿如意"等几千件作品远销美国、欧洲、阿根廷和东南亚等各国，他的企业规模不断扩大，技术力量不断提高，已经成为工艺美术玉器行业中一支突起的新生力量。

2012年，张玉成创作三对大象，长2.5米，高1.5米，宽0.9米。2016年，创作俏色巧雕的春水玉"马踏飞燕"。同年5月，张玉成获得中国民主促进会北京市委员会"2015年度社会服务工作者"表彰。

2018年6月19日，张玉成开始创作春水玉"海东青"（春水玉是反映辽代皇帝，贵族春季进行围猎时，放海东青捕猎天鹅场景的玉雕，通常采用镂雕来体现水禽、花草，风格写实，具有强烈的民族特色），为圆形或椭圆形带饰为主，通体镂空浮雕，图案为一只天鹅躲藏于茂密的水草、芦苇或荷花丛中，上方有一只鹘（海东青）向鹅俯冲而下，作追逐状。或雕刻为一只鹘（海东青）的双爪已经按住天鹅头，欲食鹅脑，天鹅惊恐长鸣。鹘（海东青）的凶悍，鹅的惊恐哀鸣，表现生动，整个打斗场面惊心动魄。整个作品创作历时两个月，晶莹温润。

此后，结合时代主题，以精神文化寄托创作系列作品。2019年，是新中国成立70周年，白玉一带一路俏色巧雕，是张玉成为庆祝祖国

玉成轩工艺厂内的大象

2012 年，张玉成在创作岫玉《马踏飞燕》

2019 年创作的白玉巧雕《一带一路》

70 岁诞辰精心雕琢的一件玉雕精品：此玉雕主材白玉，一条蜿蜒的玉带缠绕着一只玲珑的葫芦，两条细细的玉链联结上两条俏色玉龙，数字"7"的后面，是两条双鱼头尾相围而成的数字"0"。有着"一带一路""龙的传人""共和国成立 70 年""吉庆有余"等丰富寓意和内涵。整件雕刻构思细密精巧，高浮雕突出主体，镂雕技法精湛，雕工细腻灵透，技法高超，精神底蕴深厚，洋溢着喜庆气氛。红山文化玉龙，被称为中华第一龙，葫芦作为中华民族最古老的吉祥物之一，蕴含着很多美好的寓意。张玉成将中国龙和象征美好寓意的葫芦，用镂空的锁链串联起来，让一带一路再现古代丝绸之路的繁荣，世界各国人民共同谱写美好幸福生活的友好的篇章。

2019 年 12 月 13 日，中华传统工艺大师——张玉成玉雕大师授牌仪式，在双益发文创园举办。全国职业信用评价网邓玉升主任、中央工美联合会贾晓东秘书长为张玉成大师授"中华传统工艺大师"牌匾；通州区文联主席樊淑玲为张玉成工作室授"新时代文明实践基地——通州区文艺之家"铜牌。张玉成工作室也成为了通州区文艺之家。

由于镇村规划，工艺厂在 2018

年即被列入拆迁计划，2019 年彻底停产。在大时代经济形势转变下，张玉成始终坚守传承传统技艺的精髓，保住品质，始终坚持北京传统玉雕风味、独具匠心，不计成本提高技艺水平，创出独特性。作为一个匠人，张玉成一直用"感恩、知足"教育后人。同年 6 月 10

2019 年 12 月 13 日，通州区文学艺术界联合会主席樊淑玲（左一）、民进北京市委社会服务处处长魏宾（右一）为张玉成颁发"文艺之家"奖牌

日，在双益发文创园，张玉成成立了北京玉成轩工艺品有限公司，继续他的雕刻事业。

2020 年，张玉成创作了玛瑙三色"福在眼前"、和田玉"一鸣惊人"。2021 年是中国共产党百年华诞，结合建党百年主题，张玉成创作"建党百年玉如意""福禄寿双链玉玺""大丰收如意"，代表了中华民族追求吉祥、快乐、富庶、长寿生活的向往。

截至目前，张玉成已琢玉 47 年，在这将近半个世纪的时间里，锲而不舍，从视玉如命到心性淡泊。他始终用玉雕行业潘老的话告诫自己，"有能无奈终究必败，有耐无能终究必成，凡事都要持之以恒"。张玉成现在每年只创作一两件珍品，他说：老师傅们早就说过，这行业是干到老，学到老，到老还有三分没学好。赚的再多，生不带来，死不带去。他常想，作为通州玉器制作的传承人能给通州留点什么呢？能给后人留点什么呢？他有一个心愿，就是在有生之年，能把通州八景做成玉雕留下来，给通州人一点"念想"，给后人留下一些经典之作。

（徐畅，京津冀创新发展联盟文化产业园专业委员会副秘书长，北京市文化产业商会理事，北京畅响九州文化传播有限公司总经理）

谷建华与运河文化

■ 口述：谷建华　整理：崔洪生

　　京杭大运河畔的通州，是一片承载悠久历史、孕育华夏文明的沃土。在改革开放春风的沐育下，一批土生土长农民企业家，搏击商海，撑帆冲浪，凭着一股实干精神和坚韧不拔的闯劲，创办了有一定实力的民营企业，带动了地方经济发展，富裕了一方百姓……

　　谷建华，就是他们当中的一个普通农民企业家，他早年艰苦创业，白手起家，将一个校办小厂发展成为以文化开发领航发展的大运河集团。他勇于担当，脚踏实地，履行着一个成功企业家的社会责任；依然投身于一个个的文化艺术工程，以其睿智的眼光和大胆探索的精神，积极传承和弘扬运河文化，在新时代续写 "大运河文化"的辉煌篇章。

成功创业，华丽转身

　　上世纪 70 年代末，刚从部队 "大熔炉"里锤炼几年的谷建华，被群众推选为生产队长，村经济管理站站长，带领乡亲们发展生产。1982 年，党的十二大以后，国务院制定了《个体工商户管理暂行办法》，正式承认个体经济的合法地位，他果断地辞去村官职务下海经商，成立了一个有 20 名员工的小建筑队，专门从事小型建筑与维修，走出了创业的第一步。经营了几年，小小的企业有了一点起色，业务范围进一步拓展，本着实实在在做人，踏踏实实干事的经营宗旨，很快得到同行的认可和信任。

1986年，中技装备配件进出口公司某重型车辆厂迫切需要建设办公用房和千余平方米厂房，他们找过两三家单位寻求垫资未果。正当踌躇之际，谷建华了解到他们的难处后，毫不犹豫地答应为他们垫资两年。这一慷慨、义气之举感动了对方，该厂齐心协力，努力创收，第一年就结清了所有工程款，并在第二年邀请谷建华与其合作，正式成立中技装备配件进出口公司通州重型车辆修理服务部。当时，中技装备配件进出口公司在全国各地仅有36家维修服务部，竞争非常激烈，谷建华带领他的下属，靠着热情、真诚、完善的服务，得到了广大客户的好评，并连续三年获得了中国技术进出口总公司授予的"先进单位"荣誉称号，赢得了长足发展，为他创出一片天地奠定了坚实的基础。

进入90年代，谷建华的公司有了一定的积累，开始步入多元化经营。那时，出租车业务刚刚兴起，谷建华便成立了一家出租公司，经营汽车租赁业务。紧接着，又创立了中联工贸公司，从事大型工业、贸易，同时还经营餐饮、娱乐等多种服务项目。

随着建筑业和房地产开发兴起，谷建华抓住北京经济技术开发区东扩，通州区光机电一体化产业基地相继上马的大好时机，看准这一有希望的市场前景，集中力量进军房地产开发。在众多房地产开发商中，谷建华坚持以高起点、高品位打造出精品安居工程，成功开发10万多平方米的华馨园小区，成为当地房地产项目的亮点，带动周边的经济发展。当时，该项目为国家和地方财政完成税收数百万，并成为台湖地区三大开发商之一。正当在房地产开发方兴未艾之时，也许是内心的情结，也许是时代的呼唤，作为一名创业成功人士的谷建华，将他前进的目标转向了文化产业。

文化破土，秀竹林立

初涉文化，正好赶上1997年7月1日香港回归。国务院老干部局、中国政策科学研究会老年政策委员会倡议组织"迎香港回归——首都百名老人书画百米长卷"展览活动，但因经费问题而悬置。时任国务院老干部局副局长游茂阶得知谷建华喜爱文化，希望他能出资共同筹办这次展览活动。当时，谷建华公司正处在资金周转困难时期，要出资百万元去做文化工程，他和团队心里都没有底。当得知此次画展已被纳入国家迎香港回归十大活动之中时，他打消顾虑，当即贷款 80 万元作为筹办经费，全身心地投入这项文化工程。

"迎香港回归——首都百名老人书画百米长卷"活动得到了社会各界的支持，参加者有老一辈无产阶级革命家、党和国家领导人，有著名的老艺术家、老专家，有参加两万五千里长征的老红军、老八路等 130 多人。经过几个月的紧张筹备，"迎香港回归——首都百名老人书画百米长卷"于 1997 年"七一"前夕在中国人民革命军事博物馆隆重展出，获得了良好的社会反响。

1999 年，澳门回归祖国之际，恰逢建国五十周年大庆。在时任全国政协副主席马万祺的大力倡导下，谷建华再次与国务院办公厅老干部局合作，共同承办了近 300 位老领导和全国各省市自治区艺术家及优秀中青年书画家参与的"庆澳门回归百米书画长卷"的制作。长卷在中国人民革命军事博物馆隆重展出，全国政协、文化部及通州区领导出席开幕式。

2000 年，是中国人民志愿军抗美援朝赴朝作战 50 周年，谷建华与中国老年书画研究会联合举办"纪念中国人民志愿军抗美援朝出国作战 50 周年大型书画展"。当年在朝鲜战场上立过功的老前辈、老战士和一些朝鲜老华侨都非常激动，纷纷不吝笔墨，积极参与，展览收集到作品近千幅。2000 年 12 月 25 日，"纪念中国人民志愿军抗美援朝出国作战 50 周年大型书画展"在中国人民革命军事博物馆隆重展出。该画展为数万名参观者进行了一次生动的爱国主义教育。

2001 年，谷建华又开始组织创作大型历史文化工程——《京门九衢图》。

《京门九衢图》最初是由我国已故著名社会学家、全国人大原副委员长费孝通等专家创意，由北京星联星文化发展有限公司筹划的，因资金困难，项目举步维艰。

谷建华接过的是一项半拉子工程，拿到手里的只是一部分长短不一、凌乱不堪的钢笔画稿，其中相当多的内容需要彻头彻尾地改动。为了还原历史原貌，他重新拉起一支创作队伍，到城门遗址考察、调研，对不

规范的地方重新调整、勾描。在以原全国人大副委员长费孝通、地理历史学家侯仁之、古建筑专家罗哲文、国家文物鉴定委员会委员史树青、国家文物局局长孙轶青、民俗学家舒乙、中国历史文化名城专家委员会副主任郑孝燮、著名画家韩美林等为高级顾问组成的创作监制专家组的悉心指导下，召开过数十次专家论证会，并邀请民俗专家、古建专家、书画界知名人士为长卷严格把关。

在《京门九衢图》第二稿创作过程中，经过专家认真辨析，发现不少结构上与地理方位不对应的谬误，仅绘画透视一个方面就存在很多问题，大到原则错误，小到细枝末节，有的段落需要重新构思。为给画家们提供一个安静舒适的创作和生活环境，谷建华不惜将年利润百万元的酒家关张，专供《京门九衢图》创作组使用。期间，谷建华凭着对文化的执着，得到通州区领导和有关部门的大力支持。

2002 年 10 月，《京门九衢图》专家认定会

整个长卷创作历时三年半有余，参与创作的书画家、专家、学者达100 余人，耗资 600 多万元，从搜集史料开始到装裱完成，许多后勤人员付出了艰辛的劳动。《京门九衢图》长卷全长 182 米、高 82 公分，作品取材于清朝中兴时期的北京城，采用中国传统绘画以"工兼写"的手法，勾画了"内九外七皇城四" 20 个城门楼，通过城墙和护城河为纽带联结

起来的皇都北京全观图，描绘了这一时期的历史断面，艺术地再现了反映了康乾盛世政治、军事、经济、文化、建筑、体育、民俗等社会百态。展现了当时的人文风貌，追忆昔日的辉煌，传达出"宏大、美丽、繁荣、安定"的主题。

2002年10月26日，《京门九衢图》新闻发布会在人民大会堂成功举办，出席发布会的领导和各界人士共有300余人。参会者对长卷《京门九衢图》创作成功表示祝贺，对它的艺术成就、文化价值和社会效应予以充分肯定。为此，2002年10月26日，大型美术文化工程《京门九衢图》获得人民日报社颁发的奖杯和奖牌。

在《京门九衢图》创作过程中，谷建华了解到北京与大运河有着千丝万缕联系，对发掘运河人文价值有了新的认识。2001年春，在通州区委、区政府及区文化委的大力支持下，谷建华正式提出了创作大型历史画卷《古运回望图》的设想。2003年春，该项目报请北京市文化局、通州区政府和区文委立项，并报文化部备案。

为了真实再现古运河的历史风貌，谷建华先后三次组织由主创画家、摄影、摄像人员、文案、后勤人员等组成的考察创作组赴京杭大运河沿线采风。他们从北京到杭州，沿着大运河的轨迹，历时一年，行程数千公里，实地考察了运河沿线城市、区、县境内景、事、人、文，搜集了大量翔实的资料。期间，国家文化部、北京市文化文物局、通州区有关部门，为创作组考察采风创造了良好条件；沿线市、地、县党政领导和各部门对采风活动给予了大力支持。很多地区的文化局、文史馆、博物馆等，主动为他们提供创作素材、资料典籍，有时还亲自陪同考察。采风考察组途经的27个市、县政府及文化部门均在采风回执上加盖了印鉴，为这部文化作品的创作留下了珍贵的历史见证。

2005年10月，《古运回望图》呈现在世人面前。这是一个宏大的美术文化工程，全卷长210米，宽83公分，内容以大运河鼎盛时期的明代中兴时期为历史背景，以大运河上下督运盛况为主线，以中国画兼工带写的方法，精心刻画沿线著名人文景观、民风民俗等方面的盛况。画卷以大量翔实的历史资料为依据，从政治、经济、文化、军事、市井、

2005 年 3 月，谷建华与创作团队研究《古运回望图》

民风、民俗、建筑、商业、贸易、环境、风景名胜等多个侧面，描绘了 600 年前中国南北交通大动脉的繁荣景象和万国来朝的历史盛况。画卷中演绎的历史故事、民间传说，刻画了当时南北漕运的全过程，构筑了典型场景及人间百态。今人可以欣赏到当时的船文化、制造业、工商业、服饰特色及南北贸易，浏览运河两岸的秀丽风光。整个画面设 25 个段落，共涉及风景名胜 100 余处，南北贯通，起伏跌宕，风情各异，美景连珠。各类船只千余艘，官、宦、士、农、工、商、纤夫，三教九流、五行八作，各类人物数万人。

《古运回望图》为《京门九衢图》的姐妹篇，得到各级人民政府和社会各界的大力支持和帮助，为给社会和子孙后代留下一笔丰富的文化财富，共计耗资 800 多万元，历时 5 年创作过程，他和专业人员一道亲身参与各环节策划、研讨、修改，付出大量的汗水和心血。著名评论家孙克所说："《古运回望图》的成功问世，是当代中国画事业的一项重大收获，是企业实力和艺术家鼎力合作的成功范例，是中华文化具有无限生命活力的完美体现，是文化内涵丰富、艺术水平高超，足可流传后世的绘画精品。"

为倡导低碳环保的社会新风尚，2011 年初，谷建华又一个崭新的创意——沿《古运回望图》所展示的路线骑游京杭大运河。为期一个月的骑游京杭大运河活动，吸引全国 9 省市的 33 名骑游爱好者参加。沿着京杭大运河一路南下，骑游队每到一个城市、地区，均请当地政府或文化部门、邮局在骑游路线图上加盖印鉴，全程骑游图上共留下 66 枚印鉴，永远地记录了"骑游京杭大运河"的足迹。

谷建华用这些年开发的文化作品陆续开发出丰富的文化衍生产品，先后由国家博物馆监制，限量出版了《京门九衢图》《古运回望图》微缩画卷，此画卷在文化市场上一路畅销，并为国家博物馆、首都图书馆、通州区图书馆、通州区档案馆收藏。

2011 年 6 月，大运河骑行队在中国京杭大运河博物馆前合影

此外，还采用日本绢丝印制《京门九衢图》，制成顶级收藏品，以满足高端市场需要。并与中国书店合作出版了《图说老北京——京门九衢》《图说大运河——古运回望》《漂来的北京》等系列藏书等。《京门九衢图》《古运回望图》的抢救与开发，既传承了中华民族传统文化的精华，推动了中华文化艺术品质的进一步提升，促进了北京传统文化的发展，丰富了首都艺术品市场。

2011 年，配合大运河申遗工作，谷建华投资开发了以《古运回望图》为主线的 312 集大型系列动画片《神奇的大运河》，该片从大运河地域

背景上分六个阶段进行开发，即北京到通州运河、天津运河、河北运河、山东运河、江苏运河和浙江运河，每个地域 52 集。2012 年 8 月 17 日，该片首映式在全国政协礼堂成功举行，中央电视台与各地方台陆续播放。该动画片是第一部有关运河题材的大型动漫项目，在一定范围内弥补了大运河文化传播的空白，特别是培养了少年儿童对大运河的兴趣和情怀。这是谷建华奉献社会的又一力作。

2013 年底，谷建华又果断地与中宣部所属中国纪实文学研究会联手，共同致力于专业性的中国运河文化理论研究，推动学术成果交流和推广运河文化先进经验，进行社会调查，发掘运河文化遗产、非物质文化遗产，为弘扬中华传统文化，推动京杭大运河申遗不遗余力地奔走。

文化传播，资教助学

在几十年的文化事业中，因为对文化的热爱，谷建华结识了众多的名人、名家。谷建华有幸结识一批享誉文坛的文化名人。在这些名人、名家的指点和帮助下，谷建华对投资文化产业的兴趣更加浓厚，逐步成为传播文化的使者。

2004 年 9 月，谷建华作为首都民营企业家代表，携同公司两位员工，随北京市工商联赴香港参加第八届北京·香港经济合作研讨洽谈会暨奥运经济市场推介会。

在为期两天的洽谈会上，谷建华向世人展示了自 1997 年以来公司所做的文化项目，特别是反映京城老北京以护城河为纽带的"内九外七皇城四"20 个城门楼串接的全观图《京门九衢图》手卷及正在创作中，反映明代漕运鼎盛时期大运河两岸人文风貌的《古运回望图》白描稿部分画面。独特的作品及独特的展示形式，引起了香港各界人士广泛关注，吸引了近千人咨询、洽谈，成为那届京港洽谈会上备受关注的亮点。通过展示，香港客商对北京城门文化有了一定的了解，对京杭大运河风貌有了一个全新的认识，使京城老北京文化及古老的京杭大运河文化的知名度进一步提高。

2008 年北京奥运会期间，谷建华在鸟巢附近的大客户接待中心举办了"笔墨盛世－百米书画长卷展"，向世界展示了富含中国传统文化元素的文化作品——《京门九衢图》《古运回望图》《申奥报告》书法长卷三幅原创作品，并销售上述文化项目的衍生纪念品、书籍等具有中国文化特色的礼品，为中国文化面向世界打开一个全新的窗口。

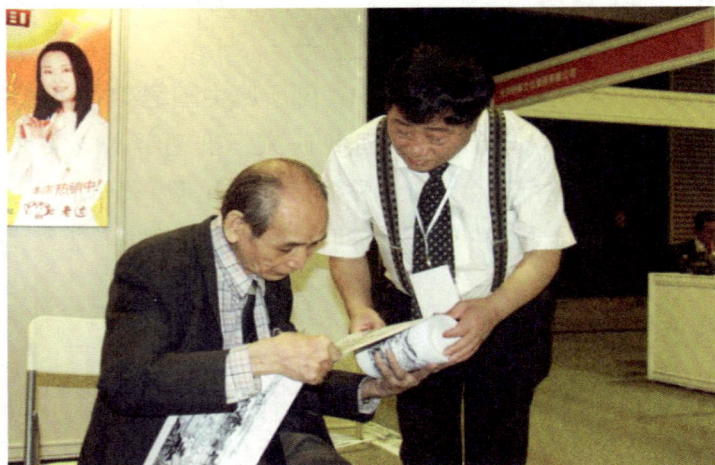

2004 年 9 月，京港洽谈会上港商关注《京门九衢图》

谷建华喜爱文化，他有一个最大的爱好就是收藏，凡是与老百姓生活息息相关的东西都喜欢，大运河文化遗存物品、古典家具、工艺家具、草编生活用具、文房四宝等等，品类越来越丰富，数量也越来越多。基于此，谷建华投资建成近万平方米的大运河翰林民俗博物馆，用于展览展示他多年收藏积累的藏品。该馆外观图像土色，现有玉器展厅、瓷器展厅、石器展厅、现代工艺品展厅、古代计量器展厅、陶器铁器展厅、景泰蓝工艺品展厅、青铜器工艺品展厅、书画展厅等 26 个，各展厅藏品都有着很高的历史价值和学术价值。2006 年，古建专家罗哲文先生来到大运河翰林民俗博物馆参观，欣然题写 "大运河会馆"赠与。2009 年，曾任国家文物局局长、北京故宫博物院院长、著名文博专家吕济民先生为谷建华的民间收藏所感动，亲笔题写了 "大运河翰林民俗博物馆"。

大运河翰林民俗博物馆是通州区第一家民营博物馆，也是北京地区唯一的大运河民俗文化综合展示、研究、保护、开发、利用的文化场馆，接待人群学术性较强。博物馆的宗旨是："传承保护珍贵遗产，突出彰显艺术特色，发挥区域优势，展藏科研并举，弘扬悠久历史，光大运河文化，服务通州新城建设，致力首都科学发展"。

自 2010 年正式对外开放以来，大运河翰林民俗博物馆共举办专业性研讨会、联谊会、参加各类大型展览 10 余次，接待游客 2 万多人次，为全国各地（包括港澳台地区）热爱大运河文化、热爱民俗文化的中老年专家学者、青少年提供参观、交流、研究平台。同时，本馆还成为中国传媒大学文学院艺术创作院、通州区台湖镇次渠中学和北京翔实培训学校等单位的爱教基地、通州区关心下一代工作委员会的区青少年校外民俗文化教育基地。此外，博物馆还无偿为通州区工艺美术行业协会提供办公及展示场地，全力打造以运河文化底蕴为主体的通州传统工艺美术品产业的品牌。

谷建华幼时因家境贫寒，加之兄弟姐妹多，他没读几年书便回家务农。虽然他自己文化水平不高，可他很喜欢文化，特别喜欢有文化的人，也愿意帮助那些勤奋好学但家境贫寒的孩子。

他的目标不仅仅是让自己的孩子能有良好的条件读书，而是希望让更多的孩子都有条件读书。2003 年，他投资在家乡兴建一所 6000 多平方米高档幼儿园，一年后又发展了马驹桥连锁幼儿园，惠及更多孩子入园。2004 年，幼儿园被中国艺术研究院指定为中国艺术研究院艺术培训中心幼儿教育基地。2006 年 3 月，幼儿园被通州区妇女联合会与区总工会共同授予巾帼文明岗荣誉称号； 2007、2008 连续两年被当地政府授予优秀教育单位称号。

一次偶然的机会，他得知中国艺术研究院研究生院因办学经费紧张而不得不在简陋的环境里上课，他毫不犹豫地出资三百多万元为该院校装修教学楼，不久，该院便旧貌换新颜了。此后，他还主动腾出自己多年的办公阵地，又投入三百多万元精心地进行了一番装修与改造，与中国艺术研究院合作，共同创办通州学区，把高等艺术教育引入通州，为社会培养众多高级艺术人才。此举得到通州区各级领导的重视，他们多次到校区考察工作。此后，谷建华又建立了翔实培训学校，有效带动了当地教育培训的发展。

有一次，谷建华在内蒙古通辽地区考察时，亲眼看到那里的孩子穿得衣衫不整，贫困得面临失学境地。第二天他召集随行工作人员开会，当即宣布：我要资助这里的特困学生，今后我要让更多的穷孩子能上学！"当天，他就资助了 15 名特困中学生。不久，又资助锡林浩特市第三中学宏志班初一全体学生。

这些年得到谷建华资助的大学、中学、小学生不计其数，许多得到过他资助的学生连他的名字都不知道。特别是 2011 年，他与内蒙古通辽庄妃希望小学合作办学，不但免费为该校提供办学场地，还捐赠价值 20 余万元物资贴补其办学。

谷建华不断在新的领域拓展教育元素，投资规划建设了 600 多亩农耕文化教育示范园，目标是为都市人特别是孩子建立一个农耕体验平台，让他们真正了解中华民族农耕文明，传承农耕文化的精神内涵。该项目得到农业部、教育部、文化部、科技部等多个国家部级单位的关注，并被授予北京方志馆活动基地、朝阳区科普教育基地、北京农学院都市农业示范基地。此外，中国关心下一代工作委员会、中国保健协会、北京市教委、朝阳区教委已启动与农耕文化教育示范园的合作项目，将其打造成集农耕文化教育、中国校园健康行动和生态养生为一体的后勤基地。

几十年来，谷建华这位从黄土地上走出来的农民企业家，在改革开放和市场经济大潮中闯出一片天地。得益于古老运河文化的呼唤，承载着时代的重任，跻身文化事业。他在文化事业上先后投入逾千万元，组织实施一项又一项国家级和市级大型文化工程，推出一部部文化精品力作。

源于在文化事业上的突出业绩，谷建华被选为第十届、第十一届、第十二届北京市政协委员，同时也担任通州区政协委员。在任政协委员期间，谷建华认真履行一个政协委员的职责，他平均每年要提 10 多个提案，反映的大多是人民群众最关心的问题，涉及教育、文化、公共交通、市政设施、医疗条件、环境治理、城市建设、自然资源等诸多方面。许多提案都得到了相关部门的高度重视，并得到了有效地解决。他在企业

经营和文化事业上的贡献得到社会的充分肯定，多次受到政府及有关部门的表彰奖励，自 2002—2011 年先后获得十几项荣誉称号。

谷建华，无愧于"运河之子"这一称号，30 多年的呕心沥血，在通州、在北京、在京杭大运河畔，他留下的不仅仅是"文化产业"的葱葱秀林，更让人们受益的是拼搏进取、敬业奉献、饶益众生的美好精神家园！

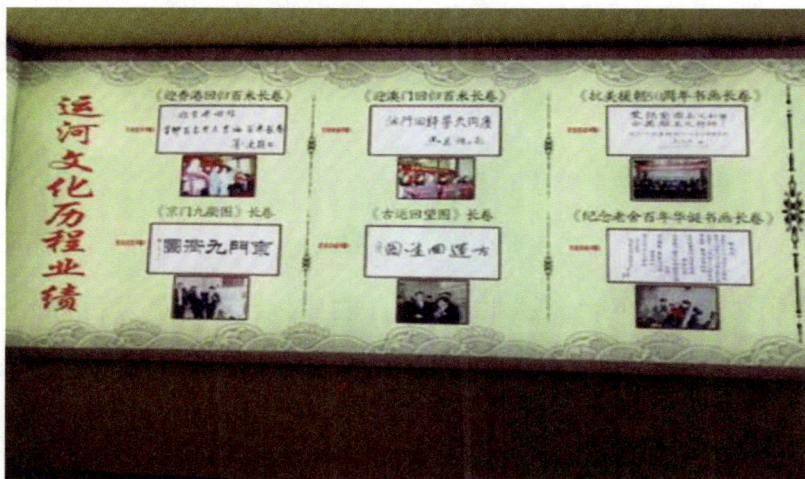

运河文化创作历程和成果（2013 年摄）

刘长青和他的口子村史

■ 口述：刘长青　整理：崔洪生

　　口子村是通州区台湖镇北部的一个村庄，坐落在萧太后河北岸，是一个中型村落，和周边其他村比，并没有什么特别之处。2014 年，这个村里有一个叫刘长青的人，独自撰写出了一部村史。

　　刘长青，是口子村一个地地道道的农民，家住在村里一个很普通的农家小院。他 1950 年出生，据刘长青自己讲，他两三岁就记事，四五岁时就能做到凡是听过、见过的事，过多少年后仍记忆犹新。这些记忆，为刘长青后来写作口子村史提供了丰富的资料来源。

　　1967 年，刘长青初中毕业，正值文革期间，和当时许多农村青年一样，回乡务农，参加生产队集体劳动，过着日出而作、日落而息的传统农耕生活。这样日复一日，年复一年，业余时间无事所做。但刘长青不甘寂寞，有点空闲就读书看报，他自幼喜爱文学，特别爱读古典文学、古诗文，还爱好研究历史、地理，读书的领域不断拓展，为此他收藏了几千本图书。

　　坚持多年如饥似渴地读书，他的文学修养有所提高，有时试着写一些读书感想什么的，逐渐养成了动笔写作的习惯。他还爱好写诗填词，常在好友聚会时，信手拈来赋诗一首，顿时席间平添几分儒雅之气，因此被朋友们誉为"诗人"的雅号。

　　也许是早年养成的习惯，也许完全是个人兴趣爱好，刘长青从很早起，就凭着超强的记忆力，开始收集整理村里的人和事。比如：村里数百号人，

谁多大岁数（出生年月日），什么属相，做过什么事，某某事件的原因、经过、结果，来龙去脉，他都能记住。从小学到初中，所有同学的姓名，即使已过数十年了，他还能倒背如流。甚至在台湖地区的人，只要他见过一面，就能记住姓氏名谁，多大岁数，一般不会出错。刘长青说，也不是刻意去记，而是和人聊天听过后就记住了。

刘长青写口子村史，事情的起因最初源于他的胞弟刘长福。是他，建议刘长青把历史记录下来，给后人留点东西。其实，当时刘长青也萌生了这样的想法，但并没有在意。之后不久，村委会主任亲自找到他，郑重其事地对他说了这件事，建议他"趁着身体好，有精力，赶紧把口子村的村史写下来！"这样，李长青才下定了决心，承担了写这部村史的重任。

2013年7月，刘长青开始动笔，为口子村撰写"史书。"

刘长青知道，别看平时写点小诗短文，和朋友海阔天空地聊村里的事，很是轻松自如，但真正撰写一部村级历史著作，绝非一件容易之事。首先，自己文化只有初中水平，几十年一直在村里劳动，没有受过专门的文史写作方面的训练；其次，仅凭脑子记忆的那些东西，毕竟都是生活琐事，而且需调查考证其史料价值。如此等等，写作过程中会遇到意想不到的困难。但他也十分幸运，因为口子村在世的这些老人中，他知道的事最多，要写村史，非他莫属。

从那时起，刘长青开始走访村里所有健在的老人。得益于他记忆力强，调查采访时凭脑子都能记住，十分必要时在会本上做些强注释、圈点勾画什么的。就这样，他搜集了村里所有老人的回忆，再加上自己的所见所闻，对这些史料素材作进一步查询，按时间顺序进行编排构架，拟定初步提纲，厘清自己的思路，开始动笔写这部口子村的"史记。"

居室就是他的办公室，一把简陋的旧木椅当作他写作的书桌，案头摆着纸张、书籍、资料。他不会电脑，完全用笔书写，遇到生僻字，他就一个一个地查字典。一句话该用哪个词汇，一段历史事件怎样表述，常常要反复推敲，将平时说话的口语白话写成标准的书面语。由于年龄大了，眼睛花了，字迹辨认不清，他不得不借助放大镜。

刘长青从小就特别注意卷面整洁，力求字迹清晰，尽量做到不写错字。

偶尔有个别字写错，他也是用字体同样大小的纸张修改，再小心翼翼地粘贴覆盖上。因此，整部村史，基本看不到一处随意涂抹的痕迹。

在写作的日子里，他每天至少要写上3个多小时，写累了就走出院子，到村南的萧太后河边放松一会儿。寒来暑往，春去秋来，坚持一年多的雷打不动，每日的伏案疾书，平均一天要写数千字，把对家乡口子村、对乡亲们的所有感情，都融入到这部史书当中。就这样，一年过去了，这部口子村史，终于在刘长青的笔下完成。书名暂定为《口子村风云录》

刘长青的笔下，记录的正是村里不同时期、不同人的故事。

解放前，口子村有800多口人。解放后到60年代中后期，人口增加到1300多口人，到这部书完成的时候，全村人口达到了1400口人左右。

这部《口子村风云录》由序言和五章正文构成，打印 A4 纸216页，拿在手里沉甸甸的。该书以时间为顺序，以人物活动为主线，按照写实叙事的手法，记述了口子村整整100年的历史。全书总计12万多字，第一章至第四章每章在2万字左右，第五章3万多字。书中涉及近300个真实事件，含财主、农民、艺人、商人、教书先生、坐堂大夫等，其中，有名有姓的人物共196个。

刘长青的文字充满生趣，情景真实朴素，不仅再现了村庄的百年变迁和村民的生活场景，还充分展现口子村的地域文化特色。通过一个个有血有肉的人和一件件生动事例，把过往的时代演绎得活灵活现。

第一章，刘长青选取他记载最早的事物发端，也是该部史书的叙事起点，从1912年中华民国成立，一直写到1945年抗日战争胜利，共30多年的历史。主要记述当时村民日常生活状况和抗日战争期间发生在村里的故事，他带着一腔爱国之情，书写日本侵略军和土匪给村里带来的灾难，着重表现了村民们英勇抗战的历史。第二章，主要写解放战争到新中国成立期间的故事，里面写到了参加游击队的村民，以及在为人民解放事业中牺牲的亲人以及一些壮烈场面。第三章，是从新中国成立到1965年文革前期，生动地再现了当时轰轰烈烈的土改运动，贫苦农民分田分地，合作化、人民公社和村民们艰苦奋斗的精神面貌。第四章，主要是十年文革期间发生的事，他亲眼目睹当时发生在村里的事，着重记述了农村老百姓的生活状况。第五章，从文革结束到改革开放，社会主

义现代化建设，人们逐步走上致富道路，村里发生了许多新变化，一直写到 2013 年"神州五号"飞船上天。

写完了这部村史长卷，刘长青终于松了一口气，在初步尝到成功的喜悦之余，也表达了自己最大的愿望，那就是希望这部史书能够早日出版，以了却平生一大心愿。2016 年 5 月 11 日，《通州时讯》4—5 版两个通栏全文报道了刘长青写作口子村村史的长篇通讯："台湖老人遍访村邻广集资料 笔耕不辍撰写'口子风云录'12 万字凝百年 一部村史诉乡愁"。

由于种种原因，自《口子村风云录》初稿完成，一直到 2020 年 12 月，这部口子村史文稿也没有进入正式的评审、校对、修改、编辑等程序，那些真实、生动的历史仍然不为人们所知。后经史志编修人员初步审阅，认为，按照史书的体例规范等方面要求，该部"史书"如若正式出版，仍需作较大规模和更深度的修改完善。同时建议，根据书中所记的人和事的特点，亦可选择向文学方向转型，或将其精彩部分析出，加工整理若干独立篇目在文学刊物发表。但无论怎样，这部长篇村史著作初稿收录了大量丰富、真实生动的文史资料，是十分宝贵的写作和史料资源。

2021 年春，台湖镇启动编修《乐和台湖》，刘长青被聘为资料收集成员，由于有了这部现成的资料宝库，他从中选取和挖掘 5 ~ 6 篇珍贵的历史资料辑入，打开了一扇让沉睡历史重见天日的大门。

刘长青写作（2021 年 摄）

后　记

　　通州区政协教文卫体委员会在区政协党组领导下，坚持围绕中心，服务大局，广泛联系群众，切实履行政协职能，在文史资料工作中持续发挥"存史、资政、团结、育人"的社会功能。

　　今年，区政协教文卫体委员会联合台湖镇党委政府，深入挖掘台湖地区历史文化资源，广泛征集"三亲"史料，按照历史沿革、水系地貌、历史遗迹、红色记忆、民间文艺、生产生活、民生琐记和人物春秋等八个部分着手组织编辑，通过组织编审委员会查阅史料、实地考察、与专家座谈等方式研究考证，取得了广泛共识，形成了《乐和台湖》这本文化色彩浓厚，历史脉络清晰的文史精品。

　　《乐和台湖》的出版，得到了社会各界的大力支持，在新冠疫情持续影响的背景下，编委会的同志们严格落实疫情防控各项要求，克服各方面困难，深入挖掘史料，为编辑此书奠定了基础。在编辑过程中，我们按照精选精编的原则，将其中的85篇，28万字，百余张照片收录书中。

　　此书的出版离不开台湖地区人文、历史、风俗的专家学者，以及广大文史工作爱好者的支持与帮助。特别是在材料的征集、整理和编辑过程中，得到了杜宏谋、王岗、韩朴、王梓夫、赵广宁、景浩、吴思民等多位老师的帮助和指导，以及通州区政协特邀文史委员的倾力协助，从书籍的体例、记述的事实、行文的格式等方面对全书进行了系统的勘正与梳理，在丰富全书内容的同时，保证了此书的质量。

由于掌握知识所限，书中难免会有纰漏，真诚希望广大读者和专家、学者予以批评指正。并再次对所有参与和支持文史资料工作的各级领导和各界人士表示衷心感谢！

《乐和台湖》编委会

2021 年 11 月

图书在版编目（ＣＩＰ）数据

乐和台湖 / 北京市通州区政协教文卫体委员会，
北京市通州区台湖镇人民政府编．-- 北京 ：团结出版社，
2021.11
　　ISBN 978-7-5126-9013-4

　　Ⅰ．①乐⋯ Ⅱ．①北⋯ ②北⋯ Ⅲ．①乡镇－概况
－通州区 Ⅳ．① K921.3

　　中国版本图书馆 CIP 数据核字（2021）第 138594 号

出　版：团结出版社
　　　　（北京市东城区东皇城根南街 84 号　邮编：100006）
电　话：（010）65228880　65244790
网　址：http://www.tjpress.com
E-mail：65244790@163.com
经　销：全国新华书店
印　装：北京博海升彩色印刷有限公司

开　本：170mm×240mm　1/16
印　张：30
字　数：280 千字
版　次：2021 年 11 月　第 1 版
印　次：2021 年 11 月　第 1 次印刷

书　号：978-7-5126-9013-4
定　价：86.00 元